新旧対照
家族法

令和6年までの重要改正と実務ポイント

九州大学大学院法学研究院教授
七戸 克彦
SHICHINOHE Katsuhiko

九州大学大学院法学研究院教授
小池　泰
KOIKE Yasushi

弁護士・九州大学大学院法学研究院助教
園田 彩乃
SONODA Ayano

ぎょうせい

は し が き

　本書は、令和6年5月改正（→本書第3章Ⅵ）までの民法・家族法分野の改正を、戦後の家族法改正の連続線上に位置づけて紹介するものである。

Ⅰ

　改正法・新法の内容を解説した書籍には、ⓐ法務省の立法担当者の解説書として、商事法務の『一問一答』シリーズ[1]、金融財政事情研究会の『Q&A』シリーズ[2] があり、また、ⓑ研究者の手による解説書として、有斐閣の『ポイント』シリーズ[3]、弘文堂の『Before/After』シリーズ[4]、商事法務の『詳解』シリー

---

(1) 同シリーズは、法務省民事局参事官室（編）『一問一答・新民事保全法』（1990年）に始まる。その後、民法に関しては、小林昭彦＝大鷹一郎＝大門匡（編）『一問一答・新しい成年後見制度——法定後見・任意後見・成年後見登記制度・家事審判手続等、遺言制度の改正等の解説』（2000年）、飛澤知行（編著）『一問一答・平成23年民法等改正——児童虐待防止に向けた親権制度の見直し』（2011年）、筒井健夫＝村松秀樹（編著）『一問一答・民法（債権関係）改正』（2018年）、笹井朋昭＝木村太郎（編著）『一問一答・成年年齢引下げ』（2019年）、堂薗幹一郎＝野口宣大（編著）『一問一答・新しい相続法——平成30年民法等（相続法）改正、遺言書保管法の解説』（2019年、第2版：2020年）、山口敦士＝倉重龍輔（編著）『一問一答・令和元年民法等改正——特別養子制度の見直し』（2020年）、佐藤隆幸（編著）『一問一答・令和4年民法等改正——親子法制の見直し』（2024年）。

　　ちなみに、『一問一答』と銘打った立法担当者の解説書には、日本加除出版の法務省民事局第五課職員（編）『一問一答・新しい国籍法・戸籍法』（1985年）、民事法情報センターの法務省民事局第四課（監修）『一問一答・改正商法と商業登記』（1991年）、テイハンの小林昭彦＝河合芳光（編著）『一問一答・新司法書士法・土地家屋調査士法——平成14年改正法の要点』（2002年）などもある。

(2) 同シリーズは、筒井健夫＝村松秀樹＝脇村真治＝松尾博憲『Q&A改正債権法と保証実務』（2019年）に始まる。その後、民法に関しては、村松秀樹＝大谷太（編著）『Q&A令和3年改正民法・改正不登法・相続土地国庫帰属法』（2022年）。

(3) 同シリーズは、野村修也＝奥山健志（編著）『平成26年改正会社法——改正の経緯とポイント』（2014年、規則対応補訂版：2015年）に始まる。その後、民法に関しては、大村敦志＝道垣内弘人（編）『解説民法（債権法）改正のポイント』（2017年）、大村敦志＝窪田充見（編）『解説民法（相続法）改正のポイント』（2019年）、山野目章夫＝佐久間毅（編）『解説民法・不動産登記法（所有者不明土地関係）改正のポイント』（2023年）、大村敦志＝窪田充見（編）『解説民法（家族法）改正のポイントⅠ親子関連法改正編』（2024年）。

(4) 同シリーズは、潮見佳男＝北居功＝高須順一＝赫高規＝中込一洋＝松岡久和（編著）『Before/After民法改正』（2017年、第2版：2021年）に始まる。その後、民法に関しては、潮見佳男＝窪田充見＝中込一洋＝増田勝久＝水野紀子＝山田攝子（編著）『Before/After相続法改正』（2019年）、潮見佳男＝木村貴裕＝水津太郎＝高須順一＝赫高規＝中込一洋＝松岡久和（編著）『Before/After民法・不動産登記法改正』（2023年）。

i

ズ⁽⁵⁾などがある。

　こうした出版状況の下で、類書を新たに重ねて刊行する意義は乏しいことから、ぎょうせいは、本書の共著者の一人に対して、令和3年5月所有者不明土地関係改正（→後掲【別表】①⁽⁶⁾・本書第3章Ⅱ）につき、㋐改正法の公布時に「新旧対照」本⁽⁷⁾を発刊した後、㋑改正法の施行時に「論点解説」本⁽⁸⁾を発刊するという「2段構え」の刊行計画を提示した。

　一方、この時期、法制審議会では、令和4年12月親子法制改正（→【別表】②・本書第3章Ⅳ）に関する部会審議が進行中であり⁽⁹⁾、また、所有者不明土地関係改正に関する答申が採択された令和3年2月10日第189回総会では、法務大臣から新たに「離婚及びこれに関連する家族法制の見直しに関する諮問第113号」（→【別表】④）および「担保法制の見直しに関する諮問第114号」（→【別表】⑤）が発せられ、部会審議が開始されていた。

　その後、諮問第113号（【別表】④）については、法制審議会令和6年2月15日第199回総会で答申（「家族法制の見直しに関する要綱」）が採択されて⁽¹⁰⁾、令和6年5月家族法制改正（→本書第3章Ⅵ）の成立をみるが、第199回総会

---

(5) 同シリーズは、潮見佳男＝千葉恵美子＝片山直也＝山野目章夫（編）『詳解改正民法』（2018年）に始まる。その後、民法に関しては、潮見佳男＝千葉恵美子＝松尾弘＝山野目章夫（編）『詳解改正民法・改正不登法・相続土地国庫帰属法』（2023年）。

(6) 令和元年6月改正（→本書第3章Ⅰ）に関する「特別養子制度の見直しに関する諮問第106号」に対する答申（「特別養子制度の見直しに関する要綱」）が採択された平成31年2月14日第183回総会において、法務大臣から新たに発せられた「民法及び不動産登記法の改正に関する諮問第107号」につき、令和3年2月10日第189回総会にて答申（「民法・不動産登記法（所有者不明土地関係）の改正等に関する要綱」）を採択。

(7) 七戸克彦『新旧対照解説：改正民法・不動産登記法』（ぎょうせい、2021年）。

(8) 七戸克彦『論点解説：改正民法・不動産登記法――法・政令・規則の考え方と対応』（ぎょうせい、2024年）。

(9) 令和元年6月20日第184回総会「民法（親子法制）の見直しに関する諮問第108号」、令和4年2月14日第194回総会で答申（「民法（親子法制）等の改正に関する要綱」）採択。
　このほか、民事関係では、令和2年2月21日第186回総会で発出された「民事裁判手続のIT化に関する諮問第111号」も部会審議中であった（→【別表】③。その後、令和4年2月14日第194回総会で諮問第108号【別表】②・第3章Ⅳ）とともに答申が採択され、令和4年5月25日法律第48号「民事訴訟法等の一部を改正する法律」となる）。
　なお、第194回総会では、法務大臣から新たに「家事事件手続法・民事保全法・民事執行法・倒産法等（IT化関係）の改正に関する諮問第120号」が発せられ（→【別表】⑥）、令和5年2月17日第197回総会での答申採択を経て、令和5年6月改正（→第3章Ⅴ）に結実した。

(10) なお、令和4年9月12日第196回総会にて法務大臣発出の「区分所有法制の見直しに

【別表】　法制審議会（総会）諮問・答申（諮問第 107 号以降・民事関係）

	令和1.6.20 第184回	令和2.2.21 第186回	令和3.2.10 第189回	令和4.2.14 第194回	令和4.9.12 第196回	令和5.2.17 第197回	令和6.2.15 第199回	
①	────諮問第 107 号────→令和 3 年 4 月改正							
②	────諮問第 108 号────→令和 4 年 12 月改正							
③	────諮問第 111 号──→令和 4 年 5 月改正							
④	────諮問第 113 号────→令和 6 年 5 月改正							
⑤	────諮問第 114 号──────→							
⑥	───諮問第 120 号──→							
⑦	────諮問第 124 号──→令和 5 年 6 月改正							
⑧	────諮問第 125 号──→							
⑨	────諮問第 126 号──→							

では、法務大臣から新たに「遺言制度の見直しに関する諮問第 125 号」（**【別表】**⑧）⁽¹¹⁾ならびに「成年後見制度の見直しに関する諮問第 126 号」（**【別表】**⑨）⁽¹²⁾が発せられ、令和 6 年 4 月より「民法（遺言関係）部会」ならびに「民法（成年後見等関係）部会」による審議が行われている。

　だが、このように陸続として連なる近時の法改正に対して、個々の法改正を解説した書籍の刊行は追いついて行けず、目下の発刊状況は、諮問第 113 号に基づく令和 4 年 12 月改正（→**【別表】**④・本書第 3 章Ⅳ）の刊行がようやく始まっ

　関する諮問第 124 号」に対する答申も、第 199 回総会で採択されたが（**【別表】**⑦）、しかし、法案については、令和 6 年国会での提出は見送られた。

(11) 同諮問は、令和 4 年 6 月 7 日「規制改革実施計画」が、社会のデジタル化の基盤整備に関する規制改革事項の一つとして「自筆証書遺言制度のデジタル化」を挙げ、法務省は、以下の各事項について検討を行い、令和 5 年度中を目途に一定の結論を得るとしたことを端緒とする。これを受けて、令和 5 年 10 月 5 日より「デジタル技術を活用した遺言制度の在り方に関する研究会」が開催され（令和 6 年 3 月 19 日第 6 回会議において「報告書」を採択）、諮問第 125 号（「情報通信技術の進展及び普及等の社会情勢に鑑み、遺言制度を国民にとってより一層利用しやすいものとする観点から、遺言者が電子的な手段を用いて作成することのできる新たな遺言の方式に関する規律を整備することを中心として、遺言制度の見直しを行う必要があると思われるので、その要綱を示されたい」）が発せられたものである。

(12) 同諮問が発せられた端緒は、令和 4 年 3 月閣議決定「第 2 期成年後見制度利用促進基本計画」である。これを受けて令和 4 年 6 月 7 日より「成年後見制度の在り方に関する研究会」が開催され（令和 6 年 2 月 22 日第 22 回会議において「報告書」を採択）、諮問第 126 号（「高齢化の進展など、成年後見制度をめぐる諸事情に鑑み、成年後見制度を利用する本人の尊厳にふさわしい生活の継続やその権利利益の擁護等をより一層図る観点から、成年後見制度の見直しを行う必要があると思われるので、その要綱を示されたい」）が発せられたものである。

たばかりという「周回遅れ」の状態にある。

Ⅱ

　そこで、本書では、近時の家族法関係の改正について、個別立法に対する一点集中型の検討ではなく、戦後の家族法改正のすべてを網羅的に列記したうえ、近時の法改正が、そのいずれの延長線上にあるかを示すことに、記述の主眼を置くこととした。

　なお、戦後の家族法改正は、ⓐ昭和30年7月5日「法制審議会民法部会小委員会における仮決定及び留保条項（その一）」[13]・昭和34年6月29・30日「法制審議会民法部会〔身分法〕小委員会における仮決定及び留保条項（その二）」[14]と、ⓑ平成8年2月26日法制審議会第119回総会決定「民法の一部を改正する法律案要綱」[15] の提示していた方向へと、緩やかに実現しつつある過程とも評価できるため、本書では、戦後のすべての改正法のほか、ⓐ・ⓑの全文も収録してある。

　以上の資料を用いて、令和期の家族法改正を把握した結果を概観すれば、次のようになる。

(1) 養子制度

　まず、令和元年6月改正（→本書第3章Ⅰ）は、昭和62年9月改正（→本書第1章Ⅸ）で創設された特別養子の制度につき、養子となる者の年齢を6歳から15歳に引き上げる（817条の5改正）等により制度の利用促進を図ろうとするものであるが、特別養子の制度は、すでに前記ⓐ昭和34年「仮決定及び留保条項（その二）」において提示されていた（第二十八）[16]。

(2) 相続関係

　令和3年4月改正（→本書第3章Ⅱ）における相続関係規定の改正は、㋐所有者不明土地問題発生防止の観点から遺産分割に期間制限を設ける一方、㋑すでに発生してしまった所有者不明土地の管理制度と合わせて相続財産管理制

---

(13) 本書第1章注(18)。
(14) 本書第1章注(19)。
(15) 法務省HP〈https://www.moj.go.jp/shingi1/shingi_960226-1.html〉、本書第2章注(50)。
(16) このほか、特別養子以外の養子法の改正には、昭和37年3月改正（811条・815条。→本書第1章Ⅴ）がある。

度を整備したものであるが、㋐・㋑とも、平成 30 年 7 月相続関係改正（→第 2章 XIII）と基本的には同方向の規定の整備である [17]。

(3) 遺言制度

一方、法制審議会の部会審議が目下進行中の遺言制度の見直しに関する諮問第 125 号（→前掲【別表】⑧）は、①平成 30 年 7 月相続関係改正（民法 899 条の 2・902 条・907 条・964 条・968 条・970 条・982 条・998 条・1007 条・1012-1016条・1025 条。→本書第 2 章 XIII）と「法務局における遺言書の保管等に関する法律」（平成 30 年法律第 73 号。遺言書保管法）の制定の後 [18]、②令和 3 年 5 月改正（984条。→第 3 章 III）、③令和 5 年 6 月改正（969 条・969 条の 2・984 条。→第 3 章 V）と続く一連の遺言法改正の延長線上にある。

(4) 成年後見制度

同様に法制審議会の部会審議が目下進行中の成年後見制度の見直しに関する諮問第 126 号（→前掲【別表】⑨）は、①平成 11 年 12 月改正（→本書第 2 章 II）で創設された成年後見制度につき、②議員立法である平成 28 年 4 月改正（→第 2 章 IX）以来の改正を加えるものである。

(5) 子の利益の保護

出版各社が書籍発刊に向けて目下注力中の、㋐令和 4 年 12 月親子法制改正（→本書第 3 章 IV）と、㋑令和 6 年 5 月家族法制改正（→第 3 章 VI）のうち、子の利益の保護を図るための法改正の部分は、平成 23 年 6 月改正（→第 2 章 VII）の延長線上に位置している。

ただし、㋑令和 6 年 5 月改正のうち、①民法 754 条（夫婦間の契約取消権）の削除、② 768 条（財産分与）の規律内容の改正、③ 770 条 1 項 4 号（精神病離婚）の削除は、平成 8 年 2 月 26 日法制審議会第 119 回総会決定「民法の一部を改正す

---

(17) 平成 30 年 7 月改正より前の相続関係規定の改正には、①昭和 37 年 3 月改正（887-889 条・900-901 条・919 条・939 条・958 条・958 条の 2・958 条の 3・959 条・994 条。→本書第 1 章 V）、②昭和 54 年 12 月改正（1005 条。→第 1 章 VII）、③昭和 55 年 5 月改正（889 条・900-901 条・904 条の 2・906 条。→第 1 章 VIII）、④平成 11 年 12 月改正（917 条・962 条・969 条・969条の 2・972-974 条・976 条・979 条・1009 条。→第 2 章 II）がある。

(18) なお、それ以前の遺言規定の改正には、①昭和 24 年 5 月改正（974 条。→本書第 1 章 III）、②昭和 37 年 3 月改正（994 条。→第 1 章 V）、③昭和 54 年 12 月改正（1005 条。→第 1 章 VII）、④平成 11 年 12 月改正（839 条・848 条・962 条・969 条・969 条の 2・972-974 条・976 条・979 条・1009 条。→第 2 章 II）、⑤平成 16 年 12 月民法現代語化改正（→第 2 章 VI）、⑥平成 29 年 6 月債権関係改正（1012 条・1016 条・1018 条。→第 2 章 XI）がある。

る法律案要綱」の提言（①につき第五、②につき第六・二・3、③につき第七・一）が、実に28年の時を経てようやく実現したものであり、このこととの関係でいえば、本書における戦後の家族法改正規定の網羅的挙示や、法制審議会の昭和30年・34年小委員会「仮決定」および平成8年「法律案要綱」の全文引用は、直近の法改正にとどまらず、およそすべての家族法関係の論点との関係で汎用性を有する資料となるだろう[19]。

Ⅲ

　以上のような次第で、令和期の家族法改正を戦後の法改正全体の流れの中で位置づけるという基本方針の結果として、本書は『戦後家族法改正大全』のごとき様相を呈することとなったが、その一方で、本書では、令和3年4月所有者不明土地関係改正（→本書第3章Ⅱ）の「新旧対照」本で用いた出典提示の方法——個々の条文ごとに法制審議会の部会資料や国会の議事録の該当頁を挙示する方法——を維持・採用している。立法担当者の解説書やこれに依拠した研究者・実務家の著作では、立法過程における反対意見の存在や議論の変化に関する情報が捨象されているためである[20]。

　この点に関しては、令和6年5月改正（→本書第3章Ⅵ）で新設された子の

---

(19) たとえば、平成8年「法律案要綱」は選択的夫婦別氏を提言していたが（第三）、この答申を受けた法律案を、政府は今日に至るまで国会に提出していない。一方、国会では、選択的夫婦別氏を認める議員立法が幾度となく繰り返し提出されているが（衆議院HPの立法情報＞議案情報〈https://www.shugiin.go.jp/internet/itdb_gian.nsf/html/gian/menu.htm〉で検索可能な平成10年第142回国会（常会）以降でも、①第142回国会（常会）衆法第29号、②第146回国会（臨時会）衆法第17号・③参法第7号、④第147回国会（常会）参法第4号、⑤第150回国会（臨時会）参法第12号、⑥第151回国会（常会）衆法第23号・⑦衆法第54号・⑧参法第19号、⑨第153回国会（臨時会）参法第3号、⑩第156回国会（常会）参法第14号、⑪第159回国会（常会）衆法第40号・⑫参法第16号、⑬第162回国会（常会）参法第2号、⑭第164回国会（常会）衆法第35号・⑮参法第17号、⑯第169回国会（常会）参法第12号、⑰第171回国会（常会）参法第20号、⑱第189回国会（常会）参法第8号、⑲第190回国会（常会）衆法第37号、⑳第196回国会（常会）衆法第37号・㉑参法第18号、㉒第208回国会（常会）衆法第53号の議員立法が提出されている）、法案の可決成立には至っていない。

(20) 令和3年4月改正の「新旧対照」本に関しては、「新設規定の検討がどの『部会資料』、どの『会議議事録』で検討されているかの詳細なフォローがなされており、立法過程を調査するための基礎資料としてきわめて有益である」（吉田克己『物権法Ⅰ』（信山社、2023年）69頁注62）との評価を頂戴している。

監護の費用の先取特権（民法 396 条 3 号・306 条の 2）を例に説明しよう。子の監護費用を被担保債権とする一般先取特権を創設することで子の利益を確保する発想は、法制審議会審議に先立つ「嫡出推定制度を中心とした親子法制の在り方に関する研究会」[21] では存在しておらず、法制審議会家族法制部会の令和 3 年 6 月 22 日第 4 回会議での小粥太郎委員の発言を受けて [22]、「部会資料12」で提示され [23]、令和 4 年 3 月 29 日第 13 回会議での杉山悦子幹事の賛同を得て [24] 成案に至ったものである。

　なお、法制審議会の審議内容については、平成 8 年以降の資料が法務省のWeb サイトに掲載されているが[25]、現在のように発言者の氏名を明らかにした議事録が作成されるようになるのは、平成 20 年 3 月 26 日法制審議会第 156 回総会での決定 [26] 以降のことである。同年以降、法制審議会への諮問を経て成立した民法・家族法関係の改正のうち、本書では、改正時期の古い 3 つ——平成 23 年 6 月親権制度改正（→本書第 2 章Ⅶ）、平成 29 年 6 月債権関係改正（→第 2 章Ⅺ）、平成 30 年 6 月婚姻適齢改正（→第 2 章Ⅻ）——については、頁数の制約から部会資料・議事録等の挙示を割愛し、立法事実や立法過程における法律構成の変更等について現在もなお争いのある平成 30 年 7 月相続関係改正

---

(21)　平成 30 年 10 月 18 日第 1 回〜令和元年 7 月 16 日第 13 回（最終回）の資料および議事録については、商事法務研究会 HP〈https://www.shojihomu.or.jp/page/chakushutsu-suitei〉参照。

(22)　部会第 4 回会議議事録 14 頁「養育費は債務名義をより簡単に取れるようにするといったことが示唆されていますけれども、ただの金銭債権ではなく、若干の特殊性がある金銭債権ということで、あるいは、例えば先取特権を付与するような形にした方が、取扱いが正当化できるというようなことがあるんだとすると、そこも考えた方がいいのではないかと思っております」。

(23)　「部会資料 12」20 頁（注）「この点については、一巡目の検討では、養育費について一般先取特権を付けることの可能性について指摘があったところ、法定養育費請求権について一般先取特権を付けることも考えられる。もっとも、養育費について別途債務名義のある取決めをした場合にはこのような担保権がなくなるとすると、制度として不均衡であるという点や、そもそも一般債権者よりも子を優先することの相当性等について、更に慎重な検討を要する」。

(24)　部会第 13 回会議議事録 16-17 頁「私自身は〔部会資料 12〕20 ページの（注）にあるような一般先取特権説に若干魅力を感じておりまして、それは、優先権を付与するということと以外にも、債務名義がなくても実行することができるからです」。

(25)　法制審議会（総会）資料につき〈https://www.moj.go.jp/shingi1/shingi_index_old0110.html〉。

(26)　法務省 HP〈https://www.moj.go.jp/shingi1/shingi2_080326-1.html〉。

（→第2章XIII）[27] から後の法改正について条文ごとの資料の挙示を行った。

IV

　令和3年4月改正の「新旧対照」本・「論点解説」本と同様、本書の執筆に際しても、（株）ぎょうせい出版事業部出版事業第2課の皆さんのお世話になった。心よりお礼を申し上げたい。

令和6年8月

七 戸 克 彦

小 池 　 泰

園 田 彩 乃

---

(27)　①899条の2第1項に関する当初の「遺贈」構成から「遺産分割」構成への変更につき七戸克彦「民法899条の2をめぐって（1）〜（3・完）」法政研究87巻1号（2020年）190頁、2号226頁、4号（2021年）350頁、②配偶者の法定相続分の引上げを断念した代替策につき七戸克彦「特別受益の持戻し免除の意思表示——民法903条3項・4項に関する一考察」法政研究90巻3号（2023年）51頁、③配偶者居住権につき松本克美「相続をめぐる近時の法改正の意義と課題——配偶者居住権を中心に」立命館法学413号（2024年）235頁。

目　次

目　　　次

はしがき

目次

凡例

第1章　昭和期（戦後）の家族法改正
七戸克彦

〔前注〕 ……………………………………………………………………… 2

Ⅰ　昭和22年12月：家族法全面改正 ……………………………… 6

　1　改正法の目的・6／2　改正の経緯・6／3　新旧対照・7

Ⅱ　昭和23年12月：家庭裁判所設置に伴う改正 ……………… 22

　1　改正法の目的・22／2　改正の経緯・22／3　新旧対照・24

Ⅲ　昭和24年5月：公証人法改正に伴う改正 ………………… 26

　1　改正法の目的・26／2　改正の経緯・26／3　新旧対照・27

Ⅳ　昭和25年5月：精神衛生法制定に伴う改正 ……………… 28

　1　改正法の目的・28／2　改正の経緯・28／3　新旧対照・29

Ⅴ　昭和37年3月：家族法改正 …………………………………… 30

　1　改正法の目的・30／2　改正の経緯・30／3　新旧対照・42

Ⅵ　昭和51年6月：離婚復氏制度の改正 ……………………… 48

　1　改正法の目的・48／2　改正の経緯・48／3　新旧対照・49

Ⅶ　昭和54年12月：遺言に関する過料額の改定 …………… 51

　1　改正法の目的・51／2　改正の経緯・51／3　新旧対照・52

Ⅷ　昭和55年5月：相続分の改定・寄与分の創設 ………… 53

　1　改正法の目的・53／2　改正の経緯・53／3　新旧対照・58

Ⅸ　昭和62年9月：特別養子制度の創設 ……………………… 61

　1　改正法の目的・61／2　改正の経緯・61／3　新旧対照・64

ix

目　次

第2章　平成期の家族法改正
園田彩乃

〔前注〕 ……………………………………………………………………………… 72

Ⅰ　平成元年6月：旧757条の削除 …………………………………………… 75
　　1　改正法の目的・75 ／ 2　改正の経緯・75 ／ 3　新旧対照・75

Ⅱ　平成11年12月：成年後見制度の導入 ………………………………… 77
　　1　改正法の目的・77 ／ 2　改正の経緯・77 ／ 3　新旧対照・78

Ⅲ　平成15年7月：人事訴訟法制定に伴う改正 ………………………… 94
　　1　改正法の目的・94 ／ 2　改正の経緯・94 ／ 3　新旧対照・95

Ⅳ　平成16年12月：民法現代語化改正 …………………………………… 98
　　1　改正法の目的・98 ／ 2　改正の経緯・98 ／ 3　新旧対照・98

Ⅴ　平成17年7月：財産分離の公告手続改正 …………………………… 178
　　1　改正法の目的・178 ／ 2　改正の経緯・178 ／ 3　新旧対照・179

Ⅵ　平成18年6月：限定承認の公告手続改正 …………………………… 181
　　1　改正法の目的・181 ／ 2　改正の経緯・181 ／ 3　新旧対照・182

Ⅶ　平成23年6月：親権制度改正 ………………………………………… 183
　　1　改正法の目的・183 ／ 2　改正の経緯・183 ／ 3　新旧対照・184

Ⅷ　平成25年12月：非嫡出子相続分改正 ……………………………… 191
　　1　改正法の目的・191 ／ 2　改正の経緯・191 ／ 3　新旧対照・196

Ⅸ　平成28年4月：成年後見制度改正 …………………………………… 198
　　1　改正法の目的・198 ／ 2　改正の経緯・198 ／ 3　新旧対照・199

Ⅹ　平成28年6月：再婚禁止期間改正 …………………………………… 202
　　1　改正法の目的・202 ／ 2　改正の経緯・202 ／ 3　新旧対照・203

Ⅺ　平成29年6月：債権関係改正 ………………………………………… 205
　　1　改正法の目的・205 ／ 2　改正の経緯・205 ／ 3　新旧対照・206

Ⅻ　平成30年6月：成年年齢の引下げ …………………………………… 207
　　1　改正法の目的・207 ／ 2　改正の経緯・207 ／ 3　新旧対照・209

ⅩⅢ　平成30年7月：相続関係改正 ………………………………………… 212
　　1　改正法の目的・212 ／ 2　改正の経緯・212 ／ 3　新旧対照・213

第3章　令和期の家族法改正

小池　泰

〔前注〕 ……………………………………………………………………………… 262

Ⅰ　令和元年6月：特別養子制度改正 ……………………………………… 263

  1　改正法の目的・263 ／ 2　改正の経緯・263 ／ 3　新旧対照・264

Ⅱ　令和3年4月：所有者不明土地関係改正 …………………………… 267

  1　改正法の目的・267 ／ 2　改正の経緯・267 ／ 3　新旧対照・268

Ⅲ　令和3年5月：遺言法改正（デジタル社会関係） ………………… 284

  1　改正法の目的・284 ／ 2　改正の経緯・284 ／ 3　新旧対照・284

Ⅳ　令和4年12月：親子法制改正 ……………………………………… 286

  1　改正法の目的・286 ／ 2　改正の経緯・286 ／ 3　新旧対照・287

  3-1　民法の改正（改正法1条）・288 ／ 3-2　児童福祉法の改正（改正法2条）・304 ／ 3-3　国籍法の改正（改正法3条）・305 ／ 3-4　児童虐待防止法の改正（改正法4条）・305 ／ 3-5　人事訴訟法の改正（改正法5条）・306 ／ 3-6　家事事件手続法の改正（改正法6条）・309 ／ 3-7　生殖補助医療法の改正（改正法6条）・311

Ⅴ　令和5年6月：遺言法改正（民事裁判IT化関係） ………………… 314

  1　改正法の目的・314 ／ 2　改正の経緯・314 ／ 3　新旧対照・315

Ⅵ　令和6年5月：家族法制改正 ……………………………………… 320

  1　改正法の目的・320 ／ 2　改正の経緯・320 ／ 3　新旧対照・321

  3-1　民法の改正（改正法1条）・322 ／ 3-2　民事執行法の改正・350 ／ 3-3　人事訴訟法の改正（改正法3条）・358 ／ 3-4　家事事件手続法の改正・361 ／ 3-5　諸法の改正（附則8条～15条）・375

事項別索引 ……………………………………………………………………… 393

条文索引 ………………………………………………………………………… 395

凡 例

1. 法令や各種資料における数詞（条文等）の〈漢数字〉については、〈アラビア数字〉表記に変更した（例：「第三百六条」→「第 306 条」）。
2. 各種資料におけるアラビア数字ならびにアルファベットの〈全角〉表記については〈半角〉表記に変更し、句読点については〈、〉〈。〉に統一した。
3. 条文の新旧対照表の「左欄」は〈新法（改正後）〉、「右欄」は〈旧法（改正前）〉である。

新法（改正後）	旧法（改正前）

  ＊ 「官報」電子版の「イメージ表示」（pdf 版・縦書き）の新旧対照表は「上欄」が〈改正後〉、「下欄」が〈改正前〉であり、「テキスト表示」（横書き）の新旧対照表は、「イメージ表示」の縦書きの条文対照表を左 90 度回転させて「左欄」を〈改正後〉、「右欄」を〈改正前〉としている。

4. 法制審議会（総会・部会）の資料・会議録や、国会の議事録その他各種文献の引用・表記方法については、令和 3 年 5 月改正に関する「新旧対照」本・「論点解説」本（「はしがき」注(7)・(8) 参照）に準拠した。

第1章 昭和期（戦後）の家族法改正

七戸克彦

第 1 章　昭和期（戦後）の家族法改正

〔前注〕

　明治 29 年・明治 31 年公布の現行民法「第一編第二編第三編」「第四編第五編」は、戦後の昭和 22 年家族法全面改正までの間に、計 8 回の改正を受けているが（【図表 1-1】①〜⑧）、このうち家族法（「民法第四編第五編」）の条文に関わる改正は、【図表 1-1】〔Ⅰ〕〜〔Ⅴ〕の計 5 回である[(1)]。

【図表 1-1】　戦前の民法・家族法改正

	明治 29 年 4 月 27 日法律第 89 号「民法第一編第二編第三編」 （施行：明治 31 年 7 月 16 日）
	明治 31 年 6 月 21 日法律第 9 号「民法第四編第五編」 （施行：明治 31 年 7 月 16 日）

----

(1)　なお、その間、大正 8 年から昭和 19 年までの 25 年の長きにわたって、家族法の改正作業も行われた。この作業は、①内閣総理大臣の諮問機関として設置された「臨時法制審議会」による「民法改正要綱」の策定と、②同要綱を条文化するため司法省に設置された「民法改正調査委員会」による草案（「人事草案」と呼ばれる）起草作業の 2 段階に分かれる（詳細は、唄孝一＝利谷信義「『人事法案』の起草過程とその概要」我妻栄先生追悼論文集『私法学の新たな展開』（有斐閣、1975 年）471 頁、床谷文雄「臨時法制審議会民法改正要綱（大正 14 年）における父母の婚姻同意権」神戸女学院大学論集 29 巻 2 号（1982 年）1 頁、和田啓作「臨時法制審議会の民法改正作業における配偶者相続制度の登場──穂積重遠の配偶者保護構想と法定均分相続制への展開」西南学院大学大学院法学研究論集 16 号（1998 年）131 頁、蓑輪明子「1920 年代の『家』制度改正論──臨時法制審議会の民法改正構想を素材に」一橋社会科学 5 号（2008 年）85 頁、蓑輪明子「臨時法制審議会の民法改正要綱における『家』の強化論──家族関係の再編と法律婚主義」歴史評論 785 号（2015 年）32 頁、小沢奈々「大正・昭和初期婦人団体による対議会活動と民法学者──『民法改正要綱』をめぐる穂積重遠と末弘厳太郎の見解」法学研究（慶応大）88 巻 9 号（2015 年）1 頁、白石大輝「明治・大正期における『家産制度』論──臨時法制審議会の議論を中心に」法学政治学論究（慶応大）124 号（2020 年）281 頁。
　　①臨時法制審議会「民法改正要綱」──原敬内閣時代の大正 8 年 7 月 8 日勅令第 323 号「臨時法制審議会官制」により翌 7 月 9 日に組織された臨時法制審議会に対する総理大臣の諮問第 1 号は「現行民法中我国古来ノ醇風美俗ニ副ハザルモノアリト認ム其改正ノ要領如何」という非常に保守的な改正方針であった。審議会は、6 年の審議の後、大正 14 年 5 月 19 日「民法親族編中改正ノ要綱」（34 項目）、2 年後の昭和 2 年 12 月 1 日「民法相続編中改正ノ要綱」（17 項目）を決議し、両要綱は昭和 2 年 12 月に公表された。
　　②民法改正調査委員会「人事草案」起草作業──要綱の条文化のため、翌昭和 3 年 10 月 11 日司法省に組織された民法改正調査委員会は、15 年にわたる審議を経て、親族編については昭和 18 年 4 月 1 日に第 5 次草案の幹事会仮決定まで漕ぎつけたが、相続編については仮決定案審議中の昭和 19 年 10 月、太平洋戦争の激化により作業中止のまま終わった。

〔前注〕

	①	明治34年4月13日法律第36号「民法中改正法律」（施行：明治34年5月3日）	374条改正
〔Ⅰ〕	②	明治35年4月5日法律第37号「民法中改正法律」（施行：明治35年4月25日）	旧743条改正
〔Ⅱ〕	③	大正14年4月1日法律第42号「外国人土地法」附則11条による改正（施行：大正15年11月10日）	旧990条改正
	④	大正15年4月24日法律第69号「民法中改正法律」（施行：昭和4年10月1日）	150条改正
	⑤	昭和13年3月22日法律第18号「民法中改正法律」（施行：昭和13年6月1日）	45条・46条・48条・77条・97条ノ2・174条ノ2改正
〔Ⅲ〕	⑥	昭和16年3月3日法律第21号「民法中改正法律」（施行：昭和16年3月3日）	旧749条改正
〔Ⅳ〕	⑦	昭和17年2月12日法律第7号「民法中改正法律」（施行：昭和17年3月1日）	旧735条・827条・828条・830条・835条・836条・970条・974条・995条・1004条改正
〔Ⅴ〕	⑧	昭和22年4月16日法律第61号「検察庁法」附則42条による改正（施行：昭和22年5月3日）	附則42条「政令で特別の定をした場合を除いて他の法令中『検事』を『検察官』に『管轄裁判所ノ検事』を『管轄裁判所ニ対応スル検察庁ノ検察官』に改める」

　一方、戦前から数えると9回目の改正になる昭和22年の家族法全面改正から令和6年家族法制（共同親権等）改正までの改正回数は計55回、このうちの家族法関係の改正は計29回になる（昭和期19回〔家族法改正9回〕、平成期28回〔家族法改正13回〕、令和期8回〔家族法改正6回〕）[2]。

(2)　池田恒男「日本民法の展開(1)民法典の改正──前三編」広中俊雄＝星野英一（編）『民

第 1 章　昭和期（戦後）の家族法改正

　平成期・令和期の改正については、本書「第 2 章」「第 3 章」の〔前注〕に掲記することとし、戦後（昭和期）の改正一覧を示すならば、【図表 1-2】のようになる。

【図表 1-2】　戦後（昭和期）の民法・家族法改正

〔Ⅰ〕	①	昭和 22 年 12 月 22 日法律第 222 号「民法の一部を改正する法律」（施行：昭和 23 年 1 月 1 日）
〔Ⅱ〕	②	昭和 23 年 12 月 21 日法律第 260 号「裁判所法の一部を改正する等の法律」9 条による改正（施行：昭和 24 年 1 月 1 日）
	③	昭和 24 年 5 月 28 日法律第 115 号「民法等の一部を改正する法律」1 条による改正（施行：昭和 24 年 5 月 28 日即日施行）
〔Ⅲ〕	④	昭和 24 年 5 月 31 日法律第 141 号「公証人法等の一部を改正する法律」2 条による改正（施行：昭和 24 年 6 月 1 日）
〔Ⅳ〕	⑤	昭和 25 年 5 月 1 日法律第 123 号「精神衛生法」附則 4 項による改正（施行：昭和 25 年 5 月 1 日即日施行）
	⑥	昭和 33 年 3 月 10 日法律第 5 号「遺失物法等の一部を改正する法律」3 条による改正（施行：昭和 33 年 7 月 1 日）
	⑦	昭和 33 年 4 月 15 日法律第 62 号「計量単位の統一に伴う関係法律の整備に関する法律」3 条による改正（施行：昭和 34 年 1 月 1 日）
〔Ⅴ〕	⑧	昭和 37 年 3 月 29 日法律第 40 号「民法の一部を改正する法律」（施行：昭和 37 年 7 月 1 日）
	⑨	昭和 37 年 4 月 4 日法律第 69 号「建物の区分所有等に関する法律」附則 3 条による改正（施行：昭和 38 年 4 月 1 日）
	⑩	昭和 38 年 7 月 9 日法律第 126 号「商業登記法の施行に伴う関係法令の整理等に関する法律」3 条による改正（施行：昭和 39 年 4 月 1 日）
	⑪	昭和 39 年 6 月 10 日法律第 100 号「遺言の方式の準拠法に関する法律」附則 4 項による改正（施行：昭和 39 年 8 月 2 日）
	⑫	昭和 41 年 6 月 30 日法律第 93 号「借地法等の一部を改正する法律」4 条による改正（施行：昭和 41 年 7 月 1 日）
	⑬	昭和 41 年 7 月 1 日法律第 111 号「執行官法」附則 16 条による改正（施行：昭和 41 年 12 月 31 日）

　法典の百年Ⅰ全般的考察』（有斐閣、1998 年）121 頁、大村敦志「日本民法の展開(1)民法典の改正——後二編」同書 126 頁に、平成 8（1996）年までの改正一覧が掲記されている。

〔前注〕

	⑭	昭和46年6月3日法律第99号「民法の一部を改正する法律」(施行：昭和47年4月1日)
〔Ⅵ〕	⑮	昭和51年6月15日法律第66号「民法等の一部を改正する法律」1条による改正（施行：昭和51年6月15日）
	⑯	昭和54年3月30日法律第5号「民事執行法の施行に伴う関係法律の整理等に関する法律」2条による改正（施行：昭和55年10月1日）
〔Ⅶ〕	⑰	昭和54年12月20日法律第68号「民法及び民法施行法の一部を改正する法律」1条による改正（施行：昭和55年6月20日）
〔Ⅷ〕	⑱	昭和55年5月17日法律第51号「民法及び家事審判法の一部を改正する法律」1条による改正（施行：昭和56年1月1日）
〔Ⅸ〕	⑲	昭和62年9月26日法律第101号「民法等の一部を改正する法律」1条による改正（施行：昭和63年1月1日）

以下、〔Ⅰ〕～〔Ⅸ〕の計9回の家族法改正の内容について説明する。

5

第 1 章　昭和期（戦後）の家族法改正

I　昭和 22 年 12 月：家族法全面改正

1　改正法の目的

　昭和 22 年 12 月 22 日の民法「第 4 編　親族」「第 5 編　相続」の全面改正は、日本国憲法 24 条 2 項の掲げる家族法立法の基本原理――「法律は、個人の尊厳と両性の本質的平等に立脚して、制定されなければならない」を受けたものである。

2　改正の経緯 [3]

(1)　昭和 22 年 4 月「日本国憲法の施行に伴う民法の応急的措置に関する法律」

　終戦直後の昭和 20 年 10 月 25 日に幣原喜重郎内閣が設置した憲法問題調査会（委員長：松本烝治国務大臣）作成の憲法草案（いわゆる「松本草案」）に失望した GHQ は自ら草案起草に着手、昭和 21 年 2 月 13 日日本政府に提示された GHQ 草案（いわゆる「マッカーサー草案」）に基づき、同年 3 月 6 日日本政府は「憲法改正草案要綱」を作成、同年 6 月 20 日第 90 回帝国議会に提出された政府案「大日本帝国憲法改正案」を衆議院・貴族院は一部修正のうえ 10 月 7 日に可決、その後枢密院への諮詢、天皇の裁可を経て、11 月 3 日「日本国憲法」として公布され、昭和 22 年 5 月 3 日施行の運びとなった。

　一方、民法家族法の改正作業は、政府の「憲法改正草案要綱」の公表直後より開始され、昭和 21 年 7 月 3 日勅令第 348 号「臨時法制調査会官制」に基づく内閣総理大臣の諮問機関として設置された「臨時法制調査会」の 7 月 11 日第 1 回総会において「憲法の改正に伴い制定または改正を必要とする主要な法

---

(3) 改正経緯の詳細については、我妻栄（編）『戦後における民法改正の経過』（日本評論社、1956 年 3 月）。なお、大村・前掲注(2)144 頁、和田幹彦「戦後占領期の民法・戸籍法改正――『家』の廃止とその限界」法社会学 48 号（1996 年）209 頁、和田幹彦「戦後占領期の民法・戸籍法改正過程――『家』の廃止を中心として (1) ～ (11・完)」法学志林 94 巻 4 号（1997 年）51 頁、95 巻 2 号 29 頁、4 号（1998 年）39 頁、101 巻 3 号（2004 年）45 頁、4 号 77 頁、103 巻 4 号（2006 年）1 頁、104 巻 2 号 1 頁、3 号（2007 年）35 頁、4 号 47 頁、105 巻 3 号（2008 年）73 頁、106 巻 4 号（2009 年）1 頁、和田幹彦「戦後占領期の民法改正過程――『家』の廃止」私法 61 号（1999 年）230 頁以下も参照。

6

律についてその法案の要綱を示されたい」との諮問がされる。また、同日には、要綱の条文化のため司法省に司法法制審議会が組織されるが、この組織は臨時法制調査会の第三部会（司法関係）が兼ねるものとされた。

その後、翌昭和 22 年 2 月 21 日には民法改正第 6 次案の英訳が GHQ 民政局に提出されたが、再三の要望も空しく、3 月 5 日に至って GHQ は、他の法案の審査のため、民法改正案の審査を憲法施行日までに行うことは不可能になったと通告してきた。

そのため、新憲法の施行から改正民法の施行までの空白期間を埋めるため、急遽 3 月 17 日に「日本国憲法の施行に伴う民法の応急的措置に関する法律案」が第 92 回帝国議会に提出され、3 月 31 日に公布をみた。なお、同法の附則は、施行日を「日本国憲法施行の日」（昭和 22 年 5 月 3 日）とするほか、翌「昭和 23 年 1 月 1 日から、その効力を失う」と規定している[4]。

(2) 昭和 22 年 12 月「民法の一部を改正する法律」

一方、民法改正の第 6 次案は、GHQ の承認を得て昭和 22 年 5 月に公表され、6 月 24 日に口語体の第 7 次案が策定された後、7 月 11 日最終確定の第 8 次案が、7 月 15 日閣議決定を経て、第 1 回国会（特別会）に 7 月 23 日閣法第 17 号として提出されて、修正のうえ 12 月 9 日可決成立、12 月 22 日法律第 222 号として公布された。なお、同改正法律附則 1 条は「この法律は、昭和 23 年 1 月 1 日から、これを施行する」旨を規定する。

3　新旧対照

昭和 22 年民法（家族法）の全面改正について解説した文献は、枚挙に暇がないが[5]、改正法の特徴を 1 点のみ指摘しておくならば、改正個所の多くは、

---

(4) 加藤雅信「歴史の中の日本民法・家族法序説——政治・外交と法制定の交錯」名古屋学院大学論集社会科学篇 58 巻 4 号（2022 年）241 頁、加藤雅信「『憲法施行に伴う民法応急的措置法』立法の秘められた背景事情——続・歴史の中の日本民法、家族法序説」名古屋学院大学論集社会科学篇 59 巻 1 号（2022 年）63 頁。

(5) さしあたり、改正当時の解説書を挙げれば、湯川洋蔵（編修）／司法省民法調査室（解説）『新民法読本——改正民法・全文』（日本週報社、1948 年）、野津務『改正民法解説』（穂高書房、1948 年）、我妻栄『家の制度——その倫理と法理』（酣燈社、1948 年）、奥野健一『改正民法の解説』（三省堂、1948 年）、中川善之助『新民法の指標と立案経過の点描』（朝日新聞社、1949 年）、我妻栄『改正親族・相続法解説』（日本評論社、1949 年）、我妻栄『改正民法余話——新しい家の倫理』（学風書院、1949 年）など。

第 1 章　昭和期（戦後）の家族法改正

旧法の規定のうち、「家」制度その他、新憲法の「個人の尊厳と両性の本質的平等」の理念に合致しない規定の単純削除である。それゆえ、削除されなかった条文に関しては、戦前の判例・学説の蓄積をそのまま活用できるところ、①削除の結果、条数に変更が生じていることのほか、②およそ一般に、戦前の判例・学説を引用することに抵抗があるためだろうか、財産法と異なり、家族法については、戦前の判例・学説の参照が相対的に見て少数で、戦前からの資産が未利用状態にある。

以下に、令和 6 年 5 月段階の現行規定と、戦前の旧規定との対照表を掲げておくが、現行規定については、平成 16 年 12 月民法現代語化改正（→第 2 章Ⅳ）を除けば、昭和 22 年 12 月全面改正以降、変更を受けていない条文が多数を占める（昭和 22 年改正法 [6] と、その後の改正との新旧対照については、本書各章の当該個所を参照いただきたい）。

現行法	旧法	昭和期の改正	平成期の改正	令和期の改正
第 4 編　親族				
第 1 章　総則				
725 条	725 条		⇨平 16	
726 条	726 条		⇨平 16	
727 条	727 条		⇨平 16	
728 条	729 条		⇨平 16	
729 条	730 条		⇨平 16	
730 条	新設		⇨平 16	
第 2 章　婚姻				
第 1 節　婚姻の成立				
第 1 款　婚姻の要件				
731 条	765 条		⇨平 16　⇨平 30.6	
732 条	766 条		⇨平 16	
733 条	767 条		⇨平 16　⇨平 28.6	⇨令 4（削除）
734 条	769 条	⇨昭 62	⇨平 16	
735 条	770 条	⇨昭 62	⇨平 16	
736 条	771 条		⇨平 16	

----

(6) 昭和 22 年改正当初の原始規定については、衆議院 HP> 立法情報 ＞制定法律情報 ＞第 1 回国会制定法律の一覧に、電子データ〈https://www.shugiin.go.jp/internet/ itdb_housei. nsf/html/houritsu/00119471222222.htm〉が掲載されている。

条	旧条				
737条	772条		⇨平16	⇨平30.6（削除）	
738条	774条	⇨平11	⇨平16		
739条	775条		⇨平16		
740条	776条		⇨平16	⇨平30.6	⇨令4
741条	777条		⇨平16		
第2款　婚姻の無効及び取消し〔平16：「婚姻の無効及び取消」から款名変更〕					
742条	778条		⇨平16		
743条	779条		⇨平16		⇨令4
744条	780条	⇨平15	⇨平16		⇨令4
745条	781条		⇨平16		
746条	782条		⇨平16	⇨平28.6	⇨令4（削除）
747条	785条	⇨平15	⇨平16		
748条	787条		⇨平16		
749条	新設	⇨平15	⇨平16		
第2節　婚姻の効力					
750条	788条		⇨平16		
751条	新設		⇨平16		
752条	789-790条		⇨平16		
753条	新設		⇨平16	⇨平30.6（削除）	
754条	792条		⇨平16		
第3節　夫婦財産制					
第1款　総則					
755条	793条		⇨平16		
756条	794条		⇨平16		
757条	795条	⇨平1（削除）			
758条	796条	⇨昭23	⇨平16		
759条	797条		⇨平16		
第2款　法定財産制					
760条	798条		⇨平16		
761条	804条		⇨平16		
762条	807条		⇨平16		
第4節　離婚					
第1款　協議上の離婚					
763条	808条		⇨平16		
764条	810条		⇨平16		

第1章　昭和期（戦後）の家族法改正

765 条	811 条			⇨平 16	
766 条	812 条	⇨昭 23		⇨平 16　⇨平 23	
767 条	新設		⇨昭 51	⇨平 16	
768 条	新設	⇨昭 23		⇨平 16	
769 条	新設	⇨昭 23		⇨平 16	
第2款　裁判上の離婚					
770 条	813 条			⇨平 16	
771 条	819 条			⇨平 16	
第3章　親子					
第1節　実子					
772 条	820 条			⇨平 16	⇨令 4
773 条	821 条			⇨平 16	⇨令 4
774 条	822 条			⇨平 16	⇨令 4
775 条	823 条	⇨昭 23		⇨平 16	⇨令 4
776 条	824 条			⇨平 16	⇨令 4
777 条	825 条			⇨平 16	⇨令 4
778 条	826 条		⇨平 11	⇨平 16	⇨令 4
778 条の 2					⇨令 4（新設）
778 条の 3					⇨令 4（新設）
778 条の 4					⇨令 4（新設）
779 条	827 条			⇨平 16	
780 条	828 条		⇨平 11	⇨平 16	
781 条	829 条			⇨平 16	
782 条	830 条			⇨平 16	
783 条	831 条			⇨平 16	⇨令 4
784 条	832 条			⇨平 16	
785 条	833 条			⇨平 16	
786 条	834 条			⇨平 16	⇨令 4
787 条	835 条			⇨平 16	
788 条	新設			⇨平 16	
789 条	836 条			⇨平 16	
790 条	733-735 条			⇨平 16	
791 条	新設	⇨昭 23　⇨昭 62		⇨平 16	
第2節　養子					
第1款　縁組の要件					

10

I　昭和 22 年 12 月：家族法全面改正

792 条	837 条			⇨平 16　⇨平 30.6		
793 条	838 条			⇨平 16		
794 条	840 条	⇨昭 23	⇨平 11	⇨平 16		
795 条	841 条		⇨昭 62	⇨平 16		
796 条	842 条		⇨昭 62	⇨平 16		
797 条	843 条		⇨昭 62	⇨平 16　⇨平 23		
798 条	新設	⇨昭 23		⇨平 16		
799 条	847 条			⇨平 16		
800 条	849 条			⇨平 16		
801 条	850 条			⇨平 16		
第 2 款　縁組の無効及び取消し〔平 16：「縁組の無効及び取消」から款名変更〕						
802 条	851 条			⇨平 16		
803 条	852 条			⇨平 16		
804 条	853 条			⇨平 15 ⇨平 16　⇨平 30.6		
805 条	854 条			⇨平 15 ⇨平 16		
806 条	855 条			⇨平 15 ⇨平 16		
806 条の 2			⇨昭 62（新設）	⇨平 15 ⇨平 16		
806 条の 3			⇨昭 62（新設）	⇨平 15 ⇨平 16		
807 条	新設			⇨平 15 ⇨平 16		
808 条	859 条			⇨平 16		
第 3 款　縁組の効力						
809 条	860 条			⇨平 16		
810 条	861 条		⇨昭 62	⇨平 16		
第 4 款　離縁						
811 条	862 条	⇨昭 23 ⇨昭 37 ⇨昭 62	⇨平 11	⇨平 16		
811 条の 2			⇨昭 62（新設）	⇨平 16		
812 条	864 条			⇨平 16		
813 条	865 条		⇨昭 62	⇨平 16		
814 条	866 条		⇨昭 62	⇨平 16		
815 条	867 条	⇨昭 37		⇨平 16		
816 条	新設		⇨昭 62	⇨平 16		
817 条	新設			⇨平 16		
第 5 款　特別養子〔昭 62：第 5 款新設〕						
817 条の 2			⇨昭 62（新設）	⇨平 16		
817 条の 3			⇨昭 62（新設）	⇨平 16		

第1章　昭和期（戦後）の家族法改正

817条の4		⇨昭62（新設）	⇨平16	
817条の5		⇨昭62（新設）	⇨平16	⇨令1
817条の6		⇨昭62（新設）	⇨平16	
817条の7		⇨昭62（新設）	⇨平16	
817条の8		⇨昭62（新設）	⇨平16	
817条の9		⇨昭62（新設）	⇨平16	
817条の10		⇨昭62（新設）	⇨平16	
817条の11		⇨昭62（新設）	⇨平16	
第4章　親権				
第1節　総則				
818条	877条		⇨平16	
819条	新設	⇨昭23	⇨平16	
第2節　親権の効力				
820条	879条		⇨平16　⇨平23	
旧821条	880条			⇨令4（→822条）
821条				⇨令4（新設）
旧822条	882条		⇨平23	⇨令4（削除）
822条		旧821条	⇨平16	⇨令4（条数繰下げ）
823条	883条		⇨平16	
824条	884条		⇨平16	
825条	新設		⇨平16	
826条	888条	⇨昭23	⇨平16	
827条	889条		⇨平16	
828条	890条		⇨平16	
829条	891条		⇨平16	
830条	892条	⇨昭23	⇨平16	
831条	893条		⇨平16	
832条	894条		⇨平16	
833条	895条		⇨平16	
第3節　親権の喪失				
834条	896条	⇨昭23	⇨平16　⇨平23	
834条の2			⇨平23（新設）	
835条	897条	⇨昭23	⇨平16　⇨平23	
836条	898条	⇨昭23	⇨平16　⇨平23	
837条	899条	⇨昭23	⇨平16	

第5章　後見				
第1節　後見の開始				
838条	900条		⇨平11　⇨平16	
第2節　後見の機関				
第1款　後見人				
839条	901条		⇨平11　⇨平16	
840条	902条		⇨平11　⇨平16　⇨平23	
841条	904条	⇨昭23	⇨平11　⇨平16　⇨平23	
旧842条	905条	⇨昭23	⇨平11（→845条）	
842条		旧843条	⇨平11　⇨平16	⇨平23（削除）
旧843条	906条		⇨平11（→842条）	
843条			⇨平11（新設）⇨平16	
844条	907条	⇨昭23	⇨平16	
旧845条	新設	⇨昭23⇨昭37	⇨平11（→846条）	
845条		旧842条	⇨平11　⇨平16	
旧846条	908条	⇨昭23	⇨平11（→847条）	
846条		旧845条	⇨平11　⇨平16	
旧847条	909条	⇨昭23	⇨平11（削除）	
847条		旧846条	⇨平11　⇨平16	
第2款　後見監督人				
848条	910条		⇨平11　⇨平16	
849条	911条	⇨昭23	⇨平11　⇨平16　⇨平23	
849条の2			⇨平11（新設）⇨平16	⇨平23（削除）
850条	914条		⇨平16	
851条	915条	⇨昭23	⇨平16	
852条	916条		⇨平11　⇨平16　⇨平23	
第3節　後見の事務				
853条	917条	⇨昭23	⇨平16	
854条	918条		⇨平16	
855条	919条		⇨平16	
856条	920条		⇨平16	
857条	921条		⇨平11　⇨平16　⇨平23	
857条の2				⇨平23（新設）
858条	922条	⇨昭23⇨昭25	⇨平11　⇨平16	
859条	923条		⇨平16	

第 1 章　昭和期（戦後）の家族法改正

859 条の 2			⇨平 11（新設）⇨平 16	
859 条の 3			⇨平 11（新設）⇨平 16	
860 条	新設		⇨平 16	
860 条の 2				⇨平 28.4（新設）
860 条の 3				⇨平 28.4（新設）
861 条	924 条		⇨平 11　⇨平 16	
862 条	925 条	⇨昭 23	⇨平 16	
863 条	新設	⇨昭 23	⇨平 11　⇨平 16	
864 条	929 条		⇨平 11　⇨平 16	
865 条	新設		⇨平 16	
866 条	930 条		⇨平 16	
867 条	934 条		⇨平 11　⇨平 16	
868 条	935 条		⇨平 11　⇨平 16	
869 条	936 条		⇨平 16	
第 4 節　後見の終了				
870 条	937 条	⇨昭 23	⇨平 16	
871 条	938 条		⇨平 16	
872 条	939 条		⇨平 11　⇨平 16	
873 条	940 条		⇨平 16	
873 条の 2				⇨平 28.4（新設）
874 条	941 条		⇨平 16	
875 条	942 条		⇨平 16	
第 6 章　保佐及び補助〔平 11：旧第 5 章の 2 新設⇨平 16：第 6 章に繰下げ〕				
第 1 節　保佐〔平 11：節名新設〕				
旧 876 条	943 条		⇨平 11（→ 876 条の 5）	
876 条			⇨平 11（新設）⇨平 16	
876 条の 2			⇨平 11（新設）⇨平 16	
876 条の 3			⇨平 11（新設）⇨平 16	
876 条の 4			⇨平 11（新設）⇨平 16	
876 条の 5	旧 876 条		⇨平 11　　⇨平 16	
第 2 節　補助〔平 11：節名新設〕				
876 条の 6			⇨平 11（新設）⇨平 16	
876 条の 7			⇨平 11（新設）⇨平 16	
876 条の 8			⇨平 11（新設）⇨平 16	
876 条の 9			⇨平 11（新設）⇨平 16	

876条の10			⇨平11 (新設) ⇨平16	
第7章　扶養				
877条	954条	⇨昭23	⇨平16	
878条	955条	⇨昭23	⇨平16	
879条	959条	⇨昭23	⇨平16	
880条	962条	⇨昭23	⇨平16	
881条	963条		⇨平16	
第5編　相続				
第1章　総則				
882条	992条		⇨平16	
883条	993〔965〕条		⇨平16	
884条	993〔966〕条		⇨平16	
885条	993〔967〕条		⇨平16　⇨平30.7	
第2章　相続人				
886条	993〔968〕条		⇨平16	
887条	994条	⇨昭37	⇨平16	
888条	995条	⇨昭37 (削除)		
889条	996条	⇨昭37 ⇨昭55	⇨平16	
890条	新設		⇨平16	
891条	997条		⇨平16	
892条	998条	⇨昭23	⇨平16	
893条	1000〔976〕条	⇨昭23	⇨平16	
894条	999条	⇨昭23	⇨平16	
895条	1000〔978〕条	⇨昭23	⇨平16	
第3章　相続の効力				
第1節　総則				
896条	1001条		⇨平16	
897条	987条	⇨昭23	⇨平16	
897条の2				⇨令3.4 (新設)

898条	1002条			⇨平16	⇨令3.4
899条	1003条				
899条の2				⇨平30.7（新設）	
第2節　相続分					
900条	1004条	⇨昭37	⇨昭55	⇨平16　⇨平25	
901条	1005条	⇨昭37	⇨昭55	⇨平16	
902条	1006条			⇨平16　⇨平30.7	
902条の2				⇨平30.7（新設）	
903条	1007条			⇨平16　⇨平30.7	
904条	1008条			⇨平16	
904条の2			⇨昭55（新設）	⇨平16	
904条の3					⇨令3.4（新設）
905条	1009条			⇨平16	
第3節　遺産の分割					
906条	新設		⇨昭55	⇨平16	
906条の2				⇨平30.7（新設）	
907条	新設	⇨昭23		⇨平16　⇨平30.7	⇨令3.4
908条	1010-1011条			⇨平16	⇨令3.4
909条	1012条			⇨平16	
909条の2				⇨平30.7（新設）	
910条	新設			⇨平16	
911条	1013条			⇨平16	
912条	1014条			⇨平16	
913条	1015条			⇨平16	
914条	1016条			⇨平16	
第4章　相続の承認及び放棄					
第1節　総則					
915条	1017条	⇨昭23		⇨平16	
916条	1018条			⇨平16	
917条	1019条		⇨平11	⇨平16	
918条	1021条			⇨平16	⇨令3.4
919条	1022条		⇨昭37	⇨平16	
第2節　相続の承認〔平16：旧節名「承認」から変更〕					
第1款　単純承認					
920条	1023条			⇨平16	

Ⅰ　昭和22年12月：家族法全面改正

921条	1024条		⇨平16	
第2款　限定承認				
922条	1025条		⇨平16	
923条	新設		⇨平16	
924条	1026条	⇨昭23	⇨平16	
925条	1027条		⇨平16	
926条	1028条		⇨平16	⇨令3.4
927条	1029条		⇨平16⇨平17⇨平18	
928条	1030条		⇨平16	
929条	1031条		⇨平16	
930条	1032条	⇨昭23	⇨平16	
931条	1033条		⇨平16	
932条	1034条	⇨昭23	⇨平16	
933条	1035条		⇨平16	
934条	1036条		⇨平16	
935条	1037条		⇨平16	
936条	新設	⇨昭23	⇨平16	⇨令3.4
937条	新設		⇨平16	
第3節　相続の放棄〔平16：旧節名「放棄」から変更〕				
938条	1038条	⇨昭23	⇨平16	
939条	1039条	⇨昭37	⇨平16	
940条	1040条		⇨平16	⇨令3.4
第5章　財産分離〔平16：旧章名「財産の分離」から変更〕				
941条	1041条	⇨昭23	⇨平16⇨平17	
942条	1042条		⇨平16	
943条	1043条	⇨昭23	⇨平16	
944条	1044条	⇨昭23	⇨平16	
945条	1045条		⇨平16	
946条	1046条		⇨平16	
947条	1047条		⇨平16	
948条	1048条		⇨平16	
949条	1049条		⇨平16	
950条	1050条	⇨昭23	⇨平16	
第6章　相続人の不存在				
951条	1051条		⇨平16	

17

952 条	1052 条	⇨昭 23			⇨平 16		⇨令 3.4
953 条	1053 条				⇨平 16		⇨令 3.4
954 条	1054 条				⇨平 16		⇨令 3.4
955 条	1055 条				⇨平 16		⇨令 3.4
956 条	1056 条				⇨平 16		⇨令 3.4
957 条	1057 条				⇨平 16 ⇨平 17 ⇨平 18		⇨令 3.4
958 条	1058 条	⇨昭 23	⇨昭 37		⇨平 16		⇨令 3.4（削除）
958 条の 2			⇨昭 37(新設)		⇨平 16		⇨令 3.4（→ 958 条）
958 条の 3			⇨昭 37(新設)		⇨平 16		⇨令 3.4（→ 958 条の 2）
959 条	1059 条		⇨昭 37		⇨平 16		
第 7 章　遺言							
第 1 節　総則							
960 条	1060 条				⇨平 16		
961 条	1061 条				⇨平 16		
962 条	1062 条			⇨平 11	⇨平 16		
963 条	1063 条						
964 条	1064 条				⇨平 16	⇨平 30.7	
965 条	1065 条				⇨平 16		
966 条	1066 条				⇨平 16		
第 2 節　遺言の方式							
第 1 款　普通の方式							
967 条	1067 条				⇨平 16		
968 条	1068 条				⇨平 16	⇨平 30.7	
969 条	1069 条			⇨平 11	⇨平 16		⇨令 5
969 条の 2				⇨平 11 (新設)	⇨平 16		⇨令 5
970 条	1070 条				⇨平 16	⇨平 30.7	
971 条	1071 条				⇨平 16		
972 条	1072 条			⇨平 11	⇨平 16		
973 条	1073 条			⇨平 11	⇨平 16		
974 条	1074 条	⇨昭 24		⇨平 11	⇨平 16		
975 条	1075 条				⇨平 16		
第 2 款　特別の方式							
976 条	1076 条	⇨昭 23		⇨平 11	⇨平 16		
977 条	1077 条				⇨平 16		
978 条	1080 条				⇨平 16		

979 条	1081 条	⇨昭 23	⇨平 11　⇨平 16	
980 条	1082 条		⇨平 16	
981 条	1083 条		⇨平 16	
982 条	1084 条		⇨平 16　⇨平 30.7	
983 条	1085 条		⇨平 16	
984 条	1086 条		⇨平 16	⇨令 3.5 ⇨令 5
第 3 節　遺言の効力				
985 条	1087 条		⇨平 16	
986 条	1088 条		⇨平 16	
987 条	1089 条		⇨平 16	
988 条	1090 条		⇨平 16	
989 条	1091 条		⇨平 16	
990 条	1092 条		⇨平 16	
991 条	1093 条		⇨平 16	
992 条	1094 条		⇨平 16	
993 条	1095 条		⇨平 16	
994 条	1096 条	⇨昭 37	⇨平 16	
995 条	1097 条		⇨平 16	
996 条	1098 条		⇨平 16	
997 条	1099 条		⇨平 16	
998 条	1100 条		⇨平 16　⇨平 30.7	
999 条	1101 条		⇨平 16	
1000 条	1102 条		⇨平 16　⇨平 30.7（削除）	
1001 条	1103 条		⇨平 16	
1002 条	1104 条		⇨平 16	
1003 条	1105 条		⇨平 16	
第 4 節　遺言の執行				
1004 条	1106 条	⇨昭 23	⇨平 16	
1005 条	1107 条	⇨昭 23　⇨昭 54	⇨平 16	
1006 条	1108 条		⇨平 16	
1007 条	1109 条		⇨平 16　⇨平 30.7	
1008 条	1110 条		⇨平 16	
1009 条	1111 条		⇨平 11　⇨平 16	
1010 条	1112 条	⇨昭 23	⇨平 16	
1011 条	1113 条		⇨平 16	

1012条	1114条		⇨平16⇨平29⇨平30.7	
1013条	1115条		⇨平16　⇨平30.7	
1014条	1116条		⇨平16　⇨平30.7	
1015条	1117条		⇨平16　⇨平30.7	
1016条	1118条		⇨平16⇨平29⇨平30.7	
1017条	1119条		⇨平16	
1018条	1120条	⇨昭23	⇨平16⇨平29	
1019条	1121条	⇨昭23	⇨平16	
1020条	1122条		⇨平16	
1021条	1123条		⇨平16	
第5節　遺言の撤回及び取消し〔平11：旧節名「遺言の取消」から変更〕				
1022条	1124条		⇨平16	
1023条	1125条		⇨平16	
1024条	1126条		⇨平16	
1025条	1127条		⇨平16　⇨平30.7	
1026条	1128条		⇨平16	
1027条	1129条	⇨昭23	⇨平16	
第8章　配偶者の居住の権利〔平30.7：新設〕				
第1節　配偶者居住権〔平30.7：新設〕				
1028条				⇨平30.7（新設）
1029条				⇨平30.7（新設）
1030条				⇨平30.7（新設）
1031条				⇨平30.7（新設）
1032条				⇨平30.7（新設）
1033条				⇨平30.7（新設）
1034条				⇨平30.7（新設）
1035条				⇨平30.7（新設）
1036条				⇨平30.7（新設）
第2節　配偶者短期居住権〔平30.7：新設〕				
1037条				⇨平30.7（新設）
1038条				⇨平30.7（新設）
1039条				⇨平30.7（新設）
1040条				⇨平30.7（新設）
1041条				⇨平30.7（新設）
第9章　遺留分〔平30.7：旧第8章から繰下げ〕				

旧 1028 条	1131 条	⇨昭 55	⇨平 16	⇨平 30.7（→ 1042 条）
旧 1029 条	1132 条	⇨昭 23	⇨平 16	⇨平 30.7（→ 1043 条）
旧 1030 条	1133 条		⇨平 16	⇨平 30.7（→ 1044 条）
旧 1031 条	1134 条		⇨平 16	⇨平 30.7（削除）
旧 1032 条	1135 条		⇨平 16	⇨平 30.7（削除）
旧 1033 条	1136 条		⇨平 16	⇨平 30.7（削除）
旧 1034 条	1137 条		⇨平 16	⇨平 30.7（削除）
旧 1035 条	1138 条		⇨平 16	⇨平 30.7（削除）
旧 1036 条	1139 条		⇨平 16	⇨平 30.7（削除）
旧 1037 条	1140 条		⇨平 16	⇨平 30.7（削除）
旧 1038 条	1141 条		⇨平 16	⇨平 30.7（削除）
旧 1039 条	1142 条		⇨平 16	⇨平 30.7（→ 1045 条）
旧 1040 条	1143 条		⇨平 16	⇨平 30.7（削除）
旧 1041 条	1144 条		⇨平 16	⇨平 30.7（削除）
旧 1042 条	1145 条		⇨平 16	⇨平 30.7（→ 1148 条）
旧 1043 条	新設	⇨昭 23	⇨平 16	⇨平 30.7（→ 1149 条）
旧 1044 条	1146 条	⇨昭 37	⇨平 16	⇨平 30.7（削除）
1042 条		旧 1028 条		⇨平 30.7（条数繰下げ）
1043 条		旧 1029 条		⇨平 30.7（条数繰下げ）
1044 条		旧 1030 条		⇨平 30.7（条数繰下げ）
1045 条		旧 1039 条		⇨平 30.7（条数繰下げ）
1046 条		旧 1031 条		⇨平 30.7（新設）
1047 条		旧 1033-1035・1037 条		⇨平 30.7（新設）
1048 条		旧 1042 条		⇨平 30.7（条数繰下げ）
1049 条		旧 1143 条		⇨平 30.7（条数繰下げ）
第 10 章　特別の寄与〔平 30.7：新設〕				
1050 条				⇨平 30.7（新設）

第 1 章　昭和期（戦後）の家族法改正

II　昭和 23 年 12 月：家庭裁判所設置に伴う改正

1　改正法の目的

本改正は、昭和 22 年家族法全面改正の際に「家事審判所」の文言を用いた条文を、少年審判所と家事審判所を合併して新設された「家庭裁判所」に改めるものである。

2　改正の経緯 [7]

(1)　大正 12 年：少年審判所の創設

わが国の少年審判所は、大正 11 年 4 月 17 日法律第 42 号〔旧〕「少年法」の施行日（大正 12 年 1 月 1 日）に東京と大阪に設置されたのが最初である [8]。

(2)　昭和 23 年：家事審判所の創設

一方、家事事件を特別の裁判所を新設して通常裁判所から移管させる案は、戦前の臨時法制審議会の家族法改正審議（→〔前注〕参照）における大正 10 年 7 月「家事審判に関する綱領」に端を発する。その後、昭和 14 年 12 月司法省に設置された家事審判制度調査委員会に「家事審判制度に関する組織、権限等は如何に之を定むべきや」との諮問がされるが、太平洋戦争の勃発により作業は中断を余儀なくされた。

戦後、内閣に設けられた臨時法制調査会の第三部会（→本章 I 2(1)参照）は42 項目にわたる「民法改正要綱」を答申したが、その第 42 項が「親族、相続

---

[7]　詳細は、堀内節「家庭裁判所の芽生え」家庭裁判月報昭和 25 年 2 号（1950 年）1 頁、最高裁判所事務総局家庭局「家庭裁判所十年の歩み」家庭裁判月報 11 巻 1 号（1959 年）10 頁、宇田川潤四郎「家庭裁判所の史的発展（1）〜（5・完）」ケース研究 69 号（1962 年）1 頁、70 号 17 頁、71 号 13 頁、73 号 1 頁、74 号 12 頁、唄孝一 = 滝沢雍彦「家庭事件」『岩波講座・現代法 5 現代の裁判』（岩波書店、1965 年）307 頁……〔所収〕唄孝一『家族法著作選集・第 4 巻（戦後社会における家族の諸相）』（日本評論社、1994 年）205 頁、清永聡『家庭裁判所物語』（日本評論社、2018 年）、清永聡（編著）『三淵嘉子と家庭裁判所』（日本評論社、2023 年）参照。

[8]　少年審判所の設置が東京・大阪の 2 か所にすぎなかったのは、少年法の適用地区が当初、東京府・大阪府・京都府・兵庫県に限られていたためである。その後、少年法は、太平洋戦争期の昭和 17 年 1 月 1 日より全国に適用されるようになったが、しかし、少年審判所の数は、各控訴院の管轄区域ごとに 1 庁（＝合計 8 庁）設置されたにとどまった。

22

に関する事件を適切に処理せしめる為、速かに家事審判制度を設けること」と
していたことを受けて、司法省では、昭和14年設置の家事審判制度調査委員
会の委員を一新したうえで、再び家事審判制度に関する諮問を行い、調査委員
会は「家事審判法要綱」を答申、要綱は司法省により法文化されて、法案は閣
法第38号として昭和22年8月11日第1回国会（臨時会）に提出され、同年
11月8日に可決成立、同年12月6日法律第152条「家事審判法」として公布
され、翌昭和23年1月1日より施行された（＝民法家族法全面改正法の施行日
と同日付であり、改正民法の表記も当初より「家事審判所」となっている[9]）。

　家事審判法1条は「この法律は、個人の尊厳と両性の本質的平等を基本とし
て、家庭の平和と健全な親族共同生活の維持を図ることを目的とする」旨を規
定し、2条は「家庭に関する事件につき審判又は調停を行うために裁判所法の
規定により設けられた地方裁判所の支部は、これを家事審判所とし、その支部
に勤務する裁判官は、これを家事審判官とする」旨を規定する。

(3) 昭和24年：家庭裁判所の創設

　以上のような経緯で成立した家事審判所が、創設1年で少年審判所と合併し
た背景には、両審判所が抱える事情があった。

　少年審判所についていえば、新憲法の下では、人身の自由を拘束する処分は
裁判官の専権とされているため、憲法違反にならないためには、審判所の審判
官による行政処分を、裁判所の裁判官による裁判に移管させる必要があった。
そのため、昭和22年11月には少年審判所から少年裁判所への組織変更が内定
したが、一方、家事審判所についても、地方裁判所の支部の地位から独立させ
るべきとの声が高まり、GHQは少年裁判所設置案を捨てて、少年事件と家事
事件の両方を管轄する家庭裁判所を創設し、しかもこれを地方裁判所と独立し
た同一レベルの裁判所とする方針を固めた。

　GHQの方針を受けて、法務庁は、昭和22年4月16日法律第59条「裁判所
法」の一部改正の法案作成に着手し、第4回国会（常会）に改正法案（閣法第
10号）を昭和23年12月4日に提出、12月12日に可決成立した改正法は、12

---

(9) 昭和22年法律第152号「家事審判法」の制定と「家事審判所」設置の歴史的経緯につ
　　いては、西原諄「戦前戦後の民法改正過程に現われた家事審判制度」法政研究34巻4号（1968
　　年）111頁。

第 1 章　昭和期（戦後）の家族法改正

月 21 日法律第 260 号「裁判所法の一部を改正する等の法律」として公布され、翌昭和 24 年 1 月 1 日施行の運びとなった。

3　新旧対照

以上のような経緯から、昭和 22 年民法家族法全面改正で「家事審判所」の文言を用いていた条文は、昭和 23 年裁判所法等改正法 9 条によって「家庭裁判所」に改められた。

> **第 9 条**　左に掲げる法律中「家事審判所」を「家庭裁判所」に改める。
> 　戸籍法（昭和 22 年法律第 224 号）
> 　児童福祉法（昭和 22 年法律第 164 号）
> 　人事訴訟手続法（明治 31 年法律第 13 号）
> 　精神病者監護法（明治 33 年法律第 38 号）
> 　民法（明治 29 年法律第 89 号）

これにより改正を受けた民法の条文は、以下の計 69 か条――このうち<u>下線</u>を引いた 41 か条が、明治 31 年旧法の「裁判所」（地方裁判所）管轄が昭和 22 年家族法全面改正（→本章Ⅰ）で「家事審判所」に移管していた条文、残りの 28 か条は、昭和 22 年改正による新設条文である[10]。

①<u>7 条</u>、②<u>10 条</u>、③<u>12 条</u>、④<u>25 条</u>、⑤<u>30 条</u>、⑥<u>32 条</u>、⑦<u>758 条〔旧 796 条〕</u>、⑧766 条、⑨768 条、⑩769 条、⑪<u>775 条〔旧 823 条〕</u>、⑫791 条、⑬794 条、⑭798 条、⑮811 条、⑯819 条、⑰<u>822 条〔旧 882 条〕</u>、⑱826 条、⑲<u>830 条〔旧 892 条〕</u>、⑳<u>834 条〔旧 896 条〕</u>、㉑<u>835 条〔旧 897 条〕</u>、㉒<u>836 条〔旧 898 条〕</u>、㉓837 条、㉔841 条、㉕842 条（平成 23 年削除）、㉖844 条、㉗<u>845 条〔旧 905 条〕</u>、㉘846 条、㉙<u>847 条〔旧 908 条〕</u>、㉚<u>849 条〔旧 911 条〕</u>、㉛851 条、㉜853 条、㉝858 条（平成 11 年改正前旧規定）、㉞862 条、㉟863 条、㊱870 条、㊲877 条、㊳878 条、㊴<u>879 条〔旧 961 条〕</u>、㊵<u>880 条〔旧 962 条〕</u>、㊶<u>892 条〔旧 998 条〕</u>、㊷<u>893 条〔旧 1000 [976] 条〕</u>、㊸<u>894 条〔旧 999 条〕</u>、㊹<u>895 条〔旧 1000 [978] 条〕</u>、㊺897 条、㊻907 条、㊼<u>915 条〔旧 1017 条〕</u>、㊽<u>918 条〔旧 1021 条〕</u>、

---

(10)　これに対して、①744 条 1 項、②747 条 1 項、③804 条、④805 条、⑤806 条 1 項、⑦807 条については、明治 31 年旧法の「裁判所」（地方裁判所）管轄が維持されたので、昭和 23 年改正の対象とならなかったが、その後、平成 15 年人事訴訟法の制定に伴う改正（→第 2 章Ⅲ）で、管轄が「家庭裁判所」に移管された。

㊾ 924条、㊿ 930条〔旧1032条〕、(51) 932条〔旧1034条〕、(52) 936条、(53) 938条〔旧1038条〕、(54) 941条〔旧1041条〕、(55) 943条〔旧1043条〕、(56) 944条〔旧1044条〕、(57) 950条、(58) 952条〔旧1052条〕、(59) 958条〔旧1058条〕（令和3年削除）、(60) 976条〔旧1076条〕、(61) 979条〔旧1081条〕、(62) 1004条〔旧1106条〕、(63) 1005条〔旧1107条〕、(64) 1010条〔旧1112条〕、(65) 1018条〔旧1120条〕、(66) 1019条〔旧1121条〕、(67) 1027条〔旧1129条〕、(68) 1029条〔旧1132条〕（平成30年削除）、(69) 1043条（平成30年改正（現行）1049条）。

現在の民法の条文の表記が、「裁判所」と「家庭裁判所」の2種類に分かれているのは、以上のような経緯による。

第 1 章　昭和期（戦後）の家族法改正

Ⅲ　昭和 24 年 5 月：公証人法改正に伴う改正

1　改正法の目的

遺言の証人・立会人の欠格事由を規定した 975 条中、明治 31 年旧法以来存在していた「筆生」の文言を、現代語「書記」に改める改正である。

2　改正の経緯 [11]

⑴　明治 31 年民法 1074 条 6 号

明治 19 年 8 月 13 日法律第 2 号「公証人規則」29 条は、公証人証書作成の立会人につき「筆生」を欠格者としており（同条第 1「公証人及嘱託人ノ嘱託雇人又ハ公証人ノ筆生」。なお、筆生については同規則 12 条に「公証人ハ筆生ヲ置キ書類ヲ作ル補助ヲ為サシムルコトヲ得」との規定がある）、明治 31 年民法 1074 条も遺言の証人・立会人の欠格者として筆生を挙げていた（同条 6 号「公証人ト家ヲ同シクスル者及ヒ公証人ノ直系血族並ニ筆生、雇人」）。

⑵　昭和 22 年民法家族法全面改正 974 条 4 号

明治 19 年公証人規則を廃止して制定された明治 41 年 4 月 14 日法律第 53 号〔旧〕「公証人法」も、立会人たる資格の欠格者に「筆生」を挙げていたため（同法 34 条 3 項 7 号「公証人ノ筆生」。なお、公証人規則 12 条の「筆生」の文言も、旧公証人法 24 条 1 項に引き継がれた）、上記明治 31 年民法 1074 条 6 号の「筆生」の文言も、昭和 22 年改正 974 条 4 号にそのまま引き継がれた。

⑶　昭和 24 年公証人法改正

戦後の新憲法の制定に伴い、日本公証人協会は、明治 41 年公証人法を近代的・民主的な内容に改めるよう、司法省（新憲法施行日以降は法務庁）との間で折衝を重ね、法務庁はこれを容れて改正法案の作成を開始、改正法案は昭和 24 年 4 月 25 日第 5 回国会（特別会）に閣法第 115 号として提出され、5 月 22 日可決成立、同年 5 月 31 日法律第 141 号として公布された。

---

(11)　日本公証人連合会（編）『日本公証制度沿革史』（立花書房、1968 年）、法務省民事局（編）『公証人法関係解説・先例集（改訂版）』（法務省民事局、1985 年）、『公証制度百年史（本編）（資料編）』（日本公証人連合会、1988 年）参照。

Ⅲ　昭和 24 年 5 月：公証人法改正に伴う改正

3　新旧対照

　昭和 24 年改正法は、①公証人法の一部改正（1 条）と②民法の一部改正（2 条）の全 2 条からなり、①で、明治 41 年公証人法 24 条 1 項・34 条 3 項 7 号の前近代的な「筆生」の文言を「書記」に改めたことに対応して、②でも、昭和 22 年改正民法 974 条（遺言の証人・立会人の欠格事由）の「筆生」の文言が「書記」に改められた。

第974条　（同右）	第974条　左に掲げる者は、遺言の証人又は立会人となることができない。
一〜三　（同右） 　四　公証人の配偶者、4 親等内の親族、書記及び雇人	一〜三　（略） 　四　公証人の配偶者、4 親等内の親族、筆生及び雇人

27

第 1 章　昭和期（戦後）の家族法改正

Ⅳ　昭和 25 年 5 月：精神衛生法制定に伴う改正

1　改正法の目的

　本改正は、昭和 25 年制定の「精神衛生法」が、精神障害者の私宅監置制度を廃止したことに伴い、平成 11 年改正（→第 2 章Ⅱ）前の旧 858 条 2 項が規定していた禁治産者の入院等の措置の中から、私宅監置を削除したものである。

2　改正の経緯 [12]

　明治 33 年 3 月 10 日法律第 38 号「精神病者看護法」の規定する私宅監置の制度は「座敷牢の合法化」と称され、その後、大正 8 年 3 月 27 日法律第 25 号「精神病院法」によって設置が法定化された精神病院についても、戦前は人権侵害が甚だしかった。

　だが、戦後の日本国憲法が、基本的人権の尊重を掲げ（13 条）、また、社会福祉・社会保障・公衆衛生の向上・推進を国の責務としたことから（25 条 2 項）、戦前の精神病者看護法・精神病院法を廃止して、新憲法の理念に沿う新法を制定する必要が生じた。

　新法制定の原動力となったのは、昭和 24 年設立の日本精神病院協会（平成 13 年に日本精神科病院協会に改称）の初代理事長・植松七九郎と常務理事・金子準二で、法案は、第 7 回国会（常会）に参議院議員・中山寿彦（日本医師会第 4 代会長）ほか 14 名の議員立法（参法第 3 号）として昭和 25 年 3 月 31 日に提

---

(12)　渡辺宏「（新法令紹介）精神衛生法について」警察時報 5 巻 9 号（1950 年）19 頁、津用信夫「精神衛生法の解説」公衆衛生 10 巻 1 号（1951 年）10 頁、樋上貞男『精神衛生法事務提要』（医学通信社、1955 年）、吉岡真二「精神病者監護法から精神衛生法まで」精神医療史研究会（編）『精神衛生法をめぐる諸問題』（松沢病院医局病院問題研究会、1964 年）8 頁、「特集：精神衛生法をめぐる諸問題」法律時報 47 巻 8 号（1975 年）8 頁、藤岡一郎「精神衛生法制をめぐる歴史的展開——その戦後における展開」産大法学 14 巻 1 号（1980 年）128 頁、山下剛利「精神衛生法の戦後史」『これからの精神医療』（法学セミナー増刊・総合特集シリーズ 37 号、1987 年）206 頁、精神衛生法施行五十周年（精神病者監護法施行百周年）記念『精神保健福祉行政のあゆみ』（中央法規出版、2000 年）、藤野ヤヨイ「我が国における精神障害者処遇の歴史的変遷——法制度を中心に」新潟青陵大学紀要 5 号（2005 年）201 頁、橋本明『精神病者と私宅監置——近代日本精神医療史の基礎的研究』（六花出版、2011 年）。

Ⅳ　昭和 25 年 5 月：精神衛生法制定に伴う改正

出され、4 月 15 日に可決成立、昭和 25 年 5 月 1 日法律第 123 号「精神衛生法」
として公布された[13]。

3　新旧対照

　新法と旧法（精神病者監護法・精神病院法）の相違点のうち[14]、民法の改正と
関係するのは、精神病者看護法の規定していた私宅監置制度を廃止して病院・
病室への収容を原則とした点である。
　その結果、新「精神衛生法」附則 4 項により、民法（平成 11 年改正（→第 2 章Ⅱ）
前）858 条 2 項（昭和 23 年改正（→本章Ⅱ）規定）は、次のように改正された。

第 858 条　（同右）	第 858 条　（1 項略）
［2］　禁治産者を精神病院その他これに準ずる施設に入れるには、家庭裁判所の許可を得なければならない。	［2］　禁治産者を精神病院その他これに準ずる施設に入れ、又は私宅に監置するには、家庭裁判所の許可を得なければならない。

---

(13)　法律名は、その後、昭和 62 年 9 月 26 日法律第 98 号「精神衛生法等の一部を改正する法律」
　　1 条で「精神保健法」に改正され、さらに、平成 7 年 5 月 19 日法律第 94 号「精神保健法
　　の一部を改正する法律」で現在の「精神保健及び精神障害者福祉に関する法律」に改正さ
　　れた。
(14)　旧法との相違点の全容については、昭和 25・5・19 厚生省発衛第 118 号各都道府県知
　　事あて厚生事務次官通達「精神衛生法の施行について」参照。

29

第 1 章　昭和期（戦後）の家族法改正

V　昭和 37 年 3 月：家族法改正

1　改正法の目的

　本改正のそもそもの端緒は、法制審議会 [15] の昭和 29 年 7 月 6 日第 10 回総会で示された小原直法務大臣の諮問第 10 号「民法に改正を加える必要があるとすれば、その要綱を示されたい」に始まる [16]。

　当時は、国内の保守勢力による憲法改正論議が活発化し、昭和 22 年家族法全面改正（→本章 I）の基礎となった憲法 24 条についても、これを改正して戦前の家族制度を復活すべきとの論が唱えられていたため、諮問の漠然とした表現は、かかる保守勢力の意向を汲んだものではないか、との憶測も流れた。

　だが、法務省の担当者はこの憶測を否定し、昭和 22 年改正の際の衆議院の附帯決議に、「本法は、可及的速やかに、将来において更に改正する必要があることを認める」とあったところ、「改正法が施行されてから 6 年以上を経過し、改正法運用の実際もある程度明かとなり、また日本国憲法の施行にともなうわが国の法制の改革も一段落を告げ、さらに戦後の社会的動揺も一応常態に復した折柄でもあるので、懸案の民法改正に着手すべき時機が到来した」と説明している [17]。

2　改正の経緯

(1)　昭和 29 年：法制審議会＞民法部会＞小委員会の設置

　法制審議会は、上記諮問を受けて同日の総会で民法部会の設置を決定、同月（昭和 29 年 7 月）20 日開催の民法部会第 1 回会議では、部会員の中から小委員

---

(15) 昭和 22 年家族法全面改正の「要綱」を作成した内閣総理大臣の諮問機関・臨時法制調査会（→本章 I 2(1)）が、昭和 22 年 5 月 21 日政令第 55 号「臨時法制調査会官制を廃止する政令」により廃止された後、2 年後の昭和 24 年 5 月 31 日政令第 134 号「法制審議会令」によって、同年 6 月 1 日に組織された法務府総裁（昭和 27 年より法務大臣）の諮問機関。「（制度紹介）法制審議会とは」ジュリスト 1 号（1952 年）39 頁、盛岡多智男『基本法立法過程の研究——法務省・法制審議会の立案と政治の関わり』（山梨学院大学行政研究センター・大学図書、2005 年）。

(16) 「（特集：審議会）資料 2：法制審議会諮問事項、同答申等一覧表（昭和 24 年〜47 年）」ジュリスト 510 号（1972 年）25 頁。

(17) 平賀健太「民法改正——法制審議会における審議経過」ジュリスト 97 号（1956 年）37

30

V　昭和37年3月：家族法改正

を選んで小委員会を組織し、さらにその下に準備会を設置して、準備会の原案をたたき台にして小委員会の作成した試案に基づいて、部会の改正要綱を作成することとされた。

(2)　昭和30年「法制審議会民法部会小委員会における仮決定及び留保条項（その一）」

その後、翌昭和30年7月5日の部会第2回会議では、小委員会作成の「法制審議会民法部会小委員会における仮決定及び留保条項（その一）」（内容は民法「第四編　親族」「第2章　婚姻」「第3節　夫婦財産制」まで）が提示されたほか、財産法の改正についても新たに別の小委員会を設置する決議がされ、それまでの小委員会を「身分法小委員会」、新設の小委員会を「財産法小委員会」と呼称することとなった[18]。

頁。なお、「民法改正について諮問」戸籍65号臨時増刊「民法改正臨時特輯」（1954年）1頁、大村・前掲注(2)155頁。

[18]　平賀・前掲注(17)38頁、青山道夫＝於保不二雄＝加藤一郎＝谷口知平＝中川善之助＝平賀健太＝舟橋諄一＝我妻栄「（研究会）民法改正に関する問題点――問題点の解明と具体的検討（上）（下）」ジュリスト97号（1956年）14頁、98号15頁、兼子一＝久米愛＝野田愛子＝立石芳枝＝西塚静子＝人見康子＝尾高都茂子＝鍛冶千鶴子「（座談会）婦人法律家による民法再改正意見（上）（下）」ジュリスト113号（1956年）15頁、114号33頁、法務省民事局「（資料）民法親族編の改正について」ジュリスト185号（1959年）49頁。

　昭和30年「仮決定及び留保条項（その一）」の内容は、その後の改正に影響を及ぼしているので、参照の便宜上、以下にその全文を転記しておく。

法制審議会民法部会小委員会における仮決定及び留保条項（その一）

第四編　親族
　第一章　総則
（仮決定）
第一　第725条を削除すること。なお、これに伴い第726条その他の関係規定を整理すること。
　理由　身分上いかなる続柄にある者についていかなる法律関係を認むべきかは、各法律関係ごとに具体的に決めるべきであった、本条におけるように一般的抽象的に配偶関係にある者及び特定の範囲の血族又は姻族関係にある者を総称してこれを「親族」とすることは合理的根拠に乏しく、また、本条は、配偶関係及び親族関係以外に親族関係なる特殊の身分関係を設定するかのような誤解を生ぜしめるおそれもあるので、これを削除するのが適当である。
第二　第730条を削除すること。
　理由　本条は単に倫理的意味を有するに過ぎないと考えられるので、民法が他に同種の規定を設けていないことも考慮し、これを削除するのが適当である。
（留保）
　一　第727条及び第729条

31

第1章　昭和期（戦後）の家族法改正

（養子制度全般の問題との関連において改正の要否を検討する必要がある。）
　二　第728条
　（本条第2項は改正の必要があるが、夫婦の一方の死亡により姻族関係は当然に終了するものとすべきかどうかについてなお検討する必要がある。）
第二章　婚姻
第一節　婚姻の成立
第一款　婚姻の要件
（仮決定）
第三　第731条及び第732条は現行法どおりとすること。
第四　第732条に関連して、第744条の次に次の1条を設けること。
第744条の2　失踪者の配偶者が失踪の宣告後その取消前に再婚をした場合においては、前条の規定は、これを適用しない。この場合においては、前婚は、再婚の成立によって解消したものとみなし、第728条第1項、第766条から第768条まで並びに第819条第1項、第5項及び第6項の規定を準用する。
理由　失踪者の配偶者が失踪宣告後再婚をし、その後に失踪者の生存を理由として失踪宣告が取り消された場合、重婚関係が生ずるかどうかについて解釈上の疑義があり、立法的に解決する必要があるので、右の場合には、再婚の当事者の善意悪意の如何にかかわらず前婚は再婚の成立によって解消するものとし、かつ、この場合の解消の効果は離婚の場合に準じて処理するのが適当である。
第五　第734条から第736条までを次のように改めること。
第734条　直系血族又は3親等内の傍系血族の間では、婚姻をすることができない。但し、養子と養方の傍系血族との間では、この限りでない。
2　養子又はその直系卑属と養親又はその直系尊属との間では、血族関係が終了した後でも、婚姻をすることができない。
第735条　直系姻族の間では、婚姻をすることができない。姻族関係が終了した後も、同様である。
第736条　削除
理由　解釈上の疑義（離婚後における養子又はその直系卑属と養親又はその直系尊属の配偶者との間の婚姻の許否）を立法的に解決するため、右案のとおり規定を整理するのが適当である。
第六　第737条を次のように改めること。
第737条　未成年者が婚姻をするには、法定代理人の同意を得なければならない。
2　家庭裁判所は、法定代理人がない場合又は法定代理人の同意が得られない場合において適当と認めるときは、前項の同意に代わる審判をすることができる。
理由　本条の立法趣旨にかんがみ、親権及び後見の規定との調節を図る必要がある。
第七　第738条、第739条及び第741条は現行法どおりとすること。
（留保）
　一　第733条及び第740条
　（嫡出推定に関する規定と合わせて改正の要否を検討する必要がある。）
　二　婚約及び「内縁」につき規定を設ける必要があるか、あるとすれば如何なる規定を設くべきか。
第二款　婚姻の無効及び取消
（留保）
　第742条から第749条まで

（現行法の無効及び取消の区別を維持すべきか否か等の問題につき、なお検討の必要がある。）

第二節　婚姻の効力

（仮決定）

第八　第752条及び第753条は現行法どおりとすること。

第九　第754条は削除すること。

　理由　本条は、夫婦間に紛争がないときは不要であり、夫婦間に紛争があるときは、かえって不当な結果を生ずる。

（留保）

　第754条及び第751条

　（夫婦異姓を認むべきか否か等の問題につき、なお検討の必要がある。）

第三節　夫婦財産制

（仮決定）

第十　第755条から第759条までを削除すること。

　理由　これらの規定中にはかならずしも適当でないものがあり、また、夫婦財産契約の登記はほとんど利用されていない実情であって、夫婦財産契約に関する規定はわが国では必要性に乏しい。

第十一　760条から第762条までは現行法どおりとし、婚姻の効力として第753条に続けて規定すること。

　理由　これらの規定は、その性質上、夫婦財産制に関するものとしてではなく、婚姻の効力に関するものとして規定することが適当である。

法制審議会民法部会小委員会における留保事項中の問題

第四編　親族

第一章　総則

第一　第728条2項

　一　夫婦の一方の死亡によって姻族関係は終了するものとすべきか。

　二　夫婦の一方の死亡によって姻族関係は終了しないものとし、本項を削除すべきか。

第二章　婚姻

第一節　婚姻の成立

第一款　婚姻の要件

第二　婚約及び「内縁」につき規定を設ける必要があるか、あるとすれば如何なる規定を設くべきか。

　一　婚約破毀の場合の効果について規定を設ける必要があるか。

　二　内縁について規定設ける必要があるとすれば、

　　1　いわゆる婚姻予約不履行の場合には損害賠償請求権を認むべきか、又は財産分与請求権に準ずるものを認むべきか。

　　2　内縁係属中に一方が死亡した場合　他方に生存配偶者の相続権に準ずるものを認むべきか。

第二款　婚姻の無効及び取消

第三　第742条から749条まで

　一　現行法の無効及び取消の区別を維持すべきか。

　二　婚姻意思の欠缺、重婚、近親婚及び不適齢婚の場合には婚姻は無効とし、かつ判

第1章　昭和期（戦後）の家族法改正

(3)　昭和34年「法制審議会民法部会〔身分法〕小委員会における仮決定及び留保条項（その二）」

　引き続き、身分法小委員会は、民法第4編第2章「第4節　離婚」以下の検討を行い、親族編の最終章（扶養）までの検討成果「法制審議会民法部会〔身分法〕小委員会における仮決定及び留保条項（その二）」を、昭和34年6月29日・30日開催の民法部会第3回会議に提出した[(19)]。

> 　決によることを要するものとすべきか。また、婚姻が無効となった場合の効果をいかにすべきか。
> 　三　詐欺及び強迫による婚姻の場合の取消を認めず、離婚によりまかなうこととすべきか。
> 　　　**第二節　婚姻の効力**
> **第四**　第750条及び第751条
> 　一　夫婦異姓を認むべきか。
> 　二　民法より削除し、第750条及び第751条第1項と同趣旨を戸籍法で規定することとすべきか。

(19)　法務省民事局・前掲注 (18)50頁、市川四郎＝加藤一郎＝鮫島龍男＝立石芳枝＝谷口知平＝千種達夫＝平賀健太＝我妻栄「（研究会）親族法改正の問題点（上）（下）」ジュリスト185号（1959年）2頁、186号2頁、我妻栄＝中川善之助＝奥野健一＝小澤文雄＝村上朝一＝唄孝一「（座談会）親族法の改正──『法制審議会民法部会小委員会における仮決定・留保事項（その2）』に関連して（1）～（3・完）」法律時報31巻10号（1959年）18頁、11号65頁、12号122頁、法律時報31巻10号（1959年）「特集：新しい家族、新しい民法──親族法改正の方向」（中川善之助「親権廃止論」4頁、我妻栄「親族法の改正について」11頁、高梨公之「〔婚姻〕改正と内縁の処遇」54頁、青山道夫「〔婚姻〕協議離婚について」56頁、磯野富士子「〔婚姻〕審判・訴訟両主義の調和を」58頁、中川淳「〔婚姻〕わが離婚法の当面する問題」60頁、於保不二雄「〔親子〕嫡出推定は嫡性賦与と父性推定とに分離すべし」62頁、谷口知平「〔親子〕実親子法改正の構想」65頁、田村五郎「〔親子〕非嫡出親子関係の成立」68頁、山畠正男「〔親子〕養子法の諸問題」70頁、太田武男「〔親子〕養子法改正の構想」73頁、西村信雄「〔親権〕親権廃止論に賛成する」75頁、西原道雄「〔扶養〕扶養法改正の問題点」78頁、小川政亮「〔扶養〕公的扶助立法との関係」80頁、沼正也「〔扶養〕私的扶養のあり方」82頁）、山主政幸「法律婚主義の機能──法制審議会身分法小委員会の仮決定をみて」法律のひろば12巻10号（1959年）22頁、浪川正巳「離婚法改正の問題点について──法制審議会身分法小委員会における仮決定及び留保事項（その2）第4節離婚をみて」愛知学院大学論叢・法学研究2巻1・2号（1960年）145頁。

　昭和34年「仮決定及び留保条項（その二）」の内容も、昭和30年「（その一）」と同様、後の改正に影響を及ぼしているので、参照の便宜上、以下にその全文を転記しておく。

法制審議会民法部会小委員会における仮決定及び留保条項（その二）

　　第四節　離婚
（協議離婚）
第十二　第763条は、現行法どおりとすること。（仮決定）

Ⅴ　昭和37年3月：家族法改正

　　理由　協議離婚の届出をするに先だち家庭裁判所において離婚が真に両当事者の意思
　　　　に出るものであることについて確認を経るべきであるとの意見があったが、年間
　　　　約7万件にのぼる多数の協議離婚について家庭裁判所の確認手続を要するものと
　　　　するときは現在より以上に事実上の離婚を増加させるおそれがあり、また意思の
　　　　確認手続をいかにするかについても問題があるので現状においては現行法どおり
　　　　とするのが適当である。

（裁判離婚）
第十三　離婚の裁判の管轄及び手続については、左の諸案があり、なお検討する。
　（一）　訴訟手続によるとする案
　　甲案　地方裁判所の管轄とする案（現行法どおり）
　　乙案　家庭裁判所の管轄とする案
　（二）　家庭裁判所の管轄とする案
　　丙案　審判に不服のある当事者の一方は、他の一方を被告として審判の取消又は変
　　　　更の訴を、高等裁判所（又は地方裁判所）に提起することができるものとする
　　　　案
　　丁案　審判に不服のある者は即時抗告をすべきものとする案（現行の乙類審判事件
　　　　に準ずる）

（離婚原因）
第十四　第770条第2項は削除することとするが、離婚原因については左の諸案があり、
　　なお検討する。
　　甲案　現行の第770条第1項のままとする案
　　乙案　現行の同条第1項第1号から第4号までに掲げる事由その他の事由により婚姻
　　　　を継続することができないと認められる場合とする案
　　丙案　一切の事情を考慮して婚姻を継続することができないと認められる場合とする
　　　　案
　　理由　現行の第770条第2項の規定は、運用上問題があるので削除するのが妥当であ
　　　　る。

（離婚後の子の監護）
第十五　第766条については、親権及び扶養との関係を考慮し、なお検討する。

（離婚による復氏）
第十六　第767条については、復氏を婚姻によって氏を改めた者の任意とすべきか否か
　　等の問題につき、なお検討する。

（財産分与）
第十七　第768条を改め、財産分与は、婚姻の解消による夫婦の財産関係の清算を目的
　　とすることを明らかにすることについては意見が一致したが、離婚後の扶養料及び慰
　　謝料を如何にすべきかについてなお検討する。

（祭具等の承継）
第十八　第769条については、系譜、祭具、墳墓の所有権の承継は、事実上の慣習の問
　　題とすべきであるという意見が多かったが、相続の規定と関連してなお検討する。
　第三章　親子
　　第一節　実子

（嫡出の推定）
第十九　嫡出の推定を受ける子の範囲については、左の両案がありなお検討する。
　　甲案　現行法どおりとする案

35

乙案　婚姻中に生れた子及び婚姻の解消又は取消の日から300日以内に生れた子は母
　　　の夫の子と推定するものとする案
第二十　嫡出の推定の効力については、左の諸案があり、なお検討する。
　（一）　推定を覆すための特別の訴の制度を必要とする案
　　甲案　現行の嫡出否認の訴の提起権者の範囲を拡張し、提起期間に関する規定を緩和
　　　又は撤廃することとする案
　　乙案　更に、夫の子の懐胎を不可能とする顕著な事情があるときは、右の訴によるこ
　　　とを要しないとする案
　　（註）　嫡出の推定を婚姻中の出生子全部に及ぼす案をとる場合には（第十九参照）婚
　　　姻後200日以内の出生子について右の訴によることを要しないものとする。
　（二）　特別の制度を必要としない案
　　丙案　事実上の父子関係の存否によって決定することとする案
（父を定める訴）
第二十一　第773条については、左の諸案があり、なお検討する。
　　甲案　現行法どおりとする案
　　乙案　後夫の子と推定し父子関係不存在の訴によって覆えすことができるものとする
　　　案
　　丙案　別に規定を設けず、事実上の父子関係によって決定するものとする案
（婚姻外の親子関係の成立）
第二十二　第779条から第787条までについては、母子の関係は出生の事実により当然
　　に生ずるものとするが、父子の関係につき左の両案あり、なお検討する。
　　甲案　父子関係は認知又は父確定の判決により生ずるものとする案。なお、同意要件、
　　　父死亡後の訴提起期間及び認知の無効、取消等につき修正を加えるかどうかにつ
　　　いて検討する。
　　乙案　父子関係も、自然の血縁関係によって当然に生ずるものとする案。なお、認知
　　　の届出は父たることを推定せしめる効果あるものとし、認知の訴及び認知の無効・
　　　取消の訴は廃止することとする。
（準正）
第二十三　第789条については、第二十二の結論により修正を加えるほか、遡及効を認
　　むべきか否かにつき、なお検討する。
（嫡出宣言）
第二十四　父又は母の届出により嫡出子たる身分を取得せしめる嫡出宣言の制度を採用
　　すべきか否かについて、なお検討する。
　　（註）　右の制度を採用する場合において、父または母に配偶者あるときはその同意を
　　　要するものとする。
（親子関係存否確認の裁判）
第二十五　親子関係の存否確認の裁判については、左の諸点を明確にする必要があるが、
　　人事訴訟手続法に規定のある各種の訴に関する改正の措置とあいまって、なお検討す
　　る。
　　（イ）　人事訴訟とし、対世的効力を認めるか否か。認めるとした場合、その当事者適
　　　格をいかに定めるか、当事者となるべき者が死亡した場合に検察官を当事者とす
　　　ることの可否。
　　（ロ）　戸籍の訂正については親子関係の存否確認の裁判を経ることを要するものとす
　　　るか又は家庭裁判所の許可を得れば足りるものとするか。

V　昭和 37 年 3 月：家族法改正

（子の氏）

第二十六　子の氏については、左の諸点等につき、なお検討する。

（イ）　準正子は、準正によって父母の氏を称するものとするか。

（ロ）　子は、父母の同意を得れば、家庭裁判所の審判をまたないで氏を変更することができるものとするか。

　　第二節　養子

（特別養子）

第二十七　通常の養子のほかに、おおむね次のような内容の「特別養子」の制度を設けることの可否について、なお検討する。

（イ）　特別養子となるべき者は一定の年齢に達しない幼児に限る。

（ロ）　特別養子はすべての関係において養親の実子として取り扱うものとし、戸籍上も実子として記載する。

（ハ）　養親の側からの離縁を認めない。

　　第一款　縁組の要件

（年齢要件）

第二十八　縁組の年齢要件については、左の諸点につき、なお検討する。

（イ）　養子となるべき者は未成年者に限るものとすべきか。

（ロ）　養親の年齢（第 792 条）を引き上げるべきか。

（ハ）　養親子間に一定の年齢差を必要とすべきか。

（夫婦養子）

第二十九　夫婦は共同して縁組をすることができるが、その一方が配偶者の同意を得て単独で縁組をすることもできるものとすること。

（仮決定）

（理由）　配偶者の意思に反しない限り、単独でも縁組をすることができるものとするが妥当である。

（15 歳未満の者を養子とする縁組）

第三十　第 797 条については左の諸案があり、なお検討する。

（一）　代諾の制度を存置する案

　甲案　現行法どおりとする案

（二）　代諾の制度を廃止する案

　乙案　養子をしようとする者が家庭裁判所の審判（第三十二参照）を得て単独で縁組をすることができるものとするが、養子となるべき者に法定代理人があるときは、その同意を要するものとする案

　丙案　乙案における法定代理人の同意は、家庭裁判所が審判をする際に考慮すべき事情とすれば足りるものとする案

（15 歳以上の未成年者を養子とする縁組）

第三十一　養子となるべき者が 15 歳以上の未成年者である場合については、その法定代理人の同意をようするものとすべきか否かにつき、なお検討する。

（未成年者を養子とする縁組の成立）

第三十二　未成年者を養子とする場合における家庭裁判所の審判の効力については左の諸案があり、なお検討する。

　甲案　現行法どおりとする案

　乙案　審判によって縁組が成立するものとする案

　丙案　15 歳未満の者を養子とする縁組だけ乙案のとおりとする案

37

第1章　昭和期（戦後）の家族法改正

第二款　縁組の無効及び取消
（縁組の無効、取消）

第三十三　縁組の無効及び取消については、婚姻の無効及び取消の問題とあいまってなお検討する。

第三款　縁組の効力
（縁組の効力）

第三十四　縁組の効力については左の諸案があり、なお検討する。

　甲案　現行法どおりとする案

　乙案　養子とその実方親族との間における相続その他の権利義務関係は、養子とその養方親族との間におけるそれらの関係に劣後するものとする案

　丙案　養子縁組に基く法定血族関係は縁組の当事者間に生ずるに止るものとし、養子と養親の「親族」との間には「養族関係」が生じ、養族関係の効果は法定血族関係よりも弱いものとする案

　（注）　これらの案（特に丙案）は、特別養子の制度を認めるか否かの問題（第二十七）と関連がある。

第四款　離縁
（15歳未満の養子の協議離縁）

第三十五　15歳未満の養子の協議離縁は、養親と離縁によって養子の法定代理人となるべき者との協議でするものとすべきか否かについて、なお検討する。

（15歳以上の未成年の養子の協議離縁）

第三十六　15歳以上の未成年の養子の協議離縁については、離縁によって養子の法定代理人となるべき者の同意を要するものとするか否かにつき、なお検討する。

（養親死亡後の離縁）

第三十七　養親死亡後の離縁については、左の諸案があり、なお検討する。

　甲案　現行法どおりとする案

　乙案　養親死亡後は離縁を認めないものとする案

　丙案　当事者の一方の死亡により法定血族関係及び養族関係は消滅するが、扶養、相続等の関係については別個に考慮すべきものとする案（第三十四　丙案参照）

（裁判上の離縁）

第三十八　第814条については、裁判上の離婚の問題ともあいまってなお検討する。そのほか、未成年の養子の保護のため、縁組の当事者の申立によらないで離縁の裁判をすることができるものとすべきか否かについても検討を加える。

第四章　親権
（親権）

第三十九　親権という概念ないし制度の存廃について、左の諸案あり、なお検討する。

　（一）　親権を存続させる案

　　甲案　現行法どおりとする案

　　乙案　現行第766条の監護権を強化する案

　　丙案　親権は身上監護権を本質的内容とするものとし、必要ある場合には財産管理権を親権者以外の者に行わせることができるものとする案

　（二）　親権という概念ないし制度を廃止する案

　　丁案　親権という統一的概念を廃止し、身上監護権と財産管理権とに分ける案

　　戊案　親権という制度を廃止し、後見制度に統一する案

第一節　総則

V　昭和37年3月：家族法改正

（共同親権）

第四十　父母婚姻中における共同親権の原則（第818条）は維持するが、左の諸点につき、なお検討する。

（イ）　養親と実親とが婚姻中の場合においても共同親権とする旨の規定を設けるべきか。

（ロ）　父母の意見が一致しない場合につきこれを解決するための救済規定を設けるべきか。

（ハ）　受働代理等については、単独で足りるものとする旨の規定を設けるべきか。

（離婚又は認知の場合の親権者）

第四十一　第819条については、左の諸点につき、なお検討する。

（イ）　共同親権とすることも可能とすべきか。

（ロ）　身上監護に関する権利義務と、財産管理に関する権利義務とを審判（協議又は審判）で父母に分属させることを可能とすべきか（第三十九参照）。

（ハ）　親権者たる父母の一方が死亡した後においても、他の一方を親権者とすることを可能とすべきか。

第二節　親権の効力

（不法抑留者に対する引渡請求権）

第四十二　子を不法に抑留する者に対する引渡請求権について規定を設けるべきか否か、設ける場合に家庭裁判所の管轄とすべきか地方裁判所の管轄とすべきかについて、なお検討する。

（懲戒権）

第四十三　第822条は削除することとするが、子の監護について必要があるときは家庭裁判所その他公の機関に対し必要な措置を求めることができる旨の規定を設けるべきか否かについて、なお検討する。

　理由　現行制度として「懲戒場」は存在しないので、児童福祉法等との関連において一般規定を設けることを考慮するのが妥当である。

（利益相反行為）

第四十四　利益相反行為の範囲（第826条）については、左の諸点につき、なお検討する。

（イ）　利益相反行為を例示することによってその範囲を明らかにすべきか。

（ロ）　親権者の配偶者及び一定範囲内の「親族」と子との利益が相反する行為も含めるべきか。

第四十五　利益相反行為を有効に行うための要件（第826条）については、左の諸案があり、なお検討する。

　甲案　特別代理人を選任する案（現行法どおり）

　乙案　特別代理人を選任し、かつ、当該行為につき家庭裁判所の許可を要するものとする案

　丙案　特別代理人の制度を廃止し、当該行為につき家庭裁判所の許可を受けるべきものとする案（なお、事情により特別代理人を選任し得るものとする案もある）

（財産管理の計算）

第四十六　第828条については、但書（管理費用と収益との相殺）を削除すべきか否かにつき、なお検討する。

（家庭裁判所の監督）

第四十七　財産管理に関する家庭裁判所の監督を拡充強化すべきか否かについて、なお検討する。

39

第 1 章　昭和期（戦後）の家族法改正

（親権の代行）

第四十八　第 833 条については、身上の監護に関する権利義務は未成年の親権者に行わせることとするが、財産の管理に関する権利義務をいかにすべきかにつき、なお検討する。

　　理由　監護権はその性質上未成年の親権者自身に行わせるのが妥当であると考えられるが、財産管理については自己の財産の管理もできないので問題がある。

　　第三節　親権の喪失

（親権喪失原因とその他の措置）

第四十九　親権者に親権を行わせることを不相当とする事情があるときは、家庭裁判所は親権又は管理権の喪失の審判をすることができるものとすべきか否か、また事情によってこれらの審判とともに又はこれに代えて子の身上の監護又は財産の管理について必要な措置を講ずることができるものとすべきか否かについて、なお検討する。

　　第五章　後見

　　第一節　後見の開始

（禁治産宣告と親権、後見）

第五十　親権又は未成年後見に復する者に対し禁治産宣告があった場合においては、親権者又は従前の後見人が後見の事務を行うものとし、あらためて後見人を選任しないこととすべきか否かについて、なお検討する。

（後見開始）

第五十一　親権者が行方不明等の事由により事実上親権を行うことができない場合に、当然に後見が開始するものとすべきか。あるいは親権喪失の審判をまって後見が開始するものとしこの場合における法律関係を明確化すべきかについて、なお検討する。

　　第二節　後見の機関

（後見人の選任方法）

第五十二　後見人の選任については、左の諸点につき、なお検討する。

　（イ）　後見人はすべて家庭裁判所が選任するものとし、指定又は法定の後見人を廃止すべきか。

　（ロ）　職権による後見人の選任（解任）を認むべきか。

　（ハ）　被後見人本人による後見人の選任（解任）の請求を認むべきか。

（後見人の数）

第五十三　第 843 条については、後見人は 1 人に限らないものとすべきか否か、1 人に限らないものとした場合に各後見人の権限及び責任をいかに定むべきかにつき、なお検討する。

（欠格事由）

第五十四　第 846 条については、第五十二とも関連して、同条第 3 号から第 6 号までに掲げる事由を存置すべきか否かにつきなお検討する。

（後見監督人）

第五十五　後見監督人については、この制度を存置すべきか否かにつき、なお検討する。

　　第三節　後見の事務

（財産管理に関する後見人の義務）

第五十六　財産管理に関する後見人の義務については、左の諸点につき、なお検討する。

　（イ）　第 853 条により調製した財産目録は家庭裁判所に提出しなければならないものとすべきか。

　（ロ）　家庭裁判所に毎年計算書を提出しなければならないものとすべきか。

（ハ）　家庭裁判所は後見人に相当の担保を供させることができるものとすべきか。

（ニ）　後見人の義務を強化することと関連して、相当の事由があるときは、家庭裁判所は後見人の義務の一部を免除することができるものとすべきか。

（重要な財産行為）

第五十七　重要な財産行為については、家庭裁判所の許可を得なければならないものとすべきか否かにつき、なお検討する。

　　第六章　扶養

（親族的扶養義務と他の扶養義務との関係）

第五十八　未成年の子に対する親の扶養義務及び夫婦間の扶養義務は、それ以外の親族間の扶養義務と性質を異にするものとして別個に規定すべきか否かについて、なお検討する。

（未成年の子に対する親の扶養義務）

第五十九　未成年の子に対する親の扶養義務については、左の諸点につき、なお検討する。

（イ）　未成年の子が財産を有する場合における扶養義務発生の関係

（ロ）　親権者たる父母とそうでない父母との間に優先劣後の関係を認めることの可否

（扶養義務者の範囲）

第六十　扶養義務者の範囲については、左の諸案があり、なお検討する。

　甲案　現行法どおりとする案

　乙案　兄弟姉妹については、家庭裁判所が特別の扶養義務を負わせたときに扶養義務が発生するものとする案

　丙案　特別の事情あるときに家庭裁判所が扶養義務を負わせることができる者の範囲を兄弟姉妹及び１親等の姻族とする案

（扶養義務）

第六十一　扶養義務の発生については、左の諸点につき、なお検討する。

（イ）　発生の要件を明確に規定すべきか（例えば、扶養をなすべき者が相当の資力を有し扶養を受くべき者がその資産又は労務によって生活をし又は相当の教育を受けることができない場合に限って生ずることを、規定上明らかにすべきか）。

（ロ）　扶養義務の発生と要扶養者の請求又は扶養を命ずる審判との関係をいかにすべきか。

（過去の扶養料）

第六十二　過去の扶養料は請求することができないことを規定上明らかにすべきか否か、なおこれと関連して、現に扶養を行った者の扶養義務者に対する求償に関し規定を設くべきか否かについて、なお検討する。

（扶養の順序、程度、方法）

第六十三　扶養の順序、程度及び方法について一応の基準を設けるべきか否か、設けるとすれば左の諸点につき、なお検討する。

（イ）　法律上当然に扶養義務を負う者と家庭裁判所の審判によって扶養義務を負う者との間の順序をいかにすべきか。

（ロ）　要扶養者の過失をいかに考慮すべきか。

（ハ）　金銭給付のほかに現物給付又は引取扶養をいかなる程度まで認めるべきか。

（ニ）　扶養料の一括払を認めることの可否

（ホ）　扶養義務者が数人ある場合における相互間の関係をいかにすべきか。

（4） 昭和 37 年 2 月「民法の一部を改正する法律案要綱」

その後、身分法小委員会は、相続編の審議に入ったが、このままのペースで
行くと、相続編の検討が終了するまでさらに数年を要することが明らかである
ことから、方針を変更して、解釈が分かれていて実務上障害が生じている点を
中心に、早急に民法の一部改正を行う旨が決定され、昭和 35 年 6 月より同方
針に基づく検討が開始された。

しかし、これにも予想外に多くの時間を要し、昭和 37 年 1 月の民法部会に
おいてようやく「民法の一部を改正する法律案要綱」の法制審議会提出案が決
定され、翌 2 月 2 日法制審議会第 26 回総会決議を経た「要綱」は法務大臣に
答申された。

（5） 昭和 37 年 3 月：改正法公布

「要綱」に基づき法務省事務当局が作成した改正法案は、第 40 回国会（常
会）に閣法第 94 号として昭和 37 年 2 月 14 日に提出され、3 月 23 日可決成立
し、3 月 29 日法律第 40 号として公布された。施行日は同年 7 月 1 日である（改
正法附則 1 項）。

3 新旧対照

改正内容は、民法「第 1 編　総則」の改正が 2 か条あるほか[20]、家族法に関
しては、「第 4 編　親族」の改正が 3 か条（① 811 条・② 815 条・③ 845 条）、「第
5 編　相続」の改正が 13 か条（① 887 条・② 888 条（削除）・③ 889 条・④ 900 条・
⑤ 901 条・⑥ 919 条・⑦ 939 条・⑧ 958 条・⑨ 958 条の 2（新設）・⑩ 958 条の 3（新
設）・⑪ 959 条・⑫ 994 条・⑬ 1044 条）である[21]。

（1） 親族法の改正

親族法の改正のうち、養子が 15 歳未満の場合の離縁の協議に関する① 811 条・

---

(20) ①危難失踪（31 条）の失踪期間を 1 年に短縮し、死亡と見なす時期を危難の去ったと
　　きとする……「要綱」第 1 を受けた改正、②同時死亡の推定（32 条の 2）の新設……「要綱」
　　第 2 を受けた改正。

(21) 加藤一郎「民法の一部改正の解説（1）〜（3・完）」ジュリスト 248 号（1962 年）10 頁、
　　250 号 30 頁、251 号 46 頁、中川淳＝谷口知平＝西村信雄＝小石壽夫＝山木戸克己＝澤井
　　種雄「（座談会）民法一部改正をめぐって――附：民法の一部を改正する法律」民商法雑
　　誌 46 巻 1 号（1962 年）19 頁、中川善之助「民法の一部改正（上）（中）（下）」法学セミナー
　　78 号（1962 年）2 頁、79 号 2 頁、80 号 8 頁。

②815条の改正は、「要綱」第3を受けたもので、解釈上争いがあった点を立法的に解決したものである。

　一方、③845条の改正は、「要綱」第4を受けたもので、後見人の監督の強化という新たな要請に応じたものである。

(2)　相続法の改正

　相続編の改正のうち、代襲相続の適用範囲の拡大（①887条・②888条（削除）・④900条。なお、③889条・⑤901条・⑬1044条は、①887条・②888条の改正・削除による条数変更への対応）は、「要綱」第5を受けたものである。

　一方、⑥919条の相続の限定承認・放棄の取消手続（「要綱」第6を受けた改正）、⑦939条の相続放棄の効果（絶対的遡及効。「要綱」第7を受けた改正）は、解釈論上の争いを立法的に解消したものである。

　⑧958条・⑨958条の2（新設）は、「要綱」第8を受けた改正で、相続人不存在の場合の相続人捜索公告の期間を短縮する制度変更である。

　⑩958条の3（新設）・⑪959条の特別縁故者の制度の新設は、「要綱」第9を受けたもので、昭和37年改正の中でもきわめて重要な改正点である。

　なお、⑫994条の「死亡前」から「死亡以前」への修正は、民法総則の同時死亡の推定に関する32条の2の新設に対応するものである。

第811条　（同右）	第811条　（1項略）
[2]　養子が15歳未満であるときは、その離縁は、養親と養子の離縁後にその法定代理人となるべき者との協議でこれをする。	[2]　養子が15歳未満であるときは、その離縁は、養親と養子に代わつて縁組の承諾をする権利を有する者との協議でこれをする。
[3]　前項の場合において、養子の父母が離婚しているときは、その協議で、その一方を養子の離縁後にその親権者となるべき者と定めなければならない。	（新設）
[4]　前項の協議が調わないとき、又は協議をすることができないときは、家庭裁判所は、前項の父若しくは母又は養親の請求によつて、協議に代わる審判をすることができる。	（新設）

第1章　昭和期（戦後）の家族法改正

［5］　第2項の法定代理人となるべき者がないときは、家庭裁判所は、養子の親族その他の利害関係人の請求によつて、養子の離縁後にその後見人となるべき者を選任する。 ［6］　養親が死亡した後に養子が離縁をしようとするときは、家庭裁判所の許可を得て、これをすることができる。	（新設） ［3］　養親が死亡した後に養子が離縁をしようとするときは、家庭裁判所の許可を得て、これをすることができる。
第815条　養子が満15歳に達しない間は、第811条の規定によつて養親と離縁の協議をすることができる者から、又はこれに対して、離縁の訴を提起することができる。	第815条　養子が満15歳に達しない間は、その縁組につき承諾権を有する者から、離縁の訴を提起することができる。
第845条　後見人に不正な行為、著しい不行跡その他後見の任務に適しない事由があるときは、家庭裁判所は、後見監督人、被後見人の親族若しくは検察官の請求によつて、又は職権で、これを解任することができる。	第845条　後見人に不正な行為、著しい不行跡その他後見の任務に適しない事由があるときは、家庭裁判所は、後見監督人又は被後見人の親族の請求によつて、これを解任することができる。
第887条　被相続人の子は、相続人となる。 ［2］　被相続人の子が、相続の開始以前に死亡したとき、又は第891条の規定に該当し、若しくは廃除によつて、その相続権を失つたときは、その者の子がこれを代襲して相続人となる。但し、被相続人の直系卑属でない者は、この限りでない。 ［3］　前項の規定は、代襲者が、相続の開始以前に死亡し、又は第891条の規定に該当し、若しくは廃除によつて、その代襲相続権を失つた場合にこれを準	第887条　被相続人の直系卑属は、左の規定に従つて相続人となる。 一　親等の異なつた者の間では、その近い者を先にする。 二　親等の同じである者は、同順位で相続人となる。

用する。	
（削除）	第888条　前条の規定によつて相続人となるべき者が、相続の開始前に、死亡し、又はその相続権を失つた場合において、その者に直系卑属があるときは、その直系卑属は、前条の規定に従つてその者と同順位で相続人となる。 [2]　前項の規定の適用については、胎児は、既に生まれたものとみなす。但し、死体で生まれたときは、この限りでない。
第889条　左に掲げる者は、第887条の規定によつて相続人となるべき者がない場合には、左の順位に従つて相続人となる。 第一　直系尊属。但し、親等の異なる者の間では、その近い者を先にする。 第二　（同右） [22]　第887条第2項及び第3項の規定は、前項第2号の場合にこれを準用する。	第889条　左に掲げる者は、前2条の規定によつて相続人となるべき者がない場合には、左の順位に従つて相続人となる。 第一　直系尊属 第二　兄弟姉妹 [2]　第887条の規定は、前項第1号の場合に、同条第2号及び前条の規定は、前項第2号の場合にこれを準用する。
第900条　（同右） 一　子及び配偶者が相続人であるときは、子の相続分は、3分の2とし、配偶者の相続分は、3分の1とする。 二　（同右） 三　（同右） 四　子、直系尊属又は兄弟姉妹が数人あるときは、各自の相続分は、相等しいものとする。但し、嫡出でない子の相続分は、嫡出である子の相続	第900条　（柱書略） 一　直系卑属及び配偶者が相続人であるときは、直系卑属の相続分は、3分の2とし、配偶者の相続分は、3分の1とする。 二　（略） 三　（略） 四　直系卑属、直系尊属又は兄弟姉妹が数人あるときは、各自の相続分は、相等しいものとする。但し、嫡出でない直系卑属の相続分は、嫡出であ

分の2分の1とし、父母の一方のみを同じくする兄弟姉妹の相続分は、父母の双方を同じくする兄弟姉妹の相続分の2分の1とする。	る直系卑属の相続分の2分の1とし、父母の一方のみを同じくする兄弟姉妹の相続分は、父母の双方を同じくする兄弟姉妹の相続分の2分の1とする。
第901条　第887条第2項又は第3項の規定によつて相続人となる直系卑属の相続分は、その直系尊属が受けるべきであつたものと同じである。但し、直系卑属が数人あるときは、その各自の直系尊属が受けるべきであつた部分について、前条の規定に従つてその相続分を定める。 〔2〕（同右）	第901条　第888条の規定によつて相続人となる直系卑属の相続分は、その直系尊属が受けるべきであつたものと同じである。但し、直系卑属が数人あるときは、その各自の直系尊属が受けるべきであつた部分について、前条の規定に従つてその相続分を定める。 〔2〕（略）
第919条　（同右） 〔2〕（同右） 〔3〕前項の規定によつて限定承認又は放棄の取消をしようとする者は、その旨を家庭裁判所に申述しなければならない。	第919条　（1項略） 〔2〕（略） （新設）
第939条　相続の放棄をした者は、その相続に関しては、初から相続人とならなかつたものとみなす。	第939条　放棄は、相続開始の時にさかのぼつてその効力を生ずる。 〔2〕数人の相続人がある場合において、その一人が放棄をしたときは、その相続分は、他の相続人の相続分に応じてこれに帰属する。
第958条　前条第1項の期間の満了後、なお、相続人のあることが明かでないときは、家庭裁判所は、管理人又は検察官の請求によつて、相続人があるな	第958条　前条第1項の期間の満了後、なお、相続人のあることが明かでないときは、家庭裁判所は、管理人又は検察官の請求によつて、相続人があるな

Ｖ　昭和37年3月：家族法改正

らば一定の期間内にその権利を主張すべき旨を公告しなければならない。但し、その期間は、6箇月を下ることができない。	らば一定の期間内にその権利を主張すべき旨を公告しなければならない。但し、その期間は、1年を下ることができない。
第958条の2　前条の期間内に相続人である権利を主張する者がないときは、相続人並びに管理人に知れなかつた相続債権者及び受遺者は、その権利を行うことができない。	（新設）
第958条の3　前条の場合において相当と認めるときは、家庭裁判所は、被相続人と生計を同じくしていた者、被相続人の療養看護に努めた者その他被相続人と特別の縁故があつた者の請求によつて、これらの者に、清算後残存すべき相続財産の全部又は一部を与えることができる。	（新設）
第959条　前条の規定によつて処分されなかつた相続財産は、国庫に帰属する。この場合には、第956条第2項の規定を準用する。	第959条　前条の期間内に相続人である権利を主張する者がないときは、相続財産は、国庫に帰属する。この場合には、第956条第2項の規定を準用する。 [2]　相続債権者及び受遺者は、国庫に対してその権利を行うことができない。
第994条　遺贈は、遺言者の死亡以前に受遺者が死亡したときは、その効力を生じない。 [2]　（同右）	第994条　遺贈は、遺言者の死亡前に受遺者が死亡したときは、その効力を生じない。 [2]　（略）
第1044条　第887条第2項、第3項、第900条、第901条、第903条及び第904条の規定は、遺留分にこれを準用する。	第1044条　第888条、第900条、第901条、第903条及び第904条の規定は、遺留分にこれを準用する。

47

第1章　昭和期（戦後）の家族法改正

Ⅵ　昭和51年6月：離婚復氏制度の改正

1　改正法の目的

　昭和22年改正法は、「夫婦の一方が死亡したときは、生存配偶者は、婚姻前の氏に復することができる」旨を規定したが（751条1項。なお、この規定は、戦前の旧法には存在していなかった）、離婚の場合については、離婚後も婚姻中の氏を称することは認められていなかった。

　本改正で767条に新設された2項は、婚姻により改氏した夫または妻が離婚した場合に、引き続き婚姻中の氏を称する選択肢を認めるものであるが、婚姻により改氏するのは女性が多数を占めることから、実質的には、女性の社会的地位の尊重を念頭に置く改正である。

2　改正の経緯[22]

(1)　昭和46年：法制審議会民法部会身分法小委員会の再開

　昭和34年「法制審議会民法部会〔身分法〕小委員会における仮決定及び留保条項（その二）」（→本章Ⅴ2(3)）「第十六」は「第767条については、復氏を婚姻によって氏を改めた者の任意とすべきか否か等の問題につき、なお検討する」としていた。

---

(22)　宇佐見隆男「（第77回国会主要成立法解説）民法等の一部を改正する法律の概要」法律のひろば29巻9号（1976年）60頁、鈴木健一「民法等の一部を改正する法律について——特に離婚復氏に関する改正について」登記研究343号（1976年）1頁、橘勝治「民法と人事訴訟手続法の改正について——離婚復氏と離婚訴訟の管轄」ケース研究156号（1976年）20頁、千種秀夫＝浦野雄幸「『民法等の一部を改正する法律』の解説（第77回国会主要成立法律）（上）」ジュリスト617号（1976年）70頁「はじめに」〔千種〕、71頁「民法の改正について」〔浦野〕、78頁「人事訴訟手続法の改正について」〔浦野〕、乙部二郎「同（下）」618号62頁「戸籍法の改正について」、千種達夫「民法等の一部を改正する法律の解説（1）」法曹時報28巻9号（1976年）1頁、浦野雄幸「同（2）～（3）」11号1頁、12号75頁、乙部二郎「同（4・完）」12号1頁、千種秀夫「民法等改正法の成立と問題点」法学セミナー257号（1976年）16頁、谷口知平「離婚と氏——民法一部改正について」民商法雑誌74巻4号（1976年）3頁、千種秀夫「民法等の一部を改正する法律の解説」家庭裁判月報28巻11号（1976年）1頁、乙部二郎「民法等の一部を改正する法律の解説」家庭裁判月報29巻3号（1977年）1頁、鈴木健一「民法等の改正（離婚復氏制度の改正等）（昭51法66）」青山正明（編）『民事法務行政の歴史と今後の課題』（テイハン、1993年）93頁。

VI　昭和 51 年 6 月：離婚復氏制度の改正

だが、昭和 37 年区分所有法改正（→本章〔前注〕【図表 1-2】⑨）、昭和 41 年借地法改正（→同⑫）、昭和 46 年根抵当の条文新設（→同⑭）と、民法部会では財産法小委員会の改正案件が相次いだため、身分法小委員会の活動は、相続編「第 1 章　総則」の審議を終えたところで中断してしまっていた。

身分法小委員会の審議が再開されるのは、根抵当立法の公布直後の昭和 46 年 6 月 15 日のことで、昭和 50 年 8 月 1 日法務省民事局参事官室に提出された「法制審議会民法部会身分法小委員会中間報告」は、後の昭和 55 年改正（→本章Ⅷ）に影響を与えることとなる。

(2) 1975（昭和 50）年：国際婦人年（国際女性年）

しかし、昭和 51 年改正の直接の導因は、身分法小委員会の活動ではなく、国連の CSW（Commission on the Status of Women: 日本での旧称は「婦人の地位委員会」、現在は「女性の地位委員会」）が 1972（昭和 47）年 12 月の国連総会で、1975（昭和 50）年を《International Women's Year》（当時の日本の呼称は「国際婦人年」であったが、現在では「国際女性年」とする文献が多い）とする旨を宣言して以降、男女差別撤廃・女性の地位向上の運動が日本でも活発化したことにあり、政府としても、この国際的な潮流に対応する必要があった[23]。

そのため、法務省は、身分法小委員会ならびに民法部会の委員の意見を徴したうえ（法制審議会への諮問の手続はとられていない）、事務当局において離婚復氏を任意・選択制に変更する改正案文を作成、昭和 51 年 2 月 18 日第 77 回国会（常会）に閣法第 30 号として提出された法律案は、昭和 51 年 5 月 21 日可決成立し、昭和 51 年 6 月 15 日法律第 66 号「民法等の一部を改正する法律」として公布された。

3　新旧対照

配偶者死亡の場合に関する民法 751 条の書きぶりは、婚姻中の氏の継続使用を原則としつつ、婚姻前の氏に復することもできる体裁になっているが、これに対して、離婚の場合に関する改正後の 767 条は、改正前から存在する 1 項の

---

(23)『国際婦人年（昭和 50 年）及び「国連婦人の十年」（昭和 51 年～ 60 年）の記録』（総理府、1986 年）43 頁「民法（離婚復氏制度）の改正」、東京都生活文化局婦人青少年部婦人計画課（編）『国連婦人の十年をふりかえって』（東京都、1986 年）294 頁「民法（離婚復氏制度）の改正」。

第 1 章　昭和期（戦後）の家族法改正

離婚復氏を原則としつつ、新設の 2 項の特別手続をもって例外的に婚姻中の氏の継続使用を認める建付けになっている。

　この点をめぐっては、「そもそも離婚復氏という規定は、国民感情との妥協から設けられたものであると説明されているが（立法過程における政府委員の説明、衆議院司法委員会会議録 21 号 222 頁）、家制度の廃止という点から当然復氏には問題のあるところである（死亡解消の場合に当然復氏にならないのは『家』的な考え方の現れであろうか）」とも評されており[24]、改正 767 条に対する学説の関心は非常に高かった[25]。

第 767 条　（同右→ 1 項）	第 767 条　（略）
［2］　前項の規定によつて婚姻前の氏に復した夫又は妻は、離婚の日から 3 箇月以内に戸籍法の定めるところにより届け出ることによつて、離婚の際に称していた氏を称することができる。	（新設）

――――――――――

(24)　宮井忠夫「（特集：婦人・いまある姿と志向性）結婚・離婚と女性の氏」時の法令 916・917 号（1976 年）43 頁。

(25)　井手成三「民法中改正（離婚復氏者に離婚時の氏を称する自由を認める改正）法律批判」愛知学院大学論叢法学研究 20 巻 2 号（1976 年）195 頁、宮井忠夫「（講話民法）結婚・離婚と氏をめぐって」時の法令 968 号（1977 年）29 頁、井戸田博史「離婚復氏制について」帝塚山短期大学紀要：人文・社会科学編 16 号（1979 年）24 頁、久武綾子「婚姻時・離婚時の夫婦の氏に関する意識と実態――旧法時代から現行法までの推移」法社会学 31 号（1979 年）103 頁、富田哲「離婚復氏に関する昭和 51 年民法改正の当否――改正後の動向」福島大学商学論集 56 巻 3 号（1988 年）1 頁。

50

Ⅶ　昭和 54 年 12 月：遺言に関する過料額の改定

1　改正法の目的

　昭和54年12月改正法の目的は、①準禁治産者の実質的要件から「聾者」「唖者」「盲者」の削除と、②民法上の法人に関する規定の整備（具体的にはⓐ「社団法人」「財団法人」の名称の使用制限、ⓑ民法法人の監督強化、ⓒ休眠法人の整理の3点）にあり、このうちの②ⓑ民法法人の監督強化の一環として、平成18年一般法人法制定前に存在した84条（法人の理事・監事・清算人に対する過料の制裁）[26]の金額が「5円以上200円以下」から「50万円以下」に引き上げられたが、民法には、過料の制裁規定がもう1つ存在した。遺言書の未提出等に対して過料の制裁を規定した1005条であるが、同条の定める過料額は「200円以下」と、旧84条と同様、もはや時代に沿わない金額となっていたため、これを「5万円以下」に改めたものである。

2　改正の経緯[27]

　本改正は、「かねて行政管理庁の勧告や国会審議等においてその必要があると指摘されていたものであるが、民法の根幹にかかわるものではなく、補完的ないし技術的な修正にとどまる」とされる[28]。

　なお、改正法案は、昭和55年第90回国会（臨時会）ではじめて提出されたものではなく、過去2回提出されたものの、いずれも審議未了で廃案となった経緯がある[29]。

　第1回目は、前年（昭和54年）4月18日第87回国会（常会）に提出の閣法

---

(26) 同条は、平成16年12月民法現代語化改正（→第2章Ⅳ）で84条の3に条数繰下げの後、平成18年6月2日一般法人法制定に伴う改正（→第2章Ⅵ）で削除され、過料の制裁規定は、一般法人法（平成18年6月2日法律第48号「一般社団法人及び一般財団法人に関する法律」）342-344条に移行した。

(27) 青山正明「民法及び民法施行法の一部を改正する法律の概要・準禁治産制度及び法人制度に関する規定の整備——民法及び民法施行法の一部を改正する法律（54.12.20 公布、法律第68号）」時の法令1067号（1980年）5頁、津田賛平「『民法及び民法施行法の一部を改正する法律』の概要〔含：資料〕」法律のひろば33巻4号（1980年）27頁。

(28) 青山・前掲注(27)5頁。

(29) 津田・前掲注(27)27頁（注）。

第 1 章　昭和期（戦後）の家族法改正

第 64 号で、航空機疑惑問題をめぐる会期末の審議空転によって審議未了となったものである。

その後、法案は、同年（昭和 54 年）8 月 31 日第 88 回国会（臨時会）に再提出されたが、翌 9 月 7 日衆議院解散により、またしても審議未了で廃案。

翌昭和 55 年 11 月 28 日第 90 回国会（臨時会）に提出された法案（閣法第 6 号）は、12 月 7 日に可決成立、12 月 20 日法律第 51 号として公布された。

3　新旧対照

改正条文の新旧対照は、以下の通りである。

なお、前記のように、旧 84 条（平成 16 年改正 84 条の 3）は、平成 18 年改正で削除されたが、平成 18 年改正では、外国法人の代表者の登記懈怠に対する 50 万円以下の過料の制裁規定が新設されたので（37 条）、民法の現行規定において過料の制裁を定めた条文は、37 条と 1005 条の 2 か条である。

| 第 1005 条　前条の規定によつて遺言書を提出することを怠り、その検認を経ないで遺言を執行し、又は家庭裁判所外においてその開封をした者は、<u>5 万円</u>以下の過料に処せられる。 | 第 1005 条　前条の規定によつて遺言書を提出することを怠り、その検認を経ないで遺言を執行し、又は家庭裁判所外においてその開封をした者は、<u>200</u>円以下の過料に処せられる。 |

Ⅷ　昭和 55 年 5 月：相続分の改定・寄与分の創設

1　改正法の目的

　昭和 55 年 5 月の民法・家事審判法の改正における大きな変更点は、①民法については、法定相続分の額の改定と、寄与分の制度の新設、②家事審判法については、審判前の保全処分についての執行力の付与である。

2　改正の経緯[30]

(1)　昭和 50 年「法制審議会民法部会身分法小委員会中間報告」

　法制審議会の民法部会・身分法小委員会が、昭和 50 年 8 月 1 日に法務省民事局参事官室に提出した「中間報告」[31]（→本章Ⅳ 2 (1)）は、以下の項目にわたる検討結果を提示していた。

第一　相続人・相続分に関する審議内容及び問題点
一　非嫡出子の相続分
二　配偶者の代襲相続権
三　養子の相続権
四　兄弟姉妹の相続権
五　兄弟姉妹が相続人となるべき場合の代襲相続権
六　配偶者の相続分
第二　夫婦財産制に関する審議内容及び問題点[32]

---

(30)　加藤一郎「（第 91 国会主要立法）相続法の改正（上）（下）」ジュリスト 721 号（1980 年）71 頁、723 号 110 頁、橘勝治＝宇佐見隆男「（資料）民法及び家事審判法の一部を改正する法律の解説」家庭裁判月報 32 巻 8 号（1980 年）159 頁、橘勝治「民法及び家事審判法の一部を改正する法律」法律のひろば 33 巻 8 号（1980 年）22 頁、橘勝治「相続に関する民法改正の経過と概要」自由と正義 31 巻 12 号（1980 年）2 頁、橘勝治「民法・家事審判法の改正（配偶者の相続分の改正等）（昭 55 法 51）」青山（編）・前掲注（22）106 頁、大村・前掲注 (2)158 頁。

(31)　井関浩「（特集：相続人・相続分／夫婦財産制／寄与分）法制審議会民法部会身分法小委員会の中間報告について」ジュリスト 596 号（1975 年）80 頁、同特集「（資料）法制審議会民法部会身分法小委員会中間報告について（昭和 50 年 8 月 1 日法務省民事局参事官室）」83 頁、「（ロー・タイムズ・レポート）法制審議会民法部会身分法小委員会中間報告について」判例タイムズ 325 号（1975 年）91 頁、「（資料）法制審議会民法部会身分法小委員会中間報告（50・8）」法学セミナー 255 号（1976 年）130 頁。

第 1 章　昭和期（戦後）の家族法改正

　　　一　法定財産制として、現行の別産制度を共有制に変更すべきか。
　　　二　別産制を維持するとした場合に検討すべき問題としては次の点が検討された
　　　　　1　契約財産制について
　　　　　2　婚姻中における財産の処分
　　　　　3　夫婦が婚姻中に取得した動産に対する強制執行
　　　　　4　配偶者の潜在的共有持分の実現
　　　　　5　その他
　第三　寄与分に関する審議内容及び問題点 [33]
　　　一　寄与の意義
　　　二　寄与に関して立法の必要があるか
　　　三　寄与は相続の場合に限って考慮すべきか
　　　四　相続の場合における寄与分を法律上そのような権利として構成すべきか
　　　五　寄与分と相続分及び遺産分割との関係について
　　　六　寄与による財産の取得について上限を設けるべきか
　　　七　その他寄与分について論議された主な点は以下の諸点である
　　　⑴　相続人の寄与の範囲について
　　　⑵　寄与および寄与分の判断基準について
　　　⑶　遺産分割に対する救済方法について
　　　⑷　財産法上の訴訟との関係について
　　　⑸　遺贈・贈与との関係について
　　　八　前記五のC及びBの意見に基づいて作成した試案は甲・乙案のとおりである。試案の末尾の括弧内は、前記六の上限を設けるとした場合のものである。
　　　　　甲案
　　　　　……〔略〕……
　　　　　乙案
　　　　　……〔略〕……

---

(32)〔七戸注〕なお、夫婦財産制については、外国法に関する委託調査も行われた。「（資料）夫婦財産制に関する調査研究結果の要約」ジュリスト 596 号（1975 年）「特集：相続人・相続分／夫婦財産制／寄与分」88 頁。

(33)〔七戸注〕寄与分についても、外国法に関する調査が行われた。「（資料）寄与分に関する外国立法例（法務省民事局参事官室・法制審議会民法部会身分法小委員会資料）」ジュリスト 596 号（1975 年）「特集：相続人・相続分／夫婦財産制／寄与分」43 頁。

Ⅷ 昭和55年5月：相続分の改定・寄与分の創設

⑵　昭和54年「相続に関する民法改正要綱試案」

　昭和50年「中間報告」をめぐっては、数多くの論稿が公表された⁽³⁴⁾。

　一方、身分法小委員会のその後の審議では、中間試案・第二の夫婦財産制に
つき、現在の別産制から共有制への移行には大きな変更が必要となることから、
昭和53年になって、共有制への変更よりも、配偶者の相続分の引上げと寄与
分の制度の創設によって対応するのが妥当との方針を決定し、昭和54年7月
17日法務省民事局参事官室の名で全8項目からなる「相続に関する民法改正
要綱試案」が公表される⁽³⁵⁾。

> 　　一　配偶者の相続分
> ……〔略〕……。
> 　　二　非嫡出子の相続
> 　嫡出でない子の相続分は、嫡出である子の相続分と同等とするものとする。
> 　　三　兄弟姉妹の代襲相続
> ……〔略〕……。

---

(34) ジュリスト596号（1975年）「特集：相続人・相続分／夫婦財産制／寄与分」収録の泉
　　久雄「相続人・相続分等に関する中間報告について」15頁、野田愛子「法制審議会民法部
　　会身分法小委員会中間報告書の論点」23頁、人見康平「相続人・相続分等に関する審議と
　　妻の地位」31頁、有地亨「夫婦財産制に関する最近の諸外国の立法傾向に関連して」36頁、
　　浅見公子「夫婦財産制の改正について」44頁、右近健男「身分法小委員会の中間報告につ
　　いて」50頁、松倉耕作「寄与分について」55頁、渡瀬勲「寄与分の取分的形成とその基準」
　　62頁、伊東すみ子「寄与分の法律構成──中間報告を読んで」66頁、沼正也「相続法の
　　改正事業と丼〔どんぶり〕勘定」72頁のほか、①中間試案・第一（相続人・相続分）につき、
　　ジュリスト630号（1977年）「特集：各国の相続人と相続分──仏・西独・英・米」収録
　　の稲本洋之助「フランス法における相続人と相続分」100頁、「（関連資料）法制審議会民
　　法部会身分法小委員会中間報告（昭和50・8・1）」102頁、泉久雄「西ドイツ法における
　　相続人と相続分」107頁、浅見公子「イギリス法における相続人と相続分」115頁、石川
　　稔「アメリカ法における相続人と相続分」119頁、加藤一郎「おわりに」131頁、②中間
　　試案・第二（夫婦財産制）につき、島津一郎＝俵萌三＝都留重人＝東浦めい＝渡辺道子「（パ
　　ネルディスカッション）妻の法的地位──現行民法の夫婦財産制をどう考えるか」法学セ
　　ミナー255号（1976年）124頁、③中間試案・第三（寄与分）につき、日本婦人法律家協
　　会寄与分問題研究会「寄与分に関する実態調査報告」ジュリスト591号（1975年）106頁、「（シ
　　ンポジウム）法制審議会身分法小委員会報告をめぐって──寄与分を中心として」私法39
　　号（1977年）3頁。

(35) 法務省民事局参事官室「（特集：相続に関する民法改正要綱試案）資料：相続に関する
　　民法改正要綱試案／相続に関する民法改正要綱試案の説明」ジュリスト699号（1979年）
　　44頁、法務省民事局参事官室「（資料）相続に関する民法改正要綱試案」登記研究381号（1979
　　年）63頁、法務省民事局参事官室「相続に関する民法改正要綱試案」法の支配41号（1979
　　年）145頁。

55

第 1 章　昭和期（戦後）の家族法改正

　　四　遺産分割の基準
……〔略〕……。
　　五　寄与分
……〔略〕……。
　　六　遺留分
……〔略〕……。
　　七　配偶者の代襲相続権
夫婦の一方が他方を代襲して相続人となる措置は、特に講じないものとする。
　　八　夫婦財産制
夫婦財産制については、現行法を特に改正しないものとする。

　なお、以上の 8 項目の決定に際しては、総理府が昭和 54 年 3 月に実施した
「相続に関する世論調査」[36] の結果も考慮されたが、「試案」のうち「二」非嫡
出子の相続分を嫡出子と同等にする案については、世論調査では「今の法律の
ままでよい」が 47.8％ と多数を占めていた[37]。しかし、身分法小委員会では、「同
権の提案をすべき」との意見が「時期尚早」との意見を上回り、改正事項とし
て取り上げられたものである[38]。
　同「試案」に関しても、その後、多くの論稿が発表された[39]。各界の意見を
概観すると、「各項目とも改正に賛成する意見が多いが、二の非嫡出子の相続
分については、反対の意見がかなりの割合を占めたこと、五の寄与分について

(36) 内閣府「世論調査」HP ＞社会と法制度＞昭和 53 年度（1978 年）＞相続に関する世論
　　調査（昭和 54 年 3 月調査）〈https://survey.gov-online.go.jp/s53/S54-03-53-23.html#modal-
　　about_citation_of_report〉。
(37) 前掲注 (36)「相続に関する世論調査」「Q5〔回答票 4〕」。
(38) 加藤・前掲注 (30)「（上）」72 頁。
(39) ジュリスト 699 号（1979 年）「特集：相続に関する民法改正要綱試案」所収の鍛冶千鶴
　　子＝加藤一郎＝栗原平八郎＝東浦めい＝湯沢雍彦「（座談会）相続に関する民法改正要綱
　　試案」17 頁、泉久雄「相続に関する民法改正要綱試案について」35 頁、浅見公子「相続
　　に関する民法改正要綱試案を読んで」39 頁のほか、橘勝治「（立法の動き）相続に関する
　　民法改正要綱試案について」判例タイムズ 392 号（1979 年）30 頁、橘勝治「相続に関す
　　る民法改正要綱試案について」法律のひろば 32 巻 10 号（1979 年）53 頁、島津一郎「現
　　代の夫婦と法——とくに『相続に関する民法改正要綱試案』をめぐって」『現代の家族』
　　法学セミナー増刊総合特集シリーズ 10 号（1979 年）304 頁、鍛冶千鶴子＝岩城謙二「相
　　続に関する民法改正要綱試案について」法令ニュース 379 号（1979 年）16 頁、右近健男『『相
　　続に関する民法改正要綱試案』における寄与分について」大阪府立大学経済研究 25 巻 1
　　号（通号 107 号、1980 年）60 頁。

は、相続人以外の者にも寄与分を認めるべきであるとする相当数の意見があったことが特に目立った点として挙げられる」[40]。

(3) 昭和55年「民法の一部を改正する法律案要綱」

「身分法小委員会においては、寄せられた意見等を参考としてさらに審議をした結果、『試案』の各項目のうち、二の非嫡出子の相続分と嫡出子の相続分の同等化の点については、各界にかなりの反対の意見があること、現時点においては、必ずしも国民感情に合わないこと等を考慮して、今回の改正からはこれを除外し、他の項目についての改正を内容とする改正要綱（案）をまとめて昭和55年1月26日今回の相続法改正についての審議を終了した。この『要綱』（案）は、同年2月12日の民法部会において承認され、同月25日開催された法制審議会総会において、『民法の一部を改正する法律案要綱』として決定され、法務大臣に答申された」[41]。その内容は、以下の通りである[42]。

　　民法の一部を改正する法律案要綱

（法定相続分の改定）

第一　子、直系尊属又は兄弟姉妹及び配偶者が相続人となる場合におけるその相続分は、次によるものとすること（民法第900条第1号から第3号までの改正）。
　　……〔1号～3号：略〕……。

（兄弟姉妹の代襲相続の制限）

第二　兄弟姉妹を代襲して相続人となる者は、兄弟姉妹の子に限るものとすること（民法第889条第2項の改正）。

（寄与分制度の新設）

第三　被相続人の財産の維持又は増加に特別の寄与をした相続人は、寄与の方法、程度その他の事情に応じ、遺産の分割の協議又は審判において、相当額の財産を取得することができるものとすること（新設）。

（遺産の分割の基準の改定）

第四　遺産の分割は、遺産に属する物又は権利の種類及び性質、各相続人の年齢、職業並びに心身及び生活の状況その他一切の事情を考慮してこれをするものとすること（民法第906条の改正）。

（遺留分の改定）

---

(40)　橘勝治「相続に関する民法改正要綱について」民事月報35巻3号（1980年）4頁。
(41)　橘・前掲注(40)4-5頁。
(42)　橘・前掲注(40)17-18頁〔別紙〕に、全文が掲記されている。

第1章　昭和期（戦後）の家族法改正

第五　兄弟姉妹以外の相続人は、遺留分として次の額を受けるものとすること（民法第1028条の改正）。

……〔1号・2号：略〕……

　その後、法務省の事務当局によって法文化された「民法及び家事審判法の一部を改正する法律案」は、昭和55年3月15日第91回国会（常会）に閣法第58号として提出され、同年5月9日可決成立、5月17日法律第51号として公布された。

3　新旧対照

　新旧条文の対照は、下に掲記した通りである。

　なお、昭和54年「要綱試案」に掲げられながら昭和55年「要綱」（案）段階で断念された非嫡出子の相続分については、平成25年9月の最高裁大法廷の違憲決定[43]を受けた同年12月の改正で同権化が実現するが（→第2章Ⅷ）、これに反発する保守派勢力によって法律婚保護を立法目的とする平成30年7月改正が行われることとなる（→第2章ⅩⅢ）[44]。

第889条　（同右） [2]　第887条第2項の規定は、前項第2号の場合にこれを準用する。	**第889条**　（1項略） [2]　第887条第2項及び第3項の規定は、前項第2号の場合にこれを準用する。
第900条　（同右） 　一　子及び配偶者が相続人であるときは、子の相続分及び配偶者の相続分は、各2分の1とする。 　二　配偶者及び直系尊属が相続人であるときは、配偶者の相続分は、3分の2とし、直系尊属の相続分は、3分の1とする。	**第900条**　（柱書略） 　一　子及び配偶者が相続人であるときは、子の相続分は、3分の2とし、配偶者の相続分は、3分の1とする。 　二　配偶者及び直系尊属が相続人であるときは、配偶者の相続分及び直系尊属の相続分は、各々2分の1とする。

(43)　最（大）決平成25・9・4民集67巻6号1320頁。

(44)　このほか、昭和54年「要綱試案」に対して相当数存在した相続人以外の者にも寄与分を認めるべきとの意見についても、平成30年7月改正で「特別の寄与」の制度（1050条）が新設されたが、ただし、同改正が法律婚保護という保守的な立法目的を有していたことから、「特別寄与料」の支払請求権を有する「特別寄与者」は「相続人の親族」に限定された（1050条1項）。

Ⅷ 昭和55年5月：相続分の改定・寄与分の創設

三　配偶者及び兄弟姉妹が相続人であるときは、配偶者の相続分は、<u>4分の3</u>とし、兄弟姉妹の相続分は、<u>4分の1</u>とする。 四　（同右）	三　配偶者及び兄弟姉妹が相続人であるときは、配偶者の相続分は、<u>3分の2</u>とし、兄弟姉妹の相続分は、<u>3分の1</u>とする。 四　（略）
第901条　（同右） [2]　前項の規定は、第899条第2項の規定によつて兄弟姉妹の<u>子</u>が相続人となる場合にこれを準用する。	第901条　（1項略） [2]　前項の規定は、第899条第2項の規定によつて兄弟姉妹の<u>直系卑属</u>が相続人となる場合にこれを準用する。
第904条の2　共同相続人中に、被相続人の事業に関する労務の提供又は財産上の給付、被相続人の療養看護その他の方法により被相続人の財産の維持又は増加につき特別の寄与をした者があるときは、被相続人が相続開始の時において有した財産の価額から共同相続人の協議で定めたその者の寄与分を控除したものを相続財産とみなし、第900条から第902条までの規定によつて算定した相続分に寄与分を加えた額をもつてその者の相続分とする。 [2]　前項の協議が調わないとき、又は協議をすることができないときは、家庭裁判所は、同項に規定する寄与をした者の請求により、寄与の時期、方法及び程度、相続財産の額その他一切の事情を考慮して、寄与分を定める。 [3]　寄与分は、被相続人が相続開始の時において有した財産の価額から遺贈の価額を控除した額を超えることができない。 [4]　第2項の請求は、第907条第2項	（新設）

の規定による請求があつた場合又は第910条に規定する場合にすることができる。	
第906条 遺産の分割は、遺産に属する物又は権利の種類及び性質、各相続人の年齢、職業、心身の状態及び生活の状況その他一切の事情を考慮してこれをする。	第906条 遺産の分割は、遺産に属する物又は権利の種類及び性質、各相続人の職業その他一切の事情を考慮してこれをする。
第1028条 兄弟姉妹以外の相続人は、遺留分として、左の額を受ける。 一 直系尊属のみが相続人であるときは、被相続人の財産の3分の1 二 その他の場合には、被相続人の財産の2分の1	第1028条 兄弟姉妹以外の相続人は、遺留分として、左の額を受ける。 一 直系卑属のみが相続人であるとき、又は直系卑属及び配偶者が相続人であるときは、被相続人の財産の2分の1 二 その他の場合には、被相続人の財産の3分の1

IX 昭和62年9月：特別養子制度の創設

1 改正法の目的

本改正の中心部分は、特別養子制度の創設にある。

2 改正の経緯 [45]

(1) 昭和34年「法制審議会民法部会〔身分法〕小委員会における仮決定及び留保条項（その二）」

法制審議会・民法部会・身分法小委員会の昭和34年「仮決定及び留保条項（その二）」（→本章Ⅴ2(3)）には、次のような記載が存在していた。

（特別養子）

第二十七　通常の養子のほかに、おおむね次のような内容の「特別養子」の制度を設けることの可否について、なお検討する。

（イ）　特別養子となるべき者は一定の年齢に達しない幼児に限る。

（ロ）　特別養子はすべての関係において養親の実子として取り扱うものとし、戸籍上も実子として記載する。

（ハ）　養親の側からの離縁を認めない。

しかし、当時は、特別養子制度について、血縁関係の根幹を揺るがし、また、世界に冠たる日本の戸籍制度の信用を低下させるとして反対の声が強かった。

---

(45) 細川清「養子法の改正」民事月報42巻9号（1987年）6頁、細川清「養子法の改正——民法及び家事審判法の改正の解説」家庭裁判月報39巻11号（1987年）1頁、細川清「（特集：特別養子）養子法の改正」ジュリスト894号（1987年）44頁、細川清「養子法の改正」旬刊商事法務1124号（1987年）60頁、土屋文昭「養子法の改正について」判例タイムズ648号（1987年）4頁、土屋文昭「『民法等の一部を改正する法律』の概要」法律のひろば40巻12号（1987年）4頁、小野幸二「民法の一部改正の概要と若干の資料」大東法学14号（1987年）129頁、細川清「改正養子法の解説——昭和62年民法等一部改正法の解説(1)〜(8・完)」法曹時報40巻2号（1988年）1頁、7号27頁、41巻6号（1989年）39頁、42巻7号（1990年）67頁、8号67頁、43巻11号（1991年）1頁、44巻12号（1992年）77頁、45巻1号（1993年）97頁、細川清『改正養子法の解説——昭和62年民法等一部改正法の解説』（法曹会、1993年）、大森政輔「民法等の改正（特別養子制度の新設等）（昭61法101）」青山（編）・前掲注(22)127頁、大村・前掲注(2)161頁。

第 1 章　昭和期（戦後）の家族法改正

(2)　昭和 48 年：菊田医師事件

だが、その後、昭和 48 年 4 月 20 日の毎日新聞朝刊 1 面「生まれたばかりの赤ちゃん／すぐ他人の"実子"に／十年間に百人も世話」のスクープ記事が流れを変える。宮城県石巻市の産婦人科医（菊田昇医師）が、堕胎手術を希望する母親を説得して出産させ、別の夫婦に「実子」として世話していることが判明したのである。同月 24 日参議院法務委員会に参考人として呼ばれた菊田医師は、赤ちゃんの命を守るためにも「実子特例法」を制定してほしいと訴え、以後「特例法」制定の声が高まってゆく[46]。

(3)　昭和 57 年：身分法小委員会の審議再開

菊田医師事件は、法制審議会民法部会身分法小委員会で立ち消えになっていた「特別養子」制度導入に向けての検討を再燃させた[47]。昭和 57 年 7 月 6 日民法部会は、昭和 55 年改正法（→本章Ⅷ）の成立以降停止していた身分法小委員会の審議再開を決定、身分法小委員会は同年 9 月 28 日の再開第 1 回（通算第 107 回）会議において養子制度の見直しを検討対象とすることを決定し、諸外国の養子制度に関する調査研究を委嘱[48]、ほぼ 1 月に 1 回のペースで準備会・小委員会を開催して、精力的な検討を行った[49]。

(4)　昭和 60 年「養子制度の改正に関する中間試案」

身分法小委員会の審議再開から 3 年を経た昭和 60 年 11 月、法務省民事局参

---

(46)　中川善之助「（毎月の言葉）特別養子制度論」法学セミナー 216 号（1973 年）1 頁、中川善之助「（毎月の言葉）菊田昇著『私には殺せない』」法学セミナー 219 号（1974 年）1 頁、中谷瑾子「菊田医師『実子あっせん事件』の刑事法的側面——法の実効性と具体的妥当性の狭間」ジュリスト 665 号（1978 年）66 頁、菊田昇「実子特例法の提唱と嬰児殺の防止——中谷教授の論文に反論する」ジュリスト 678 号（1978 年）130 頁、小中陽太郎「（新・権利のための闘争 6）血縁主義に挑む——菊田医師実子あっせん事件」法学セミナー 320 号（1981 年）54 頁、中川高男「実子斡旋事件」ジュリスト 900 号「特集：法律事件百選」（1988 年）216 頁。

(47)　加藤一郎「養子制度の改正問題と外国法」ジュリスト 782 号「特集：各国の養子制度 (1)」後掲注 (48)14 頁、大森政輔「法制審議会民法部会身分法小委員会における養子制度の検討について」民事月報 38 巻 5 号（1983 年）3 頁……〔転載〕戸籍時報 304 号（1983 年）4 頁、305 号 4 頁、中川高男「特別養子制度の創設——法制審議会の議論を中心として（含：質問と意見交換）」新しい家族 51 号（2008 年）20 頁。

(48)「特集：各国の養子制度 (1) ～ (3)」ジュリスト 782 号（1983 年）14 頁、783 号 48 頁、784 号 87 頁。

(49)　一方、日本私法学会では、特別養子制度の導入を見据えたシンポジウムが開催されている。「（シンポジウム）養子法の改正」私法 46 号（1984 年）3 頁。

事官室の名で「養子制度の改正に関する中間試案」ならびに「養子制度の改正に関する中間試案の説明」が公表された[50]。

その内容については、多数の意見が寄せられ[51]、多くの論稿も公表されたが[52]、改正の基本方針については、賛成意見が圧倒的多数であった[53]。

(5) 昭和62年「民法の一部を改正する法律案要綱」

昭和62年1月27日法制審議会の民法部会は、身分法小委員会27回・準備会34回の審議の末に取りまとめた「民法の一部を改正する法律案要綱」案[54]を承認、2月26日法制審議会の総会で承認された「要綱」は法務大臣に答申された。

その後、要綱に基づき法文化された法律案は、同年3月26日第108回国会（常会）に閣法第81号として提出されたが、同国会は売上税の導入問題で与野党全面対決のまま5月27日に閉会し、民法改正法は、継続審議法案として同年7月6日召集の第109回国会（臨時会）に持ち越されて9月18日に可決成立、昭和62年9月26日法律第101号として公布された[55]。

---

(50) 民事月報40巻11号（1985年）59頁、戸籍499号（1985年）13頁、戸籍時報333号（1985年）2頁、家庭裁判月報37巻10号（1985年）154頁、月報司法書士170号（1986年）15頁、金融法務事情1108号（1985年）33頁、法律のひろば39巻2号「特集：養子制度の改正をめぐって」（1986年）49頁、ジュリスト854号（1986年）115頁、ジュリスト855号97頁、856号74頁。
　なお、法務省側の説明として、永井紀昭「養子制度の改正に関する中間試案について（1）〜（5・完）」戸籍504号（1986年）1頁、505号1頁、506号19頁、507号16頁、508号16頁、永井紀昭「養子制度の改正に関する中間試案について（上）（下）」家庭裁判月報38巻6号（1986年）93頁、7号132頁。

(51) 内藤頼博「養子制度の改正に関する中間試案に対する意見（昭和61年4月28日）（含：資料）」法の支配67号（1986年）100頁。

(52) 法律のひろば39巻2号（1986年）「特集：養子制度の改正をめぐって」所収の諸論稿、菊地博「特別養子制度の試案、離婚制度研究会の提案について」判例タイムズ577号（1986年）2頁、床谷文雄「養子制度の改正に関する中間試案の問題点」判例タイムズ583号（1986年）20頁、前田泰「養子制度の改革に関する中間試案の検討——英米法との比較から（家族と法研究会『家族と法』研究レポート8）」判例タイムズ617号（1986年）27頁、川井健「養子縁組制度について」戸籍503号（1986年）3頁、小島二郎「特別養子制度の採用について——『養子制度の改正に関する中間試案』をめぐって」愛知学院大学法研会論集9巻1号（通号11号、1986年）47頁、中川高男「（現代の視点）養子法制の新展開——『民法の一部を改正する法律案要綱案』を読む」法学セミナー389号（1987年）14頁。

(53) 土屋文昭「養子制度の改正に関する中間試案に対する各界意見の概要」戸籍510号（1986年）14頁。

(54) 要綱案の全文については、民事月報42巻2号（1987年）214頁、戸籍516号（1987年）42頁、戸籍時報347号（1987年）2頁。

(55) 田口迪「（特集：第108・109回国会主要立法）第108・109回国会の概観」ジュリスト

3 新旧対照

本改正の中心論点は、特別養子制度の新設であるが（民法817条の2-817条の11）[56]、それ以外にも、父母と氏を異にする場合の子の氏の変更手続（791条）、従来の養子縁組手続の改善（795-797条、806条の2・806条の3、810-814条、816条）につき改正が行われている。

第734条　（同右→1項） ［2］　第817条の9の規定によつて親族関係が終了した後も、前項と同様とする。	**第734条**　（略） （新設）
第735条　直系姻族の間では、婚姻をすることができない。第728条又は第817条の9の規定によつて姻族関係が終了した後も、同様である。	**第735条**　直系姻族の間では、婚姻をすることができない。第728条の規定によつて姻族関係が終了した後も、同様である。
第791条　子が父又は母と氏を異にする場合には、子は、家庭裁判所の許可を得て、戸籍法の定めるところにより届け出ることによつて、その父又は母の氏を称することができる。	**第791条**　子が父又は母と氏を異にする場合には、子は、家庭裁判所の許可を得て、その父又は母の氏を称することができる。
［2］　父又は母が氏を改めたことにより子が父母と氏を異にする場合には、子は、父母の婚姻中に限り、前項の許可を得ないで、戸籍法の定めるところにより届け出ることによつて、その父母の氏を称することができる。	（新設）
［3］　子が15歳未満であるときは、その法定代理人が、これに代つて、前2	［2］　子が15歳未満であるときは、その法定代理人が、これに代つて、前項

896号（1987年）32頁。

(56) 米倉明「特別養子制度の成立をどう受けとめるべきか（上）（中）（下）」ジュリスト894号（1987年）54頁、895号86頁、896号90頁、「特集：特別養子」ジュリスト894号（1987年）所収の細川清「養子法の改正」44頁、菊田昇「特別養子制度の積み残した課題」62頁、鈴木政夫「特別養子制度を子の福祉のために」64頁、菊田昇「（寄稿）菊田医師事件と特別養子制度──『民法等一部改正法』成立にあたっての覚書」法学セミナー395号（1987年）122頁、木村要「（特集：新しい家族と家族法）特別養子」法学セミナー410号（1989年）48頁。

Ⅸ　昭和 62 年 9 月：特別養子制度の創設

項の行為をすることができる。 ［4］　前 3 項の規定によつて氏を改めた未成年の子は、成年に達した時から 1 年以内に戸籍法の定めるところにより届け出ることによつて、従前の氏に復することができる。	の行為をすることができる。 ［3］　前 2 項の規定によつて氏を改めた未成年の子は、成年に達した時から 1 年以内に従前の氏に復することができる。
第 795 条　配偶者のある者が未成年者を養子とするには、配偶者とともにしなければならない。ただし、配偶者の嫡出である子を養子とする場合又は配偶者がその意思を表示することができない場合は、この限りでない。	第 795 条　配偶者のある者は、その配偶者とともにしなければ、縁組をすることができない。但し、夫婦の一方が他の一方の子を養子とする場合は、この限りでない。
第 796 条　配偶者のある者が縁組をするには、その配偶者の同意を得なければならない。ただし、配偶者とともに縁組をする場合又は配偶者がその意思を表示することができない場合は、この限りでない。	第 796 条　前条の場合において、夫婦の一方がその意思を表示することができないときは、他の一方は、双方の名義で、縁組をすることができる。
第 797 条　（同右→ 1 項） ［2］　法定代理人が前項の承諾をするには、養子となる者の父母でその監護をすべき者であるものが他にあるときは、その同意を得なければならない。	第 797 条　（略） （新設）
第 806 条の 2　第 796 条の規定に違反した縁組は、縁組の同意をしていない者から、その取消しを裁判所に請求することができる。ただし、その者が、縁組を知つた後 6 箇月を経過し、又は追認をしたときは、この限りでない。 ［2］　詐欺又は強迫によつて第 796 条の同意をした者は、その縁組の取消しを裁	（新設）

第1章　昭和期（戦後）の家族法改正

判所に請求することができる。ただし、その者が、詐欺を発見し、若しくは強迫を免れた後六箇月を経過し、又は追認をしたときは、この限りでない。	
第806条の3　第797条第2項の規定に違反した縁組は、縁組の同意をしていない者から、その取消しを裁判所に請求することができる。ただし、その者が追認をしたとき、又は養子が15歳に達した後6箇月を経過し、若しくは追認をしたときは、この限りでない。 [2]　前条第2項の規定は、詐欺又は強迫によつて第797条第2項の同意をした者にこれを準用する。	（新設）
第810条　養子は、養親の氏を称する。ただし、婚姻によつて氏を改めた者については、婚姻の際に定めた氏を称すべき間は、この限りでない。	**第810条**　養子は、養親の氏を称する。
第811条　[1]〜[5]（同右） [6]　縁組の当事者の一方が死亡した後に生存当事者が離縁をしようとするときは、家庭裁判所の許可を得て、これをすることができる。	**第811条**　[1]〜[5]（略） [6]　養親が死亡した後に養子が離縁をしようとするときは、家庭裁判所の許可を得て、これをすることができる。
第811条の2　養親が夫婦である場合において未成年者と離縁をするには、夫婦がともにしなければならない。ただし、夫婦の一方がその意思を表示することができないときは、この限りでない。	（新設）
第813条　離縁の届出は、その離縁が第739条第2項、第811条及び第811条の2の規定その他の法令に違反しない	**第813条**　離縁の届出は、その離縁が第739条第2項及び第811条の規定その他の法令に違反しないことを認めた後

66

Ⅸ　昭和 62 年 9 月：特別養子制度の創設

ことを認めた後でなければ、これを受理することができない。 〔2〕（同右）	でなければ、これを受理することができない。 〔2〕（略）
第 814 条　縁組の当事者の一方は、<u>次の</u>場合に限り、離縁の<u>訴え</u>を提起することができる。 　一　（同右） 　二　<u>他の一方</u>の生死が 3 年以上明らかでないとき。 　三　（同右） 〔2〕（同右）	第 814 条　縁組の当事者の一方は、<u>左の</u>場合に限り、離縁の<u>訴</u>を提起することができる。 　一　（略） 　二　<u>養子</u>の生死が 3 年以上<u>明か</u>でないとき。 　三　（略） 〔2〕（略）
第 816 条　養子は、離縁によつて縁組前の氏に復する。<u>ただし、配偶者とともに養子をした養親の一方のみと離縁をした場合は、この限りでない。</u> 〔2〕<u>縁組の日から 7 年を経過した後に前項の規定によつて縁組前の氏に復した者は、離縁の日から 3 箇月以内に戸籍法の定めるところにより届け出ることによつて、離縁の際に称していた氏を称することができる。</u>	第 816 条　養子は、離縁によつて縁組前の氏に復する。 （新設）
第 5 款　特別養子	（新設）
第 817 条の 2　<u>家庭裁判所は、次条から第 817 条の 7 までに定める要件があるときは、養親となる者の請求により、実方の血族との親族関係が終了する縁組（この款において「特別養子縁組」という。）を成立させることができる。</u> 〔2〕<u>前項に規定する請求をするには、第 794 条又は第 798 条の許可を得ることを要しない。</u>	（新設）

67

第817条の3 養親となる者は、配偶者のある者でなければならない。 [2] 夫婦の一方は、他の一方が養親とならないときは、養親となることができない。ただし、夫婦の一方が他の一方の嫡出である子（特別養子縁組以外の縁組による養子を除く。）の養親となる場合は、この限りでない。	（新設）
第817条の4 25歳に達しない者は、養親となることができない。ただし、養親となる夫婦の一方が25歳に達していない場合においても、その者が20歳に達しているときは、この限りでない。	（新設）
第817条の5 第817条の2に規定する請求の時に6歳に達している者は、養子となることができない。ただし、その者が8歳未満であつて6歳に達する前から引き続き養親となる者に監護されている場合は、この限りでない。	（新設）
第817条の6 特別養子縁組の成立には、養子となる者の父母の同意がなければならない。ただし、父母がその意思を表示することができない場合又は父母による虐待、悪意の遺棄その他養子となる者の利益を著しく害する事由がある場合は、この限りでない。	（新設）
第817条の7 特別養子縁組は、父母による養子となる者の監護が著しく困難又は不適当であることその他特別の事情がある場合において、子の利益のため特に必要があると認めるときに、これを成立させるものとする。	（新設）

Ⅸ　昭和 62 年 9 月：特別養子制度の創設

第 817 条の 8　特別養子縁組を成立させるには、養親となる者が養子となる者を 6 箇月以上の期間監護した状況を考慮しなければならない。 ［2］　前項の期間は、第 817 条の 2 に規定する請求の時から起算する。ただし、その請求前の監護の状況が明らかであるときは、この限りでない。	（新設）
第 817 条の 9　養子と実方の父母及びその血族との親族関係は、特別養子縁組によつて終了する。ただし、第 817 条の 3 第 2 項ただし書に規定する他の一方及びその血族との親族関係については、この限りでない。	（新設）
第 817 条の 10　次の各号のいずれにも該当する場合において、養子の利益のため特に必要があると認めるときは、家庭裁判所は、養子、実父母又は検察官の請求により、特別養子縁組の当事者を離縁させることができる。 　一　養親による虐待、悪意の遺棄その他養子の利益を著しく害する事由があること。 　二　実父母が相当の監護をすることができること。 ［2］　離縁は、前項の規定による場合のほか、これをすることができない。	（新設）
第 817 条の 11　養子と実父母及びその血族との間においては、離縁の日から、特別養子縁組によつて終了した親族関係と同一の親族関係を生ずる。	（新設）

第2章　平成期の家族法改正

第2章

園田彩乃

第 2 章　平成期の家族法改正

〔前注〕

　平成期における民法の改正は、下記【図表 2-1】①〜㉘の計 28 回に及ぶが、このうち家族法（「第 4 編　親族」「第 5 編　相続」）部分の改正が行われたのは、〔Ⅰ〕〜〔ⅩⅢ〕の計 13 回である[(1)]。

【図表 2-1】　平成期の民法・家族法改正

〔Ⅰ〕	①	平成元年 6 月 28 日法律第 27 号「法例の一部を改正する法律」附則 3 項による改正（施行：平成 2 年 1 月 1 日）
	②	平成元年 12 月 22 日法律第 91 号「民事保全法」附則 24 条による改正（施行：平成 3 年 1 月 1 日）
	③	平成 2 年 6 月 29 日法律第 65 号「商法等の一部を改正する法律の施行に伴う関係法律の整備に関する法律」1 条による改正（施行：平成 3 年 4 月 1 日）
	④	平成 3 年 5 月 21 日法律第 79 号「行政事務に関する国と地方の関係等の整理及び合理化に関する法律」6 条による改正（施行：平成 4 年 5 月 20 日）
	⑤	平成 8 年 6 月 26 日法律第 110 号「民事訴訟法の施行に伴う関係法律の整備等に関する法律」1 条による改正（施行：平成 10 年 1 月 1 日）
	⑥	平成 11 年 7 月 16 日法律第 87 号「地方分権の推進を図るための関係法律の整備等に関する法律」93 条による改正（施行：平成 12 年 4 月 1 日）
〔Ⅱ〕	⑦	平成 11 年 12 月 8 日法律第 149 号「民法の一部を改正する法律」（施行：平成 12 年 1 月 8 日、平成 12 年 4 月 1 日）
	⑧	平成 11 年 12 月 22 日法律第 225 号「民事再生法」附則 4 条による改正（施行：平成 12 年 4 月 1 日）
	⑨	平成 12 年 5 月 31 日法律第 91 号「商法等の一部を改正する法律の施行に伴う関係法律の整備に関する法律」1 条による改正（施行：平成 13 年 4 月 1 日）

---

(1)　なお、その間の平成 12 年 6 月 7 日政令第 305 号「中央省庁等改革のための法務省関係政令等の整備に関する政令」5 条により「法制審議会令」（昭和 24 年 5 月 31 日政令第 134 号。→第 1 章注 (15) 参照）が改正され、法務大臣の諮問事項は包括的なものから個別具体的なものへと改められ（＝昭和 29 年諮問第 10 号（→第 1 章Ⅴ 1 参照）の失効）、民法部会をはじめとする常設の部会は廃止され、個別の諮問ごとに設置されることとなった（施行日は平成 13 年 1 月 6 日。改正令附則 1 項）。深谷格「法制審議会の民法関係の部会の審議について」同志社法学 72 巻 7 号（2021 年）116 頁。

	⑩	平成 13 年 6 月 8 日法律第 41 号「弁護士法の一部を改正する法律」附則 2 条による改正（施行：平成 14 年 4 月 1 日）
〔Ⅲ〕	⑪	平成 15 年 7 月 16 日法律第 109 号「人事訴訟法」附則 12 条による改正（施行：平成 16 年 4 月 1 日）
	⑫	平成 15 年 8 月 1 日法律第 134 号「担保物権及び民事執行制度の改善のための民法等の一部を改正する法律」1 条による改正（施行：平成 16 年 4 月 1 日）
	⑬	平成 15 年 8 月 1 日法律第 138 号「仲裁法」附則 10 条による改正（施行：平成 16 年 3 月 1 日）
	⑭	平成 16 年 6 月 2 日法律第 76 号「破産法の施行に伴う関係法律の整備等に関する法律」6 条による改正（施行：平成 17 年 1 月 1 日）
	⑮	平成 16 年 6 月 18 日法律第 124 号「不動産登記法の施行に伴う関係法律の整備等に関する法律」2 条・62 条による改正（施行：平成 17 年 3 月 7 日）
〔Ⅳ〕	⑯	平成 16 年 12 月 1 日法律第 147 号「民法の一部を改正する法律」（施行：平成 17 年 4 月 1 日）
〔Ⅴ〕	⑰	平成 17 年 7 月 26 日法律第 87 号「会社法の施行に伴う関係法律の整備等に関する法律」116 条による改正（施行：平成 18 年 5 月 1 日）
〔Ⅵ〕	⑱	平成 18 年 6 月 2 日法律第 50 号「一般社団法人及び一般財団法人に関する法律及び公益社団法人及び公益財団法人の認定等に関する法律の施行に伴う関係法律の整備等に関する法律」38 条・235 条による改正（施行：平成 20 年 12 月 1 日）
	⑲	平成 18 年 6 月 15 日法律第 73 号「遺失物法」附則 3 条による改正（施行：平成 19 年 12 月 10 日）
	⑳	平成 18 年 6 月 21 日法律第 78 号「法の適用に関する通則法」附則 4 条による改正（施行：平成 19 年 1 月 1 日）
	㉑	平成 23 年 5 月 25 日法律第 53 号「非訟事件手続法及び家事事件手続法の施行に伴う関係法律の整備等に関する法律」8 条による改正（施行：平成 25 年 1 月 1 日）
〔Ⅶ〕	㉒	平成 23 年 6 月 3 日法律第 61 号「民法等の一部を改正する法律」1 条による改正（施行：平成 24 年 4 月 1 日）
〔Ⅷ〕	㉓	平成 25 年 12 月 11 日法律第 94 号「民法の一部を改正する法律」（施行：平成 25 年 12 月 11 日）

第 2 章　平成期の家族法改正

〔IX〕	㉔	平成 28 年 4 月 13 日法律第 27 号「成年後見の事務の円滑化を図るための民法及び家事事件手続法の一部を改正する法律」1 条による改正（施行：平成 28 年 10 月 13 日）
〔X〕	㉕	平成 28 年 6 月 7 日法律第 71 号「民法の一部を改正する法律」（施行：平成 28 年 6 月 7 日）
〔XI〕	㉖	平成 29 年 6 月 2 日法律第 44 号「民法の一部を改正する法律」（施行：令和 2 年 4 月 1 日）
〔XII〕	㉗	平成 30 年 6 月 20 日法律第 59 号「民法の一部を改正する法律」（施行：令和 4 年 4 月 1 日）
〔XIII〕	㉘	平成 30 年 7 月 13 日法律第 72 号「民法及び家事事件手続法の一部を改正する法律」1 条・2 条・附則 30 条による改正（施行：令和元年 7 月 1 日、令和 2 年 4 月 1 日）

I　平成元年6月：旧757条の削除

1　改正法の目的

改正前の757条は、外国人が結婚後に日本国籍を取得した場合の夫婦財産制について、夫の本国法を基準とした制度となっていたため、男女平等の精神に沿わないことから、削除された[2]。

2　改正の経緯[3]

昭和32年2月12日法務大臣諮問第16号を受けて、法制審議会の国際私法部会は同年7月より旧「法例」（明治31年6月21日法律第10号）[4]改正の検討を開始し、昭和36年に「法例改正要綱試案（婚姻の部）」、昭和47年に「法例改正要綱試案（親子の部）」を公表したが[5]、その後の作業は中断されていた。

作業が再開されるのは昭和59年5月のことで、その後、昭和61年8月法務省民事局参事官室「法例改正についての中間報告」[6]、昭和63年2月法務省民事局参事官室「婚姻及び親子に関する法例の改正要綱試案」[7]を経て、平成元年1月30日法制審議会「法例の一部を改正する法律案要綱」[8]が法務大臣に答申され、平成元年4月10日第114回国会（常会）に提出された閣法第41号「法例の一部を改正する法律案」は、同年6月21日に可決成立、同年6月28日法律第27号として公布された。

3　新旧対照

同改正法の目的は、両性の平等を抵触法規の分野に及ぼすこと、準拠法の指

---

(2)　第145回国会衆議院法務委員会第19号（平成11年6月11日）4-5頁。
(3)　南敏文「婚姻及び親子に関する法例の改正要綱試案の説明」ジュリスト904号（1988年）92頁。
(4)　平成18年6月21日法律第78号「法の適用に関する通則法」で全改。
(5)　山田鐐一＝村岡二郎「法例改正要綱試案（婚姻の部）解説」法律時報資料版14号（1961年）10頁、高桑昭「法例改正要綱試案（親子の部）」法曹時報25巻6号（1973年）55頁、山田鐐一「法例改正要綱試案（親子の部）解説」民商法雑誌72巻2号（1975年）3頁。
(6)　ジュリスト867号（1986年）127頁。
(7)　ジュリスト904号（1988年）96頁。
(8)　ジュリスト928号（1989年）128頁。

第2章　平成期の家族法改正

定の国際的統一を図ること、準拠法の指定方法を平易化すること等にあり、婚姻の効力・夫婦財産制・離婚等に関する準拠法を夫の本国法としていた法例の旧規定を、夫婦の本国法または夫婦の常居所地法とする内容に改めたが[9]、その結果、夫婦財産制に関する法例旧15条が改められたことに伴い、改正法附則3項で、外国人が夫の本国の法定財産制と異なる契約をした場合に関する民法旧757条も削除されることとなった。

(削除)	第757条　外国人が、夫の本国の法定財産制と異なる契約をした場合において、婚姻の後、日本の国籍を取得し、又は日本に住所を定めたときは、1年以内にその契約を登記しなければ、日本においては、これを夫婦の承継人及び第三者に対抗することができない。

---

(9) 南敏文「法例の一部改正について」ジュリスト943号（1989年）38頁、法務省民事局内法務研究会（編）『改正法例下における渉外戸籍の理論と実務』（テイハン、1989年）、沢木敬郎＝南敏文（編著）『新しい国際私法——改正法例と基本通達』（日本加除出版、1990年）、南敏文『改正法例の解説』（法曹会・新法解説叢書11、1992年）。

76

Ⅱ　平成 11 年 12 月：成年後見制度の導入

1　改正法の目的

　平成 11 年、①民法の法定後見の制度を改めるとともに、②「任意後見契約に関する法律」（平成 11 年 12 月 8 日法律第 150 号）を制定して新たに任意後見制度を創設する改正が行われた。「成年後見制度」とは、平成 11 年改正に基づく①法定後見制度と②任意後見制度の総称であるが、このうちの①法定後見制度に関する民法の改正（従来の禁治産の制度を後見に、準禁治産の制度を保佐に改め、補助の制度を新設し、「行為無能力者」を「制限行為能力者」に変更する）の目的は、従来の制度を判断能力および保護の必要性の程度に応じた柔軟かつ弾力的な制度に変更することで、制限行為能力者を保護すると同時に自己決定権を尊重することを目的としている[10]。

2　改正の経緯

　成年後見制度の導入に向けた検討は、昭和 63 年 10 月「高齢者財産管理法学研究会」（米倉明座長）を嚆矢とし[11]、平成 7 年 6 月 20 日法制審議会民法部会財産法小委員会が、禁治産制度の見直しの検討開始を決定、翌 7 月民事局内に「成年後見問題研究会」（星野英一座長）が設置されたことで本格化する。

　その後、同研究会は、平成 9 年 9 月 30 日法務省民事局参事官室の名で「成年後見問題研究会報告書」を公表し[12]、同日法制審議会民法部会に「成年後見小委員会」が設置される。

　その後、小委員会は、翌平成 10 年 4 月 14 日「成年後見制度の改正に関する

---

(10)　第 145 回国会衆議院法務委員会第 19 号（平成 11 年 6 月 11 日）4-5 頁。
(11)　「特集：成年後見制度の検討」ジュリスト 972 号（1991 年）12 頁、玉上信明「成年後見制度に関する高齢者財産管理法学研究会の検討状況」ジュリスト 1111 号（1997 年）4 頁。
(12)　成年後見問題研究会（編）『成年後見問題研究会報告書』（金融財政事情研究会、1997 年）、法務省民事局参事官室「成年後見問題研究会報告書の概要」民事月報 52 巻 10 号（1997 年）118 頁、「同」ジュリスト 1121 号（1997 年）87 頁、「同」NBL627 号（1997 年）55 頁、「同」判例時報 1614 号（1997 年）36 頁、須永醇「『成年後見問題研究会報告書』（法務省民事局）について」判例タイムズ 961 号（1998 年）4 頁。

要綱試案」を公表 [13]、翌平成 11 年 2 月 16 日法制審議会の総会で「民法の一部を改正する法律案等要綱」が承認され法務大臣に答申された [14]。

　その後、法務省は「要綱」の内容に沿って法文作成作業を進め、平成 11 年 3 月 12 日閣議決定を経て、3 月 15 日第 145 回国会（常会）に新たな成年後見制度の創設を内容とする 4 つの法律案（①閣法第 83 号「民法の一部を改正する法律案」・②閣法第 84 号「任意後見契約に関する法律案」・③閣法第 85 号「民法の一部を改正する法律の施行に伴う関係法律の整備等に関する法律案」・④閣法第 86 号「後見登記等に関する法律案」）が提出されるも、審議未了で継続審議となり、同年の第 146 回国会（臨時会）において 12 月 1 日可決成立、12 月 8 日に公布された（①法律第 149 号・②法律第 150 号・③法律第 151 号・④法律第 152 号）。

3　新旧対照

　平成 11 年改正は、本人の判断能力の程度に応じて、後見・補佐・補助制度の 3 つの制度へ振り分けを行い、各制度の中で判断能力および保護の必要性の程度に応じた個別的な調節を行うことで、制限行為能力者の弾力的な保護を可能とするものである。軽度の認知症・知的障害・精神障害等の状態にある者を対象とする制度（補助）については、自己決定の尊重の観点から、保護の内容・

---

(13)　法務省民事局参事官室『成年後見制度の改正に関する要綱試案の解説——要綱試案・概要・補足説明』（金融財政事情研究会、1998 年）、野田愛子ほか『Q&A 成年後見制度要綱試案のすべて——共生社会の実現に役立つ』（ぎょうせい、1998 年）、日本社会福祉士会（編）『成年後見制度資料集——要綱試案関連（日本社会福祉士会成年後見シリーズ 2）』（筒井書房、1998 年）、法務省民事局参事官室「成年後見制度の改正に関する要綱試案」ジュリスト 1133 号（1998 年）233 頁、加藤雅信「成年後見制度改正要綱試案と今後の方向」ジュリスト 1138 号（1998 年）65 頁、「特集：成年後見制度の立法課題」ジュリスト 1141 号（1998 年）4 頁、「特集：成年後見制度改正要綱試案と今後の展望」法律のひろば 51 巻 8 号（1998 年）4 頁。

(14)　法務省ウェブサイト「民法の一部を改正する法律案等要綱の概要」〈https://www.moj.go.jp/shingi1/ shingi_990216-4.html〉、法制審議会「（資料）民法の一部を改正する法律案等要綱（平成 11 年 2 月 16 日法制審議会総会決定）」金融法務事情 1539 号（1999 年）47 頁、法務省民事局「民法の一部を改正する法律案等要綱の概要——成年後見制度の改正及び公正証書遺言等の方式の改正」民事月報 54 巻 3 号（1999 年）42 頁、「同」ジュリスト 1152 号（1999 年）127 頁、「同」金融法務事情 1539 号（1999 年）6 頁、「同」法律のひろば 52 巻 4 号（1999 年）61 頁、「同」公証 123 号（1999 年）228 頁、岩井伸晃「成年後見制度の改正について——法制審議会『民法の一部を改正する法律案等要綱』の概要」判例タイムズ 996 号（1999 年）209 頁。

範囲を全面的に当事者の自己決定に委ね、重度の認知症・知的障害・精神障害等を対象とする制度（後見・保佐）については、一定の範囲の保護の内容を法定することで、本人保護を図るものである[15]。

新旧対照は下記の通りである。

(1) 「第4編　親族」

ア 「第2章　婚姻」

第738条　成年被後見人が婚姻をするには、その成年後見人の同意を要しない。	第738条　禁治産者が婚姻をするには、その後見人の同意を要しない。

イ 「第3章　親子」

第778条　夫が成年被後見人であるときは、前条の期間は、後見開始の審判の取消しがあつた後夫が子の出生を知つた時から、これを起算する。	第778条　夫が禁治産者であるときは、前条の期間は、禁治産の取消があつた後夫が子の出生を知つた時から、これを起算する。
第780条　認知をするには、父又は母が未成年者又は成年被後見人であるときでも、その法定代理人の同意を要しない。	第780条　認知をするには、父又は母が無能力者であるときでも、その法定代理人の同意を要しない。
第794条　後見人が被後見人（未成年被後見人及び成年被後見人をいう。以下同じ。）を養子とするには、家庭裁判所の許可を得なければならない。後見人の任務が終了した後、まだ管理の計算が終わらない間も、同様である。	第794条　後見人が被後見人を養子とするには、家庭裁判所の許可を得なければならない。後見人の任務が終了した後、まだ管理の計算が終わらない間も、同様である。
第811条　（1項〜4項：同右） [5]　第2項の法定代理人となるべき者がないときは、家庭裁判所は、養子の親族その他の利害関係人の請求によつて、養子の離縁後にその未成年後見人	第811条　（1項〜4項：略） [5]　第2項の法定代理人となるべき者がないときは、家庭裁判所は、養子の親族その他の利害関係人の請求によつて、養子の離縁後にその後見人となる

---

(15) 法務省民事局「民法の一部を改正する法律案等要綱の概要——成年後見制度」ジュリスト1172号（2000年）2頁、「特集：成年後見制度1年」ジュリスト1211号（2001年）10頁。

第２章　平成期の家族法改正

となるべき者を選任する。 ［6］（同右）	べき者を選任する。 ［6］（略）
第838条　後見は、次に掲げる場合に開始する。 一　（同右） 二　後見開始の審判があつたとき。	第838条　後見は、左の場合に開始する。 一　（略） 二　禁治産の宣告があつたとき。

　ウ　「第５章　後見」

第839条　未成年者に対して最後に親権を行う者は、遺言で、未成年後見人を指定することができる。ただし、管理権を有しない者は、この限りでない。 ［2］　親権を行う父母の一方が管理権を有しないときは、他の一方は、前項の規定によつて未成年後見人の指定をすることができる。	第839条　未成年者に対して最後に親権を行う者は、遺言で、後見人を指定することができる。但し、管理権を有しない者は、この限りでない。 ［2］　親権を行う父母の一方が管理権を有しないときは、他の一方は、前項の規定によつて後見人の指定をすることができる。
第840条　前条の規定によつて未成年後見人となるべき者がないときは、家庭裁判所は、未成年被後見人又はその親族その他の利害関係人の請求によつて、未成年後見人を選任する。未成年後見人が欠けたときも、同様である。	第840条　夫婦の一方が禁治産の宣告を受けたときは、他の一方は、その後見人となる。
第841条　父若しくは母が親権若しくは管理権を辞し、又は親権を失つたことによつて未成年後見人を選任する必要が生じたときは、その父又は母は、遅滞なく未成年後見人の選任を家庭裁判所に請求しなければならない。	第841条　前２条の規定によつて後見人となるべき者がないときは、家庭裁判所は、被後見人の親族その他の利害関係人の請求によつて、後見人を選任する。後見人が欠けたときも、同様である。
第842条　（同右）	第843条　（略）
第843条　家庭裁判所は、後見開始の審判をするときは、職権で、成年後見人	（新設）

80

Ⅱ　平成 11 年 12 月：成年後見制度の導入

を選任する。 ［2］　成年後見人が欠けたときは、家庭裁判所は、成年被後見人若しくはその親族その他の利害関係人の請求によつて、又は職権で、成年後見人を選任する。 ［3］　成年後見人が選任されている場合においても、家庭裁判所は、必要があると認めるときは、前項に掲げる者若しくは成年後見人の請求によつて、又は職権で、更に成年後見人を選任することができる。 ［4］　成年後見人を選任するには、成年被後見人の心身の状態並びに生活及び財産の状況、成年後見人となる者の職業及び経歴並びに成年被後見人との利害関係の有無（成年後見人となる者が法人であるときは、その事業の種類及び内容並びにその法人及びその代表者と成年被後見人との利害関係の有無）、成年被後見人の意見その他一切の事情を考慮しなければならない。	
第845条　後見人がその任務を辞したことによつて新たに後見人を選任する必要が生じたときは、その後見人は、遅滞なく新たな後見人の選任を家庭裁判所に請求しなければならない。	第842条　父若しくは母が親権若しくは管理権を辞し、後見人がその任務を辞し、又は父若しくは母が親権を失つたことによつて後見人を選任する必要が生じたときは、その父、母又は後見人は、遅滞なく後見人の選任を家庭裁判所に請求しなければならない。
第846条　後見人に不正な行為、著しい不行跡その他後見の任務に適しない事由があるときは、家庭裁判所は、後見	第845条　後見人に不正な行為、著しい不行跡その他後見の任務に適しない事由があるときは、家庭裁判所は、後見

81

第2章　平成期の家族法改正

監督人、被後見人若しくはその親族若しくは検察官の請求によつて、又は職権で、これを解任することができる。	監督人、被後見人の親族若しくは検察官の請求によつて、又は職権で、これを解任することができる。
第847条　次に掲げる者は、後見人となることができない。 一　（同右） （削除） 二　家庭裁判所で免ぜられた法定代理人、保佐人又は補助人 三　（同右） 四　（同右） 五　（同右）	**第846条**　左に掲げる者は、後見人となることができない。 一　（略） 二　禁治産者及び準禁治産者 三　家庭裁判所で免ぜられた法定代理人又は保佐人 四　（略） 五　（略） 六　（略）
（削除）	**第847条**　第840条乃至前条の規定は、保佐人にこれを準用する。 [2]　保佐人又はその代表する者と準禁治産者との利益が相反する行為については、保佐人は、臨時保佐人の選任を家庭裁判所に請求しなければならない。
第848条　未成年後見人を指定することができる者は、遺言で、未成年後見監督人を指定することができる。	**第848条**　後見人を指定することができる者は、遺言で、後見監督人を指定することができる。
第849条　前条の規定によつて指定した未成年後見監督人がない場合において必要があると認めるときは、家庭裁判所は、未成年被後見人、その親族若しくは未成年後見人の請求によつて、又は職権で、未成年後見監督人を選任することができる。未成年後見監督人の欠けた場合も、同様である。	**第849条**　前条の規定によつて指定した後見監督人がない場合において必要があると認めるときは、家庭裁判所は、被後見人の親族又は後見人の請求によつて、後見監督人を選任することができる。後見監督人の欠けた場合も、同様である。
第849条の2　家庭裁判所は、必要があると認めるときは、成年被後見人、そ	（新設）

82

Ⅱ　平成 11 年 12 月：成年後見制度の導入

の親族若しくは成年後見人の請求によつて、又は職権で、成年後見監督人を選任することができる。	
第852条　第644条、第654条、第655条、第843条第4項、第844条、第846条、第847条、第859条の2、第859条の3、第861条第2項及び第862条の規定は、後見監督人について準用する。	第852条　第644条及び第844条乃至第846条の規定は、後見監督人にこれを準用する。
第857条　未成年後見人は、第820条から第823条までに規定する事項について、親権を行う者と同一の権利義務を有する。ただし、親権を行う者が定めた教育の方法及び居所を変更し、未成年被後見人を懲戒場に入れ、営業を許可し、その許可を取り消し、又はこれを制限するには、未成年後見監督人があるときは、その同意を得なければならない。	第857条　未成年者の後見人は、第820条乃至第823条に規定する事項について、親権を行う者と同一の権利義務を有する。但し、親権を行う者が定めた教育の方法及び居所を変更し、未成年者を懲戒場に入れ、営業を許可し、その許可を取り消し、又はこれを制限するには、後見監督人があるときは、その同意を得なければならない。
第858条　成年後見人は、成年被後見人の生活、療養看護及び財産の管理に関する事務を行うに当たつては、成年被後見人の意思を尊重し、かつ、その心身の状態及び生活の状況に配慮しなければならない。	第858条　禁治産者の後見人は、禁治産者の資力に応じて、その療養看護に努めなければならない。 2　禁治産者を精神病院その他これに準ずる施設に入れるには、家庭裁判所の許可を得なければならない。
第859条の2　成年後見人が数人あるときは、家庭裁判所は、職権で、数人の成年後見人が、共同して又は事務を分掌して、その権限を行使すべきことを定めることができる。 [2]　家庭裁判所は、職権で、前項の規定による定めを取り消すことができる。	（新設）

83

[3] 成年後見人が数人あるときは、第三者の意思表示は、その一人に対してすれば足りる。	
第859条の3 成年後見人は、成年被後見人に代わつて、その居住の用に供する建物又はその敷地について、売却、賃貸、賃貸借の解除又は抵当権の設定その他これらに準ずる処分をするには、家庭裁判所の許可を得なければならない。	（新設）
第861条 （同右→1項） [2] 後見人が後見の事務を行うために必要な費用は、被後見人の財産の中から支弁する。	第861条 （略） （新設）
第863条 （同右） [2] 家庭裁判所は、後見監督人、被後見人若しくはその親族その他の利害関係人の請求によつて、又は職権で、被後見人の財産の管理その他後見の事務について必要な処分を命ずることができる。	第863条 （1項略） [2] 家庭裁判所は、後見監督人、被後見人の親族その他の利害関係人の請求によつて、又は職権で、被後見人の財産の管理その他後見の事務について必要な処分を命ずることができる。
第864条 後見人が、被後見人に代わつて営業若しくは第12条第1項に掲げる行為をし、又は未成年被後見人がこれをすることに同意するには、後見監督人があるときは、その同意を得なければならない。ただし、元本の領収については、この限りでない。	第864条 後見人が、被後見人に代わつて営業若しくは第12条第1項に掲げる行為をし、又は未成年者がこれをすることに同意するには、後見監督人があるときは、その同意を得なければならない。但し、元本の領収については、この限りでない。
第867条 未成年後見人は、未成年被後見人に代わつて親権を行う。 [2] （同右）	第867条 後見人は、未成年者に代わつて親権を行う。 [2] （略）

Ⅱ　平成 11 年 12 月：成年後見制度の導入

第868条　親権を行う者が管理権を有しない場合には、未成年後見人は、財産に関する権限のみを有する。	第868条　親権を行う者が管理権を有しない場合には、後見人は、財産に関する権限のみを有する。
第872条　未成年被後見人が成年に達した後後見の計算の終了前に、その者と未成年後見人又はその相続人との間にした契約は、その者においてこれを取り消すことができる。その者が未成年後見人又はその相続人に対してした単独行為も、同様である。 ［2］（同右）	第872条　未成年者が成年に達した後後見の計算の終了前に、その者と後見人又はその相続人との間にした契約は、その者においてこれを取り消すことができる。その者が後見人又はその相続人に対してした単独行為も、同様である。 ［2］（略）

エ　「第 5 章の 2　保佐及び補助」

第 5 章の 2　保佐及び補助	（新設）

（ア）　「第 1 節　保佐」

第 1 節　保佐	（新設）

第876条　保佐は、保佐開始の審判によつて開始する。	第876条　前条第 1 項の規定は、保佐人と準禁治産者との間にこれを準用する。
第876条の 2　家庭裁判所は、保佐開始の審判をするときは、職権で、保佐人を選任する。 ［2］　第 843 条第 2 項から第 4 項まで及び第 844 条から第 847 条までの規定は、保佐人について準用する。 ［3］　保佐人又はその代表する者と被保佐人との利益が相反する行為については、保佐人は、臨時保佐人の選任を家庭裁判所に請求しなければならない。ただし、保佐監督人がある場合は、この限りでない。	（新設）

85

第876条の3　家庭裁判所は、必要があると認めるときは、被保佐人、その親族若しくは保佐人の請求によつて、又は職権で、保佐監督人を選任することができる。 [2]　第644条、第654条、第655条、第843条第4項、第844条、第846条、第847条、第850条、第851条、第859条の2、第859条の3、第861条第2項及び第862条の規定は、保佐監督人について準用する。この場合において、第851条第4号中「被後見人を代表する」とあるのは、「被保佐人を代表し、又は被保佐人がこれをすることに同意する」と読み替えるものとする。	（新設）
第876条の4　家庭裁判所は、第11条本文に掲げる者又は保佐人若しくは保佐監督人の請求によつて、被保佐人のために特定の法律行為について保佐人に代理権を付与する旨の審判をすることができる。 [2]　本人以外の者の請求によつて前項の審判をするには、本人の同意がなければならない。 [3]　家庭裁判所は、第1項に掲げる者の請求によつて、同項の審判の全部又は一部を取り消すことができる。	（新設）
第876条の5　保佐人は、保佐の事務を行うに当たつては、被保佐人の意思を尊重し、かつ、その心身の状態及び生活の状況に配慮しなければならない。 [2]　第644条、第859条の2、第859条	（新設）

Ⅱ　平成 11 年 12 月：成年後見制度の導入

の 3、第 861 条第 2 項、第 862 条及び第 863 条の規定は保佐の事務について、第 824 条ただし書の規定は保佐人が前条第 1 項の代理権を付与する旨の審判に基づき被保佐人を代表する場合について準用する。 [3]　第 654 条、第 655 条、第 870 条、第 871 条及び第 873 条の規定は保佐人の任務が終了した場合について、第 832 条の規定は保佐人又は保佐監督人と被保佐人との間において保佐に関して生じた債権について準用する。	

（イ）　「第 2 節　補助」

第 2 節　補助	（新設）
第 876 条の 6　補助は、補助開始の審判によつて開始する。	（新設）
第 876 条の 7　家庭裁判所は、補助開始の審判をするときは、職権で、補助人を選任する。 [2]　第 843 条第 2 項から第 4 項まで及び第 844 条から第 847 条までの規定は、補助人について準用する。 [3]　補助人又はその代表する者と被補助人との利益が相反する行為については、補助人は、臨時補助人の選任を家庭裁判所に請求しなければならない。ただし、補助監督人がある場合は、この限りでない。	（新設）
第 876 条の 8　家庭裁判所は、必要があると認めるときは、被補助人、その親族若しくは補助人の請求によつて、又	（新設）

87

は職権で、補助監督人を選任すること ができる。 [2] 第644条、第654条、第655条、第 843条第4項、第844条、第846条、 第847条、第850条、第851条、第 859条の2、第859条の3、第861条第 2項及び第862条の規定は、補助監督 人について準用する。この場合におい て、第851条第4号中「被後見人を代 表する」とあるのは、「被補助人を代 表し、又は被補助人がこれをすること に同意する」と読み替えるものとする。	
第876条の9　家庭裁判所は、第14条 第1項本文に掲げる者又は補助人若し くは補助監督人の請求によつて、被補 助人のために特定の法律行為について 補助人に代理権を付与する旨の審判を することができる。 [2] 第876条の4第2項及び第3項の規 定は、前項の審判について準用する。	（新設）
第876条の10　第644条、第859条の2、 第859条の3、第861条第2項、第862条、 第863条及び第876条の5第1項の規 定は補助の事務について、第824条た だし書の規定は補助人が前条第1項の 代理権を付与する旨の審判に基づき被 補助人を代表する場合について準用す る。 [2] 第654条、第655条、第870条、第 871条及び第873条の規定は補助人の 任務が終了した場合について、第832 条の規定は補助人又は補助監督人と被	（新設）

補助人との間において補助に関して生
じた債権について準用する。

(2) 「第5編　相続」

ア　「第4章　相続の承認及び放棄」

第917条　相続人が未成年者又は成年被後見人であるときは、第915条第1項の期間は、その法定代理人が未成年者又は成年被後見人のために相続の開始があつたことを知つた時から、これを起算する。	第917条　相続人が無能力者であるときは、第915条第1項の期間は、その法定代理人が無能力者のために相続の開始があつたことを知つた時から、これを起算する。

イ　「第7章　遺言」

（ア）　「第1節　総則」

第962条　第4条、第9条、第12条及び第16条の規定は、遺言には、これを適用しない。	第962条　第4条、第9条及び第12条の規定は、遺言には、これを適用しない。

（イ）　「第2節　遺言の方式」

第969条　公正証書によつて遺言をするには、次の方式に従わなければならない。 一　証人2人以上の立会いがあること。 二　（同右） 三　公証人が、遺言者の口述を筆記し、これを遺言者及び証人に読み聞かせ、又は閲覧させること。 四　遺言者及び証人が、筆記の正確なことを承認した後、各自これに署名し、印を押すこと。ただし、遺言者が署名することができない場合は、公証人がその事由を付記して、署名	第969条　公正証書によつて遺言をするには、左の方式に従わなければならない。 一　証人2人以上の立会があること。 二　（略） 三　公証人が、遺言者の口述を筆記し、これを遺言者及び証人に読み聞かせること。 四　遺言者及び証人が、筆記の正確なことを承認した後、各自これに署名し、印をおすこと。但し、遺言者が署名することができない場合は、公証人がその事由を附記して、署名に

第2章　平成期の家族法改正

に代えることができる。 五　公証人が、その証書は前4号に掲げる方式に従つて作つたものである旨を付記して、これに署名し、印を押すこと。	代えることができる。 五　公証人が、その証書は前4号に掲げる方式に従つて作つたものである旨を附記して、これに署名し、印をおすこと。
第969条の2　口がきけない者が公正証書によつて遺言をする場合には、遺言者は、公証人及び証人の前で、遺言の趣旨を通訳人の通訳により申述し、又は自書して、前条第2号の口授に代えなければならない。この場合における同条第3号の規定の適用については、同号中「口述」とあるのは、「通訳人の通訳による申述」又は「自書」とする。 [2]　前条の遺言者又は証人が耳が聞こえない者である場合には、公証人は、同条第3号に規定する筆記した内容を通訳人の通訳により遺言者又は証人に伝えて、同号の読み聞かせに代えることができる。 [3]　公証人は、前2項に定める方式に従つて公正証書を作つたときは、その旨をその証書に付記しなければならない。	（新設）
第972条　口がきけない者が秘密証書によつて遺言をする場合には、遺言者は、公証人及び証人の前で、その証書は自己の遺言書である旨並びにその筆者の氏名及び住所を通訳人の通訳により申述し、又は封紙に自書して、第970条第1項第3号の申述に代えなければならない。	第972条　言語を発することができない者が秘密証書によつて遺言をする場合には、遺言者は、公証人及び証人の前で、その証書は自己の遺言書である旨並びにその筆者の氏名及び住所を封紙に自書して、第970条第1項第3号の申述に代えなければならない。

[2] 前項の場合において、遺言者が通訳人の通訳により申述したときは、公証人は、その旨を封紙に記載しなければならない。 [3] 第1項の場合において、遺言者が封紙に自書したときは、公証人は、その旨を封紙に記載して、第970条第1項第4号に規定する申述の記載に代えなければならない。	（新設） [2] 公証人は、遺言者が前項に定める方式を践んだ旨を封紙に記載して、申述の記載に代えなければならない。
第973条 成年被後見人が事理を弁識する能力を一時回復した時において遺言をするには、医師2人以上の立会いがなければならない。 [2] 遺言に立ち会つた医師は、遺言者が遺言をする時において精神上の障害により事理を弁識する能力を欠く状態になかつた旨を遺言書に付記して、これに署名し、印を押さなければならない。ただし、秘密証書によつて遺言をする場合には、その封紙に右の記載をし、署名し、印を押さなければならない。	第973条 禁治産者が本心に復した時において遺言をするには、医師2人以上の立会がなければならない。 [2] 遺言に立ち会つた医師は、遺言者が遺言をする時において心神喪失の状況になかつた旨を遺言書に附記して、これに署名し、印をおさなければならない。但し、秘密証書によつて遺言をする場合には、その封紙に右の記載をし、署名し、印をおさなければならない。
第974条 次に掲げる者は、遺言の証人又は立会人となることができない。 一 （同右） （削除） 二 （同右） 三 （同右）	第974条 左に掲げる者は、遺言の証人又は立会人となることができない。 一 （略） 二 禁治産者及び準禁治産者 三 （略） 四 （略）
第976条 疾病その他の事由によつて死亡の危急に迫つた者が遺言をしようとするときは、証人3人以上の立会いをもつて、その1人に遺言の趣旨を口授して、これをすることができる。この	第976条 疾病その他の事由によつて死亡の危急に迫つた者が遺言をしようとするときは、証人3人以上の立会を以て、その1人に遺言の趣旨を口授して、これをすることができる。この場合に

第２章　平成期の家族法改正

場合には、その口授を受けた者が、これを筆記して、遺言者及び他の証人に読み聞かせ、又は閲覧させ、各証人がその筆記の正確なことを承認した後、これに署名し、印を押さなければならない。	は、その口授を受けた者が、これを筆記して、遺言者及び他の証人に読み聞かせ、各証人がその筆記の正確なことを承認した後、これに署名し、印をおさなければならない。
[2]　口がきけない者が前項の規定によつて遺言をする場合には、遺言者は、証人の前で、遺言の趣旨を通訳人の通訳により申述して、同項の口授に代えなければならない。	（新設）
[3]　第１項後段の遺言者又は他の証人が耳が聞こえない者である場合には、遺言の趣旨の口授又は申述を受けた者は、同項後段に規定する筆記した内容を通訳人の通訳によりその遺言者又は他の証人に伝えて、同項後段の読み聞かせに代えることができる。	（新設）
[4]　前３項の規定によつてした遺言は、遺言の日から20日以内に、証人の１人又は利害関係人から家庭裁判所に請求してその確認を得なければ、その効力がない。	[2]　前項の規定によつてした遺言は、遺言の日から20日以内に、証人の１人又は利害関係人から家庭裁判所に請求してその確認を得なければ、その効力がない。
[5]　（同右）	[3]　（略）
第979条　（同右） [2]　口がきけない者が前項の規定によつて遺言をする場合には、遺言者は、通訳人の通訳によりこれをしなければならない。	第979条　（１項略） （新設）
[3]　前２項の規定に従つてした遺言は、証人が、その趣旨を筆記して、これに署名し、印を押し、かつ、証人の１人又は利害関係人から遅滞なく家庭裁判	[2]　前項の規定に従つてした遺言は、証人が、その趣旨を筆記して、これに署名し、印をおし、且つ、証人の１人又は利害関係人から遅滞なく家庭裁判所

所に請求してその確認を得なければ、その効力がない。 [4]　第976条第5項の規定は、前項の場合について準用する。	に請求してその確認を得なければ、その効力がない。 [3]　第976条第3項の規定は、前項の場合にこれを準用する。

　　（ウ）　「第4節　遺言の執行」

第1009条　未成年者及び破産者は、遺言執行者となることができない。	第1009条　無能力者及び破産者は、遺言執行者となることができない。

第2章　平成期の家族法改正

Ⅲ　平成 15 年 7 月：人事訴訟法制定に伴う改正

1　改正法の目的

　人事訴訟手続を充実・迅速化し、民事司法制度をより国民に利用しやすいものとすることを目的として、平成 15 年 7 月 9 日に人事訴訟法が公布され、離婚、認知等の人事訴訟についての第一審の管轄を地方裁判所から家庭裁判所に移管することとなった。

　人事訴訟法制定に伴い、民法上規定されていた婚姻取消しおよび養子縁組の取消しの訴えについても人事に関する訴えとして、家庭裁判所に対して請求することとされた[16]。

2　改正の経緯[17]

　司法制度改革審議会設置法（平成 11 年 6 月 9 日法律第 68 号）に基づき内閣に設置された司法制度改革審議会（佐藤幸治会長）が平成 13 年 6 月 12 日の最後の会議（第 63 回会議）で決定した「最終意見」は、知財高裁の設置・法科大学院の創設・裁判員制度の導入等とともに、「離婚など家庭関係事件（人事訴訟等）を家庭裁判所の管轄へ移管し、離婚訴訟等への参与員制度の導入など体制を整備すべきである」との提言を行い[18]、これを受けて、同月 18 日開催の法制審議会第 134 回総会では、法務大臣から民事訴訟法および人事訴訟手続法の改正に関する諮問第 52 号が発せられ、民事・人事訴訟法部会の設置と、諮問第 52号の付託が決定された。

　その後、同部会の下に設けられた人事訴訟法分科会は平成 14 年 7 月 19 日第11 回会議において「人事訴訟手続法の見直し等に関する要綱中間試案（案）」

---

(16) 第 156 回国会衆議院法務委員会第 7 号（平成 15 年 4 月 15 日）34 頁 。

(17) 小野瀬厚「〔特集：第 156 回国会主要成立法律 3〕人事訴訟法」ジュリスト 1253 号（2003年）88 頁。

(18) 「司法制度改革審議会意見書——21 世紀の日本を支える司法制度」〈https://warp.ndl.go. jp/info:ndljp/pid/12213293/www.kantei.go.jp/jp/sihouseido/report/ikensyo/pdf-dex.html〉「Ⅱ　国民の期待に応える司法制度」「5.　家庭裁判所・簡易裁判所の機能の充実」「(1)人事訴訟等の家庭裁判所への一本化」24 頁。

を確定し民事・人事訴訟法部会に提出[19]、部会は8月2日「人事訴訟手続法の見直し等に関する要綱中間試案」[20]を公表してパブリック・コメントに付した後、翌平成15年1月24日に「人事訴訟法案要綱案」を取りまとめ、同年2月5日法制審議会第139回総会はこれを承認し「要綱」は法務大臣に答申された[21]。

「要綱」に基づき策定された「人事訴訟法案」は、3月4日閣議決定を経て、同日第156回国会（常会）に閣法第67号として提出され、7月9日に可決成立、7月9日法律第109号「人事訴訟法」として公布された。

3　新旧対照

人事訴訟については、まず家庭裁判所で家事調停が行われ、これが不成立となった際には、地方裁判所に訴えを提起することとなっていたため、手続が煩雑であり、時間もかかることから国民が利用しにくい制度であった。そのため、人事訴訟の第一審について、地方裁判所から家庭裁判所へ移管することにより、調停から訴え提起まで家庭裁判所で迅速に審理することが可能となった[22]。

(1)　「第2章　婚姻」

第744条　第731条から第736条までの規定に違反した婚姻は、各当事者、その親族又は検察官から、その取消しを家庭裁判所に請求することができる。ただし、検察官は、当事者の一方が死亡した後は、これを請求することがで	第744条　第731条乃至第736条の規定に違反した婚姻は、各当事者、その親族又は検察官から、その取消を裁判所に請求することができる。但し、検察官は、当事者の一方が死亡した後は、これを請求することができない。

(19) 法務省ウェブサイト〈https://www.moj.go.jp/shingi1/shingi_020719-1.html〉。
(20) 「（資料）人事訴訟手続法の見直し等に関する要綱中間試案」民事月報53巻9号（2002年）115頁、法務省民事局参事官室「（資料）人事訴訟手続法の見直し等に関する要綱中間試案の補足説明」同123頁、「（資料）『人事訴訟手続法の見直し等に関する要綱中間試案』について」家庭裁判月報54巻12号（2002年）83頁、法制審議会民事・人事訴訟法部会＝法務省民事局参事官室『人事訴訟手続法の見直し等に関する要綱中間試案と解説（別冊NBL72号）』（商事法務、2002年）、「特集：人事訴訟法制度改正の方向──中間試案を契機に」ジュリスト1230号（2002年）28頁。
(21) 「（資料）人事訴訟法案要綱」NBL755号（2003年）85頁。
(22) 高橋宏志ほか「（研究会）人事訴訟法の基本構造」同＝高田裕成（編）『新しい人事訴訟法と家庭裁判所実務』ジュリスト1259号（2003年）4頁〔小野瀬厚発言〕、「特集：人事訴訟法施行1年」ジュリスト1301号（2005年）288頁。

第２章　平成期の家族法改正

きない。 ［２］（同右）	［２］（略）
第747条　詐欺又は強迫によつて婚姻をした者は、その婚姻の取消しを家庭裁判所に請求することができる。 ［２］（同右）	**第747条**　詐欺又は強迫によつて婚姻をした者は、その婚姻の取消を裁判所に請求することができる。 ［２］（略）
第749条　第728条第1項、第766条から第769条まで、第790条第1項ただし書並びに第819条第2項、第3項、第5項及び第6項の規定は、婚姻の取消しについて準用する。	**第749条**　第766条乃至第769条の規定は、婚姻の取消につきこれを準用する。

(2)　「第3章　親子」

第804条　第792条の規定に違反した縁組は、養親又はその法定代理人から、その取消しを家庭裁判所に請求することができる。ただし、養親が、成年に達した後6箇月を経過し、又は追認をしたときは、この限りでない。	**第804条**　第792条の規定に違反した縁組は、養親又はその法定代理人から、その取消を裁判所に請求することができる。但し、養親が、成年に達した後6箇月を経過し、又は追認をしたときは、この限りでない。
第805条　第793条の規定に違反した縁組は、各当事者又はその親族から、その取消しを家庭裁判所に請求することができる。	**第805条**　第793条の規定に違反した縁組は、各当事者又はその親族から、その取消を裁判所に請求することができる。
第806条　第794条の規定に違反した縁組は、養子又はその実方の親族から、その取消しを家庭裁判所に請求することができる。ただし、管理の計算が終わつた後、養子が追認をし、又は六箇月を経過したときは、この限りでない。 ［２］（同右） ［３］（同右）	**第806条**　第794条の規定に違反した縁組は、養子又はその実方の親族から、その取消を裁判所に請求することができる。但し、管理の計算が終わつた後、養子が追認をし、又は6箇月を経過したときは、この限りでない。 ［２］（略） ［３］（略）

Ⅲ　平成 15 年 7 月：人事訴訟法制定に伴う改正

第806条の2　第796条の規定に違反した縁組は、縁組の同意をしていない者から、その取消しを<u>家庭裁判所</u>に請求することができる。ただし、その者が、縁組を知つた後6箇月を経過し、又は追認をしたときは、この限りでない。 [2]　(同右)	第806条の2　第796条の規定に違反した縁組は、縁組の同意をしていない者から、その取消しを<u>裁判所</u>に請求することができる。ただし、その者が、縁組を知つた後6箇月を経過し、又は追認をしたときは、この限りでない。 [2]　(略)
第806条の3　第797条第2項の規定に違反した縁組は、縁組の同意をしていない者から、その取消しを<u>家庭裁判所</u>に請求することができる。ただし、その者が追認をしたとき、又は養子が15歳に達した後6箇月を経過し、若しくは追認をしたときは、この限りでない。 [2]　(同右)	第806条の3　第797条第2項の規定に違反した縁組は、縁組の同意をしていない者から、その取消しを<u>裁判所</u>に請求することができる。ただし、その者が追認をしたとき、又は養子が15歳に達した後6箇月を経過し、若しくは追認をしたときは、この限りでない。 [2]　(略)
第807条　第798条の規定に違反した縁組は、養子、その実方の親族又は養子に代わつて縁組の承諾をした者から、その取消しを<u>家庭裁判所</u>に請求することができる。<u>ただし、</u>養子が、成年に達した後6箇月を経過し、又は追認をしたときは、この限りでない。	第807条　第798条の規定に違反した縁組は、養子、その実方の親族又は養子に代わつて縁組の承諾をした者から、その取消を<u>裁判所</u>に請求することができる。<u>但し、</u>養子が、成年に達した後6箇月を経過し、又は追認をしたときは、この限りでない。

97

第 2 章　平成期の家族法改正

Ⅳ　平成 16 年 12 月：民法現代語化改正

1　改正法の目的

　国民が意思決定を行う際の基準となる民法について、国民が身近でわかりやすく、現代社会に適合した表記や用語とすることを目的として、現代語化改正が行われた[23]。

2　改正の経緯[24]

　民法典の現代語化の作業は、平成 3 年に法務省民事局長が法制審議会財産法小委員会委員長・星野英一に委嘱し「民法典現代語化研究会」が設置されたことに始まる。同研究会は平成 3 年 7 月 18 日に第 1 回会議を開催し、平成 6 年 1 月 7 日第 17 回会議をもって終了、平成 8 年 6 月 25 日星野英一会長から法務省民事局長に対し「民法典現代語化案」が提出された[25]。

　しかし、民事基本法の立案作業が立て込んだために法案化作業は進行せず、平成 16 年 8 月 4 日になってようやく「民法（明治 29 年法律第 89 号）現代語化案」「民法現代語化案補足説明」[26] が公表されてパブリック・コメントに付され、平成 16 年 9 月 8 日法制審議会第 143 回総会で諮問第 69 号に関する答申案「保証制度の見直しに関する要綱案」の審議と併せて報告が行われ、法案は 10 月 12 日第 161 回国会（臨時会）に閣法第 17 号「民法の一部を改正する法律案」として提出され、11 月 25 日に可決成立、12 月 1 日法律第 147 号として公布された。

3　新旧対照

　民法は、制定時以来、片仮名・文語体による表記や用語について、その大半

(23)　第 161 回国会参議院法務委員会第 3 号 (1)（平成 16 年 11 月 2 日）1 頁。
(24)　筒井健夫「平成 16 年民法改正の概要」民事月報 60 巻 8 号（2005 年）23 頁、筒井健夫「民法の一部を改正する法律の概要」法律のひろば 58 巻 2 号（2005 年）47 頁。
(25)　「（特集：平成 16 年民法改正）資料 3『民法典現代語化案』（平成 8 年 6 月 25 日）」ジュリスト 1283 号（2005 年）108 頁。
(26)　「民法現代語化案補足説明（平成 16・8・4 法務省民事局参事官室）」NBL791 号（2004 年）87 頁、「（資料）民法現代語化案補足説明」民事月報 59 巻 9 号（2004 年）59 頁。

98

に手が加えられないまま現在に至っていたことから、日常用語との乖離が著しく、一般に極めてわかりにくい箇所も存在したため、私人間の法律関係を規律する一般法・基本法たる民法の位置づけに照らし、国民が理解しやすい平仮名・口語体へと改正された。

第4編（親族）および第5編（相続）については、昭和22年の全面改正において、平仮名・口語体へと改められていたものの、改正時から年数が経過しており、最近の立法例で一般に採用されない表記・形式が多数用いられている状況であった。そのため、第1編から第3編の現代語化に併せて、第4編および第5編についても表記・形式を整える整備が行われた[27]。

新旧対照は下記の通りである。

(1) 「第4編　親族」

ア 「第1章　総則」

第1章　（同右）	第1章　総則
（親族の範囲） 第725条　次に掲げる者は、親族とする。 一〜三　（同右）	（見出し新設） 第725条　左に掲げる者は、これを親族とする。 一〜三　（略）
（親等の計算） 第726条　親等は、親族間の世代数を数えて、これを定める。 2　傍系親族の親等を定めるには、その1人又はその配偶者から同一の祖先にさかのぼり、その祖先から他の1人に下るまでの世代数による。	（見出し新設） 第726条　親等は、親族間の世数を数えて、これを定める。 [2]　傍系親族の親等を定めるには、その1人又はその配偶者から同一の始祖にさかのぼり、その始祖から他の1人に下るまでの世数による。
（縁組による親族関係の発生） 第727条　養子と養親及びその血族との間においては、養子縁組の日から、血	（見出し新設） 第727条　養子と養親及びその血族との間においては、養子縁組の日から、血

---

(27) 「特集：平成16年民法改正」ジュリスト1283号（2005年）6頁、「特集：平成16年民法改正」法学教室294号（2005年）4頁、『現代語化民法新旧対照条文（別冊NBL99号）』（商事法務、2005年）、吉田徹＝筒井健夫（編著）『改正民法「保証制度・現代語化」の解説』（商事法務、2005年）、近江幸治（編）『新しい民法全条文——現代語化と保証制度改正』（三省堂、2005年）、池田真朗（編）『新しい民法——現代語化の経緯と解説』（有斐閣、2005年）。

族間におけるの<u>と同一の親族関係を生ずる。	族間における<u>と</u>同一の親族関係を生ずる。
<u>（離婚等による姻族関係の終了）</u> 第728条　姻族関係は、離婚に<u>よって</u>終了する。 <u>2</u>　夫婦の一方が死亡した場合において、生存配偶者が姻族関係を終了させる意思を表示したときも、前項と同様<u>とする。</u>	（見出し新設） 第728条　姻族関係は、離婚に<u>よつて</u>終了する。 <u>[2]</u>　夫婦の一方が死亡した場合において、生存配偶者が姻族関係を終了させる意思を表示したときも、前項と同様<u>である。</u>
<u>（離縁による親族関係の終了）</u> 第729条　<u>養子及びその配偶者並びに</u><u>養子の直系卑属及びその配偶者と</u>養親及びその血族との親族関係は、離縁に<u>よって終了する。</u>	（見出し新設） 第729条　<u>養子、その配偶者、直系卑属</u><u>及びその配偶者と</u>養親及びその血族との親族関係は、離縁に<u>よつて終了する。</u>
<u>（親族間の扶け合い）</u> 第730条　直系血族及び同居の親族は、<u>互いに</u>扶け合わなければならない。	（見出し新設） 第730条　直系血族及び同居の親族は、<u>互に</u>扶け合わなければならない。

イ　「第2章　婚姻」

第2章　（同右） 　第1節　（同右） 　　第1款　（同右）	第2章　婚姻 　第1節　婚姻の成立 　　第1款　婚姻の要件
<u>（婚姻適齢）</u> 第731条　男は、<u>18歳に</u>、女は、<u>16歳</u>にならなければ、婚姻をすることができない。	（見出し新設） 第731条　男は、<u>満18歳</u>に、女は、<u>満16歳</u>にならなければ、婚姻をすることができない。
<u>（重婚の禁止）</u> 第732条　（同右）	（見出し新設） 第732条　（略）
<u>（再婚禁止期間）</u> 第733条　女は、前婚の解消又は取消<u>し</u>の日から6箇月を経過した後でなければ、再婚をすることができない。	（見出し新設） 第733条　女は、前婚の解消又は取消の日から6箇月を経過した後でなければ、再婚をすることができない。

Ⅳ　平成 16 年 12 月：民法現代語化改正

2　（同右）	［2］　（略）
（近親者間の婚姻の禁止）	（見出し新設）
第 734 条　直系血族又は 3 親等内の傍系血族の間では、婚姻をすることができない。ただし、養子と養方の傍系血族との間では、この限りでない。 2　第 817 条の 9 の規定により親族関係が終了した後も、前項と同様とする。	第 734 条　直系血族又は 3 親等内の傍系血族の間では、婚姻をすることができない。但し、養子と養方の傍系血族との間では、この限りでない。 ［2］　第 817 条の 9 の規定によつて親族関係が終了した後も、前項と同様とする。
（直系姻族間の婚姻の禁止）	（見出し新設）
第 735 条　直系姻族の間では、婚姻をすることができない。第 728 条又は第 817 条の 9 の規定により姻族関係が終了した後も、同様とする。	第 735 条　直系姻族の間では、婚姻をすることができない。第 728 条又は第 817 条の 9 の規定によつて姻族関係が終了した後も、同様である。
（養親子等の間の婚姻の禁止）	（見出し新設）
第 736 条　養子若しくはその配偶者又は養子の直系卑属若しくはその配偶者と養親又はその直系尊属との間では、第 729 条の規定により親族関係が終了した後でも、婚姻をすることができない。	第 736 条　養子、その配偶者、直系卑属又はその配偶者と養親又はその直系尊属との間では、第 729 条の規定によつて親族関係が終了した後でも、婚姻をすることができない。
（未成年者の婚姻についての父母の同意）	（見出し新設）
第 737 条　（同右） 2　父母の一方が同意しないときは、他の一方の同意だけで足りる。父母の一方が知れないとき、死亡したとき、又はその意思を表示することができないときも、同様とする。	第 737 条　（1 項略） ［2］　父母の一方が同意しないときは、他の一方の同意だけで足りる。父母の一方が知れないとき、死亡したとき、又はその意思を表示することができないときも、同様である。
（成年被後見人の婚姻）	（見出し新設）
第 738 条　（同右）	第 738 条　（略）
（婚姻の届出）	（見出し新設）
第 739 条　婚姻は、戸籍法（昭和 22 年法律第 224 号）の定めるところにより届け出ることによって、その効力を生	第 739 条　婚姻は、戸籍法の定めるところによりこれを届け出ることによつて、その効力を生ずる。

101

第2章　平成期の家族法改正

ずる。 2　前項の届出は、当事者双方及び成年の証人2人以上が署名した書面で、又はこれらの者から口頭で、しなければならない。	[2]　前項の届出は、当事者双方及び成年の証人2人以上から、口頭又は署名した書面で、これをしなければならない。
（婚姻の届出の受理） 第740条　婚姻の届出は、その婚姻が第731条から第737条まで及び前条第2項の規定その他の法令の規定に違反しないことを認めた後でなければ、受理することができない。	（見出し新設） 第740条　婚姻の届出は、その婚姻が第731条乃至第737条及び前条第2項の規定その他の法令に違反しないことを認めた後でなければ、これを受理することができない。
（外国に在る日本人間の婚姻の方式） 第741条　外国に在る日本人間で婚姻をしようとするときは、その国に駐在する日本の大使、公使又は領事にその届出をすることができる。この場合においては、前2条の規定を準用する。	（見出し新設） 第741条　外国に在る日本人間で婚姻をしようとするときは、その国に駐在する日本の大使、公使又は領事にその届出をすることができる。この場合には、前2条の規定を準用する。
第2款　婚姻の無効及び取消し	**第2款　婚姻の無効及び取消**
（婚姻の無効） 第742条　婚姻は、次に掲げる場合に限り、無効とする。 　一　人違いその他の事由によって当事者間に婚姻をする意思がないとき。 　二　当事者が婚姻の届出をしないとき。ただし、その届出が第739条第2項に定める方式を欠くだけであるときは、婚姻は、そのためにその効力を妨げられない。	（見出し新設） 第742条　婚姻は、左の場合に限り、無効とする。 　一　人違その他の事由によつて当事者間に婚姻をする意思がないとき。 　二　当事者が婚姻の届出をしないとき。但し、その届出が第739条第2項に掲げる条件を欠くだけであるときは、婚姻は、これがために、その効力を妨げられることがない。
（婚姻の取消し） 第743条　婚姻は、次条から第747条までの規定によらなければ、取り消すことができない。	（見出し新設） 第743条　婚姻は、第744条乃至第747条の規定によらなければ、これを取り消すことができない。

Ⅳ　平成16年12月：民法現代語化改正

（不適法な婚姻の取消し）	（見出し新設）
第744条　（同右）	第744条　（1項略）
2　第732条又は第733条の規定に違反した婚姻については、当事者の配偶者又は前配偶者も、その<u>取消し</u>を請求することができる。	[2]　第732条又は第733条の規定に違反した婚姻については、当事者の配偶者又は前配偶者も、その<u>取消</u>を請求することができる。
（不適齢者の婚姻の取消し）	（見出し新設）
第745条　第731条の規定に違反した婚姻は、不適齢者が適齢に達したときは、その<u>取消し</u>を請求することができない。	第745条　第731条の規定に違反した婚姻は、不適齢者が適齢に達したときは、その<u>取消</u>を請求することができない。
2　不適齢者は、適齢に達した後、なお3箇月間は、その婚姻の取消しを請求することができる。<u>ただし</u>、適齢に達した後に追認をしたときは、この限りでない。	[2]　不適齢者は、適齢に達した後、なお3箇月間は、その婚姻の取消を請求することができる。<u>但し</u>、適齢に達した後に追認をしたときは、この限りでない。
（再婚禁止期間内にした婚姻の取消し）	（見出し新設）
第746条　第733条の規定に違反した婚姻は、前婚の解消若しくは取消しの日から6箇月を経過し、又は女が再婚後に懐胎したときは、その<u>取消し</u>を請求することができない。	第746条　第733条の規定に違反した婚姻は、前婚の解消若しくは<u>取消</u>の日から6箇月を経過し、又は女が再婚後に懐胎したときは、その<u>取消</u>を請求することができない。
（詐欺又は強迫による婚姻の取消し）	（見出し新設）
第747条　詐欺又は強迫によって婚姻をした者は、その婚姻の取消しを家庭裁判所に請求することができる。	第747条　詐欺又は強迫によつて婚姻をした者は、その婚姻の取消を家庭裁判所に請求することができる。
2　前項の規定による取消権は、当事者が、詐欺を発見し、若しくは強迫を<u>免れた</u>後3箇月を経過し、又は追認をしたときは、消滅する。	[2]　前項の取消権は、当事者が、詐欺を発見し、若しくは強迫を<u>免かれた</u>後3箇月を経過し、又は追認をしたときは、消滅する。
（婚姻の取消しの効力）	（見出し新設）
第748条　婚姻の<u>取消し</u>は、将来に向	第748条　婚姻の取消は、その効力を既

かってのみその効力を生ずる。	往に及ぼさない。
2　婚姻の時においてその取消しの原因があることを知らなかった当事者が、婚姻によって財産を得たときは、現に利益を受けている限度において、その返還をしなければならない。	[2]　婚姻の当時その取消の原因があることを知らなかつた当事者が、婚姻によつて財産を得たときは、現に利益を受ける限度において、その返還をしなければならない。
3　婚姻の時においてその取消しの原因があることを知っていた当事者は、婚姻によって得た利益の全部を返還しなければならない。この場合において、相手方が善意であったときは、これに対して損害を賠償する責任を負う。	[3]　婚姻の当時その取消の原因があることを知つていた当事者は、婚姻によつて得た利益の全部を返還しなければならない。なお、相手方が善意であつたときは、これに対して損害を賠償する責に任ずる。
(離婚の規定の準用) 第749条　(同右)	(見出し新設) 第749条　(略)
第2節　(同右)	第2節　婚姻の効力
(夫婦の氏) 第750条　(同右)	(見出し新設) 第750条　(略)
(生存配偶者の復氏等) 第751条　(同右) 2　第769条の規定は、前項及び第728条第2項の場合について準用する。	(見出し新設) 第751条　(1項略) [2]　第769条の規定は、前項及び第728条第2項の場合にこれを準用する。
(同居、協力及び扶助の義務) 第752条　夫婦は同居し、互いに協力し扶助しなければならない。	(見出し新設) 第752条　夫婦は同居し、互に協力し扶助しなければならない。
(婚姻による成年擬制) 第753条　未成年者が婚姻をしたときは、これによって成年に達したものとみなす。	(見出し新設) 第753条　未成年者が婚姻をしたときは、これによつて成年に達したものとみなす。
(夫婦間の契約の取消権) 第754条　夫婦間でした契約は、婚姻中、いつでも、夫婦の一方からこれを取り	(見出し新設) 第754条　夫婦間で契約をしたときは、その契約は、婚姻中、何時でも、夫婦

Ⅳ　平成 16 年 12 月：民法現代語化改正

消すことができる。ただし、第三者の権利を害することはできない。	の一方からこれを取り消すことができる。但し、第三者の権利を害することができない。
第 3 節　（同右） 　　第 1 款　（同右）	第 3 節　夫婦財産制 　　第 1 款　総則
（夫婦の財産関係） 第 755 条　夫婦が、婚姻の届出前に、その財産について別段の契約をしなかったときは、その財産関係は、次款に定めるところによる。	（見出し新設） 第 755 条　夫婦が、婚姻の届出前に、その財産について別段の契約をしなかつたときは、その財産関係は、次の款に定めるところによる。
（夫婦財産契約の対抗要件） 第 756 条　（同右）	（見出し新設） 第 756 条　（略）
第 757 条　（同右）	第 757 条　（略）
（夫婦の財産関係の変更の制限等） 第 758 条　夫婦の財産関係は、婚姻の届出後は、変更することができない。 2　夫婦の一方が、他の一方の財産を管理する場合において、管理が失当であったことによってその財産を危うくしたときは、他の一方は、自らその管理をすることを家庭裁判所に請求することができる。 3　共有財産については、前項の請求とともに、その分割を請求することができる。	（見出し新設） 第 758 条　夫婦の財産関係は、婚姻届出の後は、これを変更することができない。 [2]　夫婦の一方が、他の一方の財産を管理する場合において、管理が失当であつたことによつてその財産を危うくしたときは、他の一方は、自らその管理をすることを家庭裁判所に請求することができる。 [3]　共有財産については、前項の請求とともにその分割を請求することができる。
（財産の管理者の変更及び共有財産の分割の対抗要件） 第 759 条　前条の規定又は第 755 条の契約の結果により、財産の管理者を変更し、又は共有財産の分割をしたときは、その登記をしなければ、これを夫婦の	（見出し新設） 第 759 条　前条の規定又は契約の結果によつて、管理者を変更し、又は共有財産の分割をしたときは、その登記をしなければ、これを夫婦の承継人及び第

承継人及び第三者に対抗することができない。	三者に対抗することができない。
第2款　（同右）	**第2款　法定財産制**
（婚姻費用の分担） 第760条　（同右）	（見出し新設） 第760条　（略）
（日常の家事に関する債務の連帯責任） 第761条　夫婦の一方が日常の家事に関して第三者と法律行為をしたときは、他の一方は、これによって生じた債務について、連帯してその責任を負う。ただし、第三者に対し責任を負わない旨を予告した場合は、この限りでない。	（見出し新設） 第761条　夫婦の一方が日常の家事に関して第三者と法律行為をしたときは、他の一方は、これによつて生じた債務について、連帯してその責に任ずる。但し、第三者に対し責に任じない旨を予告した場合は、この限りでない。
（夫婦間における財産の帰属） 第762条　夫婦の一方が婚姻前から有する財産及び婚姻中自己の名で得た財産は、その特有財産（夫婦の一方が単独で有する財産をいう。）とする。 2　夫婦のいずれに属するか明らかでない財産は、その共有に属するものと推定する。	（見出し新設） 第762条　夫婦の一方が婚姻前から有する財産及び婚姻中自己の名で得た財産は、その特有財産とする。 [2]　夫婦のいずれに属するか明かでない財産は、その共有に属するものと推定する。
第4節　（同右） **第1款　（同右）**	**第4節　離婚** **第1款　協議上の離婚**
（協議上の離婚） 第763条　（同右）	（見出し新設） 第763条　（略）
（婚姻の規定の準用） 第764条　第738条、第739条及び第747条の規定は、協議上の離婚について準用する。	（見出し新設） 第764条　第738条、第739条及び第747条の規定は、協議上の離婚にこれを準用する。
（離婚の届出の受理） 第765条　離婚の届出は、その離婚が前条において準用する第739条第2項の	（見出し新設） 第765条　離婚の届出は、その離婚が第739条第2項及び第819条第1項の規

Ⅳ　平成16年12月：民法現代語化改正

規定及び第819条第1項の規定その他の法令の規定に違反しないことを認めた後でなければ、受理することができない。 2　離婚の届出が前項の規定に違反して受理されたときであっても、離婚は、そのためにその効力を妨げられない。	定その他の法令に違反しないことを認めた後でなければ、これを受理することができない。 ［2］離婚の届出が前項の規定に違反して受理されたときでも、離婚は、これがために、その効力を妨げられることがない。
（離婚後の子の監護に関する事項の定め等） 第766条　父母が協議上の離婚をするときは、子の監護をすべき者その他監護について必要な事項は、その協議で定める。協議が調わないとき、又は協議をすることができないときは、家庭裁判所が、これを定める。 2　（同右） 3　前2項の規定によっては、監護の範囲外では、父母の権利義務に変更を生じない。	（見出し新設） 第766条　父母が協議上の離婚をするときは、子の監護をすべき者その他監護について必要な事項は、その協議でこれを定める。協議が調わないとき、又は協議をすることができないときは、家庭裁判所が、これを定める。 ［2］（略） ［3］前2項の規定は、監護の範囲外では、父母の権利義務に変更を生ずることがない。
（離婚による復氏等） 第767条　婚姻によって氏を改めた夫又は妻は、協議上の離婚によって婚姻前の氏に復する。 2　前項の規定により婚姻前の氏に復した夫又は妻は、離婚の日から3箇月以内に戸籍法の定めるところにより届け出ることによって、離婚の際に称していた氏を称することができる。	（見出し新設） 第767条　婚姻によつて氏を改めた夫又は妻は、協議上の離婚によつて婚姻前の氏に復する。 ［2］前項の規定によつて婚姻前の氏に復した夫又は妻は、離婚の日から3箇月以内に戸籍法の定めるところにより届け出ることによつて、離婚の際に称していた氏を称することができる。
（財産分与） 第768条　（同右） 2　前項の規定による財産の分与につい	（見出し新設） 第768条　（1項略） ［2］前項の規定による財産の分与につい

第２章　平成期の家族法改正

て、当事者間に協議が調わないとき、又は協議をすることができないときは、当事者は、家庭裁判所に対して協議に代わる処分を請求することができる。ただし、離婚の時から２年を経過したときは、この限りでない。 3　前項の場合には、家庭裁判所は、当事者双方がその協力によって得た財産の額その他一切の事情を考慮して、分与をさせるべきかどうか並びに分与の額及び方法を定める。	て、当事者間に協議が調わないとき、又は協議をすることができないときは、当事者は、家庭裁判所に対して協議に代わる処分を請求することができる。但し、離婚の時から２年を経過したときは、この限りでない。 [3]　前項の場合には、家庭裁判所は、当事者双方がその協力によつて得た財産の額その他一切の事情を考慮して、分与をさせるべきかどうか並びに分与の額及び方法を定める。
（離婚による復氏の際の権利の承継） **第769条**　婚姻によって氏を改めた夫又は妻が、第897条第１項の権利を承継した後、協議上の離婚をしたときは、当事者その他の関係人の協議で、その権利を承継すべき者を定めなければならない。 2　前項の協議が調わないとき、又は協議をすることができないときは、同項の権利を承継すべき者は、家庭裁判所がこれを定める。	（見出し新設） **第769条**　婚姻によつて氏を改めた夫又は妻が、第897条第１項の権利を承継した後、協議上の離婚をしたときは、当事者その他の関係人の協議で、その権利を承継すべき者を定めなければならない。 [2]　前項の協議が調わないとき、又は協議をすることができないときは、前項の権利を承継すべき者は、家庭裁判所がこれを定める。
第３款　（同右）	**第２款　裁判上の離婚**
（裁判上の離婚） **第770条**　夫婦の一方は、次に掲げる場合に限り、離婚の訴えを提起することができる。 　一　配偶者に不貞な行為があったとき。 　二　（同右） 　三　配偶者の生死が３年以上明らかでないとき。	（見出し新設） **第770条**　夫婦の一方は、左の場合に限り、離婚の訴を提起することができる。 　一　配偶者に不貞な行為があつたとき。 　二　（略） 　三　配偶者の生死が３年以上明かでないとき。

108

Ⅳ　平成16年12月：民法現代語化改正

四　配偶者が強度の精神病にかかり、回復の<u>見込み</u>がないとき。 五　（同右） <u>2</u>　裁判所は、前項第1号から第4号までに掲げる事由がある場合<u>であっても</u>、一切の事情を考慮して婚姻の継続を相当と認めるときは、離婚の請求を棄却することができる。	四　配偶者が強度の精神病にかかり、回復の<u>見込</u>がないとき。 五　（略） [2]　裁判所は、前項第1号乃至第4号の事由がある<u>とき</u>でも、一切の事情を考慮して婚姻の継続を相当と認めるときは、離婚の請求を棄却することができる。
（協議上の離婚の規定の準用） 第771条　第766条<u>から</u>第769条<u>までの</u>規定は、裁判上の離婚に<u>ついて</u>準用する。	（見出し新設） 第771条　第766条<u>乃至</u>第769条の規定は、裁判上の離婚に<u>これを</u>準用する。

ウ　「第3章　親子」

第3章　（同右） 　第1節　（同右）	第3章　親子 　第1節　実子
（嫡出の推定） 第772条　（同右） <u>2</u>　婚姻<u>の</u>成立の日から200日<u>を経過した後又は</u>婚姻の解消若しくは取消<u>し</u>の日から300日以内に生まれた子は、婚姻中に懐胎したものと推定する。	（見出し新設） 第772条　（1項略） [2]　婚姻成立の日から200日<u>後又は</u>婚姻の解消若しくは取消の日から300日以内に生まれた子は、婚姻中に懐胎したものと推定する。
（父を定めることを目的とする訴え） 第773条　第733条第1項の規定に違反して再婚をした女が出産した場合において、前条の規定により<u>その子の父</u>を定めることができないときは、裁判所が、これを定める。	（見出し新設） 第773条　第733条第1項の規定に違反して再婚をした女が出産した場合において、前条の規定によ<u>つて</u>その子の父を定めることができないときは、裁判所が、これを定める。
（嫡出の否認） 第774条　（同右）	（見出し新設） 第774条　（略）
（嫡出否認の訴え） 第775条　前条の<u>規定による</u>否認権は、	（見出し新設） 第775条　前条の否認権は、子又は親権

第2章　平成期の家族法改正

子又は親権を行う母に対する嫡出否認の訴えによって行う。親権を行う母がないときは、家庭裁判所は、特別代理人を選任しなければならない。	を行う母に対する訴によつてこれを行う。親権を行う母がないときは、家庭裁判所は、特別代理人を選任しなければならない。
（嫡出の承認） 第776条　夫は、子の出生後において、その嫡出であることを承認したときは、その否認権を失う。	（見出し新設） 第776条　夫が、子の出生後において、その嫡出であることを承認したときは、その否認権を失う。
（嫡出否認の訴えの出訴期間） 第777条　嫡出否認の訴えは、夫が子の出生を知った時から1年以内に提起しなければならない。	（見出し新設） 第777条　否認の訴は、夫が子の出生を知つた時から1年以内にこれを提起しなければならない。
第778条　夫が成年被後見人であるときは、前条の期間は、後見開始の審判の取消しがあった後夫が子の出生を知った時から起算する。	第778条　夫が成年被後見人であるときは、前条の期間は、後見開始の審判の取消しがあつた後夫が子の出生を知つた時から、これを起算する。
（認知） 第779条　（同右）	（見出し新設） 第779条　（略）
（認知能力） 第780条　認知をするには、父又は母が未成年者又は成年被後見人であるときであっても、その法定代理人の同意を要しない。	（見出し新設） 第780条　認知をするには、父又は母が未成年者又は成年被後見人であるときでも、その法定代理人の同意を要しない。
（認知の方式） 第781条　認知は、戸籍法の定めるところにより届け出ることによってする。 2　認知は、遺言によっても、することができる。	（見出し新設） 第781条　認知は、戸籍法の定めるところにより届け出ることによつてこれをする。 [2]　認知は、遺言によつても、これをすることができる。
（成年の子の認知） 第782条　（同右）	（見出し新設） 第782条　（略）

110

	Ⅳ　平成16年12月：民法現代語化改正
（胎児又は死亡した子の認知）	（見出し新設）
第783条　父は、胎内に在る子でも、認知することができる。この場合においては、母の承諾を得なければならない。 2　父又は母は、死亡した子でも、その直系卑属があるときに限り、認知することができる。この場合において、その直系卑属が成年者であるときは、その承諾を得なければならない。	第783条　父は、胎内に在る子でも、これを認知することができる。この場合には、母の承諾を得なければならない。 [2]　父又は母は、死亡した子でも、その直系卑属があるときに限り、これを認知することができる。この場合において、その直系卑属が成年者であるときは、その承諾を得なければならない。
（認知の効力）	（見出し新設）
第784条　認知は、出生の時にさかのぼってその効力を生ずる。ただし、第三者が既に取得した権利を害することはできない。	第784条　認知は、出生の時にさかのぼつてその効力を生ずる。但し、第三者が既に取得した権利を害することができない。
（認知の取消しの禁止）	（見出し新設）
第785条　（同右）	第785条　（略）
（認知に対する反対の事実の主張）	（見出し新設）
第786条　（同右）	第786条　（略）
（認知の訴え）	（見出し新設）
第787条　子、その直系卑属又はこれらの者の法定代理人は、認知の訴えを提起することができる。ただし、父又は母の死亡の日から3年を経過したときは、この限りでない。	第787条　子、その直系卑属又はこれらの者の法定代理人は、認知の訴を提起することができる。但し、父又は母の死亡の日から3年を経過したときは、この限りでない。
（認知後の子の監護に関する事項の定め等）	（見出し新設）
第788条　第766条の規定は、父が認知する場合について準用する。	第788条　第766条の規定は、父が認知する場合にこれを準用する。
（準正）	（見出し新設）
第789条　父が認知した子は、その父母の婚姻によって嫡出子の身分を取得する。	第789条　父が認知した子は、その父母の婚姻によつて嫡出子たる身分を取得する。

2 婚姻中父母が認知した子は、その認知の時から、嫡出子の身分を取得する。 3 前2項の規定は、子が既に死亡していた場合について準用する。	② 婚姻中父母が認知した子は、その認知の時から、嫡出子たる身分を取得する。 ③ 前2項の規定は、子が既に死亡した場合にこれを準用する。
（子の氏） 第790条 嫡出である子は、父母の氏を称する。ただし、子の出生前に父母が離婚したときは、離婚の際における父母の氏を称する。 2 （同右）	（見出し新設） 第790条 嫡出である子は、父母の氏を称する。但し、子の出生前に父母が離婚したときは、離婚の際における父母の氏を称する。 ② （略）
（子の氏の変更） 第791条 子が父又は母と氏を異にする場合には、子は、家庭裁判所の許可を得て、戸籍法の定めるところにより届け出ることによって、その父又は母の氏を称することができる。 2 父又は母が氏を改めたことにより子が父母と氏を異にする場合には、子は、父母の婚姻中に限り、前項の許可を得ないで、戸籍法の定めるところにより届け出ることによって、その父母の氏を称することができる。 3 子が15歳未満であるときは、その法定代理人が、これに代わって、前2項の行為をすることができる。 4 前3項の規定により氏を改めた未成年の子は、成年に達した時から1年以内に戸籍法の定めるところにより届け出ることによって、従前の氏に復することができる。	（見出し新設） 第791条 子が父又は母と氏を異にする場合には、子は、家庭裁判所の許可を得て、戸籍法の定めるところにより届け出ることによつて、その父又は母の氏を称することができる。 ② 父又は母が氏を改めたことにより子が父母と氏を異にする場合には、子は、父母の婚姻中に限り、前項の許可を得ないで、戸籍法の定めるところにより届け出ることによつて、その父母の氏を称することができる。 ③ 子が15歳未満であるときは、その法定代理人が、これに代わつて、前2項の行為をすることができる。 ④ 前3項の規定によつて氏を改めた未成年の子は、成年に達した時から1年以内に戸籍法の定めるところにより届け出ることによつて、従前の氏に復することができる。
第2節 （同右） 　第1款 （同右）	第2節 養子 　第1款 縁組の要件

Ⅳ　平成16年12月：民法現代語化改正

（養親となる者の年齢）	（見出し新設）
第792条　（同右）	第792条　（略）
（尊属又は年長者を養子とすることの禁止）	（見出し新設）
第793条　（同右）	第793条　（略）
（後見人が被後見人を養子とする縁組）	（見出し新設）
第794条　後見人が被後見人（未成年被後見人及び成年被後見人をいう。以下同じ。）を養子とするには、家庭裁判所の許可を得なければならない。後見人の任務が終了した後、まだその管理の計算が終わらない間も、同様とする。	第794条　後見人が被後見人（未成年被後見人及び成年被後見人をいう。以下同じ。）を養子とするには、家庭裁判所の許可を得なければならない。後見人の任務が終了した後、まだ管理の計算が終わらない間も、同様である。
（配偶者のある者が未成年者を養子とする縁組）	（見出し新設）
第795条　（同右）	第795条　（略）
（配偶者のある者の縁組）	（見出し新設）
第796条　（同右）	第796条　（略）
（15歳未満の者を養子とする縁組）	（見出し新設）
第797条　養子となる者が15歳未満であるときは、その法定代理人が、これに代わって、縁組の承諾をすることができる。	第797条　養子となる者が15歳未満であるときは、その法定代理人が、これに代わつて、縁組の承諾をすることができる。
2　（同右）	② （略）
（未成年者を養子とする縁組）	（見出し新設）
第798条　未成年者を養子とするには、家庭裁判所の許可を得なければならない。ただし、自己又は配偶者の直系卑属を養子とする場合は、この限りでない。	第798条　未成年者を養子とするには、家庭裁判所の許可を得なければならない。但し、自己又は配偶者の直系卑属を養子とする場合は、この限りでない。
（婚姻の規定の準用）	（見出し新設）
第799条　第738条及び第739条の規定は、縁組について準用する。	第799条　第738条及び第739条の規定は、縁組にこれを準用する。

113

(縁組の届出の受理) 第800条　縁組の届出は、その縁組が第792条から前条までの規定その他の法令の規定に違反しないことを認めた後でなければ、受理することができない。	(見出し新設) 第800条　縁組の届出は、その縁組が第792条乃至前条の規定その他の法令に違反しないことを認めた後でなければ、これを受理することができない。
(外国に在る日本人間の縁組の方式) 第801条　外国に在る日本人間で縁組をしようとするときは、その国に駐在する日本の大使、公使又は領事にその届出をすることができる。この場合においては、第799条において準用する第739条の規定及び前条の規定を準用する。	(見出し新設) 第801条　外国に在る日本人間で縁組をしようとするときは、その国に駐在する日本の大使、公使又は領事にその届出をすることができる。この場合には、第739条及び前条の規定を準用する。
第2款　縁組の無効及び取消し	第2款　縁組の無効及び取消
(縁組の無効) 第802条　縁組は、次に掲げる場合に限り、無効とする。 　一　人違いその他の事由によって当事者間に縁組をする意思がないとき。 　二　当事者が縁組の届出をしないとき。ただし、その届出が第799条において準用する第739条第2項に定める方式を欠くだけであるときは、縁組は、そのためにその効力を妨げられない。	(見出し新設) 第802条　縁組は左の場合に限り、無効とする。 　一　人違その他の事由によつて当事者間に縁組をする意思がないとき。 　二　当事者が縁組の届出をしないとき。但し、その届出が第739条第2項に掲げる条件を欠くだけであるときは、縁組は、これがために、その効力を妨げられることがない。
(縁組の取消し) 第803条　縁組は、次条から第808条までの規定によらなければ、取り消すことができない。	(見出し新設) 第803条　縁組は、第804条乃至第808条の規定によらなければ、これを取り消すことができない。
(養親が未成年者である場合の縁組の取消し) 第804条　(同右)	(見出し新設) 第804条　(略)

IV　平成16年12月：民法現代語化改正

（養子が尊属又は年長者である場合の縁組の取消し）	（見出し新設）
第805条　（同右）	第805条　（略）
（後見人と被後見人との間の無許可縁組の取消し）	（見出し新設）
第806条　第794条の規定に違反した縁組は、養子又はその実方の親族から、その取消しを家庭裁判所に請求することができる。ただし、管理の計算が<u>終わった後</u>、養子が追認をし、又は6箇月を経過したときは、この限りでない。 2　前項ただし書の追認は、養子が、成年に達し、又は<u>行為能力</u>を回復した<u>後</u>にしなければ、その効力を<u>生じない</u>。 3　養子が、成年に達せず、又は<u>行為能力</u>を回復しない間に、管理の計算が<u>わった</u>場合には、第1項ただし書の期間は、養子が、成年に達し、又は<u>行為能力</u>を回復した時から起算する。	第806条　第794条の規定に違反した縁組は、養子又はその実方の親族から、その取消しを家庭裁判所に請求することができる。ただし、管理の計算が<u>終わつた後</u>、養子が追認をし、又は6箇月を経過したときは、この限りでない。 [2]　<u>追認</u>は、養子が、成年に達し、又は<u>能力を</u>回復した後、これをしなければ、その効力が<u>ない</u>。 [3]　養子が、成年に達せず、又は<u>能力を</u>回復しない間に、管理の計算が終わつ<u>た</u>場合には、第1項<u>但書</u>の期間は、養子が、成年に達し、又は能力を回復した時から、これを起算する。
（養子が未成年者である場合の無許可縁組の取消し）	（見出し新設）
第807条　第798条の規定に違反した縁組は、養子、その実方の親族又は養子に代わって縁組の承諾をした者から、その取消しを家庭裁判所に請求することができる。ただし、養子が、成年に達した後6箇月を経過し、又は追認をしたときは、この限りでない。	第807条　第798条の規定に違反した縁組は、養子、その実方の親族又は養子に<u>代わつて</u>縁組の承諾をした者から、その取消しを家庭裁判所に請求することができる。ただし、養子が、成年に達した後6箇月を経過し、又は追認をしたときは、この限りでない。
（婚姻の取消し等の規定の準用）	（見出し新設）
第808条　（同右） 2　第769条及び第816条の規定は、縁組の取消し<u>について</u>準用する。	第808条　（1項略） [2]　第769条及び第816条の規定は、縁組の取消<u>に</u>これを準用する。

115

第3款　（同右）	第3款　縁組の効力
（嫡出子の身分の取得） 第809条　養子は、縁組の日から、養親の嫡出子の身分を取得する。	（見出し新設） 第809条　養子は、縁組の日から、養親の嫡出子たる身分を取得する。
（養子の氏） 第810条　養子は、養親の氏を称する。ただし、婚姻によって氏を改めた者については、婚姻の際に定めた氏を称すべき間は、この限りでない。	（見出し新設） 第810条　養子は、養親の氏を称する。ただし、婚姻によつて氏を改めた者については、婚姻の際に定めた氏を称すべき間は、この限りでない。
第4款　（同右）	第4款　離縁
（協議上の離縁等） 第811条　（同右） 2　（同右） 3　（同右） 4　前項の協議が調わないとき、又は協議をすることができないときは、家庭裁判所は、同項の父若しくは母又は養親の請求によって、協議に代わる審判をすることができる。 5　第2項の法定代理人となるべき者がないときは、家庭裁判所は、養子の親族その他の利害関係人の請求によって、養子の離縁後にその未成年後見人となるべき者を選任する。 6　（同右）	（見出し新設） 第811条　（1項略） [2]　（略） [3]　（略） [4]　前項の協議が調わないとき、又は協議をすることができないときは、家庭裁判所は、前項の父若しくは母又は養親の請求によつて、協議に代わる審判をすることができる。 [5]　第2項の法定代理人となるべき者がないときは、家庭裁判所は、養子の親族その他の利害関係人の請求によつて、養子の離縁後にその未成年後見人となるべき者を選任する。 [6]　（略）
（夫婦である養親と未成年者との離縁） 第811条の2　養親が夫婦である場合において未成年者と離縁をするには、夫婦が共にしなければならない。ただし、夫婦の一方がその意思を表示することができないときは、この限りでない。	（見出し新設） 第811条の2　養親が夫婦である場合において未成年者と離縁をするには、夫婦がともにしなければならない。ただし、夫婦の一方がその意思を表示することができないときは、この限りでない。

Ⅳ　平成16年12月：民法現代語化改正

（婚姻の規定の準用） 第812条　第738条、第739条及び第747条の規定は、協議上の離縁について準用する。この場合において、同条第2項中「3箇月」とあるのは、「6箇月」と読み替えるものとする。	（見出し新設） 第812条　第738条、第739条、第747条及び第808条第1項但書の規定は、協議上の離縁にこれを準用する。
（離縁の届出の受理） 第813条　離縁の届出は、その離縁が前条において準用する第739条第2項の規定並びに第811条及び第811条の2の規定その他の法令の規定に違反しないことを認めた後でなければ、受理することができない。 2　離縁の届出が前項の規定に違反して受理されたときであっても、離縁は、そのためにその効力を妨げられない。	（見出し新設） 第813条　離縁の届出は、その離縁が第739条第2項、第811条及び第811条の2の規定その他の法令に違反しないことを認めた後でなければ、これを受理することができない。 [2]　離縁の届出が前項の規定に違反して受理されたときでも、離縁は、これがために、その効力を妨げられることがない。
（裁判上の離縁） 第814条　縁組の当事者の一方は、次に掲げる場合に限り、離縁の訴えを提起することができる。 一〜三　（同右） 2　第770条第2項の規定は、前項第1号及び第2号に掲げる場合について準用する。	（見出し新設） 第814条　縁組の当事者の一方は、次の場合に限り、離縁の訴えを提起することができる。 一〜三　（略） [2]　第770条第2項の規定は、前項第1号及び第2号の場合にこれを準用する。
（養子が15歳未満である場合の離縁の訴えの当事者） 第815条　養子が15歳に達しない間は、第811条の規定により養親と離縁の協議をすることができる者から、又はこれに対して、離縁の訴えを提起することができる。	（見出し新設） 第815条　養子が満15歳に達しない間は、第811条の規定によつて養親と離縁の協議をすることができる者から、又はこれに対して、離縁の訴を提起することができる。

117

第2章 平成期の家族法改正

（離縁による復氏等） 第816条　養子は、離縁<u>によって</u>縁組前の氏に復する。ただし、配偶者とともに養子をした養親の一方のみと離縁をした場合は、この限りでない。 <u>2</u>　縁組の日から7年を経過した後に前項の規定により縁組前の氏に復した者は、離縁の日から3箇月以内に戸籍法の定めるところにより届け出る<u>ことによって</u>、離縁の際に称していた氏を称することができる。	（見出し新設） 第816条　養子は、離縁<u>によつて</u>縁組前の氏に復する。ただし、配偶者とともに養子をした養親の一方のみと離縁をした場合は、この限りでない。 <u>[2]</u>　縁組の日から7年を経過した後に前項の規定<u>によつて</u>縁組前の氏に復した者は、離縁の日から3箇月以内に戸籍法の定めるところにより届け出る<u>こと</u>によつて、離縁の際に称していた氏を称することができる。
（離縁による復氏の際の権利の承継） 第817条　第769条の規定は、離縁につ<u>いて</u>準用する。	（見出し新設） 第817条　第769条の規定は、離縁に<u>こ</u><u>れを</u>準用する。
第5款　（同右）	第5款　特別養子
（特別養子縁組の成立） 第817条の2　家庭裁判所は、次条から第817条の7までに定める要件があるときは、養親となる者の請求により、実方の血族との親族関係が終了する縁組（<u>以下</u>この款において「特別養子縁組」という。）を成立させることができる。 <u>2</u>　（同右）	（見出し新設） 第817条の2　家庭裁判所は、次条から第817条の7までに定める要件があるときは、養親となる者の請求により、実方の血族との親族関係が終了する縁組（この款において「特別養子縁組」という。）を成立させることができる。 <u>[2]</u>　（略）
（養親の夫婦共同縁組） 第817条の3　（同右） <u>2</u>　（同右）	（見出し新設） 第817条の3　（1項略） <u>[2]</u>　（略）
（養親となる者の年齢） 第817条の4　（同右）	（見出し新設） 第817条の4　（略）
（養子となる者の年齢） 第817条の5　第817条の2に規定する請求の時に6歳に達している者は、養	（見出し新設） 第817条の5　第817条の2に規定する請求の時に6歳に達している者は、養

Ⅳ　平成 16 年 12 月：民法現代語化改正

子となることができない。ただし、その者が8歳未満であって6歳に達する前から引き続き養親となる者に監護されている場合は、この限りでない。	子となることができない。ただし、その者が8歳未満であつて6歳に達する前から引き続き養親となる者に監護されている場合は、この限りでない。
（父母の同意） 第817条の6　（同右）	（見出し新設） 第817条の6　（略）
（子の利益のための特別の必要性） 第817条の7　（同右）	（見出し新設） 第817条の7　（略）
（監護の状況） 第817条の8　（同右） 2　（同右）	（見出し新設） 第817条の8　（1項略） [2]　（略）
（実方との親族関係の終了） 第817条の9　養子と実方の父母及びその血族との親族関係は、特別養子縁組によって終了する。ただし、第817条の3第2項ただし書に規定する他の一方及びその血族との親族関係については、この限りでない。	（見出し新設） 第817条の9　養子と実方の父母及びその血族との親族関係は、特別養子縁組によつて終了する。ただし、第817条の3第2項ただし書に規定する他の一方及びその血族との親族関係については、この限りでない。
（特別養子縁組の離縁） 第817条の10　（同右） 2　（同右）	（見出し新設） 第817条の10　（1項略） [2]　（略）
（離縁による実方との親族関係の回復） 第817条の11　養子と実父母及びその血族との間においては、離縁の日から、特別養子縁組によって終了した親族関係と同一の親族関係を生ずる。	（見出し新設） 第817条の11　養子と実父母及びその血族との間においては、離縁の日から、特別養子縁組によつて終了した親族関係と同一の親族関係を生ずる。

エ　「第4章　親権」

第4章　（同右） 　第1節　（同右）	第4章　親権 　第1節　総則

119

(親権者)	(見出し新設)
第818条 （同右）	第818条 （1項略）
② （同右）	[2] （略）
③ 親権は、父母の婚姻中は、父母が共同して行う。ただし、父母の一方が親権を行うことができないときは、他の一方が行う。	[3] 親権は、父母の婚姻中は、父母が共同してこれを行う。但し、父母の一方が親権を行うことができないときは、他の一方が、これを行う。
(離婚又は認知の場合の親権者)	(見出し新設)
第819条 （同右）	第819条 （1項略）
② （同右）	[2] （略）
③ 子の出生前に父母が離婚した場合には、親権は、母が行う。ただし、子の出生後に、父母の協議で、父を親権者と定めることができる。	[3] 子の出生前に父母が離婚した場合には、親権は、母がこれを行う。但し、子の出生後に、父母の協議で、父を親権者と定めることができる。
④ 父が認知した子に対する親権は、父母の協議で父を親権者と定めたときに限り、父が行う。	[4] 父が認知した子に対する親権は、父母の協議で父を親権者と定めたときに限り、父がこれを行う。
⑤ 第1項、第3項又は前項の協議が調わないとき、又は協議をすることができないときは、家庭裁判所は、父又は母の請求によって、協議に代わる審判をすることができる。	[5] 第1項、第3項又は前項の協議が調わないとき、又は協議をすることができないときは、家庭裁判所は、父又は母の請求によつて、協議に代わる審判をすることができる。
⑥ 子の利益のため必要があると認めるときは、家庭裁判所は、子の親族の請求によって、親権者を他の一方に変更することができる。	[6] 子の利益のため必要があると認めるときは、家庭裁判所は、子の親族の請求によつて、親権者を他の一方に変更することができる。
第2節 （同右）	第2節 親権の効力
(監護及び教育の権利義務)	(見出し新設)
第820条 （同右）	第820条 （略）
(居所の指定)	(見出し新設)
第821条 （同右）	第821条 （略）

Ⅳ　平成 16 年 12 月：民法現代語化改正

（懲戒） 第 822 条　（同右） 2　子を懲戒場に入れる期間は、6 箇月以下の範囲内で、家庭裁判所が定める。ただし、この期間は、親権を行う者の請求によって、いつでも短縮することができる。	（見出し新設） 第 822 条　（1 項略） [2]　子を懲戒場に入れる期間は、6 箇月以下の範囲内で、家庭裁判所がこれを定める。但し、この期間は、親権を行う者の請求によつて、何時でも、これを短縮することができる。
（職業の許可） 第 823 条　（同右） 2　（同右）	（見出し新設） 第 823 条　（1 項略） [2]　（略）
（財産の管理及び代表） 第 824 条　親権を行う者は、子の財産を管理し、かつ、その財産に関する法律行為についてその子を代表する。ただし、その子の行為を目的とする債務を生ずべき場合には、本人の同意を得なければならない。	（見出し新設） 第 824 条　親権を行う者は、子の財産を管理し、又、その財産に関する法律行為についてその子を代表する。但し、その子の行為を目的とする債務を生ずべき場合には、本人の同意を得なければならない。
（父母の一方が共同の名義でした行為の効力） 第 825 条　父母が共同して親権を行う場合において、父母の一方が、共同の名義で、子に代わって法律行為をし又は子がこれをすることに同意したときは、その行為は、他の一方の意思に反したときであっても、そのためにその効力を妨げられない。ただし、相手方が悪意であったときは、この限りでない。	（見出し新設） 第 825 条　父母が共同して親権を行う場合において、父母の一方が、共同の名義で、子に代わつて法律行為をし、又は子のこれをすることに同意したときは、その行為は、他の一方の意思に反したときでも、これがために、その効力を妨げられることがない。但し、相手方が悪意であつたときは、この限りでない。
（利益相反行為） 第 826 条　親権を行う父又は母とその子との利益が相反する行為については、親権を行う者は、その子のために特別	（見出し新設） 第 826 条　親権を行う父又は母とその子と利益が相反する行為については、親権を行う者は、その子のために特別代

121

代理人を選任することを家庭裁判所に請求しなければならない。 2　親権を行う者が数人の子に対して親権を行う場合において、その一人と他の子との利益が相反する行為については、親権を行う者は、その一方のために特別代理人を選任することを家庭裁判所に請求しなければならない。	理人を選任することを家庭裁判所に請求しなければならない。 [2]　親権を行う者が数人の子に対して親権を行う場合において、その一人と他の子との利益が相反する行為については、その一方のために、前項の規定を準用する。
（財産の管理における注意義務） 第827条　親権を行う者は、自己のためにするのと同一の注意を<u>もって</u>、その管理権を行わなければならない。	（見出し新設） 第827条　親権を行う者は、自己のためにすると同一の注意を<u>以て</u>、その管理権を行わなければならない。
（財産の管理の計算） 第828条　子が成年に達したときは、親権を<u>行った</u>者は、遅滞なくその管理の計算をしなければならない。<u>ただし、</u>その子の養育及び財産の管理の費用は、その子の財産の収益と相殺したものとみなす。	（見出し新設） 第828条　子が成年に達したときは、親権を<u>行つた</u>者は、遅滞なくその管理の計算をしなければならない。<u>但し、</u>その子の養育及び財産の管理の費用は、その子の財産の収益と<u>これを</u>相殺したものとみなす。
第829条　<u>前条ただし書</u>の規定は、無償で子に財産を与える第三者が反対の意思を表示したときは、その財産については、これを適用しない。	第829条　<u>前条但書</u>の規定は、無償で子に財産を与える第三者が反対の意思を表示したときは、その財産については、これを適用しない。
（第三者が無償で子に与えた財産の管理） 第830条　（同右） 2　前項の財産につき父母が共に管理権を有しない場合において、第三者が管理者を指定し<u>なかった</u>ときは、家庭裁判所は、子、その親族又は検察官の請求によって、その管理者を選任する。 3　第三者が管理者を指定したとき<u>であっても</u>、その管理者の権限が消滅し、	（見出し新設） 第830条　（1項略） [2]　前項の財産につき父母が共に管理権を有しない場合において、第三者が管理者を指定し<u>なかつた</u>ときは、家庭裁判所は、子、その親族又は検察官の請求に<u>よつて</u>、その管理者を選任する。 [3]　第三者が管理者を指定したときでも、その管理者の権限が消滅し、又は

Ⅳ　平成 16 年 12 月：民法現代語化改正

又はこれを改任する必要がある場合において、第三者が更に管理者を指定しないときも、前項と同様とする。 4　第 27 条から第 29 条までの規定は、前 2 項の場合について準用する。	これを改任する必要がある場合において、第三者が更に管理者を指定しないときも、前項と同様である。 [4]　第 27 条乃至第 29 条の規定は、前 2 項の場合にこれを準用する。
（委任の規定の準用） 第 831 条　第 654 条及び第 655 条の規定は、親権を行う者が子の財産を管理する場合及び前条の場合について準用する。	（見出し新設） 第 831 条　第 654 条及び第 655 条の規定は、親権を行う者が子の財産を管理する場合及び前条の場合にこれを準用する。
（財産の管理について生じた親子間の債権の消滅時効） 第 832 条　親権を行った者とその子との間に財産の管理について生じた債権は、その管理権が消滅した時から 5 年間これを行使しないときは、時効によって消滅する。 2　子がまだ成年に達しない間に管理権が消滅した場合において子に法定代理人がないときは、前項の期間は、その子が成年に達し、又は後任の法定代理人が就職した時から起算する。	（見出し新設） 第 832 条　親権を行つた者とその子との間に財産の管理について生じた債権は、その管理権が消滅した時から 5 年間これを行わないときは、時効によつて消滅する。 [2]　子がまだ成年に達しない間に管理権が消滅した場合において子に法定代理人がないときは、前項の期間は、その子が成年に達し、又は後任の法定代理人が就職した時から、これを起算する。
（子に代わる親権の行使） 第 833 条　親権を行う者は、その親権に服する子に代わって親権を行う。	（見出し新設） 第 833 条　親権を行う者は、その親権に服する子に代わつて親権を行う。
第 3 節　（同右）	第 3 節　親権の喪失
（親権の喪失の宣告） 第 834 条　父又は母が、親権を濫用し、又は著しく不行跡であるときは、家庭裁判所は、子の親族又は検察官の請求によって、その親権の喪失を宣告することができる。	（見出し新設） 第 834 条　父又は母が、親権を濫用し、又は著しく不行跡であるときは、家庭裁判所は、子の親族又は検察官の請求によつて、その親権の喪失を宣告することができる。

123

第２章　平成期の家族法改正

（管理権の喪失の宣告） 第835条　親権を行う父又は母が、管理が失当であったことによってその子の財産を危うくしたときは、家庭裁判所は、子の親族又は検察官の請求によっ<u>て</u>、その管理権の喪失を宣告することができる。	（見出し新設） 第835条　親権を行う父又は母が、管理が失当であつたことによつてその子の財産を危うくしたときは、家庭裁判所は、子の親族又は検察官の請求によつ<u>て</u>、その管理権の喪失を宣告することができる。
（親権又は管理権の喪失の宣告の取消し） 第836条　前２条に規定する原因が<u>消滅</u><u>した</u>ときは、家庭裁判所は、本人又はその親族の請求によって、<u>前２条の規</u><u>定による親権又は管理権の喪失の宣告</u><u>を取り消す</u>ことができる。	（見出し新設） 第836条　前２条に定める原因が<u>止んだ</u>ときは、家庭裁判所は、本人又はその親族の請求によつて、<u>失権の宣告を取</u><u>り消す</u>ことができる。
（親権又は管理権の辞任及び回復） 第837条　（同右） <u>2</u>　前項の事由が<u>消滅した</u>ときは、父又は母は、家庭裁判所の許可を得て、親権又は管理権を回復することができる。	（見出し新設） 第837条　（1項略） <u>[2]</u>　前項の事由が<u>止んだ</u>ときは、父又は母は、家庭裁判所の許可を得て、親権又は管理権を回復することができる。

オ　「第５章　後見」

第５章　（同右） 　第１節　（同右）	第５章　後見 　第１節　後見の開始
第838条　（同右） 　一　（同右） 　二　後見開始の審判が<u>あった</u>とき。	第838条　（柱書略） 　一　（略） 　二　後見開始の審判が<u>あつた</u>とき。
第２節　（同右） 　　第１款　（同右）	第２節　後見の機関 　　第１款　後見人
（未成年後見人の指定） 第839条　（同右） <u>2</u>　親権を行う父母の一方が管理権を有しないときは、他の一方は、前項の規	（見出し新設） 第839条　（1項略） <u>[2]</u>　親権を行う父母の一方が管理権を有しないときは、他の一方は、前項の規

Ⅳ　平成 16 年 12 月：民法現代語化改正

定により未成年後見人の指定をすることができる。	定によつて未成年後見人の指定をすることができる。
（未成年後見人の選任） 第840条　前条の<u>規定により</u>未成年後見人となるべき者がないときは、家庭裁判所は、未成年被後見人又はその親族その他の利害関係人の請求によって、未成年後見人を選任する。未成年後見人が欠けたときも、同様<u>とする</u>。	（見出し新設） 第840条　前条の<u>規定によつて</u>未成年後見人となるべき者がないときは、家庭裁判所は、未成年被後見人又はその親族その他の利害関係人の請求によっ<u>て</u>、未成年後見人を選任する。未成年後見人が欠けたときも、同様<u>である</u>。
（父母による未成年後見人の選任の請求） 第841条　父<u>又は</u>母が親権若しくは管理権を辞し、又は親権を失ったことに<u>よって</u>未成年後見人を選任する必要が生じたときは、その父又は母は、遅滞なく未成年後見人の選任を家庭裁判所に請求しなければならない。	（見出し新設） 第841条　父<u>若しくは</u>母が親権若しくは管理権を辞し、又は親権を失つたこと<u>によつて</u>未成年後見人を選任する必要が生じたときは、その父又は母は、遅滞なく未成年後見人の選任を家庭裁判所に請求しなければならない。
（未成年後見人の数） 第842条　（同右）	（見出し新設） 第842条　（略）
（成年後見人の選任） 第843条　（同右） <u>2</u>　成年後見人が欠けたときは、家庭裁判所は、成年被後見人若しくはその親族その他の利害関係人の請求により<u>又</u>は職権で、成年後見人を選任する。 <u>3</u>　成年後見人が選任されている場合においても、家庭裁判所は、必要があると認めるときは、前項に<u>規定する</u>者若しくは成年後見人の請求により又は職権で、更に成年後見人を選任することができる。 <u>4</u>　（同右）	（見出し新設） 第843条　（1項略） [2]　成年後見人が欠けたときは、家庭裁判所は、成年被後見人若しくはその親族その他の利害関係人の請求によっ<u>て</u>、又は職権で、成年後見人を選任する。 [3]　成年後見人が選任されている場合においても、家庭裁判所は、必要があると認めるときは、前項に<u>掲げる</u>者若しくは成年後見人の請求によつて、又は職権で、更に成年後見人を選任することができる。 [4]　（略）

125

（後見人の辞任） 第844条　（同右）	（見出し新設） 第844条　（略）
（辞任した後見人による新たな後見人の 　選任の請求） 第845条　後見人がその任務を辞したこ 　とによって新たに後見人を選任する必 　要が生じたときは、その後見人は、遅 　滞なく新たな後見人の選任を家庭裁判 　所に請求しなければならない。	（見出し新設） 第845条　後見人がその任務を辞したこ 　とによつて新たに後見人を選任する必 　要が生じたときは、その後見人は、遅 　滞なく新たな後見人の選任を家庭裁判 　所に請求しなければならない。
（後見人の解任） 第846条　後見人に不正な行為、著し 　い不行跡その他後見の任務に適しない 　事由があるときは、家庭裁判所は、後 　見監督人、被後見人若しくはその親族 　若しくは検察官の請求により又は職権 　で、これを解任することができる。	（見出し新設） 第846条　後見人に不正な行為、著しい 　不行跡その他後見の任務に適しない事 　由があるときは、家庭裁判所は、後見 　監督人、被後見人若しくはその親族若 　しくは検察官の請求によつて、又は職 　権で、これを解任することができる。
（後見人の欠格事由） 第847条　（同右） 　一～三　（同右） 　四　被後見人に対して訴訟をし、又は 　　した者並びにその配偶者及び直系血 　　族 　五　（同右）	（見出し新設） 第847条　（柱書略） 　一～三　（略） 　四　被後見人に対して訴訟をし、又は 　　した者及びその配偶者並びに直系血 　　族 　五　（略）
第２款　（同右）	第２款　後見監督人
（未成年後見監督人の指定） 第848条　（同右）	（見出し新設） 第848条　（略）
（未成年後見監督人の選任） 第849条　前条の規定により指定した未 　成年後見監督人がない場合において必 　要があると認めるときは、家庭裁判所 　は、未成年被後見人、その親族若しく 　は未成年後見人の請求により又は職権	（見出し新設） 第849条　前条の規定によつて指定した 　未成年後見監督人がない場合において 　必要があると認めるときは、家庭裁判 　所は、未成年被後見人、その親族若し 　くは未成年後見人の請求によつて、又

Ⅳ　平成 16 年 12 月：民法現代語化改正

で、未成年後見監督人を選任すること ができる。未成年後見監督人の欠けた 場合も、同様とする。	は職権で、未成年後見監督人を選任す ることができる。未成年後見監督人の 欠けた場合も、同様である。
（成年後見監督人の選任） 第 849 条の 2　家庭裁判所は、必要があ ると認めるときは、成年被後見人、そ の親族若しくは成年後見人の請求によ り又は職権で、成年後見監督人を選任 することができる。	（見出し新設） 第 849 条の 2　家庭裁判所は、必要があ ると認めるときは、成年被後見人、そ の親族若しくは成年後見人の請求によ つて、又は職権で、成年後見監督人を 選任することができる。
（後見監督人の欠格事由） 第 850 条　（同右）	（見出し新設） 第 850 条　（略）
（後見監督人の職務） 第 851 条　後見監督人の職務は、次のと おりとする。 　一～四　（同右）	（見出し新設） 第 851 条　後見監督人の職務は、左の通 りである。 　一～四　（略）
（委任及び後見人の規定の準用） 第 852 条　（同右）	（見出し新設） 第 852 条　（略）
第 3 節　（同右）	第 3 節　後見の事務
（財産の調査及び目録の作成） 第 853 条　後見人は、遅滞なく被後見人 の財産の調査に着手し、1 箇月以内に、 その調査を終わり、かつ、その目録を 作成しなければならない。ただし、こ の期間は、家庭裁判所において伸長す ることができる。 2　財産の調査及びその目録の作成は、 後見監督人があるときは、その立会い をもってしなければ、その効力を生じ ない。	（見出し新設） 第 853 条　後見人は、遅滞なく被後見人 の財産の調査に著手し、1 箇月以内に、 その調査を終わり、且つ、その目録を 調製しなければならない。但し、この 期間は、家庭裁判所において、これを 伸長することができる。 [2]　財産の調査及びその目録の調製は、 後見監督人があるときは、その立会を 以てこれをしなければ、その効力がな い。
（財産の目録の作成前の権限） 第 854 条　後見人は、財産の目録の作成	（見出し新設） 第 854 条　後見人は、目録の調製を終

127

第2章　平成期の家族法改正

を終わるまでは、急迫の必要がある行為のみをする権限を有する。<u>ただし、これをもって善意の第三者に対抗することができない。</u>	わるまでは、急迫の必要がある行為のみをする権限を有する。<u>但し、これを</u>善意の第三者に対抗することができない。
<u>（後見人の被後見人に対する債権又は債務の申出義務）</u> 第855条　後見人が、被後見人に対し、債権を有し、又は債務を負う場合において、後見監督人があるときは、財産の調査に<u>着手</u>する前に、これを後見監督人に申し出なければならない。 <u>2</u>　後見人が、被後見人に対し債権を有することを<u>知って</u>これを申し出ないときは、その債権を失う。	（見出し新設） 第855条　後見人が、被後見人に対し、債権を有し、又は債務を負う場合において、後見監督人があるときは、財産の調査に<u>著手</u>する前に、これを後見監督人に申し出なければならない。 [2]　後見人が、被後見人に対し債権を有することを<u>知つて</u>これを申し出ないときは、その債権を失う。
<u>（被後見人が包括財産を取得した場合についての準用）</u> 第856条　前3条の規定は、後見人が就職した後被後見人が包括財産を取得した場合<u>について</u>準用する。	（見出し新設） 第856条　前3条の規定は、後見人が就職した後被後見人が包括財産を取得した場合に<u>これを</u>準用する。
<u>（未成年被後見人の身上の監護に関する権利義務）</u> 第857条　<u>（同右）</u>	（見出し新設） 第857条　（略）
<u>（成年被後見人の意思の尊重及び身上の配慮）</u> 第858条　成年後見人は、成年被後見人の生活、療養看護及び財産の管理に関する事務を行うに<u>当たって</u>は、成年被後見人の意思を尊重し、かつ、その心身の状態及び生活の状況に配慮しなければならない。	（見出し新設） 第858条　成年後見人は、成年被後見人の生活、療養看護及び財産の管理に関する事務を行うに<u>当たつて</u>は、成年被後見人の意思を尊重し、かつ、その心身の状態及び生活の状況に配慮しなければならない。
<u>（財産の管理及び代表）</u> 第859条　後見人は、被後見人の財産を	（見出し新設） 第859条　後見人は、被後見人の財産を

管理し、<u>かつ</u>、その財産に関する法律行為について被後見人を代表する。 2　第824条ただし書の規定は、前項の場合<u>について</u>準用する。	管理し、<u>又</u>、その財産に関する法律行為について被後見人を代表する。 [2]　第824条但書の規定は、前項の場合<u>にこれを</u>準用する。
（成年後見人が数人ある場合の権限の行使等） 第859条の2　（同右） 2　（同右） 3　（同右）	（見出し新設） 第859条の2　（1項略） [2]　（略） [3]　（略）
（成年被後見人の居住用不動産の処分についての許可） 第859条の3　成年後見人は、成年被後見人に<u>代わって</u>、その居住の用に供する建物又はその敷地について、売却、賃貸、賃貸借の解除又は抵当権の設定その他これらに準ずる処分をするには、家庭裁判所の許可を得なければならない。	（見出し新設） 第859条の3　成年後見人は、成年被後見人に<u>代わつて</u>、その居住の用に供する建物又はその敷地について、売却、賃貸、賃貸借の解除又は抵当権の設定その他これらに準ずる処分をするには、家庭裁判所の許可を得なければならない。
（利益相反行為） 第860条　第826条の規定は、後見人に<u>ついて</u>準用する。<u>ただし</u>、後見監督人がある場合は、この限りでない。	（見出し新設） 第860条　第826条の規定は、後見人に<u>これを</u>準用する。<u>但し</u>、後見監督人がある場合は、この限りでない。
（支出金額の予定及び後見の事務の費用） 第861条　後見人は、その就職の初め<u>に</u>おいて、被後見人の生活、教育又は療養看護及び財産の管理のために毎年<u>支出すべき</u>金額を予定しなければならない。 2　（同右）	（見出し新設） 第861条　後見人は、その就職の初において、被後見人の生活、教育又は療養看護及び財産の管理のために毎年<u>費すべき</u>金額を予定しなければならない。 [2]　（略）
（後見人の報酬） 第862条　家庭裁判所は、後見人及び被後見人の資力その他の事情に<u>よって</u>、	（見出し新設） 第862条　家庭裁判所は、後見人及び被後見人の資力その他の事情に<u>よつて</u>、

被後見人の財産の中から、相当な報酬を後見人に与えることができる。	被後見人の財産の中から、相当な報酬を後見人に与えることができる。
（後見の事務の監督） 第863条　後見監督人又は家庭裁判所は、いつでも、後見人に対し後見の事務の報告若しくは財産の目録の提出を求め、又は後見の事務若しくは被後見人の財産の状況を調査することができる。 2　家庭裁判所は、後見監督人、被後見人若しくはその親族その他の利害関係人の請求により又は職権で、被後見人の財産の管理その他後見の事務について必要な処分を命ずることができる。	（見出し新設） 第863条　後見監督人又は家庭裁判所は、何時でも、後見人に対し後見の事務の報告若しくは財産の目録の提出を求め、又は後見の事務若しくは被後見人の財産の状況を調査することができる。 [2]　家庭裁判所は、後見監督人、被後見人若しくはその親族その他の利害関係人の請求によつて、又は職権で、被後見人の財産の管理その他後見の事務について必要な処分を命ずることができる。
（後見監督人の同意を要する行為） 第864条　後見人が、被後見人に代わつて営業若しくは第13条第1項各号に掲げる行為をし、又は未成年被後見人がこれをすることに同意するには、後見監督人があるときは、その同意を得なければならない。ただし、同項第1号に掲げる元本の領収については、この限りでない。	（見出し新設） 第864条　後見人が、被後見人に代わつて営業若しくは第12条第1項に掲げる行為をし、又は未成年被後見人がこれをすることに同意するには、後見監督人があるときは、その同意を得なければならない。ただし、元本の領収については、この限りでない。
第865条　後見人が、前条の規定に違反してし又は同意を与えた行為は、被後見人又は後見人が取り消すことができる。この場合においては、第20条の規定を準用する。 2　前項の規定は、第121条から第126条までの規定の適用を妨げない。	第865条　後見人が、前条の規定に違反してし、又は同意を与えた行為は、被後見人又は後見人において、これを取り消すことができる。この場合には、第19条の規定を準用する。 [2]　前項の規定は、第121条乃至第126条の規定の適用を妨げない。

Ⅳ　平成 16 年 12 月：民法現代語化改正

（被後見人の財産等の譲受けの取消し） 第 866 条　後見人が被後見人の財産又は被後見人に対する第三者の権利を譲り受けたときは、被後見人は、これを取り消すことができる。この場合においては、第 20 条の規定を準用する。 2　前項の規定は、第 121 条から第 126 条までの規定の適用を妨げない。	（見出し新設） 第 866 条　後見人が被後見人の財産又は被後見人に対する第三者の権利を譲り受けたときは、被後見人は、これを取り消すことができる。この場合には、第 19 条の規定を準用する。 [2]　前項の規定は、第 121 条乃至第 126 条の規定の適用を妨げない。
（未成年被後見人に代わる親権の行使） 第 867 条　未成年後見人は、未成年被後見人に代わって親権を行う。 2　第 853 条から第 857 条まで及び第 861 条から前条までの規定は、前項の場合について準用する。	（見出し新設） 第 867 条　未成年後見人は、未成年被後見人に代わつて親権を行う。 [2]　第 853 条乃至第 857 条及び第 861 条乃至前条の規定は、前項の場合にこれを準用する。
（財産に関する権限のみを有する未成年後見人） 第 868 条　（同右）	（見出し新設） 第 868 条　（略）
（委任及び親権の規定の準用） 第 869 条　第 644 条及び第 830 条の規定は、後見について準用する。	（見出し新設） 第 869 条　第 644 条及び第 830 条の規定は、後見にこれを準用する。
第 4 節　（同右）	第 4 節　後見の終了
（後見の計算） 第 870 条　後見人の任務が終了したときは、後見人又はその相続人は、2 箇月以内にその管理の計算（以下「後見の計算」という。）をしなければならない。ただし、この期間は、家庭裁判所において伸長することができる。	（見出し新設） 第 870 条　後見人の任務が終了したときは、後見人又はその相続人は、2 箇月以内にその管理の計算をしなければならない。但し、この期間は、家庭裁判所において、これを伸長することができる。
第 871 条　後見の計算は、後見監督人があるときは、その立会いをもってしなければならない。	第 871 条　後見の計算は、後見監督人があるときは、その立会を以てこれをする。

131

（未成年被後見人と未成年後見人等との間の契約等の取消し） 第872条　未成年被後見人が成年に達した後後見の計算の終了前に、その者と未成年後見人又はその相続人との間でした契約は、その者が取り消すことができる。その者が未成年後見人又はその相続人に対してした単独行為も、同様とする。 2　第20条及び第121条から第126条までの規定は、前項の場合について準用する。	（見出し新設） 第872条　未成年被後見人が成年に達した後後見の計算の終了前に、その者と未成年後見人又はその相続人との間にした契約は、その者においてこれを取り消すことができる。その者が未成年後見人又はその相続人に対してした単独行為も、同様である。 [2]　第19条及び第121条乃至第126条の規定は、前項の場合にこれを準用する。
（返還金に対する利息の支払等） 第873条　後見人が被後見人に返還すべき金額及び被後見人が後見人に返還すべき金額には、後見の計算が終了した時から、利息を付さなければならない。 2　後見人は、自己のために被後見人の金銭を消費したときは、その消費の時から、これに利息を付さなければならない。この場合において、なお損害があるときは、その賠償の責任を負う。	（見出し新設） 第873条　後見人が被後見人に返還すべき金額及び被後見人が後見人に返還すべき金額には、後見の計算が終了した時から、利息をつけなければならない。 [2]　後見人が自己のために被後見人の金銭を消費したときは、その消費の時から、これに利息をつけなければならない。なお、損害があつたときは、その賠償の責に任ずる。
（委任の規定の準用） 第874条　第654条及び第655条の規定は、後見について準用する。	（見出し新設） 第874条　第654条及び第655条の規定は、後見にこれを準用する。
（後見に関して生じた債権の消滅時効） 第875条　第832条の規定は、後見人又は後見監督人と被後見人との間において後見に関して生じた債権の消滅時効について準用する。 2　前項の消滅時効は、第872条の規定により法律行為を取り消した場合に	（見出し新設） 第875条　第832条に定める時効は、後見人又は後見監督人と被後見人との間において後見に関して生じた債権にこれを準用する。 [2]　前項の時効は、第872条の規定によつて法律行為を取り消した場合には、

IV　平成 16 年 12 月：民法現代語化改正

| | は、その<u>取消し</u>の時から起算する。 | その<u>取消</u>の時から、<u>これを</u>起算する。 |

カ　「第 6 章　保佐及び補助」

第 6 章　保佐及び補助 第 1 節　（同右）	第 5 章の 2　保佐及び補助 第 1 節　保佐
（保佐の開始） 第 876 条　保佐は、保佐開始の審判に よって開始する。	（見出し新設） 第 876 条　保佐は、保佐開始の審判に<u>よ</u> <u>つ</u>て開始する。
（保佐人及び臨時保佐人の選任等） 第 876 条の 2　（同右） <u>2</u>　（同右） <u>3</u>　（同右）	（見出し新設） 第 876 条の 2　（1 項略） [2]　（略） [3]　（略）
（保佐監督人） 第 876 条の 3　（同右） <u>2</u>　（同右）	（見出し新設） 第 876 条の 3　（1 項略） [2]　（略）
（保佐人に代理権を付与する旨の審判） 第 876 条の 4　家庭裁判所は、第 11 条 本文に<u>規定する</u>者又は保佐人若しくは 保佐監督人の請求に<u>よって</u>、被保佐人 のために特定の法律行為について保佐 人に代理権を付与する旨の審判をする ことができる。 <u>2</u>　本人以外の者の請求に<u>よって</u>前項の 審判をするには、本人の同意がなけれ ばならない。 <u>3</u>　家庭裁判所は、第 1 項に<u>規定する</u>者 の請求によって、同項の審判の全部又 は一部を取り消すことができる。	（見出し新設） 第 876 条の 4　家庭裁判所は、第 11 条 本文に<u>掲げる</u>者又は保佐人若しくは保 佐監督人の請求に<u>よつて</u>、被保佐人の ために特定の法律行為について保佐人 に代理権を付与する旨の審判をするこ とができる。 [2]　本人以外の者の請求に<u>よつて</u>前項の 審判をするには、本人の同意がなけれ ばならない。 [3]　家庭裁判所は、第 1 項に<u>掲げる</u>者の 請求に<u>よつて</u>、同項の審判の全部又は 一部を取り消すことができる。
（保佐の事務及び保佐人の任務の終了等） 第 876 条の 5　保佐人は、保佐の事務を 行うに<u>当たって</u>は、被保佐人の意思を 尊重し、かつ、その心身の状態及び生	（見出し新設） 第 876 条の 5　保佐人は、保佐の事務を 行うに<u>当たつて</u>は、被保佐人の意思を 尊重し、かつ、その心身の状態及び生

133

第2章　平成期の家族法改正

活の状況に配慮しなければならない。	活の状況に配慮しなければならない。
<u>2</u>　（同右）	[2]　（略）
<u>3</u>　（同右）	[3]　（略）
第2節　（同右）	第2節　補助
（補助の開始）	（見出し新設）
第876条の6　補助は、補助開始の審判<u>によって</u>開始する。	第876条の6　補助は、補助開始の審判<u>によつて</u>開始する。
（補助人及び臨時補助人の選任等）	（見出し新設）
第876条の7　（同右）	第876条の7　（1項略）
<u>2</u>　（同右）	[2]　（略）
<u>3</u>　（同右）	[3]　（略）
（補助監督人）	（見出し新設）
第876条の8　家庭裁判所は、必要があると認めるときは、被補助人、その親族若しくは補助人の請求<u>により又は</u>職権で、補助監督人を選任することができる。	第876条の8　家庭裁判所は、必要があると認めるときは、被補助人、その親族若しくは補助人の請求<u>によって、又は職権で、</u>補助監督人を選任することができる。
<u>2</u>　（同右）	[2]　（略）
（補助人に代理権を付与する旨の審判）	（見出し新設）
第876条の9　家庭裁判所は、<u>第15条第1項本文に規定する者</u>又は補助人若しくは補助監督人の請求<u>によって、</u>被補助人のために特定の法律行為について補助人に代理権を付与する旨の審判をすることができる。	第876条の9　家庭裁判所は、<u>第14条第1項本文に掲げる者</u>又は補助人若しくは補助監督人の請求<u>によつて、</u>被補助人のために特定の法律行為について補助人に代理権を付与する旨の審判をすることができる。
<u>2</u>　（同右）	[2]　（略）
（補助の事務及び補助人の任務の終了等）	（見出し新設）
第876条の10　（同右）	第876条の10　（1項略）
<u>2</u>　（同右）	[2]　（略）

キ　「第7章　扶養」

第7章　扶養	第6章　扶養

Ⅳ　平成16年12月：民法現代語化改正

（扶養義務者） 第877条　直系血族及び兄弟姉妹は、<u>互</u>いに扶養をする義務がある。 <u>2</u>　家庭裁判所は、特別の事情があるときは、前項に規定する場合の<u>ほか</u>、3親等内の親族間においても扶養の義務を負わせることができる。 <u>3</u>　前項の規定による審判が<u>あった</u>後事情に変更を生じたときは、家庭裁判所は、その審判を取り消すことができる。	（見出し新設） 第877条　直系血族及び兄弟姉妹は、<u>互</u>に扶養をする義務がある。 [2]　家庭裁判所は、特別の事情があるときは、前項に規定する場合の<u>外</u>、3親等内の親族間においても扶養の義務を負わせることができる。 [3]　前項の規定による審判が<u>あつた</u>後事情に変更を生じたときは、家庭裁判所は、その審判を取り消すことができる。
（扶養の順位） 第878条　扶養をする義務のある者が数人ある場合において、扶養をすべき者の順序について、当事者間に協議が調わないとき、又は協議をすることができないときは、家庭裁判所が、これを定める。扶養を受ける権利のある者が数人ある場合において、扶養義務者の資力がその全員を扶養する<u>のに足りないときの</u>扶養を受けるべき者の順序についても、同様<u>とする</u>。	（見出し新設） 第878条　扶養をする義務のある者が数人ある場合において、扶養をすべき者の順序について、当事者間に協議が調わないとき、又は協議をすることができないときは、家庭裁判所が、これを定める。扶養を受ける権利のある者が数人ある場合において、扶養義務者の資力がその全員を扶養する<u>に足りないとき、</u>扶養を受けるべき者の順序についても、同様<u>である</u>。
（扶養の程度又は方法） 第879条　（同右）	（見出し新設） 第879条　（略）
（扶養に関する協議又は審判の変更又は取消し） 第880条　扶養をすべき者若しくは扶養を受けるべき者の順序又は扶養の程度若しくは方法について協議又は審判が<u>あった</u>後事情に変更を生じたときは、家庭裁判所は、その協議又は審判の変更又は<u>取消し</u>をすることができる。	（見出し新設） 第880条　扶養をすべき者若しくは扶養を受けるべき者の順序又は扶養の程度若しくは方法について協議又は審判が<u>あつた</u>後事情に変更を生じたときは、家庭裁判所は、その協議又は審判の変更又は<u>取消</u>をすることができる。

第2章　平成期の家族法改正

（扶養請求権の処分の禁止）	（見出し新設）
第881条　扶養を受ける権利は、処分することができない。	第881条　扶養を受ける権利は、これを処分することができない。

(2) 「第5編　相続」

ア 「第1章　総則」

第1章　（同右）	第1章　総則
（相続開始の原因） 第882条　相続は、死亡によって開始する。	（見出し新設） 第882条　相続は、死亡によつて開始する。
（相続開始の場所） 第883条　（同右）	（見出し新設） 第883条　（略）
（相続回復請求権） 第884条　相続回復の請求権は、相続人又はその法定代理人が相続権を侵害された事実を<u>知った</u>時から5年間<u>行使し</u>ないときは、時効によって消滅する。相続開始の時から20年を経過したときも、同様<u>とする</u>。	（見出し新設） 第884条　相続回復の請求権は、相続人又はその法定代理人が相続権を侵害された事実を<u>知つた</u>時から5年間<u>これを行わない</u>ときは、時効によつて消滅する。相続開始の時から20年を経過したときも、同様<u>である</u>。
（相続財産に関する費用） 第885条　相続財産に関する費用は、その財産の中から支弁する。<u>ただし</u>、相続人の過失によるものは、この限りでない。 <u>2</u>　前項の費用は、遺留分権利者が贈与の減殺によって得た財産を<u>もって</u>支弁することを要しない。	（見出し新設） 第885条　相続財産に関する費用は、その財産の中から、<u>これを</u>支弁する。<u>但し</u>、相続人の過失によるものは、この限りでない。 <u>[2]</u>　前項の費用は、遺留分権利者が贈与の減殺によつて得た財産を<u>以て、これを</u>支弁することを要しない。

イ 「第2章　相続人」

第2章　（同右）	第2章　相続人
（相続に関する胎児の権利能力） 第886条　胎児は、相続については、既	（見出し新設） 第886条　胎児は、相続については、既

136

Ⅳ　平成 16 年 12 月：民法現代語化改正

に生まれたものとみなす。	に生まれたものとみなす。
2　前項の規定は、胎児が死体で生まれたときは、適用しない。	［2］　前項の規定は、胎児が死体で生まれたときは、これを適用しない。
（子及びその代襲者等の相続権） 第 887 条　（同右） 2　被相続人の子が、相続の開始以前に死亡したとき、又は第 891 条の規定に該当し、若しくは廃除によって、その相続権を失ったときは、その者の子がこれを代襲して相続人となる。ただし、被相続人の直系卑属でない者は、この限りでない。 3　前項の規定は、代襲者が、相続の開始以前に死亡し、又は第 891 条の規定に該当し、若しくは廃除によって、その代襲相続権を失った場合について準用する。	（見出し新設） 第 887 条　（1 項略） ［2］　被相続人の子が、相続の開始以前に死亡したとき、又は第 891 条の規定に該当し、若しくは廃除によつて、その相続権を失つたときは、その者の子がこれを代襲して相続人となる。但し、被相続人の直系卑属でない者は、この限りでない。 ［3］　前項の規定は、代襲者が、相続の開始以前に死亡し、又は第 891 条の規定に該当し、若しくは廃除によつて、その代襲相続権を失つた場合にこれを準用する。
第 888 条　（空条）	第 888 条　（削除）
（直系尊属及び兄弟姉妹の相続権） 第 889 条　次に掲げる者は、第 887 条の規定により相続人となるべき者がない場合には、次に掲げる順序の順位に従って相続人となる。 　一　被相続人の直系尊属。ただし、親等の異なる者の間では、その近い者を先にする。 　二　被相続人の兄弟姉妹 2　第 887 条第 2 項の規定は、前項第 2 号の場合について準用する。	（見出し新設） 第 889 条　左に掲げる者は、第 887 条の規定によつて相続人となるべき者がない場合には、左の順位に従つて相続人となる。 　第一　直系尊属。但し、親等の異なる者の間では、その近い者を先にする。 　第二　兄弟姉妹 ［2］　第 887 条第 2 項の規定は、前項第 2 号の場合にこれを準用する。
（配偶者の相続権） 第 890 条　被相続人の配偶者は、常に相続人となる。この場合において、第	（見出し新設） 第 890 条　被相続人の配偶者は、常に相続人となる。この場合において、前 3

137

第２章　平成期の家族法改正

<u>887条又は前条</u>の規定により相続人となるべき者があるときは、その者と同順位とする。	条の規定によつて相続人となるべき者があるときは、その者と同順位とする。
（相続人の欠格事由） **第891条**　<u>次に</u>掲げる者は、相続人となることができない。 　一　故意に被相続人又は相続について先順位若しくは同順位に<u>ある</u>者を死亡するに至らせ、又は至らせようとしたために、刑に処せられた者 　二　被相続人の殺害されたことを<u>知って</u>、これを告発せず、又は告訴しな<u>かった者。ただし、</u>その者に是非の弁別がないとき、又は殺害者が自己の配偶者若しくは直系血族であった<u>ときは、この限りでない。</u> 　三　詐欺又は強迫によって、被相続人が相続に関する遺言をし、<u>撤回し、取り消し、又は変更する</u>ことを妨げた者 　四　詐欺又は強迫に<u>よって、</u>被相続人に相続に関する遺言をさせ、<u>撤回させ、取り消させ、又は変更させた</u>者 　五　（同右）	**（見出し新設）** **第891条**　<u>左に</u>掲げる者は、相続人となることができない。 　一　故意に被相続人又は相続について先順位若しくは同順位に<u>在る</u>者を死亡するに至らせ、又は至らせようとしたために、刑に処せられた者 　二　被相続人の殺害されたことを<u>知つて</u>、これを告発せず、又は告訴しな<u>かつた者。但し、</u>その者に是非の弁別がないとき、又は殺害者が自己の配偶者若しくは直系血族であつた<u>ときは、この限りでない。</u> 　三　詐欺又は強迫によつて、被相続人が相続に関する遺言をし、<u>これを取り消し、又はこれを変更する</u>ことを妨げた者 　四　詐欺又は強迫によつて、被相続人に相続に関する遺言をさせ、<u>これを取り消させ、又はこれを変更させた</u>者 　五　（略）
（推定相続人の廃除） **第892条**　遺留分を有する推定相続人<u>（相続が開始した場合に相続人となるべき者をいう。以下同じ。）</u>が、被相続人に対して虐待をし、若しくはこれに重大な侮辱を加えたとき、又は推定相続人にその他の著しい非行が<u>あった</u>ときは、被相続人は、その推定相続人	**（見出し新設）** **第892条**　遺留分を有する推定相続人が、被相続人に対して虐待をし、若しくはこれに重大な侮辱を加えたとき、又は推定相続人にその他の著しい非行があつたときは、被相続人は、その推定相続人の廃除を家庭裁判所に請求することができる。

138

の廃除を家庭裁判所に請求することができる。	
（遺言による推定相続人の廃除） 第893条　被相続人が遺言で推定相続人を廃除する意思を表示したときは、遺言執行者は、その遺言が効力を生じた後、遅滞なく、その推定相続人の廃除を家庭裁判所に請求しなければならない。この場合において、その推定相続人の廃除は、被相続人の死亡の時にさかのぼってその効力を生ずる。	（見出し新設） 第893条　被相続人が遺言で推定相続人を廃除する意思を表示したときは、遺言執行者は、その遺言が効力を生じた後、遅滞なく家庭裁判所に廃除の請求をしなければならない。この場合において、廃除は、被相続人の死亡の時にさかのぼつてその効力を生ずる。
（推定相続人の廃除の取消し） 第894条　被相続人は、いつでも、推定相続人の廃除の取消しを家庭裁判所に請求することができる。 2　前条の規定は、推定相続人の廃除の取消しについて準用する。	（見出し新設） 第894条　被相続人は、何時でも、推定相続人の廃除の取消を家庭裁判所に請求することができる。 [2]　前条の規定は、廃除の取消にこれを準用する。
（推定相続人の廃除に関する審判確定前の遺産の管理） 第895条　推定相続人の廃除又はその取消しの請求があった後その審判が確定する前に相続が開始したときは、家庭裁判所は、親族、利害関係人又は検察官の請求によって、遺産の管理について必要な処分を命ずることができる。推定相続人の廃除の遺言があったときも、同様とする。 2　第27条から第29条までの規定は、前項の規定により家庭裁判所が遺産の管理人を選任した場合について準用する。	（見出し新設） 第895条　推定相続人の廃除又はその取消の請求があつた後その審判が確定する前に相続が開始したときは、家庭裁判所は、親族、利害関係人又は検察官の請求によつて、遺産の管理について必要な処分を命ずることができる。廃除の遺言があつたときも、同様である。 [2]　家庭裁判所が管理人を選任した場合には、第27条乃至第29条の規定を準用する。

ウ 「第3章　相続の効力」

第3章　（同右） 　第1節　（同右）	第3章　相続の効力 　第1節　総則
（相続の一般的効力） 第896条　相続人は、相続開始の時から、被相続人の財産に属した一切の権利義務を承継する。ただし、被相続人の一身に専属したものは、この限りでない。	（見出し新設） 第896条　相続人は、相続開始の時から、被相続人の財産に属した一切の権利義務を承継する。但し、被相続人の一身に専属したものは、この限りでない。
（祭祀に関する権利の承継） 第897条　系譜、祭具及び墳墓の所有権は、前条の規定にかかわらず、慣習に従って祖先の祭祀を主宰すべき者が承継する。ただし、被相続人の指定に従って祖先の祭祀を主宰すべき者があるときは、その者が承継する。 2　前項本文の場合において慣習が明らかでないときは、同項の権利を承継すべき者は、家庭裁判所が定める。	（見出し新設） 第897条　系譜、祭具及び墳墓の所有権は、前条の規定にかかわらず、慣習に従つて祖先の祭祀を主宰すべき者がこれを承継する。但し、被相続人の指定に従つて祖先の祭祀を主宰すべき者があるときは、その者が、これを承継する。 [2]　前項本文の場合において慣習が明かでないときは、前項の権利を承継すべき者は、家庭裁判所がこれを定める。
（共同相続の効力） 第898条　（同右）	（見出し新設） 第898条　（略）
第899条　（同右）	第899条　（略）
第2節　（同右）	第2節　相続分
（法定相続分） 第900条　同順位の相続人が数人あるときは、その相続分は、次の各号の定めるところによる。 一〜三　（同右） 　四　子、直系尊属又は兄弟姉妹が数人あるときは、各自の相続分は、相等しいものとする。ただし、嫡出でない子の相続分は、嫡出である子の相	（見出し新設） 第900条　同順位の相続人が数人あるときは、その相続分は、左の規定に従う。 一〜三　（略） 　四　子、直系尊属又は兄弟姉妹が数人あるときは、各自の相続分は、相等しいものとする。但し、嫡出でない子の相続分は、嫡出である子の相続

続分の2分の1とし、父母の一方のみを同じくする兄弟姉妹の相続分は、父母の双方を同じくする兄弟姉妹の相続分の2分の1とする。	分の2分の1とし、父母の一方のみを同じくする兄弟姉妹の相続分は、父母の双方を同じくする兄弟姉妹の相続分の2分の1とする。
（代襲相続人の相続分） 第901条　第887条第2項又は第3項の規定により相続人となる直系卑属の相続分は、その直系尊属が受けるべきであったものと同じとする。ただし、直系卑属が数人あるときは、その各自の直系尊属が受けるべきであった部分について、前条の規定に従ってその相続分を定める。 2　前項の規定は、第889条第2項の規定により兄弟姉妹の子が相続人となる場合について準用する。	（見出し新設） 第901条　第887条第2項又は第3項の規定によつて相続人となる直系卑属の相続分は、その直系尊属が受けるべきであつたものと同じである。但し、直系卑属が数人あるときは、その各自の直系尊属が受けるべきであつた部分について、前条の規定に従つてその相続分を定める。 [2]　前項の規定は、第889条第2項の規定によつて兄弟姉妹の子が相続人となる場合にこれを準用する。
（遺言による相続分の指定） 第902条　被相続人は、前2条の規定にかかわらず、遺言で、共同相続人の相続分を定め、又はこれを定めることを第三者に委託することができる。ただし、被相続人又は第三者は、遺留分に関する規定に違反することができない。 2　被相続人が、共同相続人中の1人若しくは数人の相続分のみを定め、又はこれを第三者に定めさせたときは、他の共同相続人の相続分は、前2条の規定により定める。	（見出し新設） 第902条　被相続人は、前2条の規定にかかわらず、遺言で、共同相続人の相続分を定め、又はこれを定めることを第三者に委託することができる。但し、被相続人又は第三者は、遺留分に関する規定に違反することができない。 [2]　被相続人が、共同相続人中の1人若しくは数人の相続分のみを定め、又はこれを定めさせたときは、他の共同相続人の相続分は、前2条の規定によつてこれを定める。
（特別受益者の相続分） 第903条　共同相続人中に、被相続人から、遺贈を受け、又は婚姻若しくは	（見出し新設） 第903条　共同相続人中に、被相続人から、遺贈を受け、又は婚姻、養子縁組

第2章　平成期の家族法改正

養子縁組のため若しくは生計の資本として贈与を受けた者があるときは、被相続人が相続開始の時において有した財産の価額にその贈与の価額を加えたものを相続財産とみなし、前3条の規定により算定した相続分の中からその遺贈又は贈与の価額を控除した残額をもってその者の相続分とする。	のため若しくは生計の資本として贈与を受けた者があるときは、被相続人が相続開始の時において有した財産の価額にその贈与の価額を加えたものを相続財産とみなし、前3条の規定によつて算定した相続分の中からその遺贈又は贈与の価額を控除し、その残額を以てその者の相続分とする。
2　（同右）	[2]　（略）
3　被相続人が前2項の規定と異なった意思を表示したときは、その意思表示は、遺留分に関する規定に違反しない範囲内で、その効力を有する。	[3]　被相続人が前2項の規定と異なつた意思を表示したときは、その意思表示は、遺留分に関する規定に反しない範囲内で、その効力を有する。
第904条　前条に規定する贈与の価額は、受贈者の行為によって、その目的である財産が滅失し、又はその価格の増減があったときであっても、相続開始の時においてなお原状のままであるものとみなしてこれを定める。	第904条　前条に掲げる贈与の価額は、受贈者の行為によつて、その目的たる財産が滅失し、又はその価格の増減があつたときでも、相続開始の当時なお原状のままで在るものとみなしてこれを定める。
（寄与分） 第904条の2　共同相続人中に、被相続人の事業に関する労務の提供又は財産上の給付、被相続人の療養看護その他の方法により被相続人の財産の維持又は増加について特別の寄与をした者があるときは、被相続人が相続開始の時において有した財産の価額から共同相続人の協議で定めたその者の寄与分を控除したものを相続財産とみなし、第900条から第902条までの規定により算定した相続分に寄与分を加えた額をもってその者の相続分とする。	（見出し新設） 第904の2　共同相続人中に、被相続人の事業に関する労務の提供又は財産上の給付、被相続人の療養看護その他の方法により被相続人の財産の維持又は増加につき特別の寄与をした者があるときは、被相続人が相続開始の時において有した財産の価額から共同相続人の協議で定めたその者の寄与分を控除したものを相続財産とみなし、第900条から第902条までの規定によつて算定した相続分に寄与分を加えた額をもつてその者の相続分とする。
2　（同右）	[2]　（略）

Ⅳ　平成 16 年 12 月：民法現代語化改正

<u>3</u>　寄与分は、被相続人が相続開始の時において有した財産の価額から遺贈の価額を控除した<u>残額</u>を超えることができない。 <u>4</u>　第 2 項の請求は、第 907 条第 2 項の<u>規定による</u>請求があった場合又は第 910 条に規定する場合にすることができる。	［3］　寄与分は、被相続人が相続開始の時において有した財産の価額から遺贈の価額を控除した額を超えることができない。 ［4］　第 2 項の請求は、第 907 条第 2 項の規定による請求があつた場合又は第 910 条に規定する場合にすることができる。
<u>（相続分の取戻権）</u> 第 905 条　共同相続人の 1 人が遺産の<u>分割前</u>にその相続分を第三者に譲り渡したときは、他の共同相続人は、その価額及び費用を償還して、その相続分を譲り受けることができる。 <u>2</u>　前項<u>の権利</u>は、1 箇月以内に<u>行使し</u>なければならない。	（見出し新設） 第 905 条　共同相続人の 1 人が分割前にその相続分を第三者に譲り渡したときは、他の共同相続人は、その価額及び費用を償還して、その相続分を譲り受けることができる。 ［2］　前項に定める権利は、1 箇月以内にこれを行わなければならない。
第 3 節　（同右）	第 3 節　遺産の分割
<u>（遺産の分割の基準）</u> 第 906 条　（同右）	（見出し新設） 第 906 条　（略）
<u>（遺産の分割の協議又は審判等）</u> 第 907 条　共同相続人は、<u>次条の規定により</u>被相続人が遺言で禁じた場合を<u>除き</u>、<u>いつでも</u>、その協議で、遺産の分割をすることができる。 <u>2</u>　（同右） <u>3</u>　前項の場合において特別の事由があるときは、家庭裁判所は、期間を定めて、遺産の全部又は一部について、<u>その分割</u>を禁ずることができる。	（見出し新設） 第 907 条　共同相続人は、<u>第 908 条の規定によつて</u>被相続人が遺言で禁じた場合を除く外、何時でも、その協議で、遺産の分割をすることができる。 ［2］　（略） ［3］　前項の場合において特別の事由があるときは、家庭裁判所は、期間を定めて、遺産の全部又は一部について、分割を禁ずることができる。
<u>（遺産の分割の方法の指定及び遺産の分割の禁止）</u> 第 908 条　被相続人は、遺言で、<u>遺産の</u>	（見出し新設） 第 908 条　被相続人は、遺言で、分割の

143

第2章　平成期の家族法改正

分割の方法を定め、若しくはこれを定めることを第三者に委託し、又は相続開始の時から5年を超えない期間を定めて、遺産の分割を禁ずることができる。	方法を定め、若しくはこれを定めることを第三者に委託し、又は相続開始の時から5年を超えない期間内分割を禁ずることができる。
（遺産の分割の効力） 第909条　遺産の分割は、相続開始の時にさかのぼってその効力を生ずる。ただし、第三者の権利を害することはできない。	（見出し新設） 第909条　遺産の分割は、相続開始の時にさかのぼつてその効力を生ずる。但し、第三者の権利を害することができない。
（相続の開始後に認知された者の価額の支払請求権） 第910条　相続の開始後認知によって相続人となった者が遺産の分割を請求しようとする場合において、他の共同相続人が既にその分割その他の処分をしたときは、価額のみによる支払の請求権を有する。	（見出し新設） 第910条　相続の開始後認知によつて相続人となつた者が遺産の分割を請求しようとする場合において、他の共同相続人が既に分割その他の処分をしたときは、価額のみによる支払の請求権を有する。
（共同相続人間の担保責任） 第911条　各共同相続人は、他の共同相続人に対して、売主と同じく、その相続分に応じて担保の責任を負う。	（見出し新設） 第911条　各共同相続人は、他の共同相続人に対して、売主と同じく、その相続分に応じて担保の責に任ずる。
（遺産の分割によって受けた債権についての担保責任） 第912条　各共同相続人は、その相続分に応じ、他の共同相続人が遺産の分割によって受けた債権について、その分割の時における債務者の資力を担保する。 2　弁済期に至らない債権及び停止条件付きの債権については、各共同相続人は、弁済をすべき時における債務者の	（見出し新設） 第912条　各共同相続人は、その相続分に応じ、他の共同相続人が分割によつて受けた債権について、分割の当時における債務者の資力を担保する。 [2]　弁済期に至らない債権及び停止条件附の債権については、各共同相続人は、弁済をすべき時における債務者の資力

資力を担保する。	を担保する。
（資力のない共同相続人がある場合の担保責任の分担） 第913条　担保の責任を負う共同相続人中に償還をする資力のない者があるときは、その償還することができない部分は、求償者及び他の資力のある者が、それぞれその相続分に応じて分担する。ただし、求償者に過失があるときは、他の共同相続人に対して分担を請求することができない。	（見出し新設） 第913条　担保の責に任ずる共同相続人中に償還をする資力のない者があるときは、その償還することができない部分は、求償者及び他の資力のある者が、各々その相続分に応じてこれを分担する。但し、求償者に過失があるときは、他の共同相続人に対して分担を請求することができない。
（遺言による担保責任の定め） 第914条　前3条の規定は、被相続人が遺言で別段の意思を表示したときは、適用しない。	（見出し新設） 第914条　前3条の規定は、被相続人が遺言で別段の意思を表示したときは、これを適用しない。

エ　「第4章　相続の承認及び放棄」

第4章　（同右） 　第1節　（同右）	第4章　相続の承認及び放棄 　第1節　総則
（相続の承認又は放棄をすべき期間） 第915条　相続人は、自己のために相続の開始があったことを知った時から3箇月以内に、相続について、単純若しくは限定の承認又は放棄をしなければならない。ただし、この期間は、利害関係人又は検察官の請求によって、家庭裁判所において伸長することができる。 2　相続人は、相続の承認又は放棄をする前に、相続財産の調査をすることができる。	（見出し新設） 第915条　相続人は、自己のために相続の開始があつたことを知つた時から3箇月以内に、単純若しくは限定の承認又は放棄をしなければならない。但し、この期間は、利害関係人又は検察官の請求によつて、家庭裁判所において、これを伸長することができる。 [2]　相続人は、承認又は放棄をする前に、相続財産の調査をすることができる。
第916条　相続人が相続の承認又は放棄をしないで死亡したときは、前条第1	第916条　相続人が承認又は放棄をしないで死亡したときは、前条第1項の期

項の期間は、その者の相続人が自己のために相続の開始が<u>あったことを知った時から起算する。</u>	間は、その者の相続人が自己のために相続の開始があつたことを知つた時か<u>ら、これを起算する。</u>
（相続財産の管理） **第918条**　相続人は、その固有財産にお<u>けるのと</u>同一の注意をもって、相続財産を管理しなければならない。<u>ただし、</u>相続の承認又は放棄をしたときは、この限りでない。 <u>2</u>　家庭裁判所は、利害関係人又は検察官の請求によって、<u>いつでも、</u>相続財産の保存に必要な処分を命ずることができる。 <u>3</u>　<u>第27条から第29条までの規定は、前項の規定により家庭裁判所が相続財産の管理人を選任した場合について準用する。</u>	（見出し新設） **第918条**　相続人は、その固有財産におけると同一の注意を以て、相続財産を管理しなければならない。<u>但し、承認又は放棄</u>をしたときは、この限りでない。 [2]　家庭裁判所は、利害関係人又は検察官の請求によつて、<u>何時でも、</u>相続財産の保存に必要な処分を命ずることができる。 [3]　<u>家庭裁判所が管理人を選任した場合には、</u>第27条<u>乃至</u>第29条の規定を準用する。
（相続の承認及び放棄の撤回及び取消し） **第919条**　相続の承認及び放棄は、第915条第1項の期間内でも、<u>撤回する</u>ことができない。 <u>2</u>　前項の規定は、第1編<u>（総則）</u>及び<u>前編（親族）</u>の規定により相続の承認又は放棄の<u>取消し</u>をすることを妨げない。 <u>3</u>　<u>前項の取消権は、追認をすることができる時から6箇月間行使しないときは、時効によって消滅する。相続の承認又は放棄の時から10年を経過したときも、同様とする。</u>	（見出し新設） **第919条**　承認及び放棄は、第915条第1項の期間内でも、<u>これを取り消す</u>ことができない。 [2]　前項の規定は、第1編及び前編の規定によつて承認又は放棄の取消をすることを妨げない。<u>但し、その取消権は、追認をすることができる時から6箇月間これを行わないときは、時効によつて消滅する。承認又は放棄の時から10年を経過したときも、同様である。</u> （新設。←旧2項但書）

Ⅳ　平成16年12月：民法現代語化改正

4　第2項の規定により限定承認又は相続の放棄の取消しをしようとする者は、その旨を家庭裁判所に申述しなければならない。	[3]　前項の規定によつて限定承認又は放棄の取消をしようとする者は、その旨を家庭裁判所に申述しなければならない。
第2節　相続の承認 　第1款　（同右）	第2節　承認 　第1款　単純承認
（単純承認の効力） 第920条　相続人は、単純承認をしたときは、無限に被相続人の権利義務を承継する。	（見出し新設） 第920条　相続人が単純承認をしたときは、無限に被相続人の権利義務を承継する。
（法定単純承認） 第921条　次に掲げる場合には、相続人は、単純承認をしたものとみなす。 　一　相続人が相続財産の全部又は一部を処分したとき。ただし、保存行為及び第602条に定める期間を超えない賃貸をすることは、この限りでない。 　二　相続人が第915条第1項の期間内に限定承認又は相続の放棄をしなかったとき。 　三　相続人が、限定承認又は相続の放棄をした後であっても、相続財産の全部若しくは一部を隠匿し、私にこれを消費し、又は悪意でこれを相続財産の目録中に記載しなかったとき。ただし、その相続人が相続の放棄をしたことによって相続人となった者が相続の承認をした後は、この限りでない。	（見出し新設） 第921条　左に掲げる場合には、相続人は、単純承認をしたものとみなす。 　一　相続人が相続財産の全部又は一部を処分したとき。但し、保存行為及び第602条に定める期間を超えない賃貸をすることは、この限りでない。 　二　相続人が第915条第1項の期間内に限定承認又は放棄をしなかつたとき。 　三　相続人が、限定承認又は放棄をした後でも、相続財産の全部若しくは一部を隠匿し、私にこれを消費し、又は悪意でこれを財産目録中に記載しなかつたとき。但し、その相続人が放棄をしたことによつて相続人となつた者が承認をした後は、この限りでない。
第2款　（同右）	第2款　限定承認

147

（限定承認）	（見出し新設）
第922条　相続人は、相続<u>によって</u>得た財産の限度においてのみ被相続人の債務及び遺贈を弁済すべきことを留保して、<u>相続の</u>承認をすることができる。	第922条　相続人は、相続<u>によつて</u>得た財産の限度においてのみ被相続人の債務及び遺贈を弁済すべきことを留保して、承認をすることができる。
（共同相続人の限定承認）	（見出し新設）
第923条　（同右）	第923条　（略）
（限定承認の方式）	（見出し新設）
第924条　相続人<u>は</u>、限定承認をしよう<u>とするときは</u>、第915条第1項の期間内に、<u>相続財産の目録を作成して</u>家庭裁判所に提出し、限定承認をする旨を申述しなければならない。	第924条　相続人<u>が</u>限定承認をしようとするときは、第915条第1項の期間内に、<u>財産目録を調製してこれを</u>家庭裁判所に提出し、限定承認をする旨を申述しなければならない。
（限定承認をしたときの権利義務）	（見出し新設）
第925条　相続人が限定承認をしたときは、その被相続人に対して有した権利義務は、消滅しなかった<u>ものとみなす。</u>	第925条　相続人が限定承認をしたときは、その被相続人に対して有した権利義務は、消滅しなかつた<u>ものとみなす。</u>
（限定承認者による管理）	（見出し新設）
第926条　限定承認者は、その固有財産<u>におけるのと</u>同一の注意を<u>もって</u>、相続財産の管理を継続しなければならない。	第926条　限定承認者は、その固有財産<u>におけると</u>同一の注意を<u>以て</u>、相続財産の管理を継続しなければならない。
<u>2</u>　第645条、第646条、第650条第1項及び第2項並びに第918条第2項及び第3項の規定は、前項の場合について準用する。	<u>[2]</u>　第645条、第646条、第650条第1項、第2項及び第918条第2項、第3項の規定は、前項の場合にこれを準用する。
（相続債権者及び受遺者に対する公告及び催告）	（見出し新設）
第927条　限定承認者は、限定承認をした後5日以内に、<u>すべての</u>相続債権者<u>（相続財産に属する債務の債権者をいう。以下同じ。）</u>及び受遺者に対し、	第927条　限定承認者は、限定承認をした後5日以内に、<u>一切の</u>相続債権者及び受遺者に対し、限定承認をしたこと及び一定の期間内にその請求の申出を

Ⅳ　平成16年12月：民法現代語化改正

限定承認をしたこと及び一定の期間内にその請求の申出をすべき旨を公告しなければならない。この場合において、その期間は、2箇月を下ることができ<u>ない</u>。 2　第79条第2項及び第3項の規定は、前項の場合について準用する。	すべき旨を公告しなければならない。<u>但し、その期間は、2箇月を下ることができない</u>。 [2]　第79条第2項及び第3項の規定は、前項の場合に<u>これを</u>準用する。
<u>（公告期間満了前の弁済の拒絶）</u> 第928条　（同右）	（見出し新設） 第928条　（略）
<u>（公告期間満了後の弁済）</u> 第929条　第927条第1項の期間が満了した後は、限定承認者は、相続財産を<u>もって、</u>その期間内に<u>同項の申出をした相続債権者その他知れている相続債権者に、それぞれ</u>その債権額の割合に応じて弁済をしなければならない。<u>ただし、</u>優先権を有する債権者の権利を害する<u>ことはできない</u>。	（見出し新設） 第929条　第927条第1項の期間が満了した後は、限定承認者は、相続財産を<u>以て、</u>その期間内に申し出た債権者その他知れた債権者に、<u>各々</u>その債権額の割合に応じて弁済をしなければならない。<u>但し、</u>優先権を有する債権者の権利を害することができない。
<u>（期限前の債務等の弁済）</u> 第930条　限定承認者は、弁済期に至らない債権で<u>あっても</u>、前条の規定に<u>従って弁済を</u>しなければならない。 2　条件<u>付き</u>の債権又は存続期間の不確定な債権は、家庭裁判所が選任した鑑定人の評価に<u>従って弁済を</u>しなければならない。	（見出し新設） 第930条　限定承認者は、弁済期に至らない債権でも、前条の規定に<u>よつてこれを</u>弁済しなければならない。 [2]　条件<u>附</u>の債権又は存続期間の不確定な債権は、家庭裁判所が選任した鑑定人の評価に従つて、<u>これを</u>弁済しなければならない。
<u>（受遺者に対する弁済）</u> 第931条　限定承認者は、前2条の規定に<u>従って各相続債権者に</u>弁済をした後でなければ、受遺者に弁済をすることができない。	（見出し新設） 第931条　限定承認者は、前2条の規定に<u>よつて各債権者に</u>弁済をした後でなければ、受遺者に弁済をすることができない。

第２章　平成期の家族法改正

(弁済のための相続財産の換価)	(見出し新設)
第932条　前３条の規定に従って弁済をするにつき相続財産を売却する必要があるときは、限定承認者は、これを競売に付さなければならない。ただし、家庭裁判所が選任した鑑定人の評価に従い相続財産の全部又は一部の価額を弁済して、その競売を止めることができる。	第932条　前３条の規定に従つて弁済をするにつき相続財産を売却する必要があるときは、限定承認者は、これを競売に付しなければならない。但し、家庭裁判所が選任した鑑定人の評価に従い相続財産の全部又は一部の価額を弁済して、その競売を止めることができる。
(相続債権者及び受遺者の換価手続への参加)	(見出し新設)
第933条　相続債権者及び受遺者は、自己の費用で、相続財産の競売又は鑑定に参加することができる。この場合においては、第260条第２項の規定を準用する。	第933条　相続債権者及び受遺者は、自己の費用で、相続財産の競売又は鑑定に参加することができる。この場合には、第260条第２項の規定を準用する。
(不当な弁済をした限定承認者の責任等)	(見出し新設)
第934条　限定承認者は、第927条の公告若しくは催告をすることを怠り、又は同条第１項の期間内に相続債権者若しくは受遺者に弁済をしたことによって他の相続債権者若しくは受遺者に弁済をすることができなくなったときは、これによって生じた損害を賠償する責任を負う。第929条から第931条までの規定に違反して弁済をしたときも、同様とする。	第934条　限定承認者が、第927条に定める公告若しくは催告をすることを怠り、又は同条第１項の期間内にある債権者若しくは受遺者に弁済をしたことによつて他の債権者若しくは受遺者に弁済をすることができなくなつたときは、これによつて生じた損害を賠償する責に任ずる。第929条乃至第931条の規定に違反して弁済をしたときも、同様である。
２　前項の規定は、情を知って不当に弁済を受けた相続債権者又は受遺者に対する他の相続債権者又は受遺者の求償を妨げない。	[2]　前項の規定は、情を知つて不当に弁済を受けた債権者又は受遺者に対する他の債権者又は受遺者の求償を妨げない。
３　第724条の規定は、前２項の場合について準用する。	[3]　第724条の規定は、前２項の場合にも、これを適用する。

Ⅳ　平成 16 年 12 月：民法現代語化改正

（公告期間内に申出をしなかった相続債権者及び受遺者） 第 935 条　第 927 条第 1 項の期間内に同項の申出をしなかった相続債権者及び受遺者で限定承認者に知れなかったものは、残余財産についてのみその権利を行使することができる。ただし、相続財産について特別担保を有する者は、この限りでない。	（見出し新設） 第 935 条　第 927 条第 1 項の期間内に申し出なかつた債権者及び受遺者で限定承認者に知れなかつたものは、残余財産についてのみその権利を行うことができる。但し、相続財産について特別担保を有する者は、この限りでない。
（相続人が数人ある場合の相続財産の管理人） 第 936 条　（同右） 2　前項の相続財産の管理人は、相続人のために、これに代わって、相続財産の管理及び債務の弁済に必要な一切の行為をする。 3　第 926 条から前条までの規定は、第 1 項の相続財産の管理人について準用する。この場合において、第 927 条第 1 項中「限定承認をした後 5 日以内」とあるのは、「その相続財産の管理人の選任があった後 10 日以内」と読み替えるものとする。	（見出し新設） 第 936 条　（1 項略） [2]　管理人は、相続人のために、これに代わつて、相続財産の管理及び債務の弁済に必要な一切の行為をする。 [3]　第 926 条乃至前条の規定は、管理人にこれを準用する。但し、第 927 条第 1 項に定める公告をする期間は、管理人の選任があつた後 10 日以内とする。
（法定単純承認の事由がある場合の相続債権者） 第 937 条　限定承認をした共同相続人の 1 人又は数人について第 921 条第 1 号又は第 3 号に掲げる事由があるときは、相続債権者は、相続財産をもって弁済を受けることができなかった債権額について、当該共同相続人に対し、その相続分に応じて権利を行使することができる。	（見出し新設） 第 937 条　限定承認をした共同相続人の 1 人又は数人について第 921 条第 1 号又は第 3 号に掲げる事由があるときは、相続債権者は、相続財産を以て弁済を受けることができなかつた債権額について、その者に対し、その相続分に応じて権利を行うことができる。

151

第２章　平成期の家族法改正

第３節　相続の放棄	第３節　放棄
（相続の放棄の方式） 第938条　（同右）	（見出し新設） 第938条　（略）
（相続の放棄の効力） 第939条　相続の放棄をした者は、その相続に関しては、初めから相続人とならなかったものとみなす。	（見出し新設） 第939条　相続の放棄をした者は、その相続に関しては、初から相続人とならなかつたものとみなす。
（相続の放棄をした者による管理） 第940条　相続の放棄をした者は、その放棄によって相続人となった者が相続財産の管理を始めることができるまで、自己の財産におけるのと同一の注意をもって、その財産の管理を継続しなければならない。 ２　第645条、第646条、第650条第1項及び第2項並びに第918条第2項及び第3項の規定は、前項の場合について準用する。	（見出し新設） 第940条　相続の放棄をした者は、その放棄によつて相続人となつた者が相続財産の管理を始めることができるまで、自己の財産におけると同一の注意を以て、その財産の管理を継続しなければならない。 [2]　第645条、第646条、第650条第1項、第2項及び第918条第2項、第3項の規定は、前項の場合にこれを準用する。

オ　「第５章　財産分離」

第５章　財産分離	第５章　財産の分離
（相続債権者又は受遺者の請求による財産分離） 第941条　相続債権者又は受遺者は、相続開始の時から3箇月以内に、相続人の財産の中から相続財産を分離することを家庭裁判所に請求することができる。相続財産が相続人の固有財産と混合しない間は、その期間の満了後も、同様とする。 ２　家庭裁判所が前項の請求によって財産分離を命じたときは、その請求をした者は、5日以内に、他の相続債権者	（見出し新設） 第941条　相続債権者又は受遺者は、相続開始の時から3箇月以内に、相続人の財産の中から相続財産を分離することを家庭裁判所に請求することができる。相続財産が相続人の固有財産と混合しない間は、その期間の満了後でも、同様である。 [2]　家庭裁判所が前項の請求によつて財産の分離を命じたときは、その請求をした者は、5日以内に、他の相続債権

152

Ⅳ　平成 16 年 12 月：民法現代語化改正

及び受遺者に対し、財産分離の命令が あったこと及び一定の期間内に配当加 入の申出をすべき旨を公告しなければ ならない。この場合において、その期 間は、2箇月を下ることができない。	者及び受遺者に対し、財産分離の命令 があつたこと及び一定の期間内に配当 加入の申出をすべき旨を公告しなけれ ばならない。但し、その期間は、2箇 月を下ることができない。
（財産分離の効力） 第 942 条　財産分離の請求をした者及び 　前条第 2 項の規定により配当加入の申 　出をした者は、相続財産について、相 　続人の債権者に先立って弁済を受け 　る。	（見出し新設） 第 942 条　財産分離の請求をした者及び 　前条第 2 項の規定によつて配当加入の 　申出をした者は、相続財産について、 　相続人の債権者に先だつて弁済を受け 　る。
（財産分離の請求後の相続財産の管理） 第 943 条　財産分離の請求があったとき 　は、家庭裁判所は、相続財産の管理に 　ついて必要な処分を命ずることができ 　る。 2　第 27 条から第 29 条までの規定は、 　前項の規定により家庭裁判所が相続財 　産の管理人を選任した場合について準 　用する。	（見出し新設） 第 943 条　財産分離の請求があつたとき 　は、家庭裁判所は、相続財産の管理に 　ついて必要な処分を命ずることができ 　る。 [2]　家庭裁判所が管理人を選任した場合 　には、第 27 条乃至第 29 条の規定を準 　用する。
（財産分離の請求後の相続人による管理） 第 944 条　相続人は、単純承認をした後 　でも、財産分離の請求があったときは、 　以後、その固有財産におけるのと同一 　の注意をもって、相続財産の管理をし 　なければならない。ただし、家庭裁判 　所が相続財産の管理人を選任したとき 　は、この限りでない。 2　第 645 条から第 647 条まで並びに第 　650 条第 1 項及び第 2 項の規定は、前 　項の場合について準用する。	（見出し新設） 第 944 条　相続人は、単純承認をした後 　でも、財産分離の請求があつたときは、 　以後、その固有財産におけると同一の 　注意を以て、相続財産の管理をしなけ 　ればならない。但し、家庭裁判所が管 　理人を選任したときは、この限りでな 　い。 [2]　第 645 条乃至第 647 条及び第 650 条 　第 1 項、第 2 項の規定は、前項の場合 　にこれを準用する。

153

（不動産についての財産分離の対抗要件） 第945条　財産分離は、不動産については、その登記をしなければ、第三者に対抗することができない。	（見出し新設） 第945条　財産の分離は、不動産については、その登記をしなければ、これを第三者に対抗することができない。
（物上代位の規定の準用） 第946条　第304条の規定は、財産分離の場合について準用する。	（見出し新設） 第946条　第304条の規定は、財産分離の場合にこれを準用する。
（相続債権者及び受遺者に対する弁済） 第947条　（同右） 2　財産分離の請求があったときは、相続人は、第941条第2項の期間の満了後に、相続財産をもって、財産分離の請求又は配当加入の申出をした相続債権者及び受遺者に、それぞれその債権額の割合に応じて弁済をしなければならない。ただし、優先権を有する債権者の権利を害することはできない。 3　第930条から第934条までの規定は、前項の場合について準用する。	（見出し新設） 第947条　（1項略） [2]　財産分離の請求があつたときは、相続人は、第941条第2項の期間の満了後に、相続財産を以て、財産分離の請求又は配当加入の申出をした債権者及び受遺者に、各々その債権額の割合に応じて弁済をしなければならない。但し、優先権を有する債権者の権利を害することができない。 [3]　第930条乃至第934条の規定は、前項の場合にこれを準用する。
（相続人の固有財産からの弁済） 第948条　財産分離の請求をした者及び配当加入の申出をした者は、相続財産をもって全部の弁済を受けることができなかった場合に限り、相続人の固有財産についてその権利を行使することができる。この場合においては、相続人の債権者は、その者に先立って弁済を受けることができる。	（見出し新設） 第948条　財産分離の請求をした者及び配当加入の申出をした者は、相続財産を以て全部の弁済を受けることができなかつた場合に限り、相続人の固有財産についてその権利を行うことができる。この場合には、相続人の債権者は、その者に先だつて弁済を受けることができる。
（財産分離の請求の防止等） 第949条　相続人は、その固有財産をもって相続債権者若しくは受遺者に弁済をし、又はこれに相当の担保を供し	（見出し新設） 第949条　相続人は、その固有財産を以て相続債権者若しくは受遺者に弁済をし、又はこれに相当の担保を供して、

て、財産分離の請求を防止し、又はその効力を消滅させることができる。ただし、相続人の債権者が、これによって損害を受けるべきことを証明して、異議を述べたときは、この限りでない。	財産分離の請求を防止し、又はその効力を消滅させることができる。但し、相続人の債権者が、これによつて損害を受けるべきことを証明して、異議を述べたときは、この限りでない。
（相続人の債権者の請求による財産分離） 第950条 相続人が限定承認をすることができる間又は相続財産が相続人の固有財産と混合しない間は、相続人の債権者は、家庭裁判所に対して財産分離の請求をすることができる。 2 第304条、第925条、第927条から第934条まで、第943条から第945条まで及び第948条の規定は、前項の場合について準用する。ただし、第927条の公告及び催告は、財産分離の請求をした債権者がしなければならない。	（見出し新設） 第950条 相続人が限定承認をすることができる間又は相続財産が相続人の固有財産と混合しない間は、その債権者は、家庭裁判所に対して財産分離の請求をすることができる。 [2] 第304条、第925条、第927条乃至第934条、第943条乃至第945条及び第948条の規定は、前項の場合にこれを準用する。但し、第927条に定める公告及び催告は、財産分離の請求をした債権者がこれをしなければならない。

カ 「第6章 相続人の不存在」

第6章 （同右）	第6章 相続人の不存在
（相続財産法人の成立） 第951条 相続人のあることが明らかでないときは、相続財産は、法人とする。	（見出し新設） 第951条 相続人のあることが明かでないときは、相続財産は、これを法人とする。
（相続財産の管理人の選任） 第952条 前条の場合には、家庭裁判所は、利害関係人又は検察官の請求によって、相続財産の管理人を選任しなければならない。 2 前項の規定により相続財産の管理人を選任したときは、家庭裁判所は、遅	（見出し新設） 第952条 前条の場合には、家庭裁判所は、利害関係人又は検察官の請求によつて、相続財産の管理人を選任しなければならない。 [2] 家庭裁判所は、遅滞なく管理人の選任を公告しなければならない。

滞なくこれを公告しなければならない。	
（不在者の財産の管理人に関する規定の準用） 第953条　第27条から第29条までの規定は、前条第1項の相続財産の管理人（以下この章において単に「相続財産の管理人」という。）について準用する。	（見出し新設） 第953条　第27条乃至第29条の規定は、相続財産の管理人にこれを準用する。
（相続財産の管理人の報告） 第954条　相続財産の管理人は、相続債権者又は受遺者の請求があるときは、その請求をした者に相続財産の状況を報告しなければならない。	（見出し新設） 第954条　管理人は、相続債権者又は受遺者の請求があるときは、これに相続財産の状況を報告しなければならない。
（相続財産法人の不成立） 第955条　相続人のあることが明らかになったときは、第951条の法人は、成立しなかったものとみなす。ただし、相続財産の管理人がその権限内でした行為の効力を妨げない。	（見出し新設） 第955条　相続人のあることが明かになつたときは、法人は、存立しなかつたものとみなす。但し、管理人がその権限内でした行為の効力を妨げない。
（相続財産の管理人の代理権の消滅） 第956条　（同右） 2　前項の場合には、相続財産の管理人は、遅滞なく相続人に対して管理の計算をしなければならない。	（見出し新設） 第956条　（1項略） [2]　前項の場合には、管理人は、遅滞なく相続人に対して管理の計算をしなければならない。
（相続債権者及び受遺者に対する弁済） 第957条　第952条第2項の公告があった後2箇月以内に相続人のあることが明らかにならなかったときは、相続財産の管理人は、遅滞なく、すべての相続債権者及び受遺者に対し、一定の期間内にその請求の申出をすべき旨を公告しなければならない。この場合にお	（見出し新設） 第957条　第952条第2項に定める公告があつた後2箇月以内に相続人のあることが明かにならなかつたときは、管理人は、遅滞なく一切の相続債権者及び受遺者に対し、一定の期間内にその請求の申出をすべき旨を公告しなければならない。但し、その期間は、2箇

いて、その期間は、2箇月を下ることができない。 2　第79条第2項及び第3項並びに第928条から第935条まで（第932条ただし書を除く。）の規定は、前項の場合について準用する。	月を下ることができない。 [2]　第79条第2項、第3項及び第928条乃至第935条の規定は、前項の場合にこれを準用する。但し、第932条但書の規定は、この限りでない。
（相続人の捜索の公告） 第958条　前条第1項の期間の満了後、なお相続人のあることが明らかでないときは、家庭裁判所は、相続財産の管理人又は検察官の請求によって、相続人があるならば一定の期間内にその権利を主張すべき旨を公告しなければならない。この場合において、その期間は、6箇月を下ることができない。	（見出し新設） 第958条　前条第1項の期間の満了後、なお、相続人のあることが明かでないときは、家庭裁判所は、管理人又は検察官の請求によつて、相続人があるならば一定の期間内にその権利を主張すべき旨を公告しなければならない。但し、その期間は、6箇月を下ることができない。
（権利を主張する者がない場合） 第958条の2　前条の期間内に相続人としての権利を主張する者がないときは、相続人並びに相続財産の管理人に知れなかった相続債権者及び受遺者は、その権利を行使することができない。	（見出し新設） 第958条の2　前条の期間内に相続人である権利を主張する者がないときは、相続人並びに管理人に知れなかつた相続債権者及び受遺者は、その権利を行うことができない。
（特別縁故者に対する相続財産の分与） 第958条の3　前条の場合において、相当と認めるときは、家庭裁判所は、被相続人と生計を同じくしていた者、被相続人の療養看護に努めた者その他被相続人と特別の縁故があった者の請求によって、これらの者に、清算後残存すべき相続財産の全部又は一部を与えることができる。 2　（同右）	（見出し新設） 第958条の3　前条の場合において相当と認めるときは、家庭裁判所は、被相続人と生計を同じくしていた者、被相続人の療養看護に努めた者その他被相続人と特別の縁故があつた者の請求によつて、これらの者に、清算後残存すべき相続財産の全部又は一部を与えることができる。 [2]　（略）

第2章　平成期の家族法改正

(残余財産の国庫への帰属) 第959条　前条の規定により処分されなかった相続財産は、国庫に帰属する。この場合においては、第956条第2項の規定を準用する。	(見出し新設) 第959条　前条の規定によつて処分されなかつた相続財産は、国庫に帰属する。この場合には、第956条第2項の規定を準用する。

　キ　「第7章　遺言」

第7章　(同右) 　第1節　(同右)	第7章　遺言 　第1節　総則
(遺言の方式) 第960条　遺言は、この法律に定める方式に従わなければ、することができない。	(見出し新設) 第960条　遺言は、この法律に定める方式に従わなければ、これをすることができない。
(遺言能力) 第961条　15歳に達した者は、遺言をすることができる。	(見出し新設) 第961条　満15歳に達した者は、遺言をすることができる。
第962条　第5条、第9条、第13条及び第17条の規定は、遺言については、適用しない。	第962条　第4条、第9条、第12条及び第16条の規定は、遺言には、これを適用しない。
第963条　(同右)	第963条　(略)
(包括遺贈及び特定遺贈) 第964条　遺言者は、包括又は特定の名義で、その財産の全部又は一部を処分することができる。ただし、遺留分に関する規定に違反することができない。	(見出し新設) 第964条　遺言者は、包括又は特定の名義で、その財産の全部又は一部を処分することができる。但し、遺留分に関する規定に違反することができない。
(相続人に関する規定の準用) 第965条　第886条及び第891条の規定は、受遺者について準用する。	(見出し新設) 第965条　第886条及び第891条の規定は、受遺者にこれを準用する。
(被後見人の遺言の制限) 第966条　(同右) 2　前項の規定は、直系血族、配偶者又	(見出し新設) 第966条　(1項略) [2]　前項の規定は、直系血族、配偶者又

Ⅳ　平成 16 年 12 月：民法現代語化改正

は兄弟姉妹が後見人である場合には、適用しない。	は兄弟姉妹が後見人である場合には、これを適用しない。
第 2 節　（同右） **第 1 款　（同右）**	**第 1 節　遺言の方式** **第 1 款　普通の方式**
（普通の方式による遺言の種類） 第 967 条　遺言は、自筆証書、公正証書又は秘密証書<u>によってし</u>なければならない。<u>ただし</u>、特別の方式によることを許す場合は、この限りでない。	（見出し新設） 第 967 条　遺言は、自筆証書、公正証書又は秘密証書<u>によつてこれを</u>しなければならない。<u>但し</u>、特別の方式によることを許す場合は、この限りでない。
（自筆証書遺言） 第 968 条　自筆証書<u>によって</u>遺言をするには、遺言者が、その全文、<u>日付</u>及び氏名を自書し、これに印を<u>押さ</u>なければならない。 <u>2</u>　自筆証書中の加除その他の変更は、遺言者が、その場所を指示し、これを変更した旨を<u>付記</u>して特にこれに署名し、<u>かつ</u>、その変更の場所に印を<u>押さ</u>なければ、その効力を<u>生じ</u>ない。	（見出し新設） 第 968 条　自筆証書<u>によつて</u>遺言をするには、遺言者が、その全文、<u>日附</u>及び氏名を自書し、これに印を<u>おさ</u>なければならない。 <u>[2]</u>　自筆証書中の加除その他の変更は、遺言者が、その場所を指示し、これを変更した旨を<u>附記</u>して特にこれを署名し、<u>且つ</u>、その変更の場所に印を<u>おさ</u>なければ、その効力が<u>ない</u>。
（公正証書遺言） 第 969 条　公正証書<u>によって</u>遺言をするには、<u>次に掲げる</u>方式に従わなければならない。 　一～四　（同右） 　五　公証人が、その証書は前<u>各号</u>に掲げる方式に従って作ったものである旨を<u>付記</u>して、これに署名し、印を押すこと。	（見出し新設） 第 969 条　公正証書<u>によつて</u>遺言をするには、<u>次の</u>方式に従わなければならない。 　一～四　（略） 　五　公証人が、その証書は前<u>4 号</u>に掲げる方式に従つて作つたものである旨を付記して、これに署名し、印を押すこと。
（公正証書遺言の方式の特則） 第 969 条の 2　口がきけない者が公正証書によって遺言をする場合には、遺言者は、公証人及び証人の前で、遺言の	（見出し新設） 第 969 条の 2　口がきけない者が公正証書によつて遺言をする場合には、遺言者は、公証人及び証人の前で、遺言の

159

趣旨を通訳人の通訳により申述し、又は自書して、前条第2号の口授に代えなければならない。この場合における同条第3号の規定の適用については、同号中「口述」とあるのは、「通訳人の通訳による申述又は自書」とする。 2　（同右） 3　公証人は、前2項に定める方式に従って公正証書を作ったときは、その旨をその証書に付記しなければならない。	趣旨を通訳人の通訳により申述し、又は自書して、前条第2号の口授に代えなければならない。この場合における同条第3号の規定の適用については、同号中「口述」とあるのは、「通訳人の通訳による申述」又は「自書」とする。 [2]　（略） [3]　公証人は、前2項に定める方式に従つて公正証書を作つたときは、その旨をその証書に付記しなければならない。
（秘密証書遺言） 第970条　秘密証書によって遺言をするには、次に掲げる方式に従わなければならない。 　一　遺言者が、その証書に署名し、印を押すこと。 　二　遺言者が、その証書を封じ、証書に用いた印章をもってこれに封印すること。 　三　（同右） 　四　公証人が、その証書を提出した日付及び遺言者の申述を封紙に記載した後、遺言者及び証人とともにこれに署名し、印を押すこと。 2　第968条第2項の規定は、秘密証書による遺言について準用する。	（見出し新設） 第970条　秘密証書によつて遺言をするには、左の方式に従わなければならない。 　一　遺言者が、その証書に署名し、印をおすこと。 　二　遺言者が、その証書を封じ、証書に用いた印章を以てこれに封印すること。 　三　（略） 　四　公証人が、その証書を提出した日附及び遺言者の申述を封紙に記載した後、遺言者及び証人とともにこれに署名し、印をおすこと。 [2]　第968条第2項の規定は、秘密証書による遺言にこれを準用する。
（方式に欠ける秘密証書遺言の効力） 第971条　秘密証書による遺言は、前条に定める方式に欠けるものがあっても、第968条に定める方式を具備しているときは、自筆証書による遺言としてその効力を有する。	（見出し新設） 第971条　秘密証書による遺言は、前条に定める方式に欠けるものがあつても、第968条の方式を具備しているときは、自筆証書による遺言としてその効力を有する。

Ⅳ　平成 16 年 12 月：民法現代語化改正

（秘密証書遺言の方式の特則）	（見出し新設）
第 972 条　口がきけない者が秘密証書に よって遺言をする場合には、遺言者は、 公証人及び証人の前で、その証書は自 己の遺言書である旨並びにその筆者の 氏名及び住所を通訳人の通訳により申 述し、又は封紙に自書して、第 970 条 第 1 項第 3 号の申述に代えなければな らない。 2　（同右） 3　（同右）	**第 972 条**　口がきけない者が秘密証書に よつて遺言をする場合には、遺言者は、 公証人及び証人の前で、その証書は自 己の遺言書である旨並びにその筆者の 氏名及び住所を通訳人の通訳により申 述し、又は封紙に自書して、第 970 条 第 1 項第 3 号の申述に代えなければな らない。 [2]　（略） [3]　（略）
（成年被後見人の遺言）	（見出し新設）
第 973 条　（同右） 2　遺言に立ち会った医師は、遺言者が 遺言をする時において精神上の障害に より事理を弁識する能力を欠く状態に なかった旨を遺言書に付記して、これ に署名し、印を押さなければならない。 ただし、秘密証書による遺言にあって は、その封紙にその旨の記載をし、署 名し、印を押さなければならない。	**第 973 条**　（1 項略） [2]　遺言に立ち会つた医師は、遺言者が 遺言をする時において精神上の障害に より事理を弁識する能力を欠く状態に なかつた旨を遺言書に付記して、これ に署名し、印を押さなければならない。 ただし、秘密証書によつて遺言をする 場合には、その封紙に右の記載をし、 署名し、印を押さなければならない。
（証人及び立会人の欠格事由）	（見出し新設）
第 974 条　（同右） 一　（同右） 二　推定相続人及び受遺者並びにこれ らの配偶者及び直系血族 三　公証人の配偶者、4 親等内の親族、 書記及び使用人	**第 974 条**　（柱書略） 一　（略） 二　推定相続人、受遺者及びその配偶 者並びに直系血族 三　公証人の配偶者、4 親等内の親族、 書記及び雇人
（共同遺言の禁止）	（見出し新設）
第 975 条　遺言は、2 人以上の者が同一 の証書ですることができない。	**第 975 条**　遺言は、2 人以上の者が同一 の証書でこれをすることができない。
第 2 款　（同右）	**第 2 款**　特別の方式

（死亡の危急に迫った者の遺言）	（見出し新設）
第976条　疾病その他の事由によって死亡の危急に迫った者が遺言をしようとするときは、証人3人以上の立会いをもって、その1人に遺言の趣旨を口授して、これをすることができる。この場合においては、その口授を受けた者が、これを筆記して、遺言者及び他の証人に読み聞かせ、又は閲覧させ、各証人がその筆記の正確なことを承認した後、これに署名し、印を押さなければならない。	第976条　疾病その他の事由によつて死亡の危急に迫つた者が遺言をしようとするときは、証人3人以上の立会いをもつて、その1人に遺言の趣旨を口授して、これをすることができる。この場合には、その口授を受けた者が、これを筆記して、遺言者及び他の証人に読み聞かせ、又は閲覧させ、各証人がその筆記の正確なことを承認した後、これに署名し、印を押さなければならない。
2　口がきけない者が前項の規定により遺言をする場合には、遺言者は、証人の前で、遺言の趣旨を通訳人の通訳により申述して、同項の口授に代えなければならない。	[2]　口がきけない者が前項の規定によつて遺言をする場合には、遺言者は、証人の前で、遺言の趣旨を通訳人の通訳により申述して、同項の口授に代えなければならない。
3　（同右）	[3]　（略）
4　前3項の規定によりした遺言は、遺言の日から20日以内に、証人の一人又は利害関係人から家庭裁判所に請求してその確認を得なければ、その効力を生じない。	[4]　前3項の規定によつてした遺言は、遺言の日から20日以内に、証人の1人又は利害関係人から家庭裁判所に請求してその確認を得なければ、その効力がない。
5　家庭裁判所は、前項の遺言が遺言者の真意に出たものであるとの心証を得なければ、これを確認することができない。	[5]　家庭裁判所は、遺言が遺言者の真意に出たものであるとの心証を得なければ、これを確認することができない。
（伝染病隔離者の遺言）	（見出し新設）
第977条　伝染病のため行政処分によつて交通を断たれた場所に在る者は、警察官1人及び証人1人以上の立会いをもって遺言書を作ることができる。	第977条　伝染病のため行政処分によつて交通を断たれた場所に在る者は、警察官1人及び証人1人以上の立会を以て遺言書を作ることができる。

	Ⅳ　平成16年12月：民法現代語化改正
（在船者の遺言） 第978条　船舶中に在る者は、船長又は事務員1人及び証人2人以上の<u>立会い</u>をもって遺言書を作ることができる。	（見出し新設） 第978条　船舶中に在る者は、船長又は事務員1人及び証人2人以上の<u>立会</u>を<u>以て</u>遺言書を作ることができる。
（船舶遭難者の遺言） 第979条　<u>船舶が遭難した場合において、当該</u>船舶中に<u>在って</u>死亡の危急に<u>迫った</u>者は、証人2人以上の<u>立会い</u>をもって口頭で遺言をすることができる。 <u>2</u>　口がきけない者が前項の規定に<u>より</u>遺言をする場合には、遺言者は、通訳人の通訳によりこれをしなければならない。 <u>3</u>　前2項の規定に<u>従って</u>した遺言は、証人が、その趣旨を筆記して、これに署名し、印を押し、かつ、証人の1人又は利害関係人から遅滞なく家庭裁判所に請求してその確認を得なければ、その効力を<u>生じない</u>。 <u>4</u>　（同右）	（見出し新設） 第979条　<u>船舶遭難の場合において、船</u>舶中に<u>在つて</u>死亡の危急に<u>迫つた</u>者は、証人2人以上の<u>立会</u>を<u>以て</u>口頭で遺言をすることができる。 [2]　口がきけない者が前項の規定に<u>よつて</u>遺言をする場合には、遺言者は、通訳人の通訳によりこれをしなければならない。 [3]　前2項の規定に<u>従つて</u>した遺言は、証人が、その趣旨を筆記して、これに署名し、印を押し、かつ、証人の1人又は利害関係人から遅滞なく家庭裁判所に請求してその確認を得なければ、その効力が<u>ない</u>。 [4]　（略）
（遺言関係者の署名及び押印） 第980条　第977条及び第978条の場合には、遺言者、筆者、立会人及び証人は、各自遺言書に署名し、印を<u>押さな</u>ければならない。	（見出し新設） 第980条　第977条及び第978条の場合には、遺言者、筆者、立会人及び証人は、各自遺言書に署名し、印を<u>おさな</u>ければならない。
（署名又は押印が不能の場合） 第981条　第977条<u>から</u>第979条<u>までの</u>場合において、署名又は印を押すことのできない者があるときは、立会人又は証人は、その事由を<u>付記しなければ</u>ならない。	（見出し新設） 第981条　第977条<u>乃至</u>第979条の場合において、署名又は印を<u>おすことの</u>できない者があるときは、立会人又は証人は、その事由を<u>附記しなければなら</u>ない。

163

第２章　平成期の家族法改正

（普通の方式による遺言の規定の準用） 第982条　第968条第２項及び第973条から第975条までの規定は、第976条から前条までの規定による遺言について準用する。	（見出し新設） 第982条　第968条第２項及び第973条乃至第975条の規定は、第976条乃至前条の規定による遺言にこれを準用する。
（特別の方式による遺言の効力） 第983条　第976条から前条までの規定によりした遺言は、遺言者が普通の方式によって遺言をすることができるようになった時から６箇月間生存するときは、その効力を生じない。	（見出し新設） 第983条　第976条乃至前条の規定によつてした遺言は、遺言者が普通の方式によつて遺言をすることができるようになつた時から６箇月間生存するときは、その効力がない。
（外国に在る日本人の遺言の方式） 第984条　日本の領事の駐在する地に在る日本人が公正証書又は秘密証書によって遺言をしようとするときは、公証人の職務は、領事が行う。	（見出し新設） 第984条　日本の領事の駐在する地に在る日本人が公正証書又は秘密証書によつて遺言をしようとするときは、公証人の職務は、領事がこれを行う。
第３節　（同右）	**第３節　遺言の効力**
（遺言の効力の発生時期） 第985条　（同右） 2　遺言に停止条件を付した場合において、その条件が遺言者の死亡後に成就したときは、遺言は、条件が成就した時からその効力を生ずる。	（見出し新設） 第985条　（１項略） [2]　遺言に停止条件を附した場合において、その条件が遺言者の死亡後に成就したときは、遺言は、条件が成就した時からその効力を生ずる。
（遺贈の放棄） 第986条　受遺者は、遺言者の死亡後、いつでも、遺贈の放棄をすることができる。 2　遺贈の放棄は、遺言者の死亡の時にさかのぼってその効力を生ずる。	（見出し新設） 第986条　受遺者は、遺言者の死亡後、何時でも、遺贈の放棄をすることができる。 [2]　遺贈の放棄は、遺言者の死亡の時にさかのぼつてその効力を生ずる。
（受遺者に対する遺贈の承認又は放棄の催告） 第987条　遺贈義務者（遺贈の履行をす	（見出し新設） 第987条　遺贈義務者その他の利害関係

IV　平成 16 年 12 月：民法現代語化改正

る義務を負う者をいう。以下この節において同じ。）その他の利害関係人は、受遺者に対し、相当の期間を定めて、その期間内に遺贈の承認又は放棄をすべき旨の催告をすることができる。この場合において、受遺者がその期間内に遺贈義務者に対してその意思を表示しないときは、遺贈を承認したものとみなす。	人は、相当の期間を定め、その期間内に遺贈の承認又は放棄をすべき旨を受遺者に催告することができる。若し、受遺者がその期間内に遺贈義務者に対してその意思を表示しないときは、遺贈を承認したものとみなす。
（受遺者の相続人による遺贈の承認又は放棄） 第 988 条　受遺者が遺贈の承認又は放棄をしないで死亡したときは、その相続人は、自己の相続権の範囲内で、遺贈の承認又は放棄をすることができる。ただし、遺言者がその遺言に別段の意思を表示したときは、その意思に従う。	（見出し新設） 第 988 条　受遺者が遺贈の承認又は放棄をしないで死亡したときは、その相続人は、自己の相続権の範囲内で、承認又は放棄をすることができる。但し、遺言者がその遺言に別段の意思を表示したときは、その意思に従う。
（遺贈の承認及び放棄の撤回及び取消し） 第 989 条　遺贈の承認及び放棄は、撤回することができない。 2　第 919 条第 2 項及び第 3 項の規定は、遺贈の承認及び放棄について準用する。	（見出し新設） 第 989 条　遺贈の承認及び放棄は、これを取り消すことができない。 [2]　第 919 条第 2 項の規定は、遺贈の承認及び放棄にこれを準用する。
（包括受遺者の権利義務） 第 990 条　（同右）	（見出し新設） 第 990 条　（略）
（受遺者による担保の請求） 第 991 条　受遺者は、遺贈が弁済期に至らない間は、遺贈義務者に対して相当の担保を請求することができる。停止条件付きの遺贈についてその条件の成否が未定である間も、同様とする。	（見出し新設） 第 991 条　受遺者は、遺贈が弁済期に至らない間は、遺贈義務者に対して相当の担保を請求することができる。停止条件附の遺贈についてその条件の成否が未定である間も、同様である。

第２章　平成期の家族法改正

（受遺者による果実の取得） 第992条　受遺者は、遺贈の履行を請求することができる時から果実を取得する。ただし、遺言者がその遺言に別段の意思を表示したときは、その意思に従う。	（見出し新設） 第992条　受遺者は、遺贈の履行を請求することができる時から果実を取得する。但し、遺言者がその遺言に別段の意思を表示したときは、その意思に従う。
（遺贈義務者による費用の償還請求） 第993条　第299条の規定は、遺贈義務者が遺言者の死亡後に遺贈の目的物について費用を支出した場合について準用する。 2　果実を収取するために支出した通常の必要費は、果実の価格を超えない限度で、その償還を請求することができる。	（見出し新設） 第993条　遺贈義務者が遺言者の死亡後に遺贈の目的物について費用を出したときは、第299条の規定を準用する。 [2]　果実を収取するために出した通常の必要費は、果実の価格を超えない限度で、その償還を請求することができる。
（受遺者の死亡による遺贈の失効） 第994条　（同右） 2　停止条件付きの遺贈については、受遺者がその条件の成就前に死亡したときも、前項と同様とする。ただし、遺言者がその遺言に別段の意思を表示したときは、その意思に従う。	（見出し新設） 第994条　（1項略） [2]　停止条件附の遺贈については、受遺者がその条件の成就前に死亡したときも、前項と同様である。但し、遺言者がその遺言に別段の意思を表示したときは、その意思に従う。
（遺贈の無効又は失効の場合の財産の帰属） 第995条　遺贈が、その効力を生じないとき、又は放棄によってその効力を失ったときは、受遺者が受けるべきであったものは、相続人に帰属する。ただし、遺言者がその遺言に別段の意思を表示したときは、その意思に従う。	（見出し新設） 第995条　遺贈が、その効力を生じないとき、又は放棄によつてその効力がなくなつたときは、受遺者が受けるべきであつたものは、相続人に帰属する。但し、遺言者がその遺言に別段の意思を表示したときは、その意思に従う。
（相続財産に属しない権利の遺贈） 第996条　遺贈は、その目的である権利	（見出し新設） 第996条　遺贈は、その目的たる権利が

Ⅳ　平成16年12月：民法現代語化改正

が遺言者の死亡の時において相続財産に属しなかったときは、その効力を生じない。ただし、その権利が相続財産に属するかどうかにかかわらず、これを遺贈の目的としたものと認められるときは、この限りでない。	遺言者の死亡の時において相続財産に属しなかつたときは、その効力を生じない。但し、その権利が相続財産に属すると属しないとにかかわらず、これを遺贈の目的としたものと認むべきときは、この限りでない。
第997条　相続財産に属しない権利を目的とする遺贈が前条ただし書の規定により有効であるときは、遺贈義務者は、その権利を取得して受遺者に移転する義務を負う。 2　前項の場合において、同項に規定する権利を取得することができないとき、又はこれを取得するについて過分の費用を要するときは、遺贈義務者は、その価額を弁償しなければならない。ただし、遺言者がその遺言に別段の意思を表示したときは、その意思に従う。	第997条　相続財産に属しない権利を目的とする遺贈が前条但書の規定によつて有効であるときは、遺贈義務者は、その権利を取得してこれを受遺者に移転する義務を負う。若し、これを取得することができないか、又はこれを取得するについて過分の費用を要するときは、その価額を弁償しなければならない。但し、遺言者がその遺言に別段の意思を表示したときは、その意思に従う。
（不特定物の遺贈義務者の担保責任） 第998条　不特定物を遺贈の目的とした場合において、受遺者がこれにつき第三者から追奪を受けたときは、遺贈義務者は、これに対して、売主と同じく、担保の責任を負う。 2　不特定物を遺贈の目的とした場合において、物に瑕疵があったときは、遺贈義務者は、瑕疵のない物をもってこれに代えなければならない。	（見出し新設） 第998条　不特定物を遺贈の目的とした場合において、受遺者が追奪を受けたときは、遺贈義務者は、これに対して、売主と同じく、担保の責に任ずる。 [2]　前項の場合において、物に瑕疵があつたときは、遺贈義務者は、瑕疵のない物を以てこれに代えなければならない。
（遺贈の物上代位） 第999条　遺言者が、遺贈の目的物の滅失若しくは変造又はその占有の喪失によって第三者に対して償金を請求する権利を有するときは、その権利を遺贈	（見出し新設） 第999条　遺言者が、遺贈の目的物の滅失若しくは変造又はその占有の喪失によつて第三者に対して償金を請求する権利を有するときは、その権利を遺贈

167

の目的としたものと推定する。 2　遺贈の目的物が、他の物と付合し、又は混和した場合において、遺言者が第243条から第245条までの規定により合成物又は混和物の単独所有者又は共有者となったときは、その全部の所有権又は持分を遺贈の目的としたものと推定する。	の目的としたものと推定する。 [2]　遺贈の目的物が、他の物と附合し、又は混和した場合において、遺言者が第243条乃至第245条の規定によつて合成物又は混和物の単独所有者又は共有者となつたときは、その全部の所有権又は共有権を遺贈の目的としたものと推定する。
(第三者の権利の目的である財産の遺贈) 第1000条　遺贈の目的である物又は権利が遺言者の死亡の時において第三者の権利の目的であるときは、受遺者は、遺贈義務者に対しその権利を消滅させるべき旨を請求することができない。ただし、遺言者がその遺言に反対の意思を表示したときは、この限りでない。	(見出し新設) 第1000条　遺贈の目的たる物又は権利が遺言者の死亡の時において第三者の権利の目的であるときは、受遺者は、遺贈義務者に対しその権利を消滅させるべき旨を請求することができない。但し、遺言者がその遺言に反対の意思を表示したときは、この限りでない。
(債権の遺贈の物上代位) 第1001条　債権を遺贈の目的とした場合において、遺言者が弁済を受け、かつ、その受け取った物がなお相続財産中に在るときは、その物を遺贈の目的としたものと推定する。 2　金銭を目的とする債権を遺贈の目的とした場合においては、相続財産中にその債権額に相当する金銭がないときであっても、その金額を遺贈の目的としたものと推定する。	(見出し新設) 第1001条　債権を遺贈の目的とした場合において、遺言者が弁済を受け、且つ、その受け取つた物が、なお、相続財産中に在るときは、その物を遺贈の目的としたものと推定する。 [2]　金銭を目的とする債権については、相続財産中にその債権額に相当する金銭がないときでも、その金額を遺贈の目的としたものと推定する。
(負担付遺贈) 第1002条　負担付遺贈を受けた者は、遺贈の目的の価額を超えない限度においてのみ、負担した義務を履行する責任を負う。 2　受遺者が遺贈の放棄をしたときは、	(見出し新設) 第1002条　負担附遺贈を受けた者は、遺贈の目的の価額を超えない限度においてのみ、負担した義務を履行する責に任ずる。 [2]　受遺者が遺贈の放棄をしたときは、

Ⅳ　平成 16 年 12 月：民法現代語化改正

負担の利益を受けるべき者は、自ら受遺者となることができる。ただし、遺言者がその遺言に別段の意思を表示したときは、その意思に従う。	負担の利益を受けるべき者が、自ら受遺者となることができる。但し、遺言者がその遺言に別段の意思を表示したときは、その意思に従う。
<ins>（負担付遺贈の受遺者の免責）</ins> 第 1003 条　負担付遺贈の目的の価額が相続の限定承認又は遺留分回復の<ins>訴え</ins>に<ins>よって</ins>減少したときは、受遺者は、その減少の割合に応じて、<ins>その負担した義務を免れる</ins>。ただし、遺言者がその遺言に別段の意思を表示したときは、その意思に従う。	（見出し新設） 第 1003 条　負担附遺贈の目的の価額が相続の限定承認又は遺留分回復の<ins>訴</ins>に<ins>よつて</ins>減少したときは、受遺者は、その減少の割合に応じてその負担した義務を免かれる。但し、遺言者がその遺言に別段の意思を表示したときは、その意思に従う。
第 4 節　（同右）	第 4 節　遺言の執行
<ins>（遺言書の検認）</ins> 第 1004 条　遺言書の保管者は、相続の開始を<ins>知った</ins>後、遅滞なく、これを家庭裁判所に提出して、その検認を請求しなければならない。遺言書の保管者がない場合において、相続人が遺言書を発見した後も、同様<ins>とする</ins>。 <ins>2</ins>　前項の規定は、公正証書による遺言<ins>については</ins>、適用しない。 <ins>3</ins>　封印のある遺言書は、家庭裁判所において相続人又はその代理人の<ins>立会い</ins>がなければ、開封することができない。	（見出し新設） 第 1004 条　遺言書の保管者は、相続の開始を知つた後、遅滞なく、これを家庭裁判所に提出して、その検認を請求しなければならない。遺言書の保管者がない場合において、相続人が遺言書を発見した後も、同様である。 [2]　前項の規定は、公正証書による遺言には、これを適用しない。 [3]　封印のある遺言書は、家庭裁判所において相続人又はその代理人の<ins>立会</ins>を以てしなければ、これを開封することができない。
<ins>（過料）</ins> 第 1005 条　前条の規定により遺言書を提出することを怠り、その検認を経ないで遺言を執行し、又は家庭裁判所外においてその開封をした者は、5 万円以下の過料に<ins>処する</ins>。	（見出し新設） 第 1005 条　前条の規定によつて遺言書を提出することを怠り、その検認を経ないで遺言を執行し、又は家庭裁判所外においてその開封をした者は、5 万円以下の過料に<ins>処せられる</ins>。

169

第2章　平成期の家族法改正

(遺言執行者の指定)	(見出し新設)
第1006条　（同右）	第1006条　（1項略）
<u>2</u>　（同右）	[2]　（略）
<u>3</u>　（同右）	[3]　（略）
(遺言執行者の任務の開始)	(見出し新設)
第1007条　（同右）	第1007条　（略）
(遺言執行者に対する就職の催告)	(見出し新設)
第1008条　相続人その他の利害関係人は、遺言執行者に対し、相当の期間を<u>定めて</u>、その期間内に就職を承諾するかどうかを確答すべき旨の催告をすることができる。この場合において、遺言執行者が、その期間内に<u>相続人に対</u>して確答をしないときは、就職を承諾したものとみなす。	第1008条　相続人その他の利害関係人は、相当の期間を<u>定め</u>、その期間内に就職を承諾するかどうかを確答すべき旨を遺言執行者に催告することができる。若し、遺言執行者が、その期間内に、相続人に対して確答をしないときは、就職を承諾したものとみなす。
(遺言執行者の欠格事由)	(見出し新設)
第1009条　（同右）	第1009条　（略）
(遺言執行者の選任)	(見出し新設)
第1010条　遺言執行者が<u>ないとき</u>、又はなくなったときは、家庭裁判所は、利害関係人の請求に<u>よって</u>、これを選任することができる。	第1010条　遺言執行者が、ないとき、又はなくなつたときは、家庭裁判所は、利害関係人の請求によつて、これを選任することができる。
(相続財産の目録の作成)	(見出し新設)
第1011条　遺言執行者は、遅滞なく、相続財産の目録を<u>作成して</u>、相続人に交付しなければならない。	第1011条　遺言執行者は、遅滞なく、相続財産の目録を調製して、これを相続人に交付しなければならない。
<u>2</u>　遺言執行者は、相続人の請求があるときは、その<u>立会い</u>をもって相続財産の目録を作成し、又は公証人にこれを作成させなければならない。	[2]　遺言執行者は、相続人の請求があるときは、その立会を以て財産目録を調製し、又は公証人にこれを調製させなければならない。
(遺言執行者の権利義務)	(見出し新設)
第1012条　（同右）	第1012条　（1項略）

170

IV　平成16年12月：民法現代語化改正

<u>2</u>　第644条<u>から</u>第647条<u>まで及び</u>第650条の規定は、遺言執行者<u>について</u>準用する。	<u>[2]</u>　第644条<u>乃至</u>第647条<u>及び</u>第650条の規定は、遺言執行者に<u>これを</u>準用する。
<u>（遺言の執行の妨害行為の禁止）</u> 第1013条　（同右）	（見出し新設） 第1013条　（略）
（特定財産に関する遺言の執行） 第1014条　前3条の規定は、遺言が<u>相続財産のうち特定の財産に関する場合</u>には、その財産についてのみ適用する。	（見出し新設） 第1014条　前3条の規定は、遺言が<u>特定財産に関する場合</u>には、その財産についてのみ<u>これを</u>適用する。
（遺言執行者の地位） 第1015条　遺言執行者は、相続人の代理人とみなす。	（見出し新設） 第1015条　遺言執行者は、<u>これを</u>相続人の代理人とみなす。
（遺言執行者の復任権） 第1016条　遺言執行者は、やむを得ない事由がなければ、第三者にその任務を行わせることができない。<u>ただし、</u>遺言者がその遺言に反対の意思を表示したときは、この限りでない。 <u>2</u>　遺言執行者が<u>前項ただし書</u>の規定に<u>より</u>第三者にその任務を行わせる場合には、相続人に対して、第105条に<u>規定する</u>責任を負う。	（見出し新設） 第1016条　遺言執行者は、やむを得ない事由がなければ、第三者にその任務を行わせることができない。<u>但し、</u>遺言者がその遺言に反対の意思を表示したときは、この限りでない。 <u>[2]</u>　遺言執行者が<u>前項但書</u>の規定に<u>よつて</u>第三者にその任務を行わせる場合には、相続人に対して、第105条に<u>定める</u>責任を負う。
（遺言執行者が数人ある場合の<u>任務の執行</u>） 第1017条　<u>遺言執行者が数人ある場合</u>には、その任務の執行は、過半数で決する。<u>ただし、</u>遺言者がその遺言に別段の意思を表示したときは、その意思に従う。 <u>2</u>　（同右）	（見出し新設） 第1017条　<u>数人の遺言執行者がある場合</u>には、その任務の執行は、過半数で<u>これを</u>決する。<u>但し、</u>遺言者がその遺言に別段の意思を表示したときは、その意思に従う。 <u>[2]</u>　（略）
（遺言執行者の報酬） 第1018条　家庭裁判所は、相続財産の	（見出し新設） 第1018条　家庭裁判所は、相続財産の

171

状況その他の事情によって遺言執行者の報酬を定めることができる。ただし、遺言者がその遺言に報酬を定めたときは、この限りでない。 2　第648条第2項及び第3項の規定は、遺言執行者が報酬を受けるべき場合について準用する。	状況その他の事情によつて遺言執行者の報酬を定めることができる。但し、遺言者がその遺言に報酬を定めたときは、この限りでない。 [2]　遺言執行者が報酬を受けるべき場合には、第648条第2項及び第3項の規定を準用する。
（遺言執行者の解任及び辞任） 第1019条　遺言執行者がその任務を怠ったときその他正当な事由があるときは、利害関係人は、その解任を家庭裁判所に請求することができる。 2　（同右）	（見出し新設） 第1019条　遺言執行者がその任務を怠つたときその他正当な事由があるときは、利害関係人は、その解任を家庭裁判所に請求することができる。 [2]　（略）
（委任の規定の準用） 第1020条　第654条及び第655条の規定は、遺言執行者の任務が終了した場合について準用する。	（見出し新設） 第1020条　第654条及び第655条の規定は、遺言執行者の任務が終了した場合にこれを準用する。
（遺言の執行に関する費用の負担） 第1021条　遺言の執行に関する費用は、相続財産の負担とする。ただし、これによって遺留分を減ずることができない。	（見出し新設） 第1021条　遺言の執行に関する費用は、相続財産の負担とする。但し、これによつて遺留分を減ずることができない。
第5節　遺言の撤回及び取消し	第5節　遺言の取消
（遺言の撤回） 第1022条　遺言者は、いつでも、遺言の方式に従って、その遺言の全部又は一部を撤回することができる。	（見出し新設） 第1022条　遺言者は、何時でも、遺言の方式に従つて、その遺言の全部又は一部を取り消すことができる。
（前の遺言と後の遺言との抵触等） 第1023条　前の遺言が後の遺言と抵触するときは、その抵触する部分については、後の遺言で前の遺言を撤回したものとみなす。	（見出し新設） 第1023条　前の遺言と後の遺言と抵触するときは、その抵触する部分については、後の遺言で前の遺言を取り消したものとみなす。

Ⅳ　平成 16 年 12 月：民法現代語化改正

2　前項の規定は、遺言が遺言後の生前処分その他の法律行為と抵触する場合について準用する。	[2]　前項の規定は、遺言と遺言後の生前処分その他の法律行為と抵触する場合にこれを準用する。
（遺言書又は遺贈の目的物の破棄） 第 1024 条　遺言者が故意に遺言書を破棄したときは、その破棄した部分については、遺言を撤回したものとみなす。遺言者が故意に遺贈の目的物を破棄したときも、同様とする。	（見出し新設） 第 1024 条　遺言者が故意に遺言書を破棄したときは、その破棄した部分については、遺言を取り消したものとみなす。遺言者が故意に遺贈の目的物を破棄したときも、同様である。
（撤回された遺言の効力） 第 1025 条　前 3 条の規定により撤回された遺言は、その撤回の行為が、撤回され、取り消され、又は効力を生じなくなるに至ったときであっても、その効力を回復しない。ただし、その行為が詐欺又は強迫による場合は、この限りでない。	（見出し新設） 第 1025 条　前 3 条の規定によつて取り消された遺言は、その取消の行為が、取り消され、又は効力を生じなくなるに至つたときでも、その効力を回復しない。但し、その行為が詐欺又は強迫による場合は、この限りでない。
（遺言の撤回権の放棄の禁止） 第 1026 条　遺言者は、その遺言を撤回する権利を放棄することができない。	（見出し新設） 第 1026 条　遺言者は、その遺言の取消権を放棄することができない。
（負担付遺贈に係る遺言の取消し） 第 1027 条　負担付遺贈を受けた者がその負担した義務を履行しないときは、相続人は、相当の期間を定めてその履行の催告をすることができる。この場合において、その期間内に履行がないときは、その負担付遺贈に係る遺言の取消しを家庭裁判所に請求することができる。	（見出し新設） 第 1027 条　負担附遺贈を受けた者がその負担した義務を履行しないときは、相続人は、相当の期間を定めてその履行を催告し、若し、その期間内に履行がないときは、遺言の取消を家庭裁判所に請求することができる。

　ク　「第 8 章　遺留分」

第 8 章　（同右）	第 8 章　遺留分

173

（遺留分の帰属及びその割合）	（見出し新設）
第1028条　兄弟姉妹以外の相続人は、遺留分として、次の各号に掲げる区分に応じてそれぞれ当該各号に定める割合に相当する額を受ける。 一　直系尊属のみが相続人である場合　被相続人の財産の3分の1 二　前号に掲げる場合以外の場合　被相続人の財産の2分の1	第1028条　兄弟姉妹以外の相続人は、遺留分として、左の額を受ける。 一　直系尊属のみが相続人であるときは、被相続人の財産の3分の1 二　その他の場合には、被相続人の財産の2分の1
（遺留分の算定）	（見出し新設）
第1029条　遺留分は、被相続人が相続開始の時において有した財産の価額にその贈与した財産の価額を加えた額から債務の全額を控除して、これを算定する。 2　条件付きの権利又は存続期間の不確定な権利は、家庭裁判所が選任した鑑定人の評価に従って、その価格を定める。	第1029条　遺留分は、被相続人が相続開始の時において有した財産の価額にその贈与した財産の価額を加え、その中から債務の全額を控除して、これを算定する。 [2]　条件附の権利又は存続期間の不確定な権利は、家庭裁判所が選定した鑑定人の評価に従つて、その価格を定める。
第1030条　贈与は、相続開始前の1年間にしたものに限り、前条の規定によりその価額を算入する。当事者双方が遺留分権利者に損害を加えることを知って贈与をしたときは、1年前の日より前にしたものについても、同様とする。	第1030条　贈与は、相続開始前の1年間にしたものに限り、前条の規定によつてその価額を算入する。当事者双方が遺留分権利者に損害を加えることを知つて贈与をしたときは、1年前にしたものでも、同様である。
（遺贈又は贈与の減殺請求）	（見出し新設）
第1031条　遺留分権利者及びその承継人は、遺留分を保全するのに必要な限度で、遺贈及び前条に規定する贈与の減殺を請求することができる。	第1031条　遺留分権利者及びその承継人は、遺留分を保全するに必要な限度で、遺贈及び前条に掲げる贈与の減殺を請求することができる。

Ⅳ　平成 16 年 12 月：民法現代語化改正

（条件付権利等の贈与又は遺贈の一部の減殺）	（見出し新設）
第 1032 条　条件付きの権利又は存続期間の不確定な権利を贈与又は遺贈の目的とした場合において、その贈与又は遺贈の一部を減殺すべきときは、遺留分権利者は、第 1029 条第 2 項の規定により定めた価格に従い、直ちにその残部の価額を受贈者又は受遺者に給付しなければならない。	第 1032 条　条件附の権利又は存続期間の不確定な権利を贈与又は遺贈の目的とした場合において、その贈与又は遺贈の一部を減殺すべきときは、遺留分権利者は、第 1029 条第 2 項の規定によつて定めた価格に従い、直ちにその残部の価額を受贈者又は受遺者に給付しなければならない。
（贈与と遺贈の減殺の順序）	（見出し新設）
第 1033 条　贈与は、遺贈を減殺した後でなければ、減殺することができない。	第 1033 条　贈与は、遺贈を減殺した後でなければ、これを減殺することができない。
（遺贈の減殺の割合）	（見出し新設）
第 1034 条　遺贈は、その目的の価額の割合に応じて減殺する。ただし、遺言者がその遺言に別段の意思を表示したときは、その意思に従う。	第 1034 条　遺贈は、その目的の価額の割合に応じてこれを減殺する。但し、遺言者がその遺言に別段の意思を表示したときは、その意思に従う。
（贈与の減殺の順序）	（見出し新設）
第 1035 条　贈与の減殺は、後の贈与から順次前の贈与に対してする。	第 1035 条　贈与の減殺は、後の贈与から始め、順次に前の贈与に及ぶ。
（受贈者による果実の返還）	（見出し新設）
第 1036 条　受贈者は、その返還すべき財産のほか、減殺の請求があった日以後の果実を返還しなければならない。	第 1036 条　受贈者は、その返還すべき財産の外、なお、減殺の請求があつた日以後の果実を返還しなければならない。
（受贈者の無資力による損失の負担）	（見出し新設）
第 1037 条　減殺を受けるべき受贈者の無資力によって生じた損失は、遺留分権利者の負担に帰する。	第 1037 条　減殺を受けるべき受贈者の無資力によつて生じた損失は、遺留分権利者の負担に帰する。

第２章　平成期の家族法改正

（負担付贈与の減殺請求） 第1038条　負担付贈与は、その目的の価額から負担の価額を控除したものについて、その減殺を請求することができる。	（見出し新設） 第1038条　負担附贈与は、その目的の価額の中から負担の価額を控除したものについて、その減殺を請求することができる。
（不相当な対価による有償行為） 第1039条　不相当な対価をもってした有償行為は、当事者双方が遺留分権利者に損害を加えることを知ってしたものに限り、これを贈与とみなす。この場合において、遺留分権利者がその減殺を請求するときは、その対価を償還しなければならない。	（見出し新設） 第1039条　不相当な対価を以てした有償行為は、当事者双方が遺留分権利者に損害を加えることを知つてしたものに限り、これを贈与とみなす。この場合において、遺留分権利者がその減殺を請求するときは、その対価を償還しなければならない。
（受贈者が贈与の目的を譲渡した場合等） 第1040条　減殺を受けるべき受贈者が贈与の目的を他人に譲り渡したときは、遺留分権利者にその価額を弁償しなければならない。ただし、譲受人が譲渡の時において遺留分権利者に損害を加えることを知っていたときは、遺留分権利者は、これに対しても減殺を請求することができる。 2　前項の規定は、受贈者が贈与の目的につき権利を設定した場合について準用する。	（見出し新設） 第1040条　減殺を受けるべき受贈者が贈与の目的を他人に譲り渡したときは、遺留分権利者にその価額を弁償しなければならない。但し、譲受人が譲渡の当時遺留分権利者に損害を加えることを知つたときは、遺留分権利者は、これに対しても減殺を請求することができる。 [2]　前項の規定は、受贈者が贈与の目的の上に権利を設定した場合にこれを準用する。
（遺留分権利者に対する価額による弁償） 第1041条　受贈者及び受遺者は、減殺を受けるべき限度において、贈与又は遺贈の目的の価額を遺留分権利者に弁償して返還の義務を免れることができる。 2　前項の規定は、前条第１項ただし書の場合について準用する。	（見出し新設） 第1041条　受贈者及び受遺者は、減殺を受けるべき限度において、贈与又は遺贈の目的の価額を遺留分権利者に弁償して返還の義務を免かれることができる。 [2]　前項の規定は、前条第１項但書の場合にこれを準用する。

176

Ⅳ　平成 16 年 12 月：民法現代語化改正

（減殺請求権の期間の制限）	（見出し新設）
第 1042 条　減殺の請求権は、遺留分権利者が、相続の開始及び減殺すべき贈与又は遺贈が<u>あった</u>ことを<u>知った</u>時から<u>1 年間行使しない</u>ときは、時効によって消滅する。相続開始の時から 10 年を経過したときも、同様<u>とする</u>。	第 1042 条　減殺の請求権は、遺留分権利者が、相続の開始及び減殺すべき贈与又は遺贈があつたことを知つた時<u>か</u><u>ら</u>、<u>1 年間これを行わない</u>ときは、時効によつて消滅する。相続の開始の時から 10 年を経過したときも、同様<u>である</u>。
（遺留分の放棄）	（見出し新設）
第 1043 条　（同右） <u>2</u>　（同右）	第 1043 条　（1 項略） <u>[2]</u>　（略）
（代襲相続及び相続分の規定の準用）	（見出し新設）
第 1044 条　第 887 条第 2 項及び第 3 項、第 900 条、第 901 条、第 903 条並びに第 904 条の規定は、遺留分<u>について</u>準用する。	第 1044 条　第 887 条第 2 項、<u>第 3 項</u>、第 900 条、第 901 条、第 903 条<u>及び</u>第 904 条の規定は、遺留分<u>にこれを</u>準用する。

177

第 2 章　平成期の家族法改正

V　平成 17 年 7 月：財産分離の公告手続改正

1　改正法の目的

　平成 17 年 7 月 26 日法律第 86 号「会社法」の施行（施行日：平成 18 年 5 月 1日）に伴い、会社の清算の手続と類似する、民法の財産分離の公告に関する規定（941 条）が改正された。

2　改正の経緯[28]

　「会社法」の制定作業は、平成 14 年 2 月 13 日法制審議会第 136 回総会において、会社法制の現代化に関する諮問第 56 号が発せられたことに端を発する。法制審議会は同日「会社法（現代化関係）部会」を設置し、同部会は平成 15 年10 月 22 日「会社法制の現代化に関する要綱試案」[29]を取りまとめ、パブリック・コメントに付した。その後、同部会は平成 16 年 12 月 8 日第 32 回会議で「会社法制の現代化に関する要綱案」を取りまとめ、平成 17 年 2 月 9 日法制審議会第 144 回総会は「会社法制の現代化に関する要綱」[30]「特別清算等の見直しに関する要綱」を採択、法務大臣に答申された。

　同「要綱」に基づき策定された法律案は、平成 17 年 3 月 18 日閣議決定、3月 22 日第 162 回国会（常会）に閣法第 81 号「会社法案」・閣法第 82 号「会社法の施行に伴う関係法律の整備等に関する法律案」として提出され、両案とも6 月 29 日に可決成立、平成 17 年 7 月 26 日法律第 86 号・第 87 号として公布された。

---

(28)　相澤哲「（特集：新会社法の制定 I 総論）会社法制定の経緯と概要」ジュリスト 1295号（2005 年）8 頁。

(29)「（資料）会社法制の現代化に関する要綱試案」民事月報 58 巻 11 号（2003 年）80 頁、法務省民事局参事官室「（資料）会社法制の現代化に関する要綱試案補足説明」民事月報58 巻 12 号（2003 年）77 頁、「『会社法制の現代化に関する要綱試案』の公表」旬刊商事法務 1677 号（2003 年）4 頁、「資料 会社法制の現代化に関する要綱試案（平成 15 年 10 月22 日法制審議会会社法（現代化関係）部会決定）」金融法務事情 1690 号（2003 年）81 頁、『会社法制の現代化に関する要綱試案の論点（別冊商事法務 271 号）』（商事法務研究会、2004年）。

(30)「（特集：新会社法の制定）別冊付録：参考資料『会社法制の現代化に関する要綱』」ジュリスト 1295 号（2005 年）192 頁。

178

3 新旧対照

　商法の中核をなす会社法制については、商法本体に合名会社・合資会社・株式会社についての規定が置かれ、有限会社については個別の単行法が設けられているほか、株式会社の監査等に関する商法の特例に関する法律において大規模会社や小規模会社について商法の特例規定が置かれていたために、利用者にとってわかりにくいものとなっていた。そこで、会社法として一つの法典にまとめ、片仮名・文語体の表記を平仮名・口語体に改めることとなった[31]。

　会社法の施行に伴い、有限会社法ほか8つの関係法律を廃止し、商法ほか325の関係法律に所要の整備を加えるとともに、所要の経過措置を定めるために制定されたのが「会社法の施行に伴う関係法律の整備等に関する法律」（会社法整備法）であり、同法116条に基づき民法46条・47条・49条・79条・81条・364条〜368条・398条の3・398条の19・927条・941条・957条が改正された[32]。

　家族法関係の改正部分の根幹は、財産分離の公告の方法を定めた941条3項の新設である。

（相続債権者及び受遺者に対する公告及び催告） 第927条　（同右） 2　第79条第2項から第4項までの規定は、前項の場合について準用する。	（相続債権者及び受遺者に対する公告及び催告） 第927条　（1項略） 2　第79条第2項及び第3項の規定は、前項の場合について準用する。
（相続債権者又は受遺者の請求による財産分離） 第941条　（同右） 2　（同右） 3　前項の規定による公告は、官報に掲載してする。	（相続債権者又は受遺者の請求による財産分離） 第941条　（1項略） 2　（略） （新設）

---

(31) 別冊商事法務編集部（編）『新しい会社法全条文——会社法制に関する現代化・平成17年大改正（別冊商事法務284号）』（商事法務研究会、2005年）、「特集：新会社法の制定」ジュリスト1295号（2005年）2頁。

(32) 第162回国会衆議院本会議第18号（平成17年4月7日）2頁。

第2章 平成期の家族法改正

（相続債権者及び受遺者に対する弁済）	（相続債権者及び受遺者に対する弁済）
第957条 （同右）	第957条 （1項略）
2 第79条第2項から第4項まで及び第928条から第935条まで（第932条ただし書を除く。）の規定は、前項の場合について準用する。	2 第79条第2項及び第3項並びに第928条から第935条まで（第932条ただし書を除く。）の規定は、前項の場合について準用する。

Ⅵ　平成 18 年 6 月：限定承認の公告手続改正

1　改正法の目的

　平成 18 年 6 月 2 日公布の「公益法人制度改革関連 3 法」——①法律第 48 号「一般社団法人及び一般財団法人に関する法律」（以下「一般法人法」という）・②法律第 49 号「公益社団法人及び公益財団法人の認定等に関する法律」（以下「公益法人認定法」という）・③法律第 50 号「一般社団法人及び一般財団法人に関する法律及び公益社団法人及び公益財団法人の認定等に関する法律の施行に伴う関係法律の整備等に関する法律」（以下「一般法人整備法」という）——のうち、③一般法人整備法 38 条（民法の一部改正）により、民法 97 条が削除されたことに伴う改正である。

2　改正の経緯 [33]

　非営利法人制度の根本的な見直し作業は、平成 12 年 12 月 1 日閣議決定「行政改革大綱」を端緒とし、平成 14 年 3 月 29 日閣議決定「公益法人制度の抜本的改革に向けた取組みについて」および翌平成 15 年 6 月 27 日閣議決定「公益法人制度の抜本的改革に関する基本方針」により本格化する。

　平成 15 年 11 月 14 日行政改革担当大臣の下に「公益法人制度改革に関する有識者会議」が設置され、同会議は翌平成 16 年 3 月 31 日「議論の中間整理」を公表、同年 11 月 19 日には最終「報告書」を 11 月 12 日付「(別紙) 非営利法人制度の創設に関する試案」とともに公表、これを受けて、12 月 24 日閣議決定「今後の行政改革の方針」は「7　公益法人制度の抜本的改革」で「(別紙 3) 公益法人制度改革の基本的枠組み」に基づく所要の法律案を平成 18 年の通常国会に提出することを目指すとした。

　この「基本的枠組み」に基づいて策定された公益法人制度改革関連 3 法（①一般法人法・②公益法人認定法・③一般法人整備法）の法案は平成 18 年 3 月 10 日第 164 回国会（常会）に提出され（①閣法第 71 号・②閣法第 72 号・③閣法第 73 号）、5 月 26 日に可決成立、6 月 2 日に公布された（①法律第 48 号・②法律

---

(33)　中田裕康「一般社団・財団法人法の概要」ジュリスト 1328 号（2007 年）2 頁。

第2章　平成期の家族法改正

第49号・③法律第50号）。

3　新旧対照

③一般法人整備法38条（民法の一部改正）では、民法総則「第3章　法人」のうち38条から84条までの条文が削除されたが、限定承認者が行う相続債権者・受遺者に対する公告・催告の手続を規定した927条は、法人に関する79条を準用していたため、79条の削除に対応して、新たに規定を設ける必要が生じた。79条削除に対応する改正は、以下の通りである。

（相続債権者及び受遺者に対する公告及び催告） 第927条　（同右） 2　前項の規定による公告には、相続債権者及び受遺者がその期間内に申出をしないときは弁済から除斥されるべき旨を付記しなければならない。ただし、限定承認者は、知れている相続債権者及び受遺者を除斥することができない。 3　限定承認者は、知れている相続債権者及び受遺者には、各別にその申出の催告をしなければならない。 4　第1項の規定による公告は、官報に掲載してする。	（相続債権者及び受遺者に対する公告及び催告） 第927条　（1項略） 2　第79条第2項から第4項までの規定は、前項の場合について準用する。 （新設） （新設）
（相続債権者及び受遺者に対する弁済） 第957条　（同右） 2　第927条第2項から第4項まで及び第928条から第935条まで（第932条ただし書を除く。）の規定は、前項の場合について準用する。	（相続債権者及び受遺者に対する弁済） 第957条　（1項略） 2　第79条第2項から第4項まで及び第928条から第935条まで（第932条ただし書を除く。）の規定は、前項の場合について準用する。

Ⅶ　平成 23 年 6 月：親権制度改正

1　改正法の目的

　児童虐待の問題に対しては、平成 12 年 5 月 24 日法律第 82 号「児童虐待の防止等に関する法律」が制定されたが、その一方で、民法における親権喪失制度の要件が厳格であることから、児童虐待防止対策として活用しにくいという状況があった。そのため、児童虐待の防止等を図り、児童の権利利益を擁護するという観点から、親権制度全般について改正が行われた[34]。

2　改正の経緯

　昭和 22 年 12 月 12 日法律第 164 号「児童福祉法」の制定に伴い、戦前の旧「児童虐待防止法」（昭和 8 年 4 月 1 日法律第 40 号）は廃止されたが（児童福祉法〔附則〕65 条）、児童福祉法下でも児童虐待問題は後を絶たず、これに対処するため再び新たな特別の立法として制定されたのが、平成 12 年「児童虐待の防止等に関する法律」（現行「児童虐待防止法」）であった。

　だが、これに対して、民法においては、児童虐待防止の観点から親権制度の見直しが行われたことがなく、親が親権を濫用した場合に、親権喪失の要件が厳格であるが故に、虐待防止対策として有効に活用できない状況にあった[35]。

　そうした中で、平成 19 年 6 月 1 日法律第 73 号「児童虐待の防止等に関する法律及び児童福祉法の一部を改正する法律」は、附則 2 条 1 項において「政府はこの法律の施行後 3 年以内に、児童虐待の防止等を図り、児童の権利利益を擁護する観点から親権に係る制度の見直しについて検討を行い、その結果に基づいて必要な措置を講ずるものとする」旨を定め、これを受けて、民法の親権制度についても改正が行われることとなった[36]。

---

(34)　第 177 回国会衆議院法務委員会第 5 号（平成 23 年 4 月 13 日）32 頁。
(35)　「特集：児童虐待をめぐる法政策と課題」ジュリスト 1188 号（2000 年）2 頁。
(36)　小池泰「（特集：21 世紀日本法の変革と進路）〈民事法〉親権をめぐる問題点」ジュリスト 1414 号（2011 年）73 頁、窪田充見「（特集：親権をめぐる動向——民法等改正とハーグ条約加盟へのうごき）親権に関する民法等の改正と今後の課題」ジュリスト 1430 号（2011 年）4 頁。

第 2 章　平成期の家族法改正

　平成 22 年 2 月 5 日法制審議会第 161 回総会において法務大臣より諮問第 90 号（「児童虐待の防止等を図り、児童の権利利益を擁護する観点から、民法の親権に関する規定について見直しを行う必要があると思われるので、其要綱を示されたい」）が発せられ、新たに設置された「児童虐待防止関連親権制度部会」は、同年 7 月 23 日第 6 回会議で「児童虐待防止のための親権に係る制度の見直しに関する中間試案」を取りまとめてパブリック・コメントに付し、同年 12 月 15 日第 10 回会議で「児童虐待防止のための親権に係る制度の見直しに関する要綱案」を決定、法制審議会は翌平成 23 年 2 月 15 日第 154 回総会でこれを原案通り採択し法務大臣に答申した。

　その後、同要綱に基づき策定された法律案は、第 177 回国会（常会）に平成 23 年 3 月 4 日に提出され（閣法第 31 号）、同年 5 月 27 日に可決成立、6 月 3 日法律第 61 号として公布された。

3　新旧対照[37]

　主な改正点としては、①子に対する身上監護権を規定した民法 820 条に「子の利益のために」という文言を挿入し、親権行使が子の利益のためにされるべきことを明示した点 、②親の懲戒権について規定した民法 822 条について「第 820 条の規定による監護及び教育に必要な範囲内でその子を懲戒することができる」として懲戒権を制限した点、③比較的軽微な事案ではあるが、親権の制限が必要な場合に備えて親権停止制度（834 条の 2）を創設した点、④親権喪失の要件を「父又は母による虐待又は悪意の遺棄があるとき」（834 条）と明確化した点、⑤親権喪失等の審判の請求権者を子本人、未成年後見人および未成年後見監督人にまで拡大した点（834 条、834 条の 2）が挙げられる。

---

(37)　飛澤知行「平成 23 年民法等一部改正法の概要について」法の支配 164 号（2012 年）15 頁、飛澤知行「児童虐待防止のための親権制度の見直しについて——平成 23 年民法等一部を改正する法律の概要」民事月報 66 巻 7 号（2011 年）12 頁。

VII 平成 23 年 6 月：親権制度改正

（離婚後の子の監護に関する事項の定め等）	（離婚後の子の監護に関する事項の定め等）
第 766 条　父母が協議上の離婚をするときは、子の監護をすべき者、父又は母と子との面会及びその他の交流、子の監護に要する費用の分担その他の子の監護について必要な事項は、その協議で定める。この場合においては、子の利益を最も優先して考慮しなければならない。	第 766 条　父母が協議上の離婚をするときは、子の監護をすべき者その他監護について必要な事項は、その協議で定める。協議が調わないとき、又は協議をすることができないときは、家庭裁判所が、これを定める。
2　前項の協議が調わないとき、又は協議をすることができないときは、家庭裁判所が、同項の事項を定める。	（新設）
3　家庭裁判所は、必要があると認めるときは、前 2 項の規定による定めを変更し、その他子の監護について相当な処分を命ずることができる。	2　子の利益のため必要があると認めるときは、家庭裁判所は、子の監護をすべき者を変更し、その他監護について相当な処分を命ずることができる。
4　前 3 項の規定によっては、監護の範囲外では、父母の権利義務に変更を生じない。	3　前 2 項の規定によっては、監護の範囲外では、父母の権利義務に変更を生じない。
（15 歳未満の者を養子とする縁組） 第 797 条　（同右） 2　法定代理人が前項の承諾をするには、養子となる者の父母でその監護をすべき者であるものが他にあるときは、その同意を得なければならない。養子となる者の父母で親権を停止されているものがあるときも、同様とする。	（十五歳未満の者を養子とする縁組） 第 797 条　（1 項略） 2　法定代理人が前項の承諾をするには、養子となる者の父母でその監護をすべき者であるものが他にあるときは、その同意を得なければならない。
（監護及び教育の権利義務） 第 820 条　親権を行う者は、子の利益のために子の監護及び教育をする権利を有し、義務を負う。	（監護及び教育の権利義務） 第 820 条　親権を行う者は、子の監護及び教育をする権利を有し、義務を負う。

185

第2章　平成期の家族法改正

（懲戒） 第822条　親権を行う者は、第820条の規定による監護及び教育に必要な範囲内でその子を懲戒することができる。	（懲戒） 第822条　親権を行う者は、必要な範囲内で自らその子を懲戒し、又は家庭裁判所の許可を得て、これを懲戒場に入れることができる。
（削除）	2　子を懲戒場に入れる期間は、6箇月以下の範囲内で、家庭裁判所が定める。ただし、この期間は、親権を行う者の請求によって、いつでも短縮することができる。
（親権喪失の審判） 第834条　父又は母による虐待又は悪意の遺棄があるときその他父又は母による親権の行使が著しく困難又は不適当であることにより子の利益を著しく害するときは、家庭裁判所は、子、その親族、未成年後見人、未成年後見監督人又は検察官の請求により、その父又は母について、親権喪失の審判をすることができる。ただし、2年以内にその原因が消滅する見込みがあるときは、この限りでない。	（親権の喪失の宣告） 第834条　父又は母が、親権を濫用し、又は著しく不行跡であるときは、家庭裁判所は、子の親族又は検察官の請求によって、その親権の喪失を宣告することができる。
（親権停止の審判） 第834条の2　父又は母による親権の行使が困難又は不適当であることにより子の利益を害するときは、家庭裁判所は、子、その親族、未成年後見人、未成年後見監督人又は検察官の請求により、その父又は母について、親権停止の審判をすることができる。 2　家庭裁判所は、親権停止の審判をするときは、その原因が消滅するまでに	（新設）

186

VII 平成 23 年 6 月：親権制度改正

要すると見込まれる期間、子の心身の状態及び生活の状況その他一切の事情を考慮して、2年を超えない範囲内で、親権を停止する期間を定める。	
（管理権喪失の審判） 第835条　父又は母による管理権の行使が困難又は不適当であることにより子の利益を害するときは、家庭裁判所は、子、その親族、未成年後見人、未成年後見監督人又は検察官の請求により、その父又は母について、管理権喪失の審判をすることができる。	（管理権の喪失の宣告） 第835条　親権を行う父又は母が、管理が失当であったことによってその子の財産を危うくしたときは、家庭裁判所は、子の親族又は検察官の請求によって、その管理権の喪失を宣告することができる。
（親権喪失、親権停止又は管理権喪失の審判の取消し） 第836条　第834条本文、第834条の2第1項又は前条に規定する原因が消滅したときは、家庭裁判所は、本人又はその親族の請求によって、それぞれ親権喪失、親権停止又は管理権喪失の審判を取り消すことができる。	（親権又は管理権の喪失の宣告の取消し） 第836条　前2条に規定する原因が消滅したときは、家庭裁判所は、本人又はその親族の請求によって、前2条の規定による親権又は管理権の喪失の宣告を取り消すことができる。
（未成年後見人の選任） 第840条　（同右→1項） 2　未成年後見人がある場合においても、家庭裁判所は、必要があると認めるときは、前項に規定する者若しくは未成年後見人の請求により又は職権で、更に未成年後見人を選任することができる。 3　未成年後見人を選任するには、未成年被後見人の年齢、心身の状態並びに生活及び財産の状況、未成年後見人となる者の職業及び経歴並びに未成年被	（未成年後見人の選任） 第840条　（略） （新設） （新設）

187

後見人との利害関係の有無（未成年後見人となる者が法人であるときは、その事業の種類及び内容並びにその法人及びその代表者と未成年被後見人との利害関係の有無）、未成年被後見人の意見その他一切の事情を考慮しなければならない。	
（父母による未成年後見人の選任の請求） 第841条　父若しくは母が親権若しくは管理権を辞し、又は父若しくは母について親権喪失、親権停止若しくは管理権喪失の審判があったことによって未成年後見人を選任する必要が生じたときは、その父又は母は、遅滞なく未成年後見人の選任を家庭裁判所に請求しなければならない。	（父母による未成年後見人の選任の請求） 第841条　父又は母が親権若しくは管理権を辞し、又は親権を失ったことによって未成年後見人を選任する必要が生じたときは、その父又は母は、遅滞なく未成年後見人の選任を家庭裁判所に請求しなければならない。
（削除）	（未成年後見人の数） 第842条　未成年後見人は、1人でなければならない。
（後見監督人の選任） 第849条　家庭裁判所は、必要があると認めるときは、被後見人、その親族若しくは後見人の請求により又は職権で、後見監督人を選任することができる。	（未成年後見監督人の選任） 第849条　前条の規定により指定した未成年後見監督人がない場合において必要があると認めるときは、家庭裁判所は、未成年被後見人、その親族若しくは未成年後見人の請求により又は職権で、未成年後見監督人を選任することができる。未成年後見監督人の欠けた場合も、同様とする。
（削除）	（成年後見監督人の選任） 第849条の2　家庭裁判所は、必要があると認めるときは、成年被後見人、そ

Ⅶ　平成 23 年 6 月：親権制度改正

	の親族若しくは成年後見人の請求により又は職権で、成年後見監督人を選任することができる。
（委任及び後見人の規定の準用） 第 852 条　第 644 条、第 654 条、第 655 条、第 844 条、第 846 条、第 847 条、第 861 条第 2 項及び第 862 条の規定は後見監督人について、第 840 条第 3 項及び第 857 条の 2 の規定は未成年後見監督人について、第 843 条第 4 項、第 859 条の 2 及び第 859 条の 3 の規定は成年後見監督人について準用する。	（委任及び後見人の規定の準用） 第 852 条　第 644 条、第 654 条、第 655 条、第 843 条第 4 項、第 844 条、第 846 条、第 847 条、第 859 条の 2、第 859 条の 3、第 861 条第 2 項及び第 862 条の規定は、後見監督人について準用する。
（未成年被後見人の身上の監護に関する権利義務） 第 857 条　未成年後見人は、第 820 条から第 823 条までに規定する事項について、親権を行う者と同一の権利義務を有する。ただし、親権を行う者が定めた教育の方法及び居所を変更し、営業を許可し、その許可を取り消し、又はこれを制限するには、未成年後見監督人があるときは、その同意を得なければならない。	（未成年被後見人の身上の監護に関する権利義務） 第 857 条　未成年後見人は、第 820 条から第 823 条までに規定する事項について、親権を行う者と同一の権利義務を有する。ただし、親権を行う者が定めた教育の方法及び居所を変更し、未成年被後見人を懲戒場に入れ、営業を許可し、その許可を取り消し、又はこれを制限するには、未成年後見監督人があるときは、その同意を得なければならない。
（未成年後見人が数人ある場合の権限の行使等） 第 857 条の 2　未成年後見人が数人あるときは、共同してその権限を行使する。 2　未成年後見人が数人あるときは、家庭裁判所は、職権で、その一部の者について、財産に関する権限のみを行使すべきことを定めることができる。	（新設）

189

3　未成年後見人が数人あるときは、家庭裁判所は、職権で、財産に関する権限について、各未成年後見人が単独で又は数人の未成年後見人が事務を分掌して、その権限を行使すべきことを定めることができる。 4　家庭裁判所は、職権で、前2項の規定による定めを取り消すことができる。 5　未成年後見人が数人あるときは、第三者の意思表示は、その1人に対してすれば足りる。	

Ⅷ　平成 25 年 12 月：非嫡出子相続分改正

1　改正法の目的

　改正前の民法 900 条第 4 号ただし書の規定のうち、その前段（「嫡出でない子の相続分は、嫡出である子の相続分の 2 分の 1 とし」）が憲法 14 条 1 項の法の下の平等に反し違憲であるとする平成 25 年 9 月の最高裁決定[38]を受けて、嫡出子と非嫡出子の平等性を確保し、非嫡出子を個人として尊重し、権利を保障することを目的として、上記前段部分を削除した改正である[39]。

2　改正の経緯[40]

　法制審議会民法部会身分法小委員会は昭和 50 年「中間報告」・昭和 54 年「相続に関する民法改正要綱試案」で、非嫡出子の相続分を嫡出子と同等とする案を提示していたが、昭和 55 年民法部会は同案を削除したうえで法制審議会に「民法の一部を改正する法律案要綱（案）」を提出し、法制審議会は総会でこれを承認していた（→第 1 章Ⅷ）。

(1)　平成 8 年：法制審議会「民法改正要綱」

　その後、平成 3 年 1 月より婚姻および離婚制度の見直しの審議を開始した身分法小委員会は、平成 4 年 12 月 11 日「婚姻及び離婚制度の見直し審議に関する中間報告（論点整理）」を公表したが[41]、翌平成 5 年 6 月に民法 900 条 4 号ただし書前段につき東京高裁が違憲無効の判断を下したことから[42]、小委員会においても、平成 6 年 1 月より民法 900 条 4 号改正の議論を開始し、同年 7 月 22 日「婚姻制度等に関する民法改正要綱試案」[43]で、平成 4 年「中間報告」で

---

(38)　最大決平成 25 年 9 月 4 日民集 67 巻 6 号 1320 頁。
(39)　第 185 国会衆議院法務委員会第 6 号（平成 25 年 11 月 13 日）21 頁。
(40)　渡辺諭「民法の一部を改正する法律の概要」民事月報 69 巻 2 号（2014 年）8 頁。
(41)　法務省民事局参事官室「婚姻及び離婚制度の見直し審議に関する中間報告（論点整理）」ジュリスト 1015 号（1993 年）305 頁、岡光民雄「『婚姻及び離婚制度の見直し審議に関する中間報告（論点整理）』について」ジュリスト 1019 号（1993 年）87 頁。
(42)　東京高決平成 5 年 6 月 23 日高民集 46 巻 2 号 43 頁・家月 45 巻 6 号 104 頁。
(43)　法務省民事局参事官室「婚姻制度等に関する民法改正要綱試案」ジュリスト 1050 号（1994 年）214 頁。

第 2 章　平成期の家族法改正

は存在していなかった「第五　相続」の項を追加した[44]。

第五　相続 　一　嫡出でない子の相続分（900 条 4 号ただし書関係） 　　　嫡出でない子の相続分は、嫡出である子の相続分と同等とするものとする。

　ところで、昭和 54 年「相続に関する民法改正要綱試案」の立場が断念された背景には、同年 3 月に総理府が実施した「相続に関する世論調査」の影響があったが、平成 6 年 9 月に総理府が実施した「基本的法制度に関する世論調査」[45] の結果も、「現在の制度を変える必要はない」が 49.4% と、「相続できる金額を同じにすべきである」の 28.0% を大きく上回っていた[46]。さらに、翌平成 7 年 7 月の最高裁大法廷決定（民法 900 条 4 号に関する初の最高裁判断である）は、「現行民法は法律婚主義を採用しているのであるから、右のような本件規定の立法理由にも合理的な根拠がある」としたが[47]、一方、平成 6 年「要綱試案」に対するパブリック・コメントでは、非嫡出子相続分改正に賛成の意見が全 384 通のうち 374 通と圧倒的多数を占めた[48]。

　結局、平成 6 年「要綱試案」の改正提案は、平成 8 年 1 月 16 日民法部会「民法の一部を改正する法律案要綱案」「第十　相続の効力」で維持され[49]、法制審議会は平成 8 年 2 月 26 日第 119 回総会で「要綱」として承認し法務大臣に答申した[50]。

---

(44)　西山井依子「法制審議会民法部会身分法小委員会が 1996 年 1 月 16 日にまとめた『民法改正要綱案』の非嫡出子相続分規定（民法 900 条 4 号但書前段）に関する部分について」大阪経済法科大学東アジア研究 13 号（1996 年）17 頁。

(45)　内閣府「世論調査」ウェブサイト＞社会と法制度＞平成 6 年度（1994 年）＞基本的法制度に関する世論調査（平成 6 年 9 月調査）〈https://survey.gov-online.go.jp/h06/H06-09-06-04.html〉。

(46)　前掲注 (45)「基本的法制度に関する世論調査」「Q10〔回答票 13〕」。

(47)　最大決平成 7 年 7 月 5 日民集 49 巻 7 号 1789 頁。

(48)　法務省民事局参事官室「『婚姻制度等に関する民法改正要綱試案』に対する意見の概要（下）」ジュリスト 1075 号（1995 年）84 頁、法務省民事局参事官室「婚姻制度等の見直し審議に関する中間報告」ジュリスト 1077 号（1995 年）167 頁。

(49)　法制審議会民法部会「民法の一部を改正する法律案要綱案（平成 8 年 1 月 16 日）」ジュリスト 1084 号（1996 年）126 頁。改正案維持の背景には、国連の規約人権委員会が 1993（平成 5）年 11 月 5 日付で日本政府に対して発出した勧告の影響が指摘されている。西山・前掲注 (44)20 頁。

(50)　「（立法短信）法制審議会が『民法の一部を改正する法律案要綱』を答申」ジュリスト 1086 号（1996 年）6 頁。

Ⅷ 平成 25 年 12 月：非嫡出子相続分改正

　同「要綱」の内容は、その後の改正に影響を及ぼしたので（「特集：家族法改正を考え
る——平成 8 年改正要綱から 10 余年を経て」ジュリスト 1336 号（2007 年）2 頁）、以下
にその全文を掲記しておく。

民法の一部を改正する法律案要綱

第一　婚姻の成立

　一　婚姻適齢

　　　婚姻は、満 18 歳にならなければ、これをすることができないものとする。

　二　再婚禁止期間

　1　女は、前婚の解消又は取消しの日から起算して 100 日を経過した後でなければ、
再婚をすることができないものとする。

　2　女が前婚の解消又は取消しの日以後に出産したときは、その出産の日から、1 を
適用しないものとする。

第二　婚姻の取消し

　一　再婚禁止期間違反の婚姻の取消し

　　　第一、二に違反した婚姻は、前婚の解消若しくは取消しの日から起算して 100 日
を経過し、又は女が再婚後に懐胎したときは、その取消しを請求することができな
いものとする。

第三　夫婦の氏

　一　夫婦は、婚姻の際に定めるところに従い、夫若しくは妻の氏を称し、又は各自の
婚姻前の氏を称するものとする。

　二　夫婦が各自の婚姻前の氏を称する旨の定めをするときは、夫婦は、婚姻の際に、
夫又は妻の氏を子が称する氏として定めなければならないものとする。

第四　子の氏

　一　嫡出である子の氏

　　　嫡出である子は、父母の氏（子の出生時に父母が離婚したときは、離婚の際にお
ける父母の氏）又は父母が第三、二により子が称する氏として定めた父若しくは母
の氏を称するものとする。

　二　養子の氏

　1　養子は、養親の氏（氏を異にする夫婦が共に養子をするときは、養親が第三、二
により子が称する氏として定めた氏）を称するものとする。

　2　氏を異にする夫婦の一方が配偶者の嫡出である子を養子とするときは、養子は、
1 にかかわらず、養親とその配偶者が第三、二により子が称する氏として定めた氏
を称するものとする。

　3　養子が婚姻によって氏を改めた者であるときは、婚姻の際に定めた氏を称すべき
間は、1、2 を適用しないものとする。

　三　子の氏の変更

　1　子が父又は母と氏を異にする場合には、子は、家庭裁判所の許可を得て、戸籍法
の定めるところにより届け出ることによって、その父又は母の氏を称することがで
きるものとする。ただし、この父母が氏を異にする夫婦であって子が未成年である
ときは、父母の婚姻中は、特別の事情があるときでなければ、これをすることがで
きないものとする。

　2　父又は母が氏を改めたことにより子が父母と氏を異にする場合には、子は、父母
の婚姻中に限り、1 にかかわらず、戸籍法の定めるところにより届け出ることによっ
て、その父母の氏又はその父若しくは母の氏を称することができるものとする。

第2章　平成期の家族法改正

　　3　子の出生後に婚姻をした父母が氏を異にする夫婦である場合において、子が第三、
　　　二によって子が称する氏として定められた父又は母の氏と異なる氏を称するとき
　　　は、1にかかわらず、戸籍法の定めるところにより届け出ることによって、その父
　　　又は母の氏を称することができるものとする。ただし、父母の婚姻後に子がその氏
　　　を改めたときは、この限りでないものとする。
　　4　子が15歳未満であるときは、その法定代理人が、これに代わって、1から3ま
　　　での行為をすることができるものとする。
　　5　1から4までによって氏を改めた未成年の子は、成年に達した時から1年以内に
　　　戸籍法の定めるところにより届け出ることによって、従前の氏に復することができ
　　　るものとする。

第五　夫婦間の契約取消権
　　第754条の規定は、削除するものとする。

第六　協議上の離婚
**　一　子の監護に必要な事項の定め**
　　1　父母が協議上の離婚をするときは、子の監護をすべき者、父又は母と子との面会
　　　及び交流、子の監護に要する費用の分担その他の監護について必要な事項は、その
　　　協議でこれを定めるものとする。この場合においては、子の利益を最も優先して考
　　　慮しなければならないものとする。
　　2　1の協議が調わないとき、又は協議をすることができないときは、家庭裁判所が、
　　　1の事項を定めるものとする。
　　3　家庭裁判所は、必要があると認めるときは、1又は2による定めを変更し、その
　　　他の監護について相当な処分を命ずることができるものとする。
　　4　1から3までは、監護の範囲外では、父母の権利義務に変更を生ずることがない
　　　ものとする。

**　二　離婚後の財産分与**
　　1　協議上の離婚をした者の一方は、相手方に対して財産の分与を請求することがで
　　　きるものとする。
　　2　1による財産の分与について、当事者間に協議が調わないとき、又は協議をする
　　　ことができないときは、当事者は、家庭裁判所に対して協議に代わる処分を請求す
　　　ることができるものとする。ただし、離婚の時から2年を経過したときは、この限
　　　りでないものとする。
　　3　2の場合には、家庭裁判所は、離婚後の当事者間の財産上の衡平を図るため、当
　　　事者双方がその協力によって取得し、又は維持した財産の額及びその取得又は維持
　　　についての各当事者の寄与の程度、婚姻の期間、婚姻中の生活水準、婚姻中の協力
　　　及び扶助の状況、各当事者の年齢、心身の状況、職業及び収入その他一切の事情を
　　　考慮し、分与させるべきかどうか並びに分与の額及び方法を定めるものとする。こ
　　　の場合において、当事者双方がその協力により財産を取得し、又は維持するについ
　　　ての各当事者の寄与の程度は、その異なることが明らかでないときは、相等しいも
　　　のとする。

第七　裁判上の離婚
**　一**　夫婦の一方は、次に掲げる場合に限り、離婚の訴えを提起することができるもの
　　とする。ただし、①又は②に掲げる場合については、婚姻関係が回復の見込みのな
　　い破綻に至っていないときは、この限りでないものとする。
　　①　配偶者に不貞な行為があったとき。

② 　配偶者から悪意で遺棄されたとき。
　　　③ 　配偶者の生死が３年以上明らかでないとき。
　　　④ 　夫婦が５年以上継続して婚姻の本旨に反する別居をしているとき。
　　　⑤ 　③、④のほか、婚姻関係が破綻して回復の見込みがないとき。
　　二 　裁判所は、一の場合であっても、離婚が配偶者又は子に著しい生活の困窮又は耐
　　　え難い苦痛をもたらすときは、離婚の請求を棄却することができるものとする。④
　　　又は⑤の場合において、離婚の請求をしている者が配偶者に対する協力及び扶助を
　　　著しく怠っていることによりその請求が信義に反すると認められるときも同様とす
　　　るものとする。
　　三 　第 770 条第 2 項を準用する第 814 条第 2 項（裁判上の離縁における裁量棄却条項）
　　　は、現行第 770 条第 2 項の規定に沿って書き下ろすものとする。
第八　失踪宣告による婚姻の解消
　　一 　夫婦の一方が失踪の宣告を受けた後他の一方が再婚をしたときは、再婚後にされ
　　　た失踪の宣告の取消しは、失踪の宣告による前婚の解消の効力に影響を及ぼさない
　　　ものとする。
　　二 　一の場合には、前婚による姻族関係は、失踪の宣告の取消しによって終了するも
　　　のとする。ただし、失踪の宣告後その取消し前にされた第 728 条第 2 項（姻族関係
　　　の終了）の意思表示の効力を妨げないものとする。
　　三 　第 751 条（生存配偶者の復氏等）の規定は、一の場合にも、適用するものとする。
　　四 　第六、一及び二は一の場合について、第 769 条（祭具等の承継）の規定は二本文
　　　の場合について準用するものとする。
第九　失踪宣告の取消しと親権
　　一 　父母の婚姻中にその一方が失踪の宣告を受けた後他の一方が再婚をした場合にお
　　　いて、再婚後に失踪の宣告が取り消されたときは、親権は、他の一方がこれを行う
　　　ものとする。
　　二 　子の利益のため必要があると認めるときは、家庭裁判所は、子の親族の請求によっ
　　　て、親権者を他の一方に変更することができるものとする。
第十　相続の効力
　　嫡出でない子の相続分は、嫡出である子の相続分と同等とするものとする。
第十一　戸籍法の改正
　　民法の改正に伴い、戸籍法に所要の改正を加えるものとする。
第十二　経過措置
　　一　婚姻適齢に関する経過措置
　　　改正法の施行の際満 16 歳に達している女は、第一、一にかかわらず、婚姻をす
　　　ることができるものとする。
　　二　夫婦の氏に関する経過措置
　　1 　改正法の施行前に婚姻によって氏を改めた夫又は妻は、婚姻中に限り、配偶者と
　　　の合意に基づき、改正法の施行の日から 1 年以内に 2 により届け出ることによって、
　　　婚姻前の氏に復することができるものとする。
　　2 　1 によって婚姻前の氏に復しようとする者は、改正後の戸籍法の規定に従って、
　　　配偶者とともにその旨を届け出なければならないものとする。
　　3 　1 により夫又は妻が婚姻前の氏に復することとなったときは、改正後の民法及び
　　　戸籍法の規定の適用については、婚姻の際夫婦が称する氏として定めた夫又は妻の
　　　氏を第三、二による子が称する氏として定めた氏とみなすものとする。

195

しかし、「要綱」の内容については、非嫡出子の相続分のほか、夫婦別氏の提案等に対して、「日本の家族制度を揺るがしかねない」との反対論が自民党議員らから提起され[51]、「要綱」の提言は法案化されないまま放置される状態に陥った。

(2) 平成 25 年 9 月：最高裁大法廷違憲決定

その後、政府は平成 22 年にも平成 8 年「要綱」と同旨の法律案を策定したが、国会提出には至らなかった。

だが、平成 25 年 9 月の最高裁大法廷決定は、平成 7 年 7 月最高裁大法廷決定の事案の相続開始時（昭和 63 年 5 月）の後、遅くとも平成 25 年決定の事案の相続開始時である平成 13 年 7 月当時には、民法 900 条 4 号は法の下の平等を定めた憲法 14 条 1 項に違反する状態になっていたと説示したことから、政府は平成 25 年 11 月 12 日第 185 回国会（臨時会）に閣法第 20 号「民法の一部を改正する法律案」を提出し、衆議院では不起立議員もいたが、参議院は全会一致で 12 月 5 日可決成立、改正法は 12 月 11 日法律第 94 号として公布、大法廷決定の翌日である平成 25 年 9 月 5 日以後に開始した相続に適用するものとして（改正法附則 2 項）、公布の日から施行された（改正法附則 1 項）。

3　新旧対照

本改正により、900 条 4 号ただし書の前段は削除され、非嫡出子の法定相続分は、嫡出子の法定相続分と同等となった。

（法定相続分）	（法定相続分）
第 900 条　（同右）	第 900 条　（柱書略）
一～三　（同右）	一～三　（略）
四　子、直系尊属又は兄弟姉妹が数人あるときは、各自の相続分は、相等	四　子、直系尊属又は兄弟姉妹が数人あるときは、各自の相続分は、相等

　三　相続の効力に関する経過措置
　　改正法の施行前に開始した相続に関しては、なお、改正前の民法の規定を適用するものとする。
　四　その他本改正に伴う所要の経過措置を設けるものとする。

(51) 西山・前掲注 (44)19 頁。

Ⅷ　平成 25 年 12 月：非嫡出子相続分改正

しいものとする。ただし、父母の一方のみを同じくする兄弟姉妹の相続分は、父母の双方を同じくする兄弟姉妹の相続分の 2 分の 1 とする。	しいものとする。ただし、嫡出でない子の相続分は、嫡出である子の相続分の 2 分の 1 とし、父母の一方のみを同じくする兄弟姉妹の相続分は、父母の双方を同じくする兄弟姉妹の相続分の 2 分の 1 とする。

　しかし、この改正により日本の家族制度が揺らぐことを危惧した自民党議員を中心とする保守派勢力は、法律婚の配偶者保護を立法目的として、平成 30 年 7 月改正（→本章ⅩⅢ）を推し進めることとなる。

197

IX　平成 28 年 4 月：成年後見制度改正

1　改正法の目的

　平成 28 年、平成 11 年に導入された成年後見制度（→本章Ⅱ）につき、①利用の促進と、②事務の円滑化を図る目的で、いわゆる「成年後見 2 法」が制定された（①について平成 28 年 4 月 15 日法律第 29 号「成年後見制度の利用の促進に関する法律」（以下「利用促進法」という）、②について平成 28 年 4 月 13 日法律第 27 号「成年後見の事務の円滑化を図るための民法及び家事事件手続法の一部を改正する法律」）。

　このうち②の改正法は、ⓐ民法の一部改正（改正法 1 条）とⓑ家事事件手続法の一部改正（改正法 2 条）の全 2 か条からなり、ⓐ民法の改正内容は、㋐郵便物管理事務に関する規定の追加（860 条の 2 新設）と、㋑死後事務に関する規定の追加（873 条の 2）からなる[52]。

2　改正の経緯

　①利用促進法、②民法・家事事件手続法改正法の 2 法は、いずれも議員立法であり、与党衆議院議員（自民党：田村憲久・盛山正仁、公明党：大口善徳・高木美智代）が中心となって起草したものであったが、平成 27 年国会（常会）での法案提出は平和安全保障法制をめぐる与野党対立により見送られ、翌平成 28 年第 190 回国会（常会）3 月 23 日衆議院内閣委員会において、同委員会提出の法案とすることが決定され[53]、その後、2 法案（①衆法第 20 号・②衆法第 21 号）は同年 4 月 6 日に可決成立した。

---

[52]　大塚竜郎「成年後見の事務の円滑化を図るための民法及び家事事件手続法の一部を改正する法律の逐条解説」民事月報 71 巻 7 号（2016 年）6 頁、「同（上）（下）」銀行法務 21・803 号（2016 年）10 頁、804 号 21 頁、盛山正仁「成年後見の事務の円滑化を図るための民法及び家事事件手続法の一部を改正する法律の概要」金融法務事情 2045 号（2016 年）30 頁、「同」NBL1078 号（2016 年）4 頁、大口善徳＝高木美智代＝田村憲久＝盛山正仁『ハンドブック成年後見 2 法——成年後見制度利用促進法、民法及び家事事件手続法改正法の解説』（創英社・三省堂、2016 年）、法務省民事局「成年後見の事務の円滑化を図るための民法及び家事事件手続法の一部を改正する法律」法務省ウェブサイト〈https://www.moj.go.jp/MINJI/ minji07_00196〉（2016 年 10 月更新、2024 年 5 月 1 日閲覧）。

[53]　第 190 回国会衆議院内閣委員会議録第 8 号（平成 28 年 3 月 23 日）1 頁。

IX　平成 28 年 4 月：成年後見制度改正

　なお、①利用促進法の公布は同年 4 月 15 日（法律第 29 号）であるのに対し、②民法・家事事件手続法改正法の公布は 2 日前の 4 月 13 日（法律第 27 号）であるが、施行日は①が同年 5 月 13 日であるのに対して[54]、②の施行日は公布から 6 か月後の同年 10 月 13 日である（改正法附則）。

3　新旧対照

(1)　郵便物管理事務

　成年被後見人宛ての郵便物の中には、株式の配当通知・貸金庫の利用明細・外貨預金の入出金明細といった成年被後見人の財産に関する郵便物やクレジットカードの利用明細、金融機関からの請求書または督促状といった成年被後見人の債務に関する郵便物が含まれることが想定されるところ、これまでは成年後見人が転送を受けることができなかったため、成年後見人が郵便の存在や内容を把握できず、成年被後見人の財産管理に支障を来すおそれがあった。そこで、改正法は、成年後見人による郵便物管理の規定（860 条の 2）を新設した。

（成年後見人による郵便物等の管理） 第 860 条の 2　家庭裁判所は、成年後見人がその事務を行うに当たって必要があると認めるときは、成年後見人の請求により、信書の送達の事業を行う者に対し、期間を定めて、成年被後見人に宛てた郵便物又は民間事業者による信書の送達に関する法律（平成 14 年法律第 99 号）第 2 条第 3 項に規定する信書便物（次条において「郵便物等」という。）を成年後見人に配達すべき旨を嘱託することができる。 2　前項に規定する嘱託の期間は、6 箇月を超えることができない。 3　家庭裁判所は、第 1 項の規定による	（新設）

---

(54)　平成 28 年 5 月 9 日政令第 214 号「成年後見制度の利用の促進に関する法律の施行期日を定める政令」。

199

審判があった後事情に変更を生じたときは、成年被後見人、成年後見人若しくは成年後見監督人の請求により又は職権で、同項に規定する嘱託を取り消し、又は変更することができる。ただし、その変更の審判においては、同項の規定による審判において定められた期間を伸長することができない。 4　成年後見人の任務が終了したときは、家庭裁判所は、第1項に規定する嘱託を取り消さなければならない。	
第860条の3　成年後見人は、成年被後見人に宛てた郵便物等を受け取ったときは、これを開いて見ることができる。 2　成年後見人は、その受け取った前項の郵便物等で成年後見人の事務に関しないものは、速やかに成年被後見人に交付しなければならない。 3　成年被後見人は、成年後見人に対し、成年後見人が受け取った第1項の郵便物等（前項の規定により成年被後見人に交付されたものを除く。）の閲覧を求めることができる。	（新設）

(2)　死後事務

　成年被後見人の死亡に伴い、成年後見人の法定代理権等の権限は喪失することになる。この点に関しては応急処分の規定が存在するものの、急迫の事情がある場合に限定されていたため（民法874条による654条の準用）、成年後見人が対応に難渋する場合があった。そのため、個々の相続財産の保存行為・債務の弁済・火葬または埋葬に関する契約の締結等といった一定の範囲の死後事務についての権限が、成年後見人に付与されることとなった。

（成年被後見人の死亡後の成年後見人の権限） **第873条の2** 成年後見人は、成年被後見人が死亡した場合において、必要があるときは、成年被後見人の相続人の意思に反することが明らかなときを除き、相続人が相続財産を管理することができるに至るまで、次に掲げる行為をすることができる。ただし、第3号に掲げる行為をするには、家庭裁判所の許可を得なければならない。 一　相続財産に属する特定の財産の保存に必要な行為 二　相続財産に属する債務（弁済期が到来しているものに限る。）の弁済 三　その死体の火葬又は埋葬に関する契約の締結その他相続財産の保存に必要な行為（前2号に掲げる行為を除く。）	（新設）

(3) その後の改正

　なお、その後、令和6年2月15日開催の法制審議会第199回総会において、諮問第126号「高齢化の進展など、成年後見制度をめぐる諸事情に鑑み、成年後見制度を利用する本人の尊厳にふさわしい生活の継続やその権利利益の擁護等をより一層図る観点から、成年後見制度の見直しを行う必要があると思われるので、その要綱を示されたい」が発せられ、民法（成年後見等関係）部会が設置されて令和6年4月9日より検討を開始している。

X　平成 28 年 6 月：再婚禁止期間改正

1　改正法の目的

改正前の 733 条 1 項では、女性について前婚の解消または取消しの日から 6 か月の再婚禁止を規定していた。だが、平成 27 年 12 月の最高裁大法廷判決[55]が、再婚禁止期間のうち 100 日を超える部分については憲法 14 条 1 項の法の下の平等および憲法 24 条 2 項の両性の本質的平等に反し違憲であるとしたことから、再婚禁止期間を 6 か月から 100 日に短縮する改正が行われた。

2　改正の経緯

(1)　昭和 22 年：第 1 回国会審議

民法第 4 編・第 5 編の全面改正が行われた昭和 22 年第 1 回国会（特別会）では（→第 1 章 I）、10 月 27 日の司法委員会で安田幹太委員（社会党）より 733 条および 746 条の削除案が提出されていた[56]。しかし、これには中村又一委員（民主党）・山口好一委員（自由党）が反対し、結局、安田委員の修正案は起立少数で否決されている[57]。

(2)　平成 8 年：法制審議会「民法改正要綱」

また、法制審議会民法部会身分法小委員会の平成 4 年 12 月「婚姻及び離婚制度の見直し審議に関する中間報告（論点整理）」（→本章Ⅷ 2 (1)）「第一　婚姻の成立に関する問題点」「一　婚姻の要件」「3　再婚禁止期間（733 条関係）について」で「期間は 6 か月から 100 日に短縮するのが相当である」とする「b」案と、「廃止すべきである」とする「c」案が提示された後、平成 6 年 7 月「婚姻制度等に関する民法改正要綱試案」「第一　婚姻の成立」「一　婚姻の要件」「2　再婚禁止期間（733 条、744 条、746 条関係）」では 100 日への短縮案が提示され、平成 8 年 1 月の民法部会「民法の一部を改正する要綱案」「第一　婚姻の成立」「二　再婚禁止期間」も「要綱試案」の 100 日への短縮案を維持し、同年 2 月

---

(55)　最大判平成 27 年 12 月 16 日民集 69 巻 8 号 2427 頁。

(56)　第 1 回国会衆議院司法委員会議録第 50 号（昭和 22 年 10 月 27 日）420 頁、425 頁。

(57)　前掲注 (56) 434 頁、436 頁、437 頁。なお、下山洋司＝合田章子「民法の一部を改正する法律の概要」民事月報 71 巻 8 号（2016 年）86 頁も参照。

Ⅹ　平成 28 年 6 月：再婚禁止期間改正

法制審議会の総会はこれを「要綱」として承認し法務大臣に答申している[58]。

　同「要綱」は、再婚禁止期間の短縮のほか、非嫡出子の相続分の嫡出子との同等化（→本章Ⅷ）、女性の婚姻適齢の 18 歳への引上げ（→本章Ⅻ）、さらには選択的夫婦別氏制度の導入等の提言を行っていたが、与党保守系議員らの賛同を得られず、法案化に至らないまま放置された。

(3)　平成 27 年 12 月：最高裁大法廷違憲判決

　だが、平成 25 年 9 月の最高裁大法廷の違憲判断が同年 12 月の非嫡出子の相続分改正をもたらしたのと（→本章Ⅷ）まったく同様に、平成 27 年 12 月大法廷によって示された違憲状態を速やかに是正して混乱を回避する必要から、翌平成 28 年 3 月 8 日第 190 回国会（常会）に「民法の一部を改正する法律案」（閣法第 49 号）が提出され、法案は 6 月 1 日に可決成立、6 月 7 日法律第 71 号として公布された（附則 1 項により即日施行）[59]。

　なお、その間の 5 月 12 日には、野党衆議院議員 8 名[60]により、再婚禁止期間の 100 日への短縮のほか、婚姻適齢の 18 歳への引上げ、選択的夫婦別氏など、平成 8 年法制審議会「要綱」の内容が盛り込まれた議員立法が提出されたが（衆法第 37 号「民法の一部を改正する法律案」）、審議未了で継続審査とされた。

3　新旧対照

　改正の結果、女性の再婚禁止期間は 6 か月から 100 日に短縮され（733 条 1 項）、女性が前婚の解消時に妊娠していなかった場合や前婚の解消後に出産した場合には、再婚禁止期間規定を適用しないものとした（同条 2 項）[61]。

---

(58)　下山＝合田・前掲注（57）86 頁。

(59)　なお、同日付にて、法務省民一第 584 号民事局長通達「前婚の解消又は取消しの日から起算して 100 日を経過していない女性を当事者とする婚姻の届出の取扱いについて」および法務省民一第 585 号民事局民事第一課長通知が発出されている。北村治樹＝金田充弘「前婚の解消又は取消しの日から起算して 100 日を経過していない女性を当事者とする婚姻の届出の取扱いに関する通達等の解説」民事月報 71 巻 8 号（2016 年）8 頁、「同」時の法令 2010 号（2016 年）4 頁。

(60)　議案提出者：井出庸生、逢坂誠二、山尾志桜里、枝野幸男、畑野君枝、髙橋千鶴子、玉城デニー、吉川元。

(61)　堂薗幹一郎「『民法の一部を改正する法律（再婚禁止期間の短縮等）』の概要」家庭の法と裁判 8 号（2017 年）118 頁。

203

（再婚禁止期間） 第733条　女は、前婚の解消又は取消しの日から起算して100日を経過した後でなければ、再婚をすることができない。 2　前項の規定は、次に掲げる場合には、適用しない。 　一　女が前婚の解消又は取消しの時に懐胎していなかった場合 　二　女が前婚の解消又は取消しの後に出産した場合	（再婚禁止期間） 第733条　女は、前婚の解消又は取消しの日から6箇月を経過した後でなければ、再婚をすることができない。 2　女が前婚の解消又は取消しの前から懐胎していた場合には、その出産の日から、前項の規定を適用しない。
（再婚禁止期間内にした婚姻の取消し） 第746条　第733条の規定に違反した婚姻は、前婚の解消若しくは取消しの日から起算して100日を経過し、又は女が再婚後に出産したときは、その取消しを請求することができない。	（再婚禁止期間内にした婚姻の取消し） 第746条　第733条の規定に違反した婚姻は、前婚の解消若しくは取消しの日から6箇月を経過し、又は女が再婚後に懐胎したときは、その取消しを請求することができない。

　なお、改正法附則2項は「政府は、この法律の施行後3年を目途として、この法律による改正後の規定の施行の状況等を勘案し、再婚禁止に係る制度の在り方について検討を加えるものとする」旨を規定していた。その後、733条は、令和4年改正（→第3章Ⅳ）で削除されることとなる。

XI 平成 29 年 6 月：債権関係改正

1 改正法の目的

明治 29 年に民法が制定されて以来、債権関係の規定について見直しがされてこなかったことから、社会、経済の変化への対応を図り、国民一般にわかりやすいものとすることを目的として債権関係分野の改正が行われた[62]。

家族法関係の改正は、民法の代理および委任の規定の改正に伴い、これを引用する遺言管理者の条文（1012 条・1016 条・1018 条の 3 か条）を改めるものである。

2 改正の経緯[63]

民法（債権関係）の改正作業は、平成 21 年 10 月 28 日法制審議会第 160 回総会で諮問第 88 号を受けて設置された民法（債権関係）部会において行われた。同部会は、平成 21 年 11 月から平成 27 年 2 月までの 5 年にわたり、99 回の会議および 18 回の分科会での審議を行い、その間、平成 23 年 4 月には「民法（債権関係）の改正に関する中間的な論点整理」、平成 25 年 2 月には「民法（債権関係）の改正に関する中間試案」、平成 26 年 8 月には「民法（債権関係）の改正に関する要綱仮案」を取りまとめ、意見対立が残っていた定型約款も含む部会としての最終案「民法（債権関係）の改正に関する要綱案」を平成 27 年 2 月 10 日に決定したものである。

要綱案は同年 2 月 24 日の法制審議会第 174 回総会に諮られ、全会一致で「要綱」として決定され、法務大臣に答申された。

その後、「要綱」に基づき策定された 2 つの法律案——①「民法の一部を改正する法律案」と②「民法の一部を改正する法律の施行に伴う関係法律の整備に関する法律案」——は、平成 27 年 3 月 31 日に第 189 回国会（常会）に①閣法第 63 号・②閣法第 64 号として提出されるが、同国会ならびに翌平成 28 年第 190 回国会（常会）・第 191 回国会（臨時会）では審議がされないまま継続審

---

[62] 第 192 回国会衆議院法務委員会第 8 号（平成 28 年 11 月 16 日）5 頁。
[63] 村松秀樹 = 脇村真治 = 前田芳人「民法（債権法）改正の解説(1)」民事月報 72 巻 10 号（2017 年）10 頁。

205

議となり、同年の第192回国会（臨時会）での審議も未了のまま継続審議となった。

　両法案が可決成立するのは、翌平成29年第193回国会（常会）5月26日のことで、その後、両法案は、6月2日①法律第44号・②法律第45号として公布された。

3　新旧対照

家族法関係の改正の新旧対照は下記の通りである。

（遺言執行者の権利義務） 第1012条　（同右） 2　第644条、第645条から第647条まで及び第650条の規定は、遺言執行者について準用する。	（遺言執行者の権利義務） 第1012条　（1項略） 2　第644条から第647条まで及び第650条の規定は、遺言執行者について準用する。
（遺言執行者の復任権） 第1016条　（同右） （削除）	（遺言執行者の復任権） 第1016条　（1項略） 2　遺言執行者が前項ただし書の規定により第三者にその任務を行わせる場合には、相続人に対して、第105条に規定する責任を負う。
（遺言執行者の報酬） 第1018条　（同右） 2　第648条第2項及び第3項並びに第648条の2の規定は、遺言執行者が報酬を受けるべき場合について準用する。	（遺言執行者の報酬） 第1018条　（1項略） 2　第648条第2項及び第3項の規定は、遺言執行者が報酬を受けるべき場合について準用する。

XII　平成 30 年 6 月：成年年齢の引下げ

1　改正法の目的

①少子高齢化に伴い、将来を担う 18 歳・19 歳の若年者の積極的な社会参加を促すという観点から、憲法改正国民投票の投票権年齢や、公職選挙法の選挙権年齢が 20 歳から 18 歳に引き下げられたことに伴い、市民生活の基本法である民法においても、若年者の自己決定権を尊重し、経済的取引の主体として積極的な社会参加を促すことが重要であるとして、成年年齢が 20 歳から 18 歳に引き下げられた。

②一方、婚姻適齢についても社会・経済が複雑化した現代においては、社会的、経済的な成熟度をより重視すべきであり、その観点からは、男女間に特段の差異はないことから、女性の婚姻適齢が 16 歳から 18 歳に引き上げられた[64]。

2　改正の経緯[65]

(1)　平成 8 年：法制審議会「民法改正要綱」

①成年年齢の引下げ・②婚姻適齢の引上げのうち、②に関しては、法制審議会民法部会身分法小委員会の平成 4 年「婚姻及び離婚制度の見直し審議に関する中間報告（論点整理）」（「第一」「一」「1」）、平成 6 年「婚姻制度等に関する民法改正要綱試案」（「第一」「一」「1」）、民法部会の平成 8 年 1 月民法部会「民法の一部を改正する法律案要綱案」（「第一」「一」）、法制審議会の平成 8 年 2 月「民法の一部を改正する法律案要綱」（「第一」「一」）ですでに提示されていたが、他の提案と同様、法案化されないまま放置されていたものである。

---

(64)　笹井朋昭「民法の一部を改正する法律（平成 30 年法律第 59 号）の概要」法の支配 196 号（2019 年）4 頁、第 196 回国会衆議院法務委員会第 10 号（平成 30 年 5 月 9 日）23 頁、「特集：民法の現在──債権法改正・成年年齢引下げ」「Ⅱ　成年年齢引下げ」ジュリスト 1392 号（2010 年）……大村敦志＝小玉重夫＝佐藤哲治＝平田厚＝横田光平「（座談会）成年年齢の引下げをめぐる諸問題」136 頁、水野紀子「民法の観点からみた成年年齢引下げ」162 頁、笹井朋昭＝木村太郎『一問一答・成年年齢引下げ』（商事法務、2019 年）。

(65)　笹井朋昭＝木村太郎＝福崎有沙「民法の一部を改正する法律（平成 30 年法律第 59 号）の概要」民事月報 73 巻 9 号（2018 年）14 頁、笹井・前掲論文（注 64）4 頁。

第2章　平成期の家族法改正

(2)　平成21年：法制審議会「民法の成年年齢の引下げについての意見」

　これに対して、①成年年齢の引下げに関する検討は、平成19年5月18日法律第51号「日本国憲法の改正手続に関する法律」（国民投票法）3条が「日本国民で年齢満18年以上の者は、国民投票の投票権を有する」旨を規定し、また、22条1項・35条・36条1項が投票人名簿の被登録資格を「満18年以上」と規定し、これを受けて、附則3条が次のように規定したことから顕在化したものである。

（法制上の措置）

第3条　国は、この法律が施行されるまでの間に、年齢満18年以上満20年未満の者が国政選挙に参加することができること等となるよう、選挙権を有する者の年齢を定める公職選挙法、成年年齢を定める民法（明治29年法律第89号）その他の法令の規定について検討を加え、必要な法制上の措置を講ずるものとする。

2　前項の法制上の措置が講ぜられ、年齢満18年以上満20年未満の者が国政選挙に参加すること等ができるまでの間、第3条、第22条第1項、第35条及び第36条第1項の規定の適用については、これらの規定中「満18年以上」とあるのは、「満20年以上」とする。

　これを受けて、平成20年2月13日法制審議会第155回総会で諮問第84号（「若年者の精神的成熟度および若年者の保護の在り方の観点から、民法の定める成年年齢を引き下げるべきか否か等について御意見を承りたい」）を受けて設置された民法成年年齢部会は、平成20年12月16日に「民法の成年年齢の引下げについての中間報告書」[66]、翌平成21年7月29日に「民法の成年年齢の引下げについての最終報告書」[67]を取りまとめ、同年10月28日法制審議会第160回総会（前記XI債権関係改正に関する諮問第88号が発せられたのと同じ会議）は「民法の成年年齢の引下げについての意見」を採択し、法務大臣に答申した。

(3)　平成30年：第196回国会

　平成21年法制審議会「意見」は、成年年齢の引下げの時期について、「関係施策の効果等の若年者を中心とする国民への浸透の程度やそれについての国民

---

(66)「民法の成年年齢の引下げについての中間報告書（平成20年12月16日法制審議会民法成年年齢部会決定）」NBL896号（2009年）79頁。

(67)「民法の成年年齢の引下げについての最終報告書（平成21年7月29日法制審議会民法成年年齢部会決定）」NBL911号（2009年）70頁。

の意識を踏まえた、国会の判断に委ねるのが相当である」としていたが、平成27年の公職選挙法の改正で選挙権年齢が18歳に引き下げられ[68]、翌平成28年6月19日の施行により、地方選挙では6月26日公示・7月3日投票の福岡県うきは市長選挙、国政選挙では6月22日公示・7月10日投票の第24回参議院議員通常選挙で、18歳・19歳の者が選挙権を行使した。

こうした社会情勢の変化を踏まえ、法務省は、「国会の判断に委ねるのが相当」な時機が到来したと判断し、平成30年3月13日第196回国会（常会）に「民法の一部を改正する法律案」（閣法第55号）を提出、法案は6月13日に可決成立し、6月20日法律第59号として公布された。

3 新旧対照

(1) 成年年齢

成年年齢が20歳から18歳へ改められたことに伴い、国籍法に基づく届出や帰化[69]、性別の取扱いの変更の審判[70]、社会福祉主事資格や人権擁護委員・民生委員資格[71]等の資格についての年齢要件が18歳へと改められた。他方で、青少年保護の観点から、飲酒・喫煙[72]や公営競技[73]（競馬、競輪、オートレース、モーターボート競走）の年齢要件については、20歳の年齢要件が維持されることとなった。

(成年)	(成年)
第4条　年齢18歳をもって、成年とする。	第4条　年齢20歳をもって、成年とする。

(2) 婚姻適齢

①成年年齢の引下げ（4条）と、②女性の婚姻適齢引上げ（731条）に伴い、未成年が婚姻する場合がなくなったことから、未成年の婚姻についての父母の同意（737条）および婚姻による成年擬制（753条）の条文は削除された。なお、

---

(68) 平成27年6月19日法律第43号「公職選挙法等の一部を改正する法律」1条による改正。
(69) 国籍法3条1項（届出による国籍取得）、5条2号（帰化による国籍取得）。
(70) 性同一性障害者の性別の取扱いの特例に関する法律3条1号。
(71) 社会福祉法19条、公職選挙法等の一部を改正する法律8条、9条。
(72) 飲酒については、「二十歳未満ノ者ノ飲酒ノ禁止ニ関スル法律」（平成30年法律第59号による題名の改正）、喫煙については「二十歳未満ノ者ノ喫煙ノ禁止ニ関スル法律」（平成30年法律第59号による題名の改正）。
(73) 競馬法28条、自転車競技法9条、小型自動車競争法13条、モーターボート競走法12条。

第 2 章　平成期の家族法改正

平成 21 年法制審議会「意見」は、養親年齢については現状維持とすべきとして
いたことから、792 条・804 条の文言も、「成年」から「20 歳」に改められた。

(婚姻適齢) 第 731 条　婚姻は、18 歳にならなければ、することができない。	(婚姻適齢) 第 731 条　男は、18 歳に、女は、16 歳にならなければ、婚姻をすることができない。
(削除)	(未成年者の婚姻についての父母の同意) 第 737 条　未成年の子が婚姻をするには、父母の同意を得なければならない。 2　父母の一方が同意しないときは、他の一方の同意だけで足りる。父母の一方が知れないとき、死亡したとき、又はその意思を表示することができないときも、同様とする。
(婚姻の届出の受理) 第 740 条　婚姻の届出は、その婚姻が第 731 条から第 736 条まで及び前条第 2 項の規定その他の法令の規定に違反しないことを認めた後でなければ、受理することができない。	(婚姻の届出の受理) 第 740 条　婚姻の届出は、その婚姻が第 731 条から第 737 条まで及び前条第 2 項の規定その他の法令の規定に違反しないことを認めた後でなければ、受理することができない。
(削除)	(婚姻による成年擬制) 第 753 条　未成年者が婚姻をしたときは、これによって成年に達したものとみなす。
(養親となる者の年齢) 第 792 条　20 歳に達した者は、養子をすることができる。	(養親となる者の年齢) 第 792 条　成年に達した者は、養子をすることができる。

210

XII　平成 30 年 6 月：成年年齢の引下げ

（養親が 20 歳未満の者である場合の縁組の取消し）	（養親が未成年者である場合の縁組の取消し）
第 804 条　第 792 条の規定に違反した縁組は、養親又はその法定代理人から、その取消しを家庭裁判所に請求することができる。ただし、養親が、20 歳に達した後 6 箇月を経過し、又は追認をしたときは、この限りでない。	第 804 条　第 792 条の規定に違反した縁組は、養親又はその法定代理人から、その取消しを家庭裁判所に請求することができる。ただし、養親が、成年に達した後 6 箇月を経過し、又は追認をしたときは、この限りでない。

211

第 2 章　平成期の家族法改正

XⅢ　平成 30 年 7 月：相続関係改正

1　改正法の目的

　本改正は、非嫡出子の法定相続分を 2 分の 1 とする改正前の民法 900 条 4 号ただし書前段は違憲であるとした平成 25 年 9 月の最高裁大法廷決定[74]に基づく同年 12 月改正（→本章Ⅷ）によって、非嫡出子の相続分が嫡出子と同等とされたことを契機とする。

　非嫡出子の法定相続分の増加は、被相続人の配偶者の相続分の減少を意味するため、法律婚の配偶者を保護する目的で、①配偶者の相続分の引上げと、②配偶者居住権制度の新設が企図され、②は実現したが、①についてはパブリック・コメントで反対論が多数を占めたため断念され、903 条の特別受益の持戻し免除の推定規定が設けられるにとどまった[75]。また、遺言制度の利用促進を目指して、自筆証書遺言の方式が緩和され、民法改正法と同日付で遺言書保管法[76]が公布された[77]。さらに、社会の高齢化等の社会情勢の変化に対応するため、遺産分割における可分債権の取扱い、遺留分制度、相続人以外の者の貢献を考慮するための方策等が見直され、相続法制の大改正となった。

2　改正の経緯

　法律婚の配偶者保護を目的とする法改正作業は、非嫡出子の相続分に関する平成 25 年 12 月改正の直後──平成 26 年 1 月法務省内に設置された相続法制検討ワーキングチームの活動に始まる。翌平成 27 年 1 月 28 日に取りまとめられた「相続法制検討ワーキングチーム報告書」を受けて、法務大臣は平成 27 年 2 月 24 日法制審議会第 174 回総会で諮問第 100 号「民法（相続関係）の改正

---

(74) 前掲（注 38）最大決平成 25 年 9 月 4 日。
(75) NBL 編集部「『民法（相続関係）等の改正に関する要項案』の概要」NBL1116 号（2018 年）6 頁、日本弁護士連合会（編集）『Q&A 改正相続法のポイント』（新日本法規、2018 年）7 頁。
(76) 「法務局における遺言書の保管等に関する法律」（平成 30 年 7 月 13 日法律第 73 号）。
(77) 法務省民事局「民法及び家事事件手続法の一部を改正する法律について（相続法の改正）」法務省ウェブサイト〈https://www.moj.go.jp/MINJI/minji07_00222.html〉（平成 30 年 7 月 13 日更新、2024 年 5 月 1 日閲覧）、増田勝久「民法（相続法）改正法の解説」法の支配 191 号（2018 年）77 頁。

212

について」を提示、これを受けて設置された民法（相続関係）部会は、平成28年6月21日には「民法（相続関係）等の改正に関する中間試案」[78]、平成29年7月18日には「中間試案後に追加された民法（相続関係）等の改正に関する試案（追加試案）」[79] を取りまとめ、平成30年1月16日「民法（相続関係）等の改正に関する要綱案」を決定、同年2月16日法制審議会第180回総会はこれを全会一致で承認し、「民法（相続関係）等の改正に関する要綱」として法務大臣に答申した。

その後、「要綱」を基に作成された①「民法及び家事事件手続法の一部を改正する法律案」ならびに②「法務局における遺言書の保管等に関する法律案」は、平成30年3月13日第196回国会（常会）に提出され（①閣法第58号・②閣法第59号）、同年7月6日に可決成立、7月13日①法律第72号・②法律第73号として公布された。

3　新旧対照[80]

(1)　改正の特徴

改正には三つの特徴を挙げることができる。①配偶者保護のための方策、②遺言の利用を促進するための方策、そして③相続人を含む利害関係人の実質的

---

(78)　下山洋司「法制審議会民法（相続関係）部会、中間試案取りまとめ」NBL1078号（2016年）13頁、『民法（相続関係）等の改正に関する中間試案（別冊NBL157号）』（商事法務、2016年）。

(79)　『中間試案後に追加された民法（相続関係）等の改正に関する試案（追加試案）（別冊NBL163号）』（商事法務、2017年）。

(80)　山川一陽＝松嶋隆弘（編著）『相続法改正のポイントと実務への影響』（日本加除出版、2018年）、米倉裕樹『条文から読み解く民法「相続法制」改正点と実務への影響』（清文社、2018年）、安達敏男＝吉川樹士＝須田啓介＝安重洋介『相続実務が変わる！　相続法改正ガイドブック』（日本加除出版、2018年）、東京弁護士会（編）『ケースでわかる改正相続法』（弘文堂、2019年）、中込一洋『実務解説改正相続法』（弘文堂、2019年）、潮見佳男＝窪田充見＝中込一洋＝増田勝久＝水野紀子＝山田攝子（編著）『Before/After 相続法改正』（弘文堂、2019年）、潮見佳男（編著）『民法（相続関係）改正法の概要』（金融財政事情研究会、2019年）、大村敦志＝窪田充見（編）『解説民法（相続法）改正のポイント』（有斐閣、2019年）、藤原勇喜『民法債権法・相続法改正と不動産登記』（テイハン、2019年）、松尾弘『家族法改正を読む──親族・相続法改正のポイントとトレンド』（慶應義塾大学出版会、2019年）、デイリー法学選書編修委員会（編）『相続法大改正！　新しい相続・遺産分割のしくみ』（三省堂、2019年）、堂薗幹一郎＝野口宣大（編著）『一問一答新しい相続〔第2版〕』（商事法務、2020年）、堂薗幹一郎＝神吉康二（編著）『概説改正相続法〔第2版〕』（金融財政事情研究会、2021年）。

公平を図るための規定の見直しである。

①配偶者保護のための規定としては、配偶者居住権（1028条1項）、配偶者短期居住権（1037条1項）、配偶者の貢献に応じた遺産の分割等を実現するために持戻し免除の意思表示の推定規定（903条4項）が新設された。

②遺言の利用を促進するための規定として、自筆証書遺言の本文に添付する財産目録については自筆であることを要しないとされたほか（968条2項前段）、遺言を円滑に実現するため、遺言執行人の権限が明確化された（1012条1項、1015条）。また、遺留分減殺請求権については、改正前は、当然に物権的効果が生じ、遺留分侵害の限度で物件返還請求をすることができるとされていたが、改正後は、遺留分減殺請求権の行使によって、遺留分侵害額に相当する金銭債権が生ずるとされており（1046条1項）、これによって遺贈や贈与の効力は否定されないこととなり、遺言者の意思をより尊重する改正となったといえる。

③相続人を含む利害関係人の実質的公平を図るための規定の見直しについては、遺産分割前に遺産に属する財産が処分された場合であっても、共同相続人全員の同意により、当該処分された財産を遺産分割の対象に含めるとした規定（906条の2第1項）や相続人以外の親族に特別寄与料請求権を認める規定（1050条1項）、特定財産承継遺言による権利の取得を第三者に主張するためには登記を要するとした規定（899条の2第1項）等の新設により、相続人間や相続人以外の親族との間の公平性や相続債権者の取引の安全性を実現する改正となったといえる。

(2) 改正の概要

ア 相続による権利の承継に関する規律

相続・遺贈により不動産等の相続財産を取得した場合には、相続債権者など第三者との関係においては、遺産分割や遺贈により権利の承継が行われる場合には対抗要件主義が適用される一方、特定財産承継遺言（いわゆる相続させる旨の遺言）や相続分の指定による権利の承継については、判例[81]で、登記等の対抗要件なくして第三者に対抗することができるとされてきた。そのため、遺言の存在を知り得ない相続債権者等の利益を害し、取引の安全性を害すること

---

(81) 特定財産承継遺言につき、最判平成14年6月10日家月55巻1号77頁。相続分の指定につき、最二小判平成5年7月19日家月46巻5号23頁。

から、特定財産承継遺言や相続分の指定がなされた場合においても、法定相続分を超える部分の承継については、登記等の対抗要件を備えなければ、第三者に対抗できないことが明文化された（899条の2第1項）。

　　イ　相続による義務の承継に関する規律

　相続分の指定がされると、指定相続分に応じた義務の承継がされることになるが（899条）、自ら関知しない事情によって相続債権者が不利益を被るのは相当ではないことから、相続分の指定がされた場合であっても、相続債権者は、各共同相続人に対し、その法定相続分に応じて権利を行使することができるとした（902条の2）。ただし、相続債権者自身が指定相続分に応じた義務の承継を承認した場合には、その利益を保護する必要がないことから、指定相続分に応じた権利行使しかできないものとした。いずれも判例[82]の結論を明文化するものである。

　　ウ　配偶者保護のための持戻し免除の意思表示の推定

　民法903条1項では、相続人が遺贈または贈与によって取得した財産（特別受益）については、当該相続人の相続分の額からその財産の価額を控除することとされている。そこで、配偶者保護の観点から、婚姻期間が20年以上である夫婦の一方配偶者が、他方配偶者に対し、居住用不動産を遺贈または贈与した場合には、903条3項の被相続人の持戻し免除の意思表示があったものと推定し（903条4項）、当該居住用不動産の持戻し計算を不要とすることで、最終的に配偶者がより多くの財産を取得することを可能とした。

　　エ　遺産の分割前に遺産に属する財産を処分した場合の遺産の範囲

　共同相続人が遺産分割前にその共有持分を処分することは禁じられていないが、旧法下では当該処分がされた場合に、遺産分割においてどのような処理をすべきか明文の規定はなく、明確にこれに言及した判例も見当たらなかった。

　遺産分割前に、共同相続人の一人または数人が、共同相続人の同意を得ずに、遺産に属する財産の処分をした場合、当該処分をした者の最終的な取得額が、当該処分をしなかった場合と比べると大きくなり、不公平が生じることになる。そこで、906条の2は、公平な遺産分割の実現のために、当該処分を行った相続人以外の共同相続人の同意があれば、処分された財産が遺産分割時に遺産と

(82) 最三小判平成21年3月24日民集63巻3号427頁。

第２章　平成期の家族法改正

して存在したものとみなすと規定した[83]。

　オ　遺産分割前の単独での預貯金の払戻し制度の創設

　平成28年12月19日の最高裁大法廷決定[84]では、従前の判例を変更し、預貯金債権は、遺産分割の対象に含まれるとの判断を示した。したがって、預貯金債権については、遺産分割までの間は、共同相続人全員の同意を得なければ権利行使することができないこととなった。これによって、共同相続人において相続債務の弁済をする必要がある場合や被相続人から扶養を受けていた共同相続人の当面の生活費の支出、葬儀費用の支払をする必要がある場合に、預貯金を払戻しすることができなくなったため、支障を来すこととなった[85]。そこで、共同相続人の各種の資金需要に迅速に対応するために、各共同相続人が、遺産分割前に、裁判所の判断を経ることなく、一定の範囲[86]で遺産に含まれる預貯金債権についての払戻し請求を認めることとした（909条の2）[87]。

　カ　自筆証書遺言の方式の緩和

　自筆証書遺言は、全文自書が要求されていたが、自筆証書遺言に添付する財産目録については自書以外の方法による作成が可能となった（968条2項）。なお、財産目録については、登記事項証明書や銀行名および口座番号が明らかとなる通帳のコピーを添付することも可能となり、多数の財産を保有する高齢者が自筆証書遺言を作成することが可能となった。

　また、自筆証書遺言については、これを保管する制度がなく、作成後の紛失や、相続人による隠匿または変造等のリスクがあるなどの問題点が指摘されていたため、遺言書保管法の創設により、自筆証書遺言を作成した者が、法務局に遺言書の原本の保管を委ねることが可能となった。

---

(83)　堂薗＝神吉・前掲注（80）37頁。
(84)　最大決平成28年12月19日民集70巻8号2121頁。
(85)　前掲注(84)最大決平成28・12・19における共同補足意見（大谷剛彦裁判官、小貫芳信裁判官、山﨑敏光裁判官、小池裕裁判官、木澤克之裁判官）。
(86)　堂薗＝神吉・前掲注（80）50頁。計算式は、単独で払戻しを請求できる金額＝（相続開始時の預貯金債権の額）×（3分の1）×（当該払戻しを求める共同相続人の法定相続分）である。
(87)　なお、改正法では、預貯金債権の仮分割の仮処分についても、家事事件手続法200条2項の要件を緩和し、家庭裁判所が遺産に属する預貯金債権を行使する必要があると認めるときは、他の共同相続人の利益を害しない限り、遺産に属する特定の預貯金債権の全部または一部を仮に取得させることができることとした（家事事件手続法200条3項）。

キ　遺言執行者の権限の明確化

改正前の民法 1015 条は、遺言執行者は「相続人の代理人とみなす」と規定していたため、遺言執行人は常に相続人の利益のために職務を遂行すべきであるとの誤った認識を相続人に与え、遺言執行者と相続人の間でトラブルになるケースが多かったことから、1012 条で遺言執行者の職務は「遺言の内容を実現するため」と明確化され、1015 条で遺言執行者の行為の効果は、「相続人に対して直接にその効力を生ずる」との表現内容に改められた[88]。

ク　配偶者居住権

配偶者居住権の制度は、被相続人の配偶者に居住建物の使用収益権限のみを認めて、処分権限のない権利を創設することによって、遺産分割の際に、配偶者が居住建物の所有権を取得する場合よりも低廉な価額で居住権を確保できるようにすることを目的としたものである。改正前は、被相続人の配偶者が居住権を確保する手段としては、遺産分割において居住建物の所有権を取得したり、居住建物の所有権を取得した者との間で賃貸借契約等を締結することが考えられるが、前者においては、居住建物の評価額が高額となり、それ以外の財産を取得できなくなるおそれがあり[89]、後者においては、所有者と賃貸借契約等を締結することが困難な場合がありうる。そこで、被相続人の配偶者の居住権を確保し、同時にその他の預貯金等を含めた一定の財産も確保させることを目的として、配偶者居住権が創設された[90]。

ケ　配偶者短期居住権

平成 8 年判例[91]では、相続人の一人が被相続人の許諾を得て、被相続人所有の建物に同居していた場合には、特段の事情のない限り、被相続人とその相続人との間で、被相続人が死亡し相続が開始した後も、遺産分割により建物の所有関係が最終的に確定するまでの間は、引き続き当該相続人に無償で使用さ

---

(88) 堂薗＝神吉・前掲注（80）93 頁、NBL 編集部・前掲注（75）9 頁。
(89) NBL 編集部・前掲注（75）6 頁。例えば、相続人が妻と長男のみで、遺産が自宅（1000万円）と預金（1000万円）であった場合、妻が自宅を取得すると、預金を取得することができなくなり、生活に困窮する場合が想定されるが、妻が 500 万円の価値の配偶者居住権を取得し、長男が配偶者居住権の負担のついた自宅（500 万円）を取得することとなれば、妻も預金 500 万円を取得することが可能となり、生活費の確保につながる。
(90) 堂薗＝神吉・前掲注（80）10 頁。
(91) 最三小判平成 8 年 12 月 17 日民集 50 巻 10 号 2778 頁。

第２章　平成期の家族法改正

せる合意があったと推認されるとしている。しかし、平成８年判例は、当事者の意思の合理的解釈を前提としているため、被相続人が明確にこれとは異なる意思を表示していた場合には、配偶者の居住権は短期的にも保護されない。そこで、改正法では、平成８年判例では保護されない場合を含め、被相続人の意思にかかわらず、配偶者の短期的な居住権を保護するため、配偶者短期居住権を創設した。配偶者短期居住権は、配偶者居住権とは異なり、配偶者が配偶者短期居住権を取得した場合であっても、遺産分割において、配偶者の具体的相続分からその価値が控除されることはない[92]。

　　コ　遺留分侵害額請求権の金銭債権化

　改正前は、遺留分減殺請求権の行使の結果、物権的効果が生ずるとされていたため、遺贈または贈与の目的財産について受遺者等と遺留分権利者の共有となる場合が多かったが、これによって円滑な事業承継が困難になり[93]、あるいは共有関係の解消をめぐって新たな紛争を生じさせるという指摘がされていた。そこで、改正法においては、遺留分に関する権利の行使によって遺留分侵害額に相当する金銭債権が発生するものとした（1046条１項）。もっとも、遺留分権利者から金銭請求を受けた受遺者または受贈者が、金銭を直ちには準備できない場合も考えられることから、受遺者等は、裁判所に対し、金銭債務の全部または一部につき期限の許与を求めることができるとしている（1047条５項）[94]。

　　サ　特別寄与料請求権

　改正前は、寄与分は相続人にのみ認められていたところ（904条の２第１項）、相続人以外の親族が、被相続人に対する療養看護に努め、被相続人の財産の維

---

[92]　堂薗＝神吉・前掲注（80）26頁。

[93]　堂薗＝神吉・前掲注（80）102頁。例えば、被相続人が特定の相続人に家業を継がせるために、株式や店舗等の事業用財産を遺贈等しても、遺留分減殺請求により、株式や店舗等が他の相続人と共有となる結果、事業承継後の経営に支障を来す場合があると指摘されていた。

[94]　NBL編集部・前掲注（75）10頁。なお、法制審議会に設置された民法（相続関係）部会においては、金銭債務の全部または一部の支払に代えて、遺贈または贈与を受けた物で現物給付する制度についても検討が行われていたが、現物給付の内容を誰がどのように指定するのかという問題があり、裁判所がこれを指定することとすると、当事者の予測可能性を欠き法的安定性を害することになり、また受遺者等がこれを指定することとすると、不要な財産の押し付けになる可能性があるなどという理由から、採用されなかった。

持または増加に寄与したとしても、遺産分割手続において寄与分を主張したり、何らかの財産の分配を請求することはできなかった。そこで、実質的公平性の実現のために、相続人以外の親族に対しても特別寄与料請求権が認められることとなった（1050条1項）。904条の2第1項における「特別の寄与」とは、相続人は、相続分に基づく財産の取得をもって満足すべきものと整理されることから、相続人と被相続人の身分関係に基づき通常期待される程度を超える高度な貢献が必要とされている。これに対して、1050条1項の「特別の寄与」とは、特別寄与料の請求者には、相続分が存在しないことから、904条の2第1項の「特別の寄与」とは異なり、その者の貢献に報いるのが相当だと認められる程度の顕著な貢献があったことを意味すると考えられる[95]。

改正法1条改正

目次	目次
……（同右）……	……（略）……
第5編　相続	第5編　相続
……（同右）……	第1章・第2章　（略）
第3章　相続の効力	第3章　相続の効力
第1節　総則（第896条―第899条の2）	第1節　総則（第896条―第899条）
……（同右）……	……（略）……
第8章　遺留分（第1042条―第1049条）	第8章　遺留分（第1028条―第1044条）
第9章　特別の寄与（第1050条）	（新設）

改正法2条改正……「第8章　配偶者の居住の権利」追加

目次	目次
……（同右）……	……（略）……
第8章　配偶者の居住の権利	（追加）
第1節　配偶者居住権（第1028条―第1036条）	
第2節　配偶者短期居住権（第1037条―第1041条）	
第9章　遺留分（第1042条－第1049条）	第8章　遺留分（第1042条―第1049条）
第10章　特別の寄与（第1050条）	第9章　特別の寄与（第1050条）

---

[95]　堂薗＝神吉・前掲注（80）165頁。

第 2 章　平成期の家族法改正

(3) 「第 1 章　総則」

(相続財産に関する費用)	(相続財産に関する費用)
第 885 条　相続財産に関する費用は、その財産の中から支弁する。ただし、相続人の過失によるものは、この限りでない。 (削除)	第 885 条　相続財産に関する費用は、その財産の中から支弁する。ただし、相続人の過失によるものは、この限りでない。 2　前項の費用は、遺留分権利者が贈与の減殺によって得た財産をもって支弁することを要しない。

(4) 「第 3 章　相続の効力」

ア　「第 1 節　総則」

(共同相続における権利の承継の対抗要件)	(新設)
第 899 条の 2　相続による権利の承継は、遺産の分割によるものかどうかにかかわらず、次条及び第 901 条の規定により算定した相続分を超える部分については、登記、登録その他の対抗要件を備えなければ、第三者に対抗することができない。	
2　前項の権利が債権である場合において、次条及び第 901 条の規定により算定した相続分を超えて当該債権を承継した共同相続人が当該債権に係る遺言の内容（遺産の分割により当該債権を承継した場合にあっては、当該債権に係る遺産の分割の内容）を明らかにして債務者にその承継の通知をしたときは、共同相続人の全員が債務者に通知をしたものとみなして、同項の規定を適用する。	

「部会資料 5」6-12 頁⇨「部会第 5 回会議議事録」27-36 頁

XⅢ　平成 30 年 7 月：相続関係改正

⇨「部会資料 9」9-10 頁

⇨「部会資料 11」15-17 頁⇨「部会第 11 回会議議事録」30 頁、34-36 頁

⇨「部会資料 12」17-18 頁⇨「部会第 12 回会議議事録」25 頁

⇨「部会資料 13」11-12 頁⇨「部会第 13 回会議議事録」15-16 頁、17-18 頁

⇨「中間試案」9 頁、「中間試案の補足説明」38-41 頁

⇨「部会資料 14」12 頁⇨「部会第 14 回会議議事録」27 頁

⇨「部会資料 17」4 頁、5-11 頁⇨「部会第 17 回会議議事録」10-11 頁、12-14 頁、25-31 頁

⇨「部会資料 18」13-15 頁⇨「部会第 18 回会議議事録」9-10 頁、17 頁、19 頁、22-24 頁

⇨「部会資料 19-1」11-16 頁⇨「部会第 19 回会議議事録」34-36 頁、37-38 頁

⇨「部会資料 21」26-36 頁⇨「部会第 21 回会議議事録」39-40 頁、42-47 頁、52-53 頁

⇨「部会資料 22-1」14 頁、「部会資料 22-2」30-31 頁⇨「部会第 22 回会議議事録」53-54 頁

⇨「部会資料 23-1」17 頁、「部会資料 23-2」19-21 頁⇨「部会第 23 回会議議事録」2-4 頁

⇨「部会資料 24-1」17 頁、「部会資料 24-2」36-38 頁⇨「部会第 24 回会議議事録」44 頁

⇨「部会資料 25-1」19 頁、「部会資料 25-2」18 頁⇨「部会第 25 回会議議事録」18 頁

⇨「部会資料 26-1」19 頁、「部会資料 26-2」10 頁⇨「部会第 26 回会議議事録」14-15 頁⇨「要綱案」19 頁

⇨「法制審議会〔総会〕第 180 回会議議事録」7 頁⇨「要綱」19 頁

⇨「第 196 回国会〔常会〕衆議院法務委員会会議録」20 号 2 頁、6-7 頁

第2章　平成期の家族法改正

イ　「第2節　相続分」

（遺言による相続分の指定）	（遺言による相続分の指定）
第902条　被相続人は、前2条の規定にかかわらず、遺言で、共同相続人の相続分を定め、又はこれを定めることを第三者に委託することができる。	第902条　被相続人は、前2条の規定にかかわらず、遺言で、共同相続人の相続分を定め、又はこれを定めることを第三者に委託することができる。ただし、被相続人又は第三者は、遺留分に関する規定に違反することができない。
2　（同右）	2　（略）

「部会資料25-1」19頁

（相続分の指定がある場合の債権者の権利の行使）	（新設）
第902条の2　被相続人が相続開始の時において有した債務の債権者は、前条の規定による相続分の指定がされた場合であっても、各共同相続人に対し、第900条及び第901条の規定により算定した相続分に応じてその権利を行使することができる。ただし、その債権者が共同相続人の一人に対してその指定された相続分に応じた債務の承継を承認したときは、この限りでない。	

「部会資料5」6-12頁⇨「部会第5回会議議事録」27-36頁

⇨「部会資料9」9-10頁⇨「部会第9回会議議事録」34-42頁

⇨「部会資料12」18頁

⇨「部会資料13」12頁

⇨「中間試案」9-10頁、「中間試案の補足説明」41-42頁

⇨「部会資料14」13頁

⇨「部会資料17」4-5頁、11-13頁⇨「部会第17回会議議事録」13頁、14-22頁

XⅢ　平成 30 年 7 月：相続関係改正

⇨「部会資料 19-1」16-24 頁⇨「部会第 19 回会議議事録」38-45 頁

⇨「部会資料 21」36-38 頁⇨「部会第 21 回会議議事録」40-41 頁、53-55 頁

⇨「部会資料 22-1」14 頁、「部会資料 22-2」31-32 頁⇨「部会第 22 回会議議事録」54 頁

⇨「部会資料 23-1」17 頁、「部会資料 23-2」22 頁⇨「部会第 23 回会議議事録」2 頁

⇨「部会資料 24-1」17 頁、「部会資料 24-2」39 頁⇨「部会第 24 回会議議事録」44-45 頁

⇨「部会資料 25-1」19 頁、「部会資料 25-2」18 頁⇨「部会第 25 回会議議事録」18 頁

⇨「部会資料 26-1」19 頁、「部会資料 26-2」10 頁⇨「部会第 26 回会議議事録」13 頁⇨「要綱案」19 頁

⇨「法制審議会〔総会〕第 180 回会議議事録」7 頁⇨「要綱」19 頁

（特別受益者の相続分）	（特別受益者の相続分）
第 903 条　共同相続人中に、被相続人から、遺贈を受け、又は婚姻若しくは養子縁組のため若しくは生計の資本として贈与を受けた者があるときは、被相続人が相続開始の時において有した財産の価額にその贈与の価額を加えたものを相続財産とみなし、<u>第 900 条から第 902 条までの規定により算定した</u>相続分の中からその遺贈又は贈与の価額を控除した残額をもってその者の相続分とする。	第 903 条　共同相続人中に、被相続人から、遺贈を受け、又は婚姻若しくは養子縁組のため若しくは生計の資本として贈与を受けた者があるときは、被相続人が相続開始の時において有した財産の価額にその贈与の価額を加えたものを相続財産とみなし、前 3 条の規定により算定した相続分の中からその遺贈又は贈与の価額を控除した残額をもってその者の相続分とする。
2　（同右）	2　（略）
3　被相続人が前 2 項の規定と異なった意思を表示したときは、<u>その意思に従う。</u>	3　被相続人が前 2 項の規定と異なった意思を表示したときは、<u>その意思表示は、遺留分に関する規定に違反しない範囲内で、その効力を有する。</u>

223

第２章　平成期の家族法改正

4　婚姻期間が 20 年以上の夫婦の一方である被相続人が、他の一方に対し、その居住の用に供する建物又はその敷地について遺贈又は贈与をしたときは、当該被相続人は、その遺贈又は贈与について第１項の規定を適用しない旨の意思を表示したものと推定する。	（新設）

「部会資料 1」1-2 頁⇨「部会第 1 回会議議事録」9-10 頁

⇨「部会資料 3」1-7 頁⇨「部会第 3 回会議議事録」1-30 頁

⇨「部会資料 7」1-13 頁⇨「部会第 7 回会議議事録」1-36 頁

⇨「部会資料 11」6-9 頁⇨「部会第 11 回会議議事録」15-16 頁、17-22 頁

⇨「部会資料 12」6-9 頁⇨「部会第 12 回会議議事録」7-8 頁、10-12 頁

⇨「部会資料 13」5-6 頁⇨「部会第 13 回会議議事録」6 頁

⇨「中間試案」4-6 頁、「中間試案の補足説明」15-25 頁

⇨「部会資料 14」4-7 頁⇨「部会第 14 回会議議事録」12-13 頁、15-22 頁

⇨「部会資料 15」15-21 頁⇨「部会第 15 回会議議事録」39-41 頁、41-51 頁

⇨「部会資料 18」1-8 頁⇨「部会第 18 回会議議事録」2-3 頁、3-9 頁

⇨「部会資料 22-1」6 頁、「部会資料 22-2」6 頁⇨「部会第 22 回会議議事録」9 頁

⇨「部会資料 23-1」8 頁、「部会資料 23-2」6 頁、「部会資料 23-3」1 頁⇨「部会第 23 回会議議事録」13 頁

⇨「追加試案」1 頁、「追加試案の補足説明」4-11 頁

⇨「部会資料 24-1」7 頁、「部会資料 24-2」7-8 頁⇨「部会第 24 回会議議事録」2 頁

⇨「部会資料 25-1」9 頁、「部会資料 25-2」9 頁⇨「部会第 25 回会議議事録」5 頁

⇨「部会資料 26-1」9 頁、「部会資料 26-2」4 頁⇨「要綱案」9 頁

⇨「法制審議会〔総会〕第 180 回会議議事録」4 頁⇨「要綱」9 頁

⇨「第 196 回国会〔常会〕衆議院法務委員会会議録」19 号 2 頁、3-5 頁

⇨「第 196 回国会〔常会〕参議院法務委員会会議録」19 号 14-15 頁⇨ 20 号 2 頁、

XⅢ　平成 30 年 7 月：相続関係改正

4 頁

ウ　「第 3 節　遺産の分割」

（遺産の分割前に遺産に属する財産が処分された場合の遺産の範囲） 第 906 条の 2　遺産の分割前に遺産に属する財産が処分された場合であっても、共同相続人は、その全員の同意により、当該処分された財産が遺産の分割時に遺産として存在するものとみなすことができる。 2　前項の規定にかかわらず、共同相続人の一人又は数人により同項の財産が処分されたときは、当該共同相続人については、同項の同意を得ることを要しない。	（新設）

「部会資料 20」7-24 頁⇨「部会第 20 回会議議事録」5-8 頁

⇨「部会資料 21」18-25 頁⇨「部会第 21 回会議議事録」25-26 頁、31-39 頁

⇨「部会資料 22-1」7 頁、「部会資料 22-2」9-17 頁⇨「部会第 22 回会議議事録」9-10 頁、19-32 頁

⇨「部会資料 23-1」9 頁、「部会資料 23-2」6-10 頁、「部会資料 23-3」2 頁⇨「部会第 23 回会議議事録」13-14 頁

⇨「追加試案」2 頁、「追加試案の補足説明」31-57 頁

⇨「部会資料 24-1」8 頁、「部会資料 24-2」14-20 頁⇨「部会第 24 回会議議事録」2-5 頁、9-21 頁

⇨「部会資料 25-1」10 頁、「部会資料 25-2」10-13 頁⇨「部会第 25 回会議議事録」6 頁、10-11 頁

⇨「部会資料 26-1」10 頁、「部会資料 26-2」4 頁⇨「要綱案」10 頁

⇨「法制審議会〔総会〕第 180 回会議議事録」5 頁⇨「要綱」10 頁

⇨「第 196 回国会〔常会〕衆議院法務委員会会議録」20 号 7 頁

225

（遺産の分割の協議又は審判等）	（遺産の分割の協議又は審判等）
第907条　共同相続人は、次条の規定により被相続人が遺言で禁じた場合を除き、いつでも、その協議で、遺産の全部又は一部の分割をすることができる。	第907条　共同相続人は、次条の規定により被相続人が遺言で禁じた場合を除き、いつでも、その協議で、遺産の分割をすることができる。
2　遺産の分割について、共同相続人間に協議が調わないとき、又は協議をすることができないときは、各共同相続人は、その全部又は一部の分割を家庭裁判所に請求することができる。ただし、遺産の一部を分割することにより他の共同相続人の利益を害するおそれがある場合におけるその一部の分割については、この限りでない。	2　遺産の分割について、共同相続人間に協議が調わないとき、又は協議をすることができないときは、各共同相続人は、その分割を家庭裁判所に請求することができる。
3　前項本文の場合において特別の事由があるときは、家庭裁判所は、期間を定めて、遺産の全部又は一部について、その分割を禁ずることができる。	3　前項の場合において特別の事由があるときは、家庭裁判所は、期間を定めて、遺産の全部又は一部について、その分割を禁ずることができる。

「部会資料9」5-7頁

⇨「部会資料11」12-14頁⇨「部会第11回会議議事録」16-17頁、27-29頁

⇨「部会資料12」14-16頁⇨「部会第12回会議議事録」9-10頁、20-24頁

⇨「部会資料13」9-11頁⇨「部会第13回会議議事録」7頁

⇨「中間試案」7-8頁、「中間試案の補足説明」32-36頁

⇨「部会資料14」9-11頁⇨「部会第14回会議議事録」14-15頁

⇨「部会資料18」36-39頁⇨「部会第19回会議議事録」46-47頁、47-49頁

⇨「部会資料21」11-17頁⇨「部会第21回会議議事録」24-25頁、26-31頁

⇨「部会資料22-1」6-7頁、「部会資料22-2」8-9頁⇨「部会第22回会議議事録」9頁

⇨「部会資料23-1」8-9頁、「部会資料23-2」6頁、「部会資料23-3」2頁⇨「部会第23回会議議事録」13頁

⇨「追加試案」2頁、「追加試案の補足説明」24-30頁

XⅢ　平成 30 年 7 月：相続関係改正

⇨「部会資料 24-1」8 頁、「部会資料 24-2」13 頁⇨「部会第 24 回会議議事録」
　2 頁

⇨「部会資料 25-1」10 頁、「部会資料 25-2」10 頁⇨「部会第 25 回会議議事録」
　6 頁

⇨「部会資料 26-1」10 頁、「部会資料 26-2」4 頁⇨「部会第 26 回会議議事録」
　5 頁⇨「要綱案」10 頁

⇨「法制審議会〔総会〕第 180 回会議議事録」5 頁⇨「要綱」10 頁

（遺産の分割前における預貯金債権の行使） 第 909 条の 2　各共同相続人は、遺産に属する預貯金債権のうち相続開始の時の債権額の 3 分の 1 に第 900 条及び第 901 条の規定により算定した当該共同相続人の相続分を乗じた額（標準的な当面の必要生計費、平均的な葬式の費用の額その他の事情を勘案して預貯金債権の債務者ごとに法務省令で定める額を限度とする。）については、単独でその権利を行使することができる。この場合において、当該権利の行使をした預貯金債権については、当該共同相続人が遺産の一部の分割によりこれを取得したものとみなす。	（新設）

「部会資料 1」4 頁⇨「部会第 1 回会議議事録」11-12 頁、17-18 頁

⇨「部会資料 5」1-4 頁⇨「部会第 5 回会議議事録」1-17 頁

⇨「部会資料 9」1-5 頁⇨「部会第 9 回会議議事録」1-28 頁

⇨「部会資料 11」9-12 頁⇨「部会第 11 回会議議事録」16 頁、22-27 頁

⇨「部会資料 12」10-14 頁⇨「部会第 12 回会議議事録」8-9 頁、12-20 頁

⇨「部会資料 13」6-9 頁⇨「部会第 13 回会議議事録」6-7 頁、8-15 頁

⇨「中間試案」6-7 頁、「中間試案の補足説明」25-32 頁

第 2 章　平成期の家族法改正

⇨「部会資料 14」7-9 頁⇨「部会第 14 回会議議事録」13-14 頁、22-23 頁

⇨「部会第 16 回会議議事録」1-2 頁

⇨「部会資料 18」8-13 頁、15-36 頁⇨「部会第 18 回会議議事録」1 頁、9-11 頁、12-46 頁

⇨「部会資料 20」1-6 頁⇨「部会第 20 回会議議事録」4-5 頁、8-34 頁

⇨「部会資料 22-1」6 頁、「部会資料 22-2」6-8 頁⇨「部会第 22 回会議議事録」9 頁、10-19 頁

⇨「部会資料 23-1」8 頁、「部会資料 23-2」6 頁、「部会資料 23-3」1-2 頁⇨「部会第 23 回会議議事録」13 頁、14-28 頁

⇨「追加試案」1 頁、「追加試案の補足説明」12-23 頁

⇨「部会資料 24-1」7 頁、「部会資料 24-2」8-12 頁⇨「部会第 24 回会議議事録」2 頁、5-9 頁

⇨「部会資料 25-1」9 頁、「部会資料 25-2」9-10 頁⇨「部会第 25 回会議議事録」5-10 頁

⇨「部会資料 26-1」9 頁、「部会資料 26-2」4 頁⇨「部会第 26 回会議議事録」5-7 頁⇨「要綱案」9 頁

⇨「法制審議会〔総会〕第 180 回会議議事録」4-5 頁⇨「要綱」9 頁

⇨「第 196 回国会〔常会〕衆議院法務委員会会議録」20 号 2 頁、6 頁、13-14 頁⇨ 21 号 2-3 頁、20 頁

⇨「第 196 回国会〔常会〕参議院法務委員会会議録」19 号 7 頁⇨ 20 号 2 頁⇨ 21 号 6 頁

(5)　「第 7 章　遺言」

ア　「第 1 節　総則」

（包括遺贈及び特定遺贈）	（包括遺贈及び特定遺贈）
第 964 条　遺言者は、包括又は特定の名義で、その財産の全部又は一部を処分することができる。	第 964 条　遺言者は、包括又は特定の名義で、その財産の全部又は一部を処分することができる。ただし、遺留分に関する規定に違反することができない。

228

XIII 平成 30 年 7 月：相続関係改正

イ 「第 2 節 遺言の方式」

（自筆証書遺言）	（自筆証書遺言）
第 968 条 （同右）	第 968 条 （1 項略）
2 前項の規定にかかわらず、自筆証書にこれと一体のものとして相続財産（第 997 条第 1 項に規定する場合における同項に規定する権利を含む。）の全部又は一部の目録を添付する場合には、その目録については、自書することを要しない。この場合において、遺言者は、その目録の毎葉（自書によらない記載がその両面にある場合にあっては、その両面）に署名し、印を押さなければならない。	（新設）
3 自筆証書（前項の目録を含む。）中の加除その他の変更は、遺言者が、その場所を指示し、これを変更した旨を付記して特にこれに署名し、かつ、その変更の場所に印を押さなければ、その効力を生じない。	2 自筆証書中の加除その他の変更は、遺言者が、その場所を指示し、これを変更した旨を付記して特にこれに署名し、かつ、その変更の場所に印を押さなければ、その効力を生じない。

「部会資料 1」4 頁⇨「部会第 1 回会議議事録」12 頁、21-24 頁

⇨「部会資料 5」4-6 頁⇨「部会第 5 回会議議事録」17-27 頁

⇨「部会資料 6」14-16 頁⇨「部会第 6 回会議議事録」31-32 頁、34-41 頁

⇨「部会資料 9」7-9 頁、12-14 頁⇨「部会第 9 回会議議事録」28-34 頁、42-47 頁

⇨「部会資料 11」14-15 頁、17-18 頁⇨「部会第 11 回会議議事録」29-30 頁、31-33 頁、36-44 頁

⇨「部会資料 12」16-17 頁、18-21 頁⇨「部会第 12 回会議議事録」24-25 頁、25-26 頁、27-29 頁

⇨「部会資料 13」11 頁、12-14 頁⇨「部会第 13 回会議議事録」15 頁、16 頁

⇨「中間試案」8-9 頁、10-11 頁、「中間試案の補足説明」36-38 頁、43-46 頁

⇨「部会資料 14」11-12 頁、13-14 頁⇨「部会第 14 回会議議事録」23-25 頁、

229

第 2 章　平成期の家族法改正

26-27 頁、28 頁

⇨「部会資料 17」1-4 頁、14-20 頁⇨「部会第 17 回会議議事録」1-3 頁、3-10 頁、31-33 頁、34-46 頁

⇨「部会資料 22-1」8-9 頁、「部会資料 22-2」18-21 頁⇨「部会第 22 回会議議事録」32-33 頁、34-38 頁

⇨「部会資料 23-1」10-11 頁、「部会資料 23-2」11-13 頁⇨「部会第 23 回会議議事録」37-38 頁、39-42 頁

⇨「部会資料 24-1」9-10 頁、「部会資料 24-2」21-23 頁⇨「部会第 24 回会議議事録」42-43 頁

⇨「部会資料 25-1」11-12 頁、「部会資料 25-2」14 頁⇨「部会第 25 回会議議事録」12-13 頁

⇨「部会資料 26-1」11-12 頁、「部会資料 26-2」5 頁⇨「要綱案」11-12 頁

⇨「法制審議会〔総会〕第 180 回会議議事録」6 頁⇨「要綱」11-12 頁

⇨「第 196 回国会〔常会〕衆議院法務委員会会議録」19 号 5-6 頁、11-13 頁、14-15 頁、20-21 頁⇨ 20 号 2-3 頁、7 頁、17-18 頁⇨ 21 号 3-7 頁、12 頁、14 頁

⇨「第 196 回国会〔常会〕参議院法務委員会会議録」19 号 2 頁、4-5 頁、7-8 頁⇨ 21 号 3-4 頁、10 頁、18 頁

（秘密証書遺言） 第 970 条　（同右） 2　第 968 条第 3 項の規定は、秘密証書による遺言について準用する。	（秘密証書遺言） 第 970 条　（1 項略） 2　第 968 条第 2 項の規定は、秘密証書による遺言について準用する。
（普通の方式による遺言の規定の準用） 第 982 条　第 968 条第 3 項及び第 973 条から第 975 条までの規定は、第 976 条から前条までの規定による遺言について準用する。	（普通の方式による遺言の規定の準用） 第 982 条　第 968 条第 2 項及び第 973 条から第 975 条までの規定は、第 976 条から前条までの規定による遺言について準用する。

ウ 「第3節 遺言の効力」

（遺贈義務者の引渡義務）	（不特定物の遺贈義務者の担保責任）
第998条 遺贈義務者は、遺贈の目的である物又は権利を、相続開始の時（その後に当該物又は権利について遺贈の目的として特定した場合にあっては、その特定した時）の状態で引き渡し、又は移転する義務を負う。ただし、遺言者がその遺言に別段の意思を表示したときは、その意思に従う。	第998条 不特定物を遺贈の目的とした場合において、受遺者がこれにつき第三者から追奪を受けたときは、遺贈義務者は、これに対して、売主と同じく、担保の責任を負う。 2 不特定物を遺贈の目的とした場合において、物に瑕疵があったときは、遺贈義務者は、瑕疵のない物をもってこれに代えなければならない。

「部会資料 10」17-20 頁

⇨「部会資料 11」17 頁

⇨「部会資料 12」18 頁⇨「部会第 12 回会議議事録」51-52 頁、52-53 頁

⇨「部会資料 13」12 頁⇨「部会第 13 回会議議事録」19-20 頁

⇨「中間試案」10 頁、「中間試案の補足説明」42-43 頁

⇨「部会資料 14」13 頁⇨「部会第 14 回会議議事録」24 頁

⇨「部会資料 17」5 頁、13 頁⇨「部会第 17 回会議議事録」11 頁

⇨「部会資料 22-1」9 頁、「部会資料 22-2」21 頁⇨「部会第 22 回会議議事録」
　　33 頁

⇨「部会資料 23-1」11 頁、「部会資料 23-2」13 頁⇨「部会第 23 回会議議事録」
　　38 頁

⇨「部会資料 24-1」10 頁、「部会資料 24-2」23-25 頁⇨「部会第 24 回会議議
　　事録」43-44 頁

⇨「部会資料 25-1」12 頁、「部会資料 25-2」14 頁⇨「部会第 25 回会議議事録」
　　13 頁

⇨「部会資料 26-1」12 頁、「部会資料 26-2」5 頁⇨「要綱案」12 頁

⇨「法制審議会〔総会〕第 180 回会議議事録」6 頁⇨「要綱」12 頁

第2章　平成期の家族法改正

（削除）	（第三者の権利の目的である財産の遺贈）
	第1000条　遺贈の目的である物又は権利が遺言者の死亡の時において第三者の権利の目的であるときは、受遺者は、遺贈義務者に対しその権利を消滅させるべき旨を請求することができない。ただし、遺言者がその遺言に反対の意思を表示したときは、この限りでない。

「部会資料24-1」10頁、「部会資料24-2」25-26頁⇨「部会第24回会議議事録」43頁

エ　「第4節　遺言の執行」

（遺言執行者の任務の開始）	（遺言執行者の任務の開始）
第1007条　（同右→1項）	第1007条　（略）
2　遺言執行者は、その任務を開始したときは、遅滞なく、遺言の内容を相続人に通知しなければならない。	（新設）

「部会第9回会議議事録」50頁

⇨「部会資料22-1」9頁

⇨「部会資料23-1」11-12頁⇨「部会第23回会議議事録」39頁

⇨「部会資料24-1」11頁、「部会資料24-2」27頁

⇨「部会資料26-1」13頁

（遺言執行者の権利義務）	（遺言執行者の権利義務）
第1012条　遺言執行者は、遺言の内容を実現するため、相続財産の管理その他遺言の執行に必要な一切の行為をする権利義務を有する。	第1012条　遺言執行者は、相続財産の管理その他遺言の執行に必要な一切の行為をする権利義務を有する。
2　遺言執行者がある場合には、遺贈の履行は、遺言執行者のみが行うことが	（新設）

できる。	
<u>3</u>　（同右）	<u>2</u>　（略）

　「部会資料6」16-18頁、20-22頁⇨「部会第6回会議議事録」32-33頁、41-42頁

　　⇨「部会資料9」15-20頁⇨「部会第9回会議議事録」48-49頁⇨「部会第10回会議議事録」4-9頁

　　⇨「部会資料11」18頁、20頁⇨「部会第11回会議議事録」30頁

　　⇨「部会資料12」21-22頁、23頁⇨「部会第12回会議議事録」26頁、35-36頁

　　⇨「部会資料13」14-15頁、16-17頁⇨「部会第13回会議議事録」16頁、18-20頁

　　⇨「中間試案」11頁、「中間試案の補足説明」46-48頁

　　⇨「部会資料14」14頁⇨「部会第14回会議議事録」25頁、28頁

　　⇨「部会資料17」21頁、22-23頁⇨「部会第17回会議議事録」22-24頁

　　⇨「部会資料20」25頁、26-32頁⇨「部会第20回会議議事録」34頁、47-49頁

　　⇨「部会資料22-1」9頁⇨「部会第22回会議議事録」54頁、56頁

　　⇨「部会資料23-1」11頁⇨「部会第23回会議議事録」38頁

　　⇨「部会資料24-1」11頁、「部会資料24-2」26-27頁

　　⇨「部会資料25-1」13頁⇨「部会第25回会議議事録」13頁

　　⇨「部会資料26-1」13頁、「部会資料26-2」5-6頁⇨「要綱案」13-14頁

　　⇨「法制審議会〔総会〕第180回会議議事録」6頁⇨「要綱」13-14頁

（遺言の執行の妨害行為の禁止）	（遺言の執行の妨害行為の禁止）
第1013条　（同右→1項）	第1013条　（略）
<u>2</u>　<u>前項の規定に違反してした行為は、無効とする。ただし、これをもって善意の第三者に対抗することができない。</u>	（新設）

第２章　平成期の家族法改正

3　前２項の規定は、相続人の債権者（相続債権者を含む。）が相続財産についてその権利を行使することを妨げない。	（新設）

「部会資料９」15 頁、18 頁⇨「部会第９回会議議事録」48 頁

⇨「部会資料 11」20-21 頁

⇨「部会資料 12」22 頁⇨「部会第 12 回会議議事録」26 頁、30-31 頁

⇨「部会資料 13」15 頁

⇨「中間試案」11 頁、「中間試案の補足説明」48-49 頁

⇨「部会資料 14」14-15 頁⇨「部会第 14 回会議議事録」25 頁

⇨「部会資料 17」23-24 頁

⇨「部会資料 21」38-42 頁⇨「部会第 21 回会議議事録」41-42 頁、48-52 頁

⇨「部会資料 22-1」14 頁、「部会資料 22-2」32-34 頁

⇨「部会資料 23-1」18 頁

⇨「部会資料 24-1」17-18 頁

⇨「部会資料 25-1」19-20 頁、「部会資料 25-2」18-19 頁

⇨「部会資料 26-1」19 頁、「部会資料 26-2」11 頁⇨「要綱案」19 頁

⇨「法制審議会〔総会〕第 180 回会議議事録」7 頁⇨「要綱」19 頁

（特定財産に関する遺言の執行） 第 1014 条　（同右→１項）	（特定財産に関する遺言の執行） 第 1014 条　（略）
2　遺産の分割の方法の指定として遺産に属する特定の財産を共同相続人の一人又は数人に承継させる旨の遺言（以下「特定財産承継遺言」という。）があったときは、遺言執行者は、当該共同相続人が第 899 条の２第１項に規定する対抗要件を備えるために必要な行為をすることができる。	（新設）
3　前項の財産が預貯金債権である場合には、遺言執行者は、同項に規定する	（新設）

行為のほか、その預金又は貯金の払戻しの請求及びその預金又は貯金に係る契約の解約の申入れをすることができる。ただし、解約の申入れについては、その預貯金債権の全部が特定財産承継遺言の目的である場合に限る。	
<u>4</u> 　前2項の規定にかかわらず、被相続人が遺言で別段の意思を表示したときは、その意思に従う。	（新設）

「部会資料6」18-20頁⇨「部会第6回会議議事録」33-34頁、43-50頁

⇨「部会資料9」15-16頁、17-20頁⇨「部会第9回会議議事録」48-53頁⇨「部会第10回会議議事録」1-4頁、10-12頁

⇨「部会資料11」18-19頁⇨「部会第11回会議議事録」30-31頁、44-47頁

⇨「部会資料12」22頁、23-24頁⇨「部会第12回会議議事録」26-27頁、31-35頁

⇨「部会資料13」15-16頁、17頁⇨「部会第13回会議議事録」16-17頁、20-25頁

⇨「中間試案」11-12頁、「中間試案の補足説明」49-52頁

⇨「部会資料14」15-16頁⇨「部会第14回会議議事録」25-26頁、29-30頁

⇨「部会資料17」25-27頁

⇨「部会資料20」25-26頁、32-36頁⇨「部会第20回会議議事録」34-36頁、36-47頁

⇨「部会資料22-1」9-10頁、「部会資料22-2」21-24頁⇨「部会第22回会議議事録」33-34頁、38-47頁

⇨「部会資料23-1」12頁

⇨「部会資料24-1」11-12頁

⇨「部会資料25-1」13-14頁⇨「部会第25回会議議事録」13-15頁

⇨「部会資料26-1」13-14頁、「部会資料26-2」5-6頁⇨「部会第26回会議議事録」5-7頁

（遺言執行者の行為の効果）	（遺言執行者の地位）
第1015条　遺言執行者がその権限内において遺言執行者であることを示してした行為は、相続人に対して直接にその効力を生ずる。	第1015条　遺言執行者は、相続人の代理人とみなす。

「部会資料22-1」9頁

⇨「部会資料23-1」11頁

⇨「部会資料24-1」11頁

⇨「部会資料25-1」13頁、「部会資料25-2」14-15頁

⇨「部会資料26-1」13頁

（遺言執行者の復任権）	（遺言執行者の復任権）
第1016条　遺言執行者は、自己の責任で第三者にその任務を行わせることができる。ただし、遺言者がその遺言に別段の意思を表示したときは、その意思に従う。 2　前項本文の場合において、第三者に任務を行わせることについてやむを得ない事由があるときは、遺言執行者は、相続人に対してその選任及び監督についての責任のみを負う。	第1016条　遺言執行者は、やむを得ない事由がなければ、第三者にその任務を行わせることができない。ただし、遺言者がその遺言に反対の意思を表示したときは、この限りでない。 2　遺言執行者が前項ただし書の規定により第三者にその任務を行わせる場合には、相続人に対して、第105条に規定する責任を負う。

「部会資料6」17-18頁⇨「部会第6回会議議事録」33頁、34頁、42-43頁

⇨「部会資料9」15-16頁、20-21頁⇨「部会第9回会議議事録」49頁

⇨「部会資料11」19頁

⇨「部会資料12」23頁、24頁⇨「部会第12回会議議事録」29-30頁

⇨「部会資料13」16頁、17-18頁⇨「部会第13回会議議事録」17頁

⇨「中間試案」12頁、「中間試案の補足説明」52-55頁

⇨「部会資料14」16頁⇨「部会第14回会議議事録」26頁

⇨「部会資料17」27-28頁

⇨「部会資料22-1」10頁⇨「部会第22回会議議事録」33頁

XⅢ　平成 30 年 7 月：相続関係改正

⇨「部会資料 23-1」12 頁
⇨「部会資料 24-1」12 頁
⇨「部会資料 25-1」14 頁
⇨「部会資料 26-1」14 頁

オ　「第 5 節　遺言の撤回及び取消し」

（撤回された遺言の効力）	（撤回された遺言の効力）
第 1025 条　前 3 条の規定により撤回された遺言は、その撤回の行為が、撤回され、取り消され、又は効力を生じなくなるに至ったときであっても、その効力を回復しない。ただし、その行為が錯誤、詐欺又は強迫による場合は、この限りでない。	第 1025 条　前 3 条の規定により撤回された遺言は、その撤回の行為が、撤回され、取り消され、又は効力を生じなくなるに至ったときであっても、その効力を回復しない。ただし、その行為が詐欺又は強迫による場合は、この限りでない。

「部会資料 24-1」10 頁

(6)　「第 8 章　配偶者の居住の権利」

ア　「第 1 節　配偶者居住権」

（配偶者居住権）	（新設）
第 1028 条　被相続人の配偶者（以下この章において単に「配偶者」という。）は、被相続人の財産に属した建物に相続開始の時に居住していた場合において、次の各号のいずれかに該当するときは、その居住していた建物（以下この節において「居住建物」という。）の全部について無償で使用及び収益をする権利（以下この章において「配偶者居住権」という。）を取得する。ただし、被相続人が相続開始の時に居住	

237

建物を配偶者以外の者と共有していた場合にあっては、この限りでない。 一　遺産の分割によって配偶者居住権を取得するものとされたとき。 二　配偶者居住権が遺贈の目的とされたとき。 2　居住建物が配偶者の財産に属することとなった場合であっても、他の者がその共有持分を有するときは、配偶者居住権は、消滅しない。 3　第903条第4項の規定は、配偶者居住権の遺贈について準用する。

「部会資料1」1頁⇨「部会第1回会議議事録」8-9頁

⇨「部会資料2」6-13頁⇨「部会第2回会議議事録」5-7頁、29-48頁

⇨「部会資料6」6-14頁⇨「部会第6回会議議事録」11-31頁

⇨「部会資料11」2-6頁⇨「部会第11回会議議事録」2-3頁、3-15頁

⇨「部会資料12」3-6頁⇨「部会第12回会議議事録」2頁、2-7頁

⇨「部会資料13」2-5頁⇨「部会第13回会議議事録」1-2頁、2-6頁

⇨「中間試案」2-4頁、「中間試案の補足説明」7-12頁

⇨「部会資料14」1-4頁⇨「部会第14回会議議事録」2-4頁、4-12頁

⇨「部会資料15」7頁⇨「部会第15回会議議事録」32-39頁

⇨「部会資料19-1」8頁、10-11頁、「部会資料19-2」1-11頁⇨「部会第19回会議議事録」1-3頁、3-6頁、6-17頁

⇨「部会資料21」6頁⇨「部会第21回会議議事録」15頁、20-24頁

⇨「部会資料22-1」3-4頁、「部会資料22-2」3頁⇨「部会第22回会議議事録」2-3頁

⇨「部会資料23-1」3-4頁、「部会資料23-2」2頁⇨「部会第23回会議議事録」29頁

⇨「部会資料24-1」3-4頁、「部会資料24-2」3-4頁⇨「部会第24回会議議事録」32頁

⇨「部会資料25-1」4頁、「部会資料25-2」5-8頁⇨「部会第25回会議議事録」

XⅢ　平成 30 年 7 月：相続関係改正

2-3 頁

⇨「部会資料 26-1」4 頁、「部会資料 26-2」2-3 頁⇨「部会第 26 回会議議事録」
1-5 頁⇨「要綱案」4-8 頁

⇨「法制審議会〔総会〕第 180 回会議議事録」3-4 頁、8-10 頁⇨「要綱」4-8
頁

⇨「第 196 回国会〔常会〕衆議院法務委員会会議録」19 号 2-3 頁、6 頁、
19-20 頁⇨ 20 号 2 頁、6 頁、8 頁、10-12 頁⇨ 21 号 20-21 頁

⇨「第 196 回国会〔常会〕参議院法務委員会会議録」19 号 2-3 頁、3-4 頁、
11-12 頁⇨ 20 号 2 頁、5 頁、6 頁⇨ 21 号 5 頁、8-10 頁

（審判による配偶者居住権の取得） **第 1029 条**　遺産の分割の請求を受けた家庭裁判所は、次に掲げる場合に限り、配偶者が配偶者居住権を取得する旨を定めることができる。 　一　共同相続人間に配偶者が配偶者居住権を取得することについて合意が成立しているとき。 　二　配偶者が家庭裁判所に対して配偶者居住権の取得を希望する旨を申し出た場合において、居住建物の所有者の受ける不利益の程度を考慮してもなお配偶者の生活を維持するために特に必要があると認めるとき（前号に掲げる場合を除く。）。	（新設）

「部会資料 2」6 頁、8 頁

⇨「部会資料 11」3 頁、4 頁

⇨「部会資料 12」4 頁、6 頁⇨「部会第 12 回会議議事録」2 頁

⇨「部会資料 15」7 頁、9-11 頁

⇨「部会資料 19-1」9-10 頁

⇨「部会資料 21」6 頁

第2章　平成期の家族法改正

⇨「部会資料 22-1」3 頁

⇨「部会資料 23-1」4 頁

⇨「部会資料 24-1」4 頁

⇨「部会資料 25-1」4-5 頁

⇨「部会資料 26-1」4-5 頁

（配偶者居住権の存続期間）	（新設）
第 1030 条　配偶者居住権の存続期間は、配偶者の終身の間とする。ただし、遺産の分割の協議若しくは遺言に別段の定めがあるとき、又は家庭裁判所が遺産の分割の審判において別段の定めをしたときは、その定めるところによる。	

「部会資料 2」6 頁、10 頁⇨「部会第 2 回会議議事録」7 頁

⇨「部会資料 11」2 頁

⇨「部会資料 12」3 頁

⇨「部会資料 13」2 頁

⇨「中間試案」2 頁、「中間試案の補足説明」7-8 頁

⇨「部会資料 21」6 頁

⇨「部会資料 22-1」3 頁、「部会資料 22-2」3-4 頁⇨「部会第 22 回会議議事録」2 頁、8 頁

⇨「部会資料 23-1」4 頁、「部会資料 23-2」2 頁⇨「部会第 23 回会議議事録」35-37 頁

⇨「部会資料 24-1」4 頁、「部会資料 24-2」3-4 頁⇨「部会第 24 回会議議事録」32 頁

⇨「部会資料 25-1」5 頁

⇨「部会資料 26-1」5 頁

（配偶者居住権の登記等）	（新設）
第 1031 条　居住建物の所有者は、配偶者（配偶者居住権を取得した配偶者に限る。以下この節において同じ。）に対し、配偶者居住権の設定の登記を備えさせる義務を負う。	
2　　第 605 条の規定は配偶者居住権について、第 605 条の 4 の規定は配偶者居住権の設定の登記を備えた場合について準用する。	

「部会資料 2」6 頁、10-11 頁⇨「部会第 2 回会議議事録」5 頁、7 頁

⇨「部会資料 11」2 頁

⇨「部会資料 12」4 頁

⇨「部会資料 13」3 頁

⇨「中間試案」3 頁、「中間試案の補足説明」10 頁、13 頁

⇨「部会資料 15」8 頁、14-15 頁

⇨「部会資料 21」7 頁、9 頁

⇨「部会資料 22-1」4 頁、「部会資料 22-2」4-5 頁⇨「部会第 22 回会議議事録」2 頁、3 頁、4-5 頁

⇨「部会資料 23-1」5 頁、「部会資料 23-2」5 頁

⇨「部会資料 24-1」5 頁

⇨「部会資料 25-1」5 頁

⇨「部会資料 26-1」5 頁

（配偶者による使用及び収益）	（新設）
第 1032 条　配偶者は、従前の用法に従い、善良な管理者の注意をもって、居住建物の使用及び収益をしなければならない。ただし、従前居住の用に供していなかった部分について、これを居	

第２章　平成期の家族法改正

住の用に供することを妨げない。 2　配偶者居住権は、譲渡することができない。 3　配偶者は、居住建物の所有者の承諾を得なければ、居住建物の改築若しくは増築をし、又は第三者に居住建物の使用若しくは収益をさせることができない。 4　配偶者が第1項又は前項の規定に違反した場合において、居住建物の所有者が相当の期間を定めてその是正の催告をし、その期間内に是正がされないときは、居住建物の所有者は、当該配偶者に対する意思表示によって配偶者居住権を消滅させることができる。	

「部会資料2」6頁、9-10頁⇨「部会第2回会議議事録」6-7頁

⇨「部会資料11」2-3頁

⇨「部会資料12」4頁、6頁

⇨「部会資料13」3頁

⇨「中間試案」3頁、「中間試案の補足説明」12-13頁

⇨「部会資料15」12-13頁

⇨「部会資料21」7頁

⇨「部会資料22-1」4頁⇨「部会第22回会議議事録」5-8頁

⇨「部会資料23-1」4-6頁

⇨「部会資料24-1」4-5頁⇨「部会第24回会議議事録」32頁

⇨「部会資料25-1」5-6頁、「部会資料25-2」7-8頁

⇨「部会資料26-1」5-6頁

（居住建物の修繕等） 第1033条　配偶者は、居住建物の使用	（新設）

XIII　平成 30 年 7 月：相続関係改正

及び収益に必要な修繕をすることができる。 2　居住建物の修繕が必要である場合において、配偶者が相当の期間内に必要な修繕をしないときは、居住建物の所有者は、その修繕をすることができる。 3　居住建物が修繕を要するとき（第1項の規定により配偶者が自らその修繕をするときを除く。）、又は居住建物について権利を主張する者があるときは、配偶者は、居住建物の所有者に対し、遅滞なくその旨を通知しなければならない。ただし、居住建物の所有者が既にこれを知っているときは、この限りでない。	

「部会資料 11」3 頁

⇨「部会資料 13」3 頁⇨「部会第 12 回会議議事録」2 頁

⇨「中間試案」3 頁、「中間試案の補足説明」12 頁

⇨「部会資料 15」12 頁

⇨「部会資料 21」7 頁

⇨「部会資料 22-1」4 頁

⇨「部会資料 23-1」5-6 頁、「部会資料 23-2」3-4 頁⇨「部会第 23 回会議議事録」29-31 頁

⇨「部会資料 25-1」6 頁、「部会資料 25-2」8 頁

⇨「部会資料 26-1」6 頁

（居住建物の費用の負担） 第 1034 条　配偶者は、居住建物の通常の必要費を負担する。 2　第 583 条第 2 項の規定は、前項の通常の必要費以外の費用について準用する。	（新設）

243

「部会資料 13」3 頁

⇨「中間試案」3 頁、「中間試案の補足説明」12 頁

⇨「部会資料 15」12 頁

⇨「部会資料 21」7 頁

⇨「部会資料 23-1」4-5 頁

⇨「部会第 24 回会議議事録」32 頁

⇨「部会資料 25-1」6 頁

⇨「部会資料 26-1」6-7 頁

（居住建物の返還等）	（新設）
第 1035 条　配偶者は、配偶者居住権が消滅したときは、居住建物の返還をしなければならない。ただし、配偶者が居住建物について共有持分を有する場合は、居住建物の所有者は、配偶者居住権が消滅したことを理由としては、居住建物の返還を求めることができない。 <u>2</u>　第 599 条第 1 項及び第 2 項並びに第 621 条の規定は、前項本文の規定により配偶者が相続の開始後に附属させた物がある居住建物又は相続の開始後に生じた損傷がある居住建物の返還をする場合について準用する。	

「部会資料 13」3 頁

⇨「中間試案」3 頁、「中間試案の補足説明」13-14 頁

⇨「部会資料 21」8 頁

⇨「部会資料 22-1」5 頁

⇨「部会資料 23-1」6-7 頁

⇨「部会資料 24-1」6 頁

⇨「部会資料 25-1」7-8 頁

XⅢ 平成 30 年 7 月：相続関係改正

⇨「部会資料 26-1」7-8 頁

（使用貸借及び賃貸借の規定の準用）	（新設）
第 1036 条　第 597 条第 1 項及び第 3 項、第 600 条、第 613 条並びに第 616 条の 2 の規定は、配偶者居住権について準用する。	

「部会資料 21」9-10 頁

イ　「第 2 節　配偶者短期居住権」

（配偶者短期居住権）	（新設）
第 1037 条　配偶者は、被相続人の財産に属した建物に相続開始の時に無償で居住していた場合には、次の各号に掲げる区分に応じてそれぞれ当該各号に定める日までの間、その居住していた建物（以下この節において「居住建物」という。）の所有権を相続又は遺贈により取得した者（以下この節において「居住建物取得者」という。）に対し、居住建物について無償で使用する権利（居住建物の一部のみを無償で使用していた場合にあっては、その部分について無償で使用する権利。以下この節において「配偶者短期居住権」という。）を有する。ただし、配偶者が、相続開始の時において居住建物に係る配偶者居住権を取得したとき、又は第 891 条の規定に該当し若しくは廃除によってその相続権を失ったときは、この限りでない。 一　居住建物について配偶者を含む共	

245

同相続人間で遺産の分割をすべき場合　遺産の分割により居住建物の帰属が確定した日又は相続開始の時から6箇月を経過する日のいずれか遅い日 二　前号に掲げる場合以外の場合　第3項の申入れの日から6箇月を経過する日 2　前項本文の場合においては、居住建物取得者は、第三者に対する居住建物の譲渡その他の方法により配偶者の居住建物の使用を妨げてはならない。 3　居住建物取得者は、第1項第1号に掲げる場合を除くほか、いつでも配偶者短期居住権の消滅の申入れをすることができる。	

「部会資料2」2-6頁⇨「部会第2回会議議事録」2-5頁、9-29頁

⇨「部会資料6」1-6頁⇨「部会第6回会議議事録」1-11頁

⇨「部会資料11」1-2頁⇨「部会第11回会議議事録」2頁

⇨「部会資料12」1頁⇨「部会第12回会議議事録」1-2頁

⇨「部会資料13」1頁⇨「部会第13回会議議事録」1頁、2-6頁

⇨「中間試案」1-2頁、「中間試案の補足説明」2-5頁

⇨「部会資料14」1頁⇨「部会第14回会議議事録」1-2頁

⇨「部会資料15」1-7頁⇨「部会第15回会議議事録」1-3頁、3-32頁

⇨「部会資料21」1頁、3-6頁⇨「部会第21回会議議事録」14-15頁、15-20頁

⇨「部会資料22-1」1頁、「部会資料22-2」1-3頁⇨「部会第22回会議議事録」1-2頁

⇨「部会資料23-1」1頁、「部会資料23-2」1頁⇨「部会第23回会議議事録」28-29頁

⇨「部会資料24-1」1頁、「部会資料24-2」1-2頁⇨「部会第24回会議議事録」

XIII 平成30年7月：相続関係改正

32頁、33-40頁

⇨「部会資料25-1」1頁、「部会資料25-2」1-5頁⇨「部会第25回会議議事録」
1-2頁、3-5頁

⇨「部会資料26-1」1頁、「部会資料26-2」1頁⇨「部会第26回会議議事録」
1頁⇨「要綱案」1-4頁

⇨「法制審議会〔総会〕第180回会議議事録」3頁、9頁⇨「要綱」1-4頁

（配偶者による使用）	（新設）
第1038条　配偶者（配偶者短期居住権を有する配偶者に限る。以下この節において同じ。）は、従前の用法に従い、善良な管理者の注意をもって、居住建物の使用をしなければならない。 2　配偶者は、居住建物取得者の承諾を得なければ、第三者に居住建物の使用をさせることができない。 3　配偶者が前2項の規定に違反したときは、居住建物取得者は、当該配偶者に対する意思表示によって配偶者短期居住権を消滅させることができる。	

「部会資料11」1頁

⇨「部会資料12」1頁

⇨「部会資料13」1頁

⇨「中間試案」1頁、「中間試案の補足説明」5-6頁

⇨「部会資料15」1-2頁、4頁

⇨「部会資料21」1-2頁

⇨「部会資料22-1」1頁

⇨「部会資料23-1」1頁、「部会資料23-2」1頁

⇨「部会資料24-1」1-2頁

⇨「部会資料25-1」2頁

⇨「部会資料26-1」1-2頁

(配偶者居住権の取得による配偶者短期居住権の消滅) 第1039条　配偶者が居住建物に係る配偶者居住権を取得したときは、配偶者短期居住権は、消滅する。	（新設）

「部会資料21」2頁
　⇨「部会資料22-1」1頁
　⇨「部会資料23-1」1頁、「部会資料23-2」1-2頁
　⇨「部会資料24-1」2頁、「部会資料24-2」3頁
　⇨「部会資料25-1」2頁
　⇨「部会資料26-1」2頁

(居住建物の返還等) 第1040条　配偶者は、前条に規定する場合を除き、配偶者短期居住権が消滅したときは、居住建物の返還をしなければならない。ただし、配偶者が居住建物について共有持分を有する場合は、居住建物取得者は、配偶者短期居住権が消滅したことを理由としては、居住建物の返還を求めることができない。 2　第599条第1項及び第2項並びに第621条の規定は、前項本文の規定により配偶者が相続の開始後に附属させた物がある居住建物又は相続の開始後に生じた損傷がある居住建物の返還をする場合について準用する。	（新設）

「部会資料12」2頁
　⇨「部会資料13」2頁

XⅢ　平成30年7月：相続関係改正

⇨「中間試案」1-2頁、「中間試案の補足説明」6-7頁

⇨「部会資料15」2頁、5-6頁

⇨「部会資料21」2頁

⇨「部会資料22-1」2-3頁

⇨「部会資料23-1」2-3頁

⇨「部会資料24-1」2-3頁

⇨「部会資料25-2」3-4頁

⇨「部会資料26-1」2-4頁

（使用貸借等の規定の準用）	（新設）
第1041条　第597条第3項、第600条、第616条の2、第1032条第2項、第1033条及び第1034条の規定は、配偶者短期居住権について準用する。	

「部会資料21」5頁

(7)　「第9章　遺留分」

ア　遺留分の算定

（遺留分の帰属及びその割合）	（遺留分の帰属及びその割合）
第1042条　兄弟姉妹以外の相続人は、遺留分として、次条第1項に規定する遺留分を算定するための財産の価額に、次の各号に掲げる区分に応じてそれぞれ当該各号に定める割合を乗じた額を受ける。	第1028条　兄弟姉妹以外の相続人は、遺留分として、次の各号に掲げる区分に応じてそれぞれ当該各号に定める割合に相当する額を受ける。
一　直系尊属のみが相続人である場合　3分の1	一　直系尊属のみが相続人である場合　被相続人の財産の3分の1
二　前号に掲げる場合以外の場合　2分の1	二　前号に掲げる場合以外の場合　被相続人の財産の2分の1
2　相続人が数人ある場合には、前項各号に定める割合は、これらに第900条	（新設）

249

及び第 901 条の規定により算定したその各自の相続分を乗じた割合とする。	
（遺留分を算定するための財産の価額） 第 1043 条　遺留分を算定するための財産の価額は、被相続人が相続開始の時において有した財産の価額にその贈与した財産の価額を加えた額から債務の全額を控除した額とする。 2　（同右）	（遺留分の算定） 第 1029 条　遺留分は、被相続人が相続開始の時において有した財産の価額にその贈与した財産の価額を加えた額から債務の全額を控除して、これを算定する。 2　（略）

「部会資料 10」4-12 頁⇨「部会第 10 回会議議事録」25-30 頁、31-38 頁

⇨「部会資料 11」26 頁

⇨「部会資料 12」35-36 頁⇨「部会第 12 回会議議事録」40 頁、49 頁

⇨「部会資料 13」22 頁

⇨「中間試案」15 頁、「中間試案の補足説明」75-76 頁

⇨「部会資料 14」23 頁

⇨「部会資料 16」18-25 頁

第 1044 条　（同右→ 1 項） 2　第 904 条の規定は、前項に規定する贈与の価額について準用する。 3　相続人に対する贈与についての第 1 項の規定の適用については、同項中「1 年」とあるのは「10 年」と、「価額」とあるのは「価額（婚姻若しくは養子縁組のため又は生計の資本として受けた贈与の価額に限る。）」とする。	第 1030 条　（略） （新設） （新設）

「部会資料 4」6-13 頁⇨「部会第 4 回会議議事録」22-51 頁

⇨「部会資料 8」4-18 頁⇨「部会第 8 回会議議事録」23-51 頁

⇨「部会資料 11」23-26 頁⇨「部会第 11 回会議議事録」48-49 頁

⇨「部会資料 12」28-35 頁⇨「部会第 12 回会議議事録」37-40 頁、46-49 頁

XⅢ　平成 30 年 7 月：相続関係改正

⇨「部会資料 13」20-22 頁⇨「部会第 13 回会議議事録」26 頁

⇨「中間試案」14 頁、「中間試案の補足説明」61-74 頁

⇨「部会資料 14」21-23 頁⇨「部会第 14 回会議議事録」41-42 頁

⇨「部会資料 16」13-15 頁⇨「部会第 16 回会議議事録」26-27 頁、30-39 頁

⇨「部会資料 20」46-48 頁

⇨「部会資料 22-1」12-13 頁、「部会資料 22-2」27-29 頁⇨「部会第 22 回会議
　議事録」48 頁

⇨「部会資料 23-1」14 頁

⇨「部会資料 24-1」14-15 頁、「部会資料 24-2」34-35 頁

⇨「部会資料 25-1」16-17 頁、「部会資料 25-2」16-17 頁⇨「部会第 25 回会議
　議事録」16-18 頁

⇨「部会資料 26-1」16 頁、「部会資料 26-2」9 頁⇨「部会第 26 回会議議事録」
　13 頁⇨「要綱案」16-17 頁

⇨「法制審議会〔総会〕第 180 回会議議事録」7 頁⇨「要綱」16-17 頁

イ　遺留分侵害額請求権

（削除）〔→ 1046 条〕	（遺贈又は贈与の減殺請求） 第 1031 条　遺留分権利者及びその承継人は、遺留分を保全するのに必要な限度で、遺贈及び前条に規定する贈与の減殺を請求することができる。
（削除）〔→ 1043 条 2 項〕	（条件付権利等の贈与又は遺贈の一部の減殺） 第 1032 条　条件付きの権利又は存続期間の不確定な権利を贈与又は遺贈の目的とした場合において、その贈与又は遺贈の一部を減殺すべきときは、遺留分権利者は、第 1029 条第 2 項の規定により定めた価格に従い、直ちにその残部の価額を受贈者又は受遺者に給付しなければならない。

251

第2章　平成期の家族法改正

（削除）〔→ 1047 条 1 項 1 号〕	**（贈与と遺贈の減殺の順序）** 第 1033 条　贈与は、遺贈を減殺した後でなければ、減殺することができない。
（削除）〔→ 1047 条 1 項 2 号〕	**（遺贈の減殺の割合）** 第 1034 条　遺贈は、その目的の価額の割合に応じて減殺する。ただし、遺言者がその遺言に別段の意思を表示したときは、その意思に従う。
（削除）〔→ 1047 条 1 項 3 号〕	**（贈与の減殺の順序）** 第 1035 条　贈与の減殺は、後の贈与から順次前の贈与に対してする。
（削除）	**（受贈者による果実の返還）** 第 1036 条　受贈者は、その返還すべき財産のほか、減殺の請求があった日以後の果実を返還しなければならない。
（削除）〔→ 1047 条 4 項〕	**（受贈者の無資力による損失の負担）** 第 1037 条　減殺を受けるべき受贈者の無資力によって生じた損失は、遺留分権利者の負担に帰する。
（削除）〔→ 1045 条 1 項〕	**（負担付贈与の減殺請求）** 第 1038 条　負担付贈与は、その目的の価額から負担の価額を控除したものについて、その減殺を請求することができる。
（見出し削除） 第 1045 条　負担付贈与がされた場合における第 1043 条第 1 項に規定する贈与した財産の価額は、その目的の価額から負担の価額を控除した額とする。 2　不相当な対価をもってした有償行為は、当事者双方が遺留分権利者に損害	**（不相当な対価による有償行為）** 第 1039 条　不相当な対価をもってした有償行為は、当事者双方が遺留分権利者に損害を加えることを知ってしたものに限り、これを贈与とみなす。この場合において、遺留分権利者がその減殺を請求するときは、その対価を償還

252

を加えることを知ってしたものに限り、当該対価を負担の価額とする負担付贈与とみなす。	しなければならない。

「部会資料13」22-25頁（後注）2 ⇨「部会第13回会議議事録」26-27頁

⇨「中間試案」15頁（後注）2、「中間試案の補足説明」77-79頁

⇨「部会資料14」23-24頁

⇨「部会資料16」15-17頁、17-18頁⇨「部会第16回会議議事録」27-28頁、28-30頁

⇨「部会資料23-1」14-15頁

⇨「部会資料25-1」17頁

⇨「部会資料26-1」16-17頁⇨「要綱案」15-16頁

⇨「法制審議会〔総会〕第180回会議議事録」6-7頁⇨「要綱」16-17頁

（遺留分侵害額の請求） **第1046条**　遺留分権利者及びその承継人は、受遺者（特定財産承継遺言により財産を承継し又は相続分の指定を受けた相続人を含む。以下この章において同じ。）又は受贈者に対し、遺留分侵害額に相当する金銭の支払を請求することができる。 2　遺留分侵害額は、第1042条の規定による遺留分から第1号及び第2号に掲げる額を控除し、これに第3号に掲げる額を加算して算定する。 　一　遺留分権利者が受けた遺贈又は第903条第1項に規定する贈与の価額 　二　第900条から第902条まで、第903条及び第904条の規定により算定した相続分に応じて遺留分権利者	（新設）

が取得すべき遺産の価額 三　被相続人が相続開始の時において 　有した債務のうち、第899条の規定 　により遺留分権利者が承継する債務 　（次条第3項において「遺留分権利 　者承継債務」という。）の額	

「部会資料1」3-4頁⇨「部会第1回会議議事録」10-11頁

⇨「部会資料4」1-6頁⇨「部会第4回会議議事録」1-22頁

⇨「部会資料8」1-4頁⇨「部会第8回会議議事録」1-23頁

⇨「部会資料10」1-4頁⇨「部会第10回会議議事録」12-25頁

⇨「部会資料11」21-23頁⇨「部会第11回会議議事録」48頁、50-54頁

⇨「部会資料12」24-28頁⇨「部会第12回会議議事録」37頁、40-46頁

⇨「部会資料13」18-20頁⇨「部会第13回会議議事録」25-26頁、27-32頁

⇨「中間試案」12-14頁、「中間試案の補足説明」55-61頁

⇨「部会資料14」16-21頁⇨「部会第14回会議議事録」30-32頁、32-41頁

⇨「部会資料16」1-13頁⇨「部会第16回会議議事録」2-8頁、8-26頁

⇨「部会資料20」37-46頁⇨「部会第20回会議議事録」49-51頁、51-54頁

⇨「部会資料20-2」1-3頁⇨「部会第21回会議議事録」1-14頁

⇨「部会資料22-1」11-12頁、13頁、「部会資料22-2」25-27頁⇨「部会第22回会議議事録」48頁、49-53頁

⇨「部会資料23-1」13頁、「部会資料23-2」17-18頁、「部会資料23-3」3-4頁⇨「部会第23回会議議事録」43-47頁

⇨「追加試案」3-4頁、「追加試案の補足説明」58-68頁

⇨「部会資料24-1」13-14頁、「部会資料24-2」28-34頁⇨「部会第24回会議議事録」21-23頁、24-31頁

⇨「部会資料25-1」15頁、18頁

⇨「部会資料26-1」15頁、「部会資料26-2」7-9頁⇨「部会第26回会議議事録」8-13頁⇨「要綱案」15頁

⇨「法制審議会〔総会〕第180回会議議事録」6-7頁⇨「要綱」15頁

⇨「第196回国会〔常会〕衆議院法務委員会会議録」20号3頁

XⅢ　平成 30 年 7 月：相続関係改正

⇨「第 196 回国会〔常会〕参議院法務委員会会議録」21 号 1-3 頁

（受遺者又は受贈者の負担額） 第 1047 条　受遺者又は受贈者は、次の各号の定めるところに従い、遺贈（特定財産承継遺言による財産の承継又は相続分の指定による遺産の取得を含む。以下この章において同じ。）又は贈与（遺留分を算定するための財産の価額に算入されるものに限る。以下この章において同じ。）の目的の価額（受遺者又は受贈者が相続人である場合にあっては、当該価額から第 1042 条の規定による遺留分として当該相続人が受けるべき額を控除した額）を限度として、遺留分侵害額を負担する。 一　受遺者と受贈者とがあるときは、受遺者が先に負担する。 二　受遺者が複数あるとき、又は受贈者が複数ある場合においてその贈与が同時にされたものであるときは、受遺者又は受贈者がその目的の価額の割合に応じて負担する。ただし、遺言者がその遺言に別段の意思を表示したときは、その意思に従う。 三　受贈者が複数あるとき（前号に規定する場合を除く。）は、後の贈与に係る受贈者から順次前の贈与に係る受贈者が負担する。 2　第 904 条、第 1043 条第 2 項及び第 1045 条の規定は、前項に規定する遺贈又は贈与の目的の価額について準用する。	（新設）

255

第２章　平成期の家族法改正

<u>3</u>　前条第１項の請求を受けた受遺者又は受贈者は、遺留分権利者承継債務について弁済その他の債務を消滅させる行為をしたときは、消滅した債務の額の限度において、遺留分権利者に対する意思表示によって第１項の規定により負担する債務を消滅させることができる。この場合において、当該行為によって遺留分権利者に対して取得した求償権は、消滅した当該債務の額の限度において消滅する。 <u>4</u>　受遺者又は受贈者の無資力によって生じた損失は、遺留分権利者の負担に帰する。 <u>5</u>　裁判所は、受遺者又は受贈者の請求により、第１項の規定により負担する債務の全部又は一部の支払につき相当の期限を許与することができる。	

「部会資料 23-1」13-16 頁
⇨「部会資料 24-1」13-16 頁
⇨「部会資料 25-1」15-16 頁
⇨「部会資料 26-1」15-18 頁

（削除）	**（受贈者が贈与の目的を譲渡した場合等）** **第 1040 条**　減殺を受けるべき受贈者が贈与の目的を他人に譲り渡したときは、遺留分権利者にその価額を弁償しなければならない。ただし、譲受人が譲渡の時において遺留分権利者に損害を加えることを知っていたときは、遺留分権利者は、これに対しても減殺を

256

	請求することができる。
	2　前項の規定は、受贈者が贈与の目的につき権利を設定した場合について準用する。
（削除）	**（遺留分権利者に対する価額による弁償）** **第 1041 条**　受贈者及び受遺者は、減殺を受けるべき限度において、贈与又は遺贈の目的の価額を遺留分権利者に弁償して返還の義務を免れることができる。 2　前項の規定は、前条第 1 項ただし書の場合について準用する。
（遺留分侵害額請求権の期間の制限） 第 1048 条　遺留分侵害額の請求権は、遺留分権利者が、相続の開始及び遺留分を侵害する贈与又は遺贈があったことを知った時から 1 年間行使しないときは、時効によって消滅する。相続開始の時から 10 年を経過したときも、同様とする。	（減殺請求権の期間の制限） 第 1042 条　減殺の請求権は、遺留分権利者が、相続の開始及び減殺すべき贈与又は遺贈があったことを知った時から 1 年間行使しないときは、時効によって消滅する。相続開始の時から 10 年を経過したときも、同様とする。
（遺留分の放棄） 第 1049 条　（同右） 2　（同右）	（遺留分の放棄） 第 1043 条　（1 項略） 2　（略）

「部会資料 26-2」7 頁⇨「部会第 26 回会議議事録」7-8 頁

（削除）	代襲相続及び相続分の規定の準用） **第 1044 条**　第 887 条第 2 項及び第 3 項、第 900 条、第 901 条、第 903 条並びに第 904 条の規定は、遺留分について準用する。

「部会第 16 回会議議事録」37 頁

第2章　平成期の家族法改正

(8)　「第10章　特別の寄与」

改正法1条「第9章　特別の寄与」→改正法2条「第10章　特別の寄与」

第1050条　被相続人に対して無償で療養看護その他の労務の提供をしたことにより被相続人の財産の維持又は増加について特別の寄与をした被相続人の親族（相続人、相続の放棄をした者及び第891条の規定に該当し又は廃除によってその相続権を失った者を除く。以下この条において「特別寄与者」という。）は、相続の開始後、相続人に対し、特別寄与者の寄与に応じた額の金銭（以下この条において「特別寄与料」という。）の支払を請求することができる。 2　前項の規定による特別寄与料の支払について、当事者間に協議が調わないとき、又は協議をすることができないときは、特別寄与者は、家庭裁判所に対して協議に代わる処分を請求することができる。ただし、特別寄与者が相続の開始及び相続人を知った時から6箇月を経過したとき、又は相続開始の時から1年を経過したときは、この限りでない。 3　前項本文の場合には、家庭裁判所は、寄与の時期、方法及び程度、相続財産の額その他一切の事情を考慮して、特別寄与料の額を定める。 4　特別寄与料の額は、被相続人が相続開始の時において有した財産の価額から遺贈の価額を控除した残額を超えることができない。	（新設）

258

XⅢ　平成 30 年 7 月：相続関係改正

5　相続人が数人ある場合には、各相続人は、特別寄与料の額に第 900 条から第 902 条までの規定により算定した当該相続人の相続分を乗じた額を負担する。	

「部会資料 1」4 頁⇨「部会第 1 回会議議事録」11 頁

⇨「部会資料 3」10-14 頁⇨「部会第 3 回会議議事録」40-51 頁

⇨「部会資料 7」13-20 頁⇨「部会第 7 回会議議事録」36-52 頁

⇨「部会資料 10」12-17 頁⇨「部会第 10 回会議議事録」38-53 頁

⇨「部会資料 11」26-28 頁⇨「部会第 11 回会議議事録」54-55 頁、55-56 頁

⇨「部会資料 12」36-37 頁⇨「部会第 12 回会議議事録」49 頁、49-51 頁

⇨「部会資料 13」25-26 頁⇨「部会第 13 回会議議事録」32-34 頁

⇨「中間試案」15-16 頁、「中間試案の補足説明」79-85 頁

⇨「部会資料 14」24-25 頁⇨「部会第 14 回会議議事録」42-43 頁、43-46 頁

⇨「部会資料 19-1」1-8 頁⇨「部会第 19 回会議議事録」17-19 頁、19-34 頁

⇨「部会資料 22-1」15 頁、「部会資料 22-2」35-39 頁⇨「部会第 22 回会議議事録」54 頁、56-59 頁

⇨「部会資料 23-1」19 頁、「部会資料 23-2」23-24 頁⇨「部会第 23 回会議議事録」6-13 頁

⇨「部会資料 24-1」19 頁、「部会資料 24-2」40-43 頁⇨「部会第 24 回会議議事録」45-46 頁、46-56 頁

⇨「部会資料 25-1」21 頁、「部会資料 25-2」20 頁⇨「部会第 25 回会議議事録」19-21 頁

⇨「部会資料 26-1」20 頁、「部会資料 26-2」12 頁⇨「部会第 26 回会議議事録」15-16 頁⇨「要綱案」20 頁

⇨「法制審議会〔総会〕第 180 回会議議事録」7-8 頁⇨「要綱」20 頁

⇨「第 196 回国会〔常会〕衆議院法務委員会会議録」19 号 3 頁、14 頁、17 頁⇨ 20 号 3 頁、3-5 頁、6 頁、7-8 頁⇨ 21 号 7-10 頁、11-12 頁、14-17 頁、21 頁⇨「第 196 回国会〔常会〕衆議院会議録」39 号 1-3 頁

⇨「第 196 回国会〔常会〕参議院法務委員会会議録」19 号 3 頁、4 頁⇨ 20

259

第2章　平成期の家族法改正

号 2 頁、3-4 頁、7 頁、11 頁、12 頁 ⇨ 21 号 11-12 頁、13-15 頁 ⇨「第 196
回国会〔常会〕参議院会議録」33 号 18-19 頁

第3章　令和期の家族法改正

小池　泰

第 3 章　令和期の家族法改正

〔前注〕

　令和期の民法改正は、令和 6 年 5 月家族法制改正までの時点で、下記【**図表**
3-1】①〜⑧の計 8 回を数える。このうち「第 4 編　親族」「第 5 編　相続」部
分の改正は、〔Ⅰ〕〜〔Ⅵ〕の計 6 回である。

【図表 3-1】　令和期（令和 6 年 5 月まで）の民法・家族法改正

	①	令和 1 年 5 月 17 日法律第 2 号「民事執行法及び国際的な子の奪取の民事上の側面に関する条約の実施に関する法律の一部を改正する法律」附則 9 条による改正（施行：令和 2 年 4 月 1 日）
〔Ⅰ〕	②	令和 1 年 6 月 14 日法律第 34 号「民法等の一部を改正する法律」1 条による改正（施行：令和 2 年 4 月 1 日）
〔Ⅱ〕	③	令和 3 年 4 月 28 日法律第 24 号「民法等の一部を改正する法律」1 条による改正（施行：令和 5 年 4 月 1 日）
〔Ⅲ〕	④	令和 3 年 5 月 19 日法律第 37 号「デジタル社会の形成を図るための関係法律の整備に関する法律」1 条による改正（施行：令和 3 年 9 月 1 日）
	⑤	令和 4 年 5 月 25 日法律第 48 号「民事訴訟法等の一部を改正する法律」附則 29 条による改正
〔Ⅳ〕	⑥	令和 4 年 12 月 16 日法律第 102 号「民法等の一部を改正する法律」1 条による改正（施行：令和 4 年 12 月 16 日、令和 6 年 4 月 1 日）
〔Ⅴ〕	⑦	令和 5 年 6 月 14 日法律第 53 号「民事関係手続等における情報通信技術の活用等の推進を図るための関係法律の整備に関する法律」45 条による改正（施行：附則 2 号……公布の日から起算して 2 年 6 月を超えない範囲内において政令で定める日）
〔Ⅵ〕	⑧	令和 6 年 5 月 24 日法律第 33 号「民法等の一部を改正する法律」（施行：附則 1 条本文……公布の日から起算して 2 年 6 月を超えない範囲内において政令で定める日、ただし書……附則 16 条・17 条・18 条・19 条 1 項＝公布日）

262

I　令和元年 6 月：特別養子制度改正

1　改正法の目的

　改正法は、特別養子制度の対象となる子の上限年齢を引き上げるとともに、縁組の成立手続を見直すことで、制度の利用促進を図ることを目的とする。

2　改正の経緯 [1]

　特別養子制度は、その創設（第 1 章 IX 参照）から 30 年以上を経過したが、近年の成立件数は年間 500 〜 600 件程度にとどまる。他方、本制度は児童虐待への対応策の一つとして重要な役割を持つ。実際にも、平成 28 年児童福祉法改正（法第 63 号）附則 2 条 1 項は、同改正法の施行後速やかに「児童の福祉の増進を図る観点から、特別養子縁組制度の利用促進の在り方について検討を加え、その結果に基づいて必要な措置を講ずる」ことを求めていた。

　その後、厚生労働省の社会保障審議会児童部会新たな子ども家庭福祉の在り方に関する専門委員会の報告（提言）（平成 28 年 3 月 10 日）および政府のニッポン一億総活躍プラン（平成 28 年 6 月 2 日閣議決定）でも特別養子縁組制度の利用促進が目標に掲げられ、厚生労働省「児童虐待対応における司法関与及び特別養子縁組制度の利用促進の在り方に関する検討会」報告書「特別養子縁組制度の利用促進の在り方について」（平成 29 年 6 月 30 日）・商事法務研究会「特別養子を中心とした養子制度の在り方に関する研究会」報告書「特別養子を中心とした養子制度の在り方に関する研究会中間報告書」（平成 30 年 6 月）が公表された。

　そして、平成 30 年 6 月、法務大臣の諮問 106 号「実方の父母による監護を受けることが困難な事情がある子の実情等に鑑み、特別養子制度の利用を促進する観点から、民法の特別養子に関する規定等について見直しを行う必要があると思われるので、その要綱を示されたい」を受けて法制審議会特別養子制度部会が設置され（平成 30 年 6 月から平成 31 年 1 月まで、10 回の会議を開催）、平

---

[1]　内田亜也子「要保護児童のための特別養子制度構築に向けて」立法と調査 415 号（2019 年）35 頁。

第 3 章　令和期の家族法改正

成 30 年 10 月に中間試案の公表、平成 31 年 1 月 29 日に要綱案の決定、2 月に法制審議会総会での採択を経て法務大臣に答申され、改正法が第 198 回国会に閣法として提出・可決された（令和元年 6 月 14 日）。

3　新旧対照 [2]

　特別養子となる者の年齢は、申立て時 15 歳未満に引き上げられた（817 条の 5 第 1 項前段）。ただし、例外として、養子となる者が 15 歳に達する前から引き続き養親となる者に監護されている場合で、かつ、原則に従った申立てがなされなかったことについてやむを得ない事由がある場合は別である（同条 2 項）。以上は改正前の原則と例外の双方の上限年齢を引き上げたものである。すなわち、改正前は、申立て時 6 歳未満を原則とし、6 歳に達する前から引き続き養親となる者に監護されている場合は例外的に申立て時 8 歳未満となっていた（改正前 817 条の 5）。この引上げの結果、特別養子となる者が 15 歳に達している場合が生じる。民法上、養子となるべき者が 15 歳の場合は本人の同意が必要とされている（797 条 1 項参照）。そこで、改正法は、養子となる者が 15 歳に達している場合にはその同意がなければならないものとした（同条 3 項）。また、特別養子縁組を成立させる審判が確定するときに 18 歳未満でなければならない、という上限も設けられた（817 条の 5 第 1 項後段。審判がされた後、その確定前に 18 歳に達した時は、当該審判は確定せず、取り消す必要がある。家事事件手続法 164 条 13 項）。特別養子制度はもっぱら未成年者の養育を目的とするものだからである。

　さらに、本改正は、特別養子を成立させる手続を二つの段階に分けた。すなわち、従前の成立手続のうち、縁組の必要性（817 条の 7 の特別事情）および実親による同意（817 条の 6）の要件をあらかじめ確認するものとして、養子適格の審判を括りだした（家事事件手続法 164 条の 2 第 1 項）。これに対して、特別養子縁組を成立させる審判では、養親側の要件（817 条の 3 〜 5）および養親子の適合性に係る要件（817 条の 7）の審理が中心となる。以上により、特別養子

---

(2)　山口敦士＝倉重龍輔（編著）『令和元年民法等改正』（商事法務、2020 年）、山口敦士＝倉重龍輔＝大嶋真理子「特別養子制度の利用の促進」時の法令 2085 号（2019 年）22 頁、山口敦士「民法等の一部を改正する法律（特別養子関係）の概要」家庭の法と裁判 24 号（2020 年）106 頁。

264

Ⅰ　令和元年６月：特別養子制度改正

縁組の対象となる子であることを確定させたうえで、試験監護を開始することができるようになった。加えて、改正家事事件手続法は、実親の同意（817条の6）の撤回を制約する規律を設けた（家事事件手続法164条の2第5項、239条2項、もっとも、本来は民法で規律すべき事項であろう）。さらに、実親側の事情については養親となる者よりも児童相談所の方が知悉している場合もあるところ、児童相談所長に養子適格審判手続の申立権を付与し、また、養親となるべき者が開始した同手続への参加が認められている（児童福祉法33条の6の2第1項、33条の6の3第1項）。

　今改正の結果、手続において実親と対立する立場に立たないで済むようになるなど、養親となる者にとって心理的負担・手続上の負担が軽減されるものとなっている。

（養子となる者の年齢）	（養子となる者の年齢）
第817条の5　第817条の2に規定する請求の時に15歳に達している者は、養子となることができない。特別養子縁組が成立するまでに18歳に達した者についても、同様とする。	第817条の5　第817条の2に規定する請求の時に6歳に達している者は、養子となることができない。ただし、その者が8歳未満であって6歳に達する前から引き続き養親となる者に監護されている場合は、この限りでない。
2　前項前段の規定は、養子となる者が15歳に達する前から引き続き養親となる者に監護されている場合において、15歳に達するまでに第817条の2に規定する請求がされなかったことについてやむを得ない事由があるときは、適用しない。	（←旧第1項ただし書）
3　養子となる者が15歳に達している場合においては、特別養子縁組の成立には、その者の同意がなければならない。	（新設）

　法務大臣「諮問第106号：特別養子制度の見直しについて」⇨「法制審議会〔総会〕第181回会議議事録」2-6頁

第 3 章　令和期の家族法改正

⇨「部会資料 1」1-2 頁⇨「部会第 1 回会議議事録」1-43 頁

⇨「部会資料 2」1-5 頁⇨「部会第 2 回会議議事録」1-56 頁

⇨「部会資料 3」1-6 頁⇨「部会第 3 回会議議事録」1-51 頁

⇨「部会資料 4」1-10 頁⇨「部会第 4 回会議議事録」1-56 頁

⇨「部会資料 5」1-3 頁⇨「部会第 5 回会議議事録」1-51 頁

⇨「中間試案」1-2 頁、「中間試案の補足説明」3-15 頁

⇨「部会第 6 回会議議事録」55 頁

⇨「部会資料 7-1」5 頁、「部会資料 7-2」5-6 頁、27-29 頁⇨「部会第 7 回会議議事録」1-54 頁

⇨「部会資料 8」5-11 頁⇨「部会第 8 回会議議事録」1-50 頁

⇨「部会資料 9-1」1 頁、「部会資料 9-2」1-5 頁⇨「部会第 9 回会議議事録」1-52 頁

⇨「部会資料 10-1」1 頁、「部会資料 10-2」1-4 頁⇨「部会第 10 回会議議事録」1-24 頁⇨「要綱案」1-5 頁

⇨「法制審議会〔総会〕第 183 回会議議事録」2 頁、19-27 頁⇨「要綱」1-5 頁

⇨「第 198 回国会〔常会〕衆議院法務委員会会議録」17 号 1-20 頁、23-28 頁⇨ 18 号 1-22 頁⇨ 19 号 1-29 頁⇨「第 198 回国会衆議院〔本会議〕会議録」26 号 2-3 頁

⇨「第 198 回国会〔常会〕参議院法務委員会会議録」17 号 1-31 頁⇨ 18 号 1-26 頁⇨「第 198 回国会〔常会〕参議院〔本会議〕会議録」24 号 20 頁

Ⅱ　令和3年4月：所有者不明土地関係改正

1　改正法の目的

改正法は、所有者不明土地の増加等の社会経済情勢の変化に鑑み、所有者不明土地の発生を防止するとともに、土地の適正な利用および相続による権利の承継の一層の円滑化を図るために民事基本法制の見直しを図る中で、相続法に関して、相続財産管理の規律を明確化し、また、具体的相続分による遺産分割を求めることができる期間の制限等に関する規定の整備を行うことを目的とする。

2　改正の経緯[3]

所有者不明土地への対応が喫緊の課題となる中、相続による承継が介在する際に承継関係が登記等に速やかに反映されない場合があるなど、所有者不明問題の原因の一端は相続法にもあることが指摘されていた。

そして、「土地の所有者が死亡しても相続登記がされないこと等を原因として、不動産登記簿により所有者が直ちに判明せず、又は判明しても連絡がつかない所有者不明土地が生じ、その土地の利用等が阻害されるなどの問題が生じている近年の社会経済情勢に鑑み、相続等による所有者不明土地の発生を予防するための仕組みや、所有者不明土地を円滑かつ適正に利用するための仕組みを早急に整備する観点から民法、不動産登記法等を改正する必要があると思われるので、左記の方策を始め、その仕組みを整備するために導入が必要となる方策について、御意見を承りたい」として、「相続等による所有者不明土地の発生を予防するための仕組み」・「遺産分割に期間制限を設けて遺産分割を促進すること等により、所有者不明土地の発生を抑制する方策」・「民法の不在者財産管理制度及び相続財産管理制度を見直すなど、所有者不明土地の管理を合理化するための方策」を具体的に列挙した法務大臣の諮問第107号を受け、法制審議会民法・不動産登記法部会が設置され（平成31年3月から令和3年2月まで、26回の会議を開催）、令和元年12月3日「民法・不動産登記法（所有者不明土地

(3)　市来純「所有者不明土地の解消に向けて」立法と調査441号（2021年）15頁。

関係）等の改正に関する中間試案」の公表、令和3年2月2日「民法・不動産登記法（所有者不明土地関係）の改正等に関する要綱案」の決定、総会での採択・法務大臣への答申を経て、改正法が第204回国会に提出され、令和3年4月21日に成立し、同28日公布された。

3 新旧対照[(4)]

改正法の内容は、相続法に関しては、相続財産管理制度の合理化、および、遺産分割に対する制限の二つである。

前者について、改正法は、相続人の選択内容等に応じて散在していた相続財産管理制度を統合した。併せて、同制度で対応していなかった場面（①共同相続人が相続の単純承認をしたが遺産分割が未了である間で、相続財産の管理を実際に行う者がいない場合、②相続人のあることが明らかでないが、952条の相続財産管理人も選任されておらず、相続財産の管理をする者がいない場合（相続人全員放棄で不分明の場合を含む））を加えている（897条の2新設、918条2項・3項削除、926条2項・940条2項一部削除）。また、相続を放棄した者の相続財産管理義務について、改正前の不明確な規律を改め、要件と内容を明らかにした（940条1項）。なお、遺産共有に物権法上の共有規定を適用する際、持分については法定相続分または指定相続分によることが明らかにされている（898条2項。これに関連して、法定相続人の一部が単独で遺産を使用する場合、持分以上使用には償還義務が課されること（249条2項）、管理に関する持分過半数での決定はすでに共有者の一人が使用している場合にも適用があること（252条1項前段）も明文化されている）。

また、改正法は、相続開始から10年が経過した後にする遺産分割においては、特別受益・寄与分を考慮した割合（具体的相続分）による分割はできないものとした（904条の3）。遺産共有は複数の者が相続人となったことで開始したにすぎず、共有者による遺産の共有には特定の目的は存在していない。そのため、

---

(4) 村松秀樹＝大谷太編著『令和3年改正民法・改正不登法・相続土地国庫帰属法』（金融財政事情研究会、2022年）。村松秀樹ほか「所有者不明土地の解消に向けた民事基本法制の見直しについて」時の法令2137号（2022年）4頁、同「所有者不明土地の解消に向けた民事基本法制の見直し（民法・不動産登記法など一部改正・相続土地国庫帰属法）の概要」家庭の法と裁判33号（2021年）120頁。

Ⅱ　令和３年４月：所有者不明土地関係改正

遺産共有は一時的なものであって分割までの仮の状態である、ということ自体は従来からの共通認識であった。この認識からすれば、遺産共有は早期に解消されるべきものであり、その意味では、遺産分割に期間の制限を設けることは従来の家族法学からも導きうる帰結である。他方、遺産分割の際に具体的相続分を基準とすることで共同相続人間の公平を図ることは、家族法学の確固たる要請とされている。この点では、具体的相続分による分割を制約することは、家族法の基礎にある考え方を変更するものといえる。なお、この制限に合わせた規律が、遺産分割禁止（907条、908条）、遺産共有を含む通常の共有の分割手続（258条の２）、所在等不明共有者の持分の取得・譲渡（262条の２、262条の３）に設けられている。

(1)　「第３章　相続の効力」

ア　「第１節　総則」

	（新設）
（相続財産の保存） 第897条の２　家庭裁判所は、利害関係人又は検察官の請求によって、いつでも、相続財産の管理人の選任その他の相続財産の保存に必要な処分を命ずることができる。ただし、相続人が一人である場合においてその相続人が相続の単純承認をしたとき、相続人が数人ある場合において遺産の全部の分割がされたとき、又は第952条第１項の規定により相続財産の清算人が選任されているときは、この限りでない。 ２　第27条から第29条までの規定は、前項の規定により家庭裁判所が相続財産の管理人を選任した場合について準用する。	

「研究会報告書（参考資料1）」109-111頁

⇨「部会資料1」5頁⇨「部会第1回会議議事録」27-32頁

⇨「部会資料3」21-23頁⇨「部会第3回会議議事録」1-12頁

269

第 3 章　令和期の家族法改正

⇨「部会資料 6」11-15 頁⇨「部会第 4 回会議議事録」19-24 頁

⇨「部会資料 14」1-8 頁⇨「部会第 8 回会議議事録」23-37 頁

⇨「部会資料 22」4-7 頁⇨「部会第 10 回会議議事録」67-75 頁

⇨「部会資料 25」33-36 頁⇨「部会第 11 回会議議事録」23-25 頁、43-48 頁

⇨「中間試案」16-17 頁、「中間試案の補足説明 78-83 頁

⇨「部会資料 34」4-20 頁⇨「部会第 15 回会議議事録」30-37 頁

⇨「部会資料 45」2-4 頁⇨「部会第 18 回会議議事録」28-32 頁

⇨「部会資料 51」17-18 頁⇨「部会第 21 回会議議事録」40-48 頁

⇨「部会資料 56」23-24 頁⇨「部会第 24 回会議議事録」26 頁

⇨「部会資料 59」17 頁⇨「部会第 25 回会議議事録」7-8 頁

⇨「部会第 26 回会議議事録」3-8 頁⇨「要綱案」13-14 頁

⇨「法制審議会〔総会〕第 189 回会議議事録」4-12 頁⇨「要綱」13-14 頁

⇨「第 204 回国会〔常会〕衆議院法務委員会会議録」4 号 35-50 頁⇨ 5 号 1-17 頁⇨ 6 号 1-20 頁⇨ 7 号 1-33 頁⇨ 8 号 1-18 頁⇨「第 204 回国会〔常会〕衆議院〔本会議〕会議録」16 号 8-9 頁

⇨「第 204 回国会〔常会〕参議院法務委員会会議録」6 号 15-38 頁⇨ 7 号 1-27 頁⇨ 8 号 1-20 頁⇨ 9 号 1-22 頁⇨「第 204 回国会〔常会〕参議院〔本会議〕会議録」17 号 26 頁

（共同相続の効力）	（共同相続の効力）
第 898 条　（1 項）	第 898 条　（略）
2　相続財産について共有に関する規定を適用するときは、第 900 条から第 902 条までの規定により算定した相続分をもって各相続人の共有持分とする。	（新設）

「研究会報告書（参考資料 1）」73-74 頁

⇨「部会資料 3」21-22 頁⇨「部会第 3 回会議議事録」1-12 頁

⇨「部会資料 17」15 頁⇨「部会第 9 回会議議事録」41-43 頁

⇨「部会資料 25」46-47 頁⇨「部会第 11 回会議議事録」23-35 頁、43-48 頁

270

⇨「中間試案」23 頁、「中間試案の補足説明」119-120 頁

⇨「部会資料 31」30-32 頁⇨「部会第 14 回会議議事録」21-38 頁

⇨「部会資料 42」9-10 頁⇨「部会第 17 回会議議事録」47-64 頁

⇨「部会資料 51」16-17 頁⇨「部会第 21 回会議議事録」40-48 頁

⇨「部会資料 56」14-15 頁⇨「部会第 24 回会議議事録」26 頁

⇨「部会資料 59」11 頁⇨「部会第 25 回会議議事録」7-8 頁

⇨「部会第 26 回会議議事録」3-8 頁⇨「要綱案」7 頁

⇨「法制審議会〔総会〕第 189 回会議議事録」4-12 頁⇨「要綱」7 頁

⇨「第 204 回国会〔常会〕衆議院法務委員会会議録」4 号 35-50 頁⇨5 号
1-17 頁⇨6 号 1-20 頁⇨7 号 1-33 頁⇨8 号 1-18 頁⇨「第 204 回国会〔常会〕
衆議院〔本会議〕会議録」16 号 8-9 頁

⇨「第 204 回国会〔常会〕参議院法務委員会会議録」6 号 15-38 頁⇨7 号
1-27 頁⇨8 号 1-20 頁⇨9 号 1-22 頁⇨「第 204 回国会〔常会〕参議院〔本
会議〕会議録」17 号 26 頁

イ 「第 2 節 相続分」

（期間経過後の遺産の分割における相続分） 第 904 条の 3 前 3 条の規定は、相続開始の時から 10 年を経過した後にする遺産の分割については、適用しない。ただし、次の各号のいずれかに該当するときは、この限りでない。 一 相続開始の時から 10 年を経過する前に、相続人が家庭裁判所に遺産の分割の請求をしたとき。 二 相続開始の時から始まる 10 年の期間の満了前 6 箇月以内の間に、遺産の分割を請求することができないやむを得ない事由が相続人にあった場合において、その事由が消滅した	（新設）

第 3 章　令和期の家族法改正

> 時から 6 箇月を経過する前に、当該
> 相続人が家庭裁判所に遺産の分割の
> 請求をしたとき。

「研究会報告書（参考資料 1）」57-60 頁

⇨「部会資料 1」4 頁⇨「部会第 1 回会議議事録」27-32 頁

⇨「部会資料 5」1-5 頁⇨「部会第 3 回会議議事録」40-57 頁

⇨「部会資料 13」1-5 頁⇨「部会第 8 回会議議事録」1-23 頁

⇨「部会資料 23」1-2 頁、3-6 頁⇨「部会第 10 回会議議事録」75 頁

⇨「部会資料 25」48-49 頁、50-54 頁⇨「部会第 11 回会議議事録」23-35 頁、43-48 頁

⇨「中間試案」24-26 頁、「中間試案の補足説明」125-142 頁

⇨「部会資料 31」1 頁、3-7 頁、23-26 頁⇨「部会第 14 回会議議事録」21-38 頁

⇨「部会資料 42」1 頁、6-7 頁⇨「部会第 17 回会議議事録」47-64 頁

⇨「部会資料 51」20-21 頁⇨「部会第 21 回会議議事録」40-48 頁

⇨「部会資料 56」25-26 頁⇨「部会第 24 回会議議事録」26 頁

⇨「部会資料 59」18 頁⇨「部会第 25 回会議議事録」7-8 頁

⇨「部会第 26 回会議議事録」3-8 頁⇨「要綱案」14 頁

⇨「法制審議会〔総会〕第 189 回会議議事録」4-12 頁⇨「要綱」14 頁

⇨「第 204 回国会〔常会〕衆議院法務委員会会議録」4 号 35-50 頁⇨ 5 号 1-17 頁⇨ 6 号 1-20 頁⇨ 7 号 1-33 頁⇨ 8 号 1-18 頁⇨「第 204 回国会〔常会〕衆議院〔本会議〕会議録」16 号 8-9 頁

⇨「第 204 回国会〔常会〕参議院法務委員会会議録」6 号 15-38 頁⇨ 7 号 1-27 頁⇨ 8 号 1-20 頁⇨ 9 号 1-22 頁⇨「第 204 回国会〔常会〕参議院〔本会議〕会議録」17 号 26 頁

Ⅱ　令和３年４月：所有者不明土地関係改正

ウ　「第３節　遺産の分割」

（遺産の分割の協議又は審判）	（遺産の分割の協議又は審判等）
第907条　共同相続人は、次条第１項の規定により被相続人が遺言で禁じた場合又は同条第２項の規定により分割をしない旨の契約をした場合を除き、いつでも、その協議で、遺産の全部又は一部の分割をすることができる。 2　（同右） （削除……908条４項に移動）	第907条　共同相続人は、次条の規定により被相続人が遺言で禁じた場合を除き、いつでも、その協議で、遺産の全部又は一部の分割をすることができる。 2　（略） 3　前項本文の場合において特別の事由があるときは、家庭裁判所は、期間を定めて、遺産の全部又は一部について、その分割を禁ずることができる。
（遺産の分割の方法の指定及び遺産の分割の禁止） 第908条　（→１項） 2　共同相続人は、５年以内の期間を定めて、遺産の全部又は一部について、その分割をしない旨の契約をすることができる。ただし、その期間の終期は、相続開始の時から10年を超えることができない。 3　前項の契約は、５年以内の期間を定めて更新することができる。ただし、その期間の終期は、相続開始の時から10年を超えることができない。 4　前条第２項本文の場合において特別の事由があるときは、家庭裁判所は、５年以内の期間を定めて、遺産の全部又は一部について、その分割を禁ずることができる。ただし、その期間の終期は、相続開始の時から10年を超えることができない。	（遺産の分割の方法の指定及び遺産の分割の禁止） 第908条　（略） （新設） （新設） （←旧907条３項）

<u>5</u>　家庭裁判所は、5年以内の期間を定めて前項の期間を更新することができる。ただし、その期間の終期は、相続開始の時から10年を超えることができない。	（新設）

「部会第8回会議議事録」22頁

⇨「部会資料25」50頁、54-55頁⇨「部会第11回会議議事録」23-35頁、43-48頁

⇨「中間試案」27頁、「中間試案の補足説明」140-141頁

⇨「部会資料31」27-29頁⇨「部会第14回会議議事録」21-38頁

⇨「部会資料42」9頁⇨「部会第17回会議議事録」47-64頁

⇨「部会資料51」21頁⇨「部会第21回会議議事録」40-48頁

⇨「部会資料56」25-26頁⇨「部会第24回会議議事録」26頁

⇨「部会資料59」19頁⇨「部会第25回会議議事録」7-8頁

⇨「部会第26回会議議事録」3-8頁⇨「要綱案」15頁

⇨「法制審議会〔総会〕第189回会議議事録」4-12頁⇨「要綱」15頁

⇨「第204回国会〔常会〕衆議院法務委員会会議録」4号35-50頁⇨5号1-17頁⇨6号1-20頁⇨7号1-33頁⇨8号1-18頁⇨「第204回国会〔常会〕衆議院〔本会議〕会議録」16号8-9頁

⇨「第204回国会〔常会〕参議院法務委員会会議録」6号15-38頁⇨7号1-27頁⇨8号1-20頁⇨9号1-22頁⇨「第204回国会〔常会〕参議院〔本会議〕会議録」17号26頁

(2)　「第4章　相続の承認及び放棄」

相続編「第4章　相続の承認及び放棄」に関する条文の改正の内容は、いずれも相続財産の管理（保存）に関する㋐統一的な「管理人」制度の創設（897条の2）と、㋑相続財産の清算を職務内容とする管理人についての「清算人」への名称変更に関するものである。

Ⅱ　令和3年4月：所有者不明土地関係改正

ア　「第1節　総則」

（相続人による管理）	（相続財産の管理）
第918条　（旧1項のみ残存）	第918条　（1項略）
（削除）	2　家庭裁判所は、利害関係人又は検察官の請求によって、いつでも、相続財産の保存に必要な処分を命ずることができる。
（削除）	3　第27条から第29条までの規定は、前項の規定により家庭裁判所が相続財産の管理人を選任した場合について準用する。

「研究会報告書（参考資料1）」109-111頁

⇨「部会資料1」5頁⇨「部会第1回会議議事録」27-32頁

⇨「部会資料6」11-15頁⇨「部会第4回会議議事録」19-24頁

⇨「部会資料14」1-8頁、8-10頁⇨「部会第8回会議議事録」23-37頁

⇨「部会資料22」4-7頁⇨「部会第10回会議議事録」67-75頁

⇨「部会資料25」33-36頁⇨「部会第11回会議議事録」1-23頁、43-48頁

⇨「中間試案」16-17頁、「中間試案の補足説明」81頁

⇨「部会資料34」4-20頁⇨「部会第15回会議議事録」30-37頁

⇨「部会資料45」2-4頁⇨「部会第18回会議議事録」28-32頁

⇨「部会資料51」17-18頁⇨「部会第21回会議議事録」40-48頁

⇨「部会資料56」23-24頁⇨「部会第24回会議議事録」26頁

⇨「部会資料59」17頁⇨「部会第25回会議議事録」7-8頁

⇨「部会第26回会議議事録」3-8頁⇨「要綱案」13頁

⇨「法制審議会〔総会〕第189回会議議事録」4-12頁⇨「要綱」13頁

⇨「第204回国会〔常会〕衆議院法務委員会会議録」4号35-50頁⇨5号1-17頁⇨6号1-20頁⇨7号1-33頁⇨8号1-18頁⇨「第204回国会〔常会〕衆議院〔本会議〕会議録」16号8-9頁

⇨「第204回国会〔常会〕参議院法務委員会会議録」6号15-38頁⇨7号1-27頁⇨8号1-20頁⇨9号1-22頁⇨「第204回国会〔常会〕参議院〔本会議〕会議録」17号26頁

第３章　令和期の家族法改正

イ　「第２節　相続の承認」

「第２節　相続の承認」の条文の改正（2か条）は、いずれも「第2款　限定承認」に関する規定である（926条、936条）。

(限定承認者による管理)	(限定承認者による管理)
第926条　（同右）	第926条　（1項略）
2　第645条、第646条並びに第650条第1項及び第2項の規定は、前項の場合について準用する。	2　第645条、第646条、第650条第1項及び第2項並びに第918条第2項及び第3項の規定は、前項の場合について準用する。

「部会資料34」4-20頁⇨「部会第15回会議議事録」30-37頁

⇨「部会資料45」2-4頁⇨「部会第18回会議議事録」28-32頁

⇨「部会資料51」17-18頁⇨「部会第21回会議議事録」40-48頁

⇨「部会資料56」23-24頁⇨「部会第24回会議議事録」26頁

⇨「部会資料59」17-18頁⇨「部会第25回会議議事録」7-8頁

⇨「部会第26回会議議事録」3-8頁⇨「要綱案」13-14頁

⇨「法制審議会〔総会〕第189回会議議事録」4-12頁⇨「要綱」13-14頁

⇨「第204回国会〔常会〕衆議院法務委員会会議録」4号35-50頁⇨5号1-17頁⇨6号1-20頁⇨7号1-33頁⇨8号1-18頁⇨「第204回国会〔常会〕衆議院〔本会議〕会議録」16号8-9頁

⇨「第204回国会〔常会〕参議院法務委員会会議録」6号15-38頁⇨7号1-27頁⇨8号1-20頁⇨9号1-22頁⇨「第204回国会〔常会〕参議院〔本会議〕会議録」17号26頁

(相続人が数人ある場合の相続財産の清算人)	(相続人が数人ある場合の相続財産の管理人)
第936条　相続人が数人ある場合には、家庭裁判所は、相続人の中から、相続財産の清算人を選任しなければならない。	第936条　相続人が数人ある場合には、家庭裁判所は、相続人の中から、相続財産の管理人を選任しなければならない。
2　前項の相続財産の清算人は、相続人	2　前項の相続財産の管理人は、相続人

276

のために、これに代わって、相続財産の管理及び債務の弁済に必要な一切の行為をする。 3　第926条から前条までの規定は、第1項の相続財産の清算人について準用する。この場合において、第927条第1項中「限定承認をした後5日以内」とあるのは、「その相続財産の清算人の選任があった後10日以内」と読み替えるものとする。	のために、これに代わって、相続財産の管理及び債務の弁済に必要な一切の行為をする。 3　第926条から前条までの規定は、第1項の相続財産の管理人について準用する。この場合において、第927条第1項中「限定承認をした後5日以内」とあるのは、「その相続財産の管理人の選任があった後10日以内」と読み替えるものとする。

「部会第15回会議議事録」30-33頁

⇨「部会資料51」19頁⇨「部会第21回会議議事録」40-48頁

⇨「部会資料56」24-25頁⇨「部会第24回会議議事録」26頁

⇨「部会資料59」18頁⇨「部会第25回会議議事録」7-8頁

⇨「部会第26回会議議事録」3-8頁⇨「要綱案」14頁

⇨「法制審議会〔総会〕第189回会議議事録」4-12頁⇨「要綱」14頁

⇨「第204回国会〔常会〕衆議院法務委員会会議録」4号35-50頁⇨5号1-17頁⇨6号1-20頁⇨7号1-33頁⇨8号1-18頁⇨「第204回国会〔常会〕衆議院〔本会議〕会議録」16号8-9頁

⇨「第204回国会〔常会〕参議院法務委員会会議録」6号15-38頁⇨7号1-27頁⇨8号1-20頁⇨9号1-22頁⇨「第204回国会〔常会〕参議院〔本会議〕会議録」17号26頁

（相続の放棄をした者による管理）	（相続の放棄をした者による管理）
第940条　相続の放棄をした者は、その放棄の時に相続財産に属する財産を現に占有しているときは、相続人又は第952条第1項の相続財産の清算人に対して当該財産を引き渡すまでの間、自己の財産におけるのと同一の注意を	第940条　相続の放棄をした者は、その放棄によって相続人となった者が相続財産の管理を始めることができるまで、自己の財産におけるのと同一の注意をもって、その財産の管理を継続しなければならない。

第3章　令和期の家族法改正

もって、その財産を保存しなければならない。 2　第645条、第646条並びに第650条第1項及び第2項の規定は、前項の場合について準用する。	2　第645条、第646条、第650条第1項及び第2項並びに第918条第2項及び第3項の規定は、前項の場合について準用する。

「研究会報告書（参考資料1）」111-113頁

⇨「部会資料1」5頁⇨「部会第1回会議議事録」27-32頁

⇨「部会資料6」18-19頁⇨「部会第4回会議議事録」27-34頁

⇨「部会資料14」10-15頁⇨「部会第8回会議議事録」37-46頁

⇨「部会資料22」8-10頁⇨「部会第10回会議議事録」67-75頁

⇨「部会資料25」39-40頁⇨「部会第11回会議議事録」1-23頁、43-48頁

⇨「中間試案」18-19頁、「中間試案の補足説明」89-92頁

⇨「部会資料29」1-4頁⇨「部会第13回会議議事録」44-51頁

⇨「部会資料45」5-6頁⇨「部会第18回会議議事録」28-32頁

⇨「部会資料51」18頁⇨「部会第21回会議議事録」40-48頁

⇨「部会資料56」24頁⇨「部会第24回会議議事録」26頁

⇨「部会資料59」17頁⇨「部会第25回会議議事録」7-8頁

⇨「部会第26回会議議事録」3-8頁⇨「要綱案」13頁

⇨「法制審議会〔総会〕第189回会議議事録」4-12頁⇨「要綱」13頁

⇨「第204回国会〔常会〕衆議院法務委員会会議録」4号35-50頁⇨5号1-17頁⇨6号1-20頁⇨7号1-33頁⇨8号1-18頁⇨「第204回国会〔常会〕衆議院〔本会議〕会議録」16号8-9頁

⇨「第204回国会〔常会〕参議院法務委員会会議録」6号15-38頁⇨7号1-27頁⇨8号1-20頁⇨9号1-22頁⇨「第204回国会〔常会〕参議院〔本会議〕会議録」17号26頁

(3)　「第6章　相続人の不存在」

相続編「第6章　相続人の不存在」の条文改正（9か条）の中心は、公告の手続に関する改正であり（952条2項の改正、957条1項の改正、958条の削除）、

その他の改正個所は、旧法の相続財産の「管理人」の「清算人」への変更と、条数の変更にとどまる。

（相続財産の清算人の選任）	（相続財産の管理人の選任）
第952条　前条の場合には、家庭裁判所は、利害関係人又は検察官の請求によって、相続財産の<u>清算人</u>を選任しなければならない。 2　前項の規定により相続財産の清算人を選任したときは、家庭裁判所は、<u>遅滞なく、その旨及び相続人があるならば一定の期間内にその権利を主張すべき旨を公告しなければならない。この場合において、その期間は、6箇月を下ることができない。</u>	第952条　前条の場合には、家庭裁判所は、利害関係人又は検察官の請求によって、相続財産の<u>管理人</u>を選任しなければならない。 2　前項の規定により相続財産の管理人を選任したときは、家庭裁判所は、遅滞なく<u>これ</u>を公告しなければならない。

「研究会報告書（参考資料1）」105-109頁

⇨「部会資料1」5頁⇨「部会第1回会議議事録」27-32頁

⇨「部会資料6」16-18頁⇨「部会第4回会議議事録」24-27頁

⇨「部会資料14」8-10頁⇨「部会第8回会議議事録」23-37頁

⇨「部会資料22」7-8頁⇨「部会第10回会議議事録」67-75頁

⇨「部会資料25」36-39頁⇨「部会第11回会議議事録」1-23頁、43-48頁

⇨「中間試案」17-18頁、「中間試案の補足説明」83-89頁

⇨「部会資料34」20-22頁⇨「部会第15回会議議事録」30-37頁

⇨「部会資料45」4-5頁⇨「部会第18回会議議事録」28-32頁

⇨「部会資料51」19-20頁⇨「部会第21回会議議事録」40-48頁

⇨「部会資料56」24-25頁⇨「部会第24回会議議事録」26頁

⇨「部会資料59」18頁⇨「部会第25回会議議事録」7-8頁

⇨「部会第26回会議議事録」3-8頁⇨「要綱案」14頁

⇨「法制審議会〔総会〕第189回会議議事録」4-12頁⇨「要綱」14頁

⇨「第204回国会〔常会〕衆議院法務委員会会議録」4号35-50頁⇨5号1-17頁⇨6号1-20頁⇨7号1-33頁⇨8号1-18頁⇨「第204回国会〔常会〕衆議院〔本会議〕会議録」16号8-9頁

第 3 章　令和期の家族法改正

⇨「第 204 回国会〔常会〕参議院法務委員会会議録」6 号 15-38 頁⇨ 7 号
1-27 頁⇨ 8 号 1-20 頁⇨ 9 号 1-22 頁⇨「第 204 回国会〔常会〕参議院〔本
会議〕会議録」17 号 26 頁

（不在者の財産の管理人に関する規定の準用） 第 953 条　第 27 条から第 29 条までの規定は、前条第 1 項の相続財産の<u>清算人</u>（以下この章において単に「相続財産の<u>清算人</u>」という。）について準用する。	**（不在者の財産の管理人に関する規定の準用）** 第 953 条　第 27 条から第 29 条までの規定は、前条第 1 項の相続財産の<u>管理人</u>（以下この章において単に「相続財産の<u>管理人</u>」という。）について準用する。
（相続財産の清算人の報告） 第 954 条　相続財産の<u>清算人</u>は、相続債権者又は受遺者の請求があるときは、その請求をした者に相続財産の状況を報告しなければならない。	**（相続財産の管理人の報告）** 第 954 条　相続財産の<u>管理人</u>は、相続債権者又は受遺者の請求があるときは、その請求をした者に相続財産の状況を報告しなければならない。
（相続財産法人の不成立） 第 955 条　相続人のあることが明らかになったときは、第 951 条の法人は、成立しなかったものとみなす。ただし、相続財産の<u>清算人</u>がその権限内でした行為の効力を妨げない。	**（相続財産法人の不成立）** 第 955 条　相続人のあることが明らかになったときは、第 951 条の法人は、成立しなかったものとみなす。ただし、相続財産の<u>管理人</u>がその権限内でした行為の効力を妨げない。
（相続財産の清算人の代理権の消滅） 第 956 条　相続財産の<u>清算人</u>の代理権は、相続人が相続の承認をした時に消滅する。 2　前項の場合には、相続財産の<u>清算人</u>は、遅滞なく相続人に対して<u>清算に係る計算</u>をしなければならない。	**（相続財産の管理人の代理権の消滅）** 第 956 条　相続財産の<u>管理人</u>の代理権は、相続人が相続の承認をした時に消滅する。 2　前項の場合には、相続財産の<u>管理人</u>は、遅滞なく相続人に対して<u>管理の計算</u>をしなければならない。
（相続債権者及び受遺者に対する弁済） 第 957 条　第 952 条第 2 項の公告があったときは、相続財産の<u>清算人</u>は、全ての相続債権者及び受遺者に対し、<u>2 箇</u>	**（相続債権者及び受遺者に対する弁済）** 第 957 条　第 952 条第 2 項の公告があった<u>後 2 箇月以内に相続人のあることが明らかにならなかったときは、相続財</u>

II　令和3年4月：所有者不明土地関係改正

月以上の期間を定めて、その期間内に<u>その請求の申出をすべき旨を公告しな</u>ければならない。この場合において、その期間は、<u>同項の規定により相続人が権利を主張すべき期間として家庭裁判所が公告した期間内に満了するものでなければならない。</u> 2　（同右）	産の管理人は、遅滞なく、<u>すべての相続債権者及び受遺者に対し、一定の期間内にその請求の申出をすべき旨を公告しなければならない。この場合において、その期間は、2箇月を下ることができない。 2　（略）

「部会資料6」16-18頁⇨「部会第4回会議議事録」24-27頁

⇨「部会資料22」7-8頁⇨「部会第10回会議議事録」67-75頁

⇨「部会資料25」39頁⇨「部会第11回会議議事録」1-23頁・43-48頁

⇨「中間試案」18頁、「中間試案の補足説明」87-89頁

⇨「部会資料34」20-22頁⇨「部会第15回会議議事録」30-37頁

⇨「部会資料45」4-5頁⇨「部会第18回会議議事録」28-32頁

⇨「部会資料51」19-20頁⇨「部会第21回会議議事録」40-48頁

⇨「部会資料56」24-25頁⇨「部会第24回会議議事録」26頁

⇨「部会資料59」18頁⇨「部会第25回会議議事録」7-8頁

⇨「部会第26回会議議事録」3-8頁⇨「要綱案」14頁

⇨「法制審議会〔総会〕第189回会議議事録」4-12頁⇨「要綱」14頁

⇨「第204回国会〔常会〕衆議院法務委員会会議録」4号35-50頁⇨5号1-17頁⇨6号1-20頁⇨7号1-33頁⇨8号1-18頁⇨「第204回国会〔常会〕衆議院〔本会議〕会議録」16号8-9頁

⇨「第204回国会〔常会〕参議院法務委員会会議録」6号15-38頁⇨7号1-27頁⇨8号1-20頁⇨9号1-22頁⇨「第204回国会〔常会〕参議院〔本会議〕会議録」17号26頁

（削除）	（相続人の捜索の公告） 第958条　前条第1項の期間の満了後、<u>なお相続人のあることが明らかでないときは、家庭裁判所は、相続財産の管

第3章　令和期の家族法改正

| | 理人又は検察官の請求によって、相続人があるならば一定の期間内にその権利を主張すべき旨を公告しなければならない。この場合において、その期間は、6箇月を下ることができない。 |

「部会資料6」16-18頁⇨「部会第4回会議議事録」24-27頁

⇨「部会資料22」7-8頁⇨「部会第10回会議議事録」67-75頁

⇨「部会資料25」39頁⇨「部会第11回会議議事録」1-23頁・43-48頁

⇨「中間試案」18頁、「中間試案の補足説明」87-89頁

⇨「部会資料34」20-22頁⇨「部会第15回会議議事録」30-37頁

⇨「部会資料45」4-5頁⇨「部会第18回会議議事録」28-32頁

⇨「部会資料51」19-20頁⇨「部会第21回会議議事録」40-48頁

⇨「部会資料56」24-25頁⇨「部会第24回会議議事録」26頁

⇨「部会資料59」18頁⇨「部会第25回会議議事録」7-8頁

⇨「部会第26回会議議事録」3-8頁⇨「要綱案」14頁

⇨「法制審議会〔総会〕第189回会議議事録」4-12頁⇨「要綱」14頁

⇨「第204回国会〔常会〕衆議院法務委員会会議録」4号35-50頁⇨5号1-17頁⇨6号1-20頁⇨7号1-33頁⇨8号1-18頁⇨「第204回国会〔常会〕衆議院〔本会議〕会議録」16号8-9頁

⇨「第204回国会〔常会〕参議院法務委員会会議録」6号15-38頁⇨7号1-27頁⇨8号1-20頁⇨9号1-22頁⇨「第204回国会〔常会〕参議院〔本会議〕会議録」17号26頁

（権利を主張する者がない場合）	（権利を主張する者がない場合）
第958条　第952条第2項の期間内に相続人としての権利を主張する者がないときは、相続人並びに相続財産の清算人に知れなかった相続債権者及び受遺者は、その権利を行使することができない。	**第958条の2**　前条の期間内に相続人としての権利を主張する者がないときは、相続人並びに相続財産の管理人に知れなかった相続債権者及び受遺者は、その権利を行使することができない。

282

Ⅱ　令和３年４月：所有者不明土地関係改正

（特別縁故者に対する相続財産の分与）	（特別縁故者に対する相続財産の分与）
第 958 条の 2　（同右） 2　前項の請求は、第 952 条第 2 項の期間の満了後 3 箇月以内にしなければならない。	第 958 条の 3　（1 項略） 2　前項の請求は、第 958 条の期間の満了後 3 箇月以内にしなければならない。

283

第３章　令和期の家族法改正

Ⅲ　令和3年5月：遺言法改正（デジタル社会関係）

1　改正法の目的
　改正法は、外国に居住・滞在する者に遺言の機会を可及的に保障するために領事方式遺言を認めた984条の趣旨に鑑み、その利便性を確保するため、押印要件の見直しを図ったものである。

2　改正の経緯 [(5)]
　改正法は、デジタル改革関連法（デジタル一括化法）の一部であり、デジタル社会形成基本法、デジタル庁設置法などとともに成立した。これら一連の法改正を通じて、デジタル社会の形成に関する施策を実施するため、押印・書面等を求める手続を定める法律について所要の整備がされている。民法では、486条と984条が改正され、後者の領事方式の遺言について押印等の要件が見直された。

3　新旧対照 [(6)]
　984条は、外国に居住・滞在する日本人が現地の在外公館等で公正証書または秘密証書と同一の方式により遺言をすることができる旨の規定である（領事方式遺言と呼ばれる）。改正前は押印が必要であったが（改正前の969条4号、970条1項4号参照）、改正法はこれを不要とした（984条後段新設）。
　本条の趣旨は、外国に居住・滞在する者に遺言の機会を可及的に保障することにある。しかし、本条の要件については、外国に滞在する者は印章を所持していないことも多く、また、当地で入手することも困難な場合があり、領事方式遺言の利便性が損なわれている旨の指摘があった。他方、領事方式の遺言で

---

(5) 柳瀬翔央「デジタル改革関連法 (1) ──デジタル社会形成基本法の制定とデジタル庁の創設──」立法と調査437号（2021年）3頁、森秀勲＝大曽根暢彦「デジタル改革関連法 (2) ──個人情報保護制度の見直しとマイナンバー利用拡大──」。
(6) 椿優里＝木元一希＝永島寛人「デジタル社会形成のための関連法律」時の法令2134号（2021年）4頁、笹井朋昭＝宮崎文康＝小川貴裕＝寺畑亜美「デジタル社会形成整備法による押印・書面の見直し（民法・建物の区分所有等に関する法律の改正関係）」民事月報76巻9号（2021年）7頁。

284

Ⅲ　令和３年５月：遺言法改正（デジタル社会関係）

は、領事が作成に関与することに鑑みれば、押印ではなく、遺言者・証人の署名によっても遺言者の真意性は十分に担保されるとみてよい（加えて、外国では署名により重要な取引行為等を行う慣行が存在することも多く、当地に居住・滞在する日本人もその慣行に従うことが想定される、という考慮も働いている）。そこで、本条に後段の規律を追加して、遺言者・証人の（公正証書、秘密証書の封紙への）押印を不要とした。なお、領事による押印は必要である（984 条前段、969 条５号、970 条１項４号）。

（外国に在る日本人の遺言の方式）	（外国に在る日本人の遺言の方式）
第 984 条　日本の領事の駐在する地に在る日本人が公正証書又は秘密証書によって遺言をしようとするときは、公証人の職務は、領事が行う。<u>この場合においては、第 969 条第 4 号又は第 970 条第 1 項第 4 号の規定にかかわらず、遺言者及び証人は、第 969 条第 4 号又は第 970 条第 1 項第 4 号の印を押すことを要しない。</u>	第 984 条　日本の領事の駐在する地に在る日本人が公正証書又は秘密証書によって遺言をしようとするときは、公証人の職務は、領事が行う。 （後段新設）

「第 204 回国会〔常会〕衆議院内閣委員会会議録」7 号 22-23 頁、37-101 頁⇨ 8 号 1-35 頁⇨ 9 号 2-35 頁⇨ 10 号 1-16 頁⇨ 11 号 1-34 頁⇨「第 204 回国会〔常会〕衆議院内閣委員会総務委員会連合審査会会議録」1 号 1-21 頁⇨「第 204 回国会〔常会〕衆議院内閣委員会会議録」12 号 1-15 頁⇨ 13 号 1-31 頁⇨ 14 号 2-7 頁⇨「第 204 回国会〔常会〕衆議院〔本会議〕会議録」18 号 1-5 頁

⇨「第 204 回国会〔常会〕参議院内閣委員会会議録」13 号 1-44 頁⇨ 14 号 1-41 頁⇨「第 204 回国会〔常会〕参議院内閣委員会総務委員会連合審査会会議録」1 号 1-19 頁⇨「第 204 回国会〔常会〕参議院内閣委員会会議録」15 号 1-22 頁⇨ 16 号 1-18 頁⇨ 17 号 1-38 頁⇨「第 204 回国会〔常会〕参議院〔本会議〕会議録」21 号 14-20 頁

第 3 章　令和期の家族法改正

Ⅳ　令和 4 年 12 月：親子法制改正

1　改正法の目的

　改正法の目的は、児童虐待の防止を図る観点から懲戒権に関する規定を見直すこと、および、いわゆる無戸籍者問題（子の出生の届出をすべき者が、届出をしないため、戸籍に記載されない子が生じる問題）を解消する観点から嫡出推定および嫡出否認制度を見直すことにある。

2　改正の経緯 [7]

　児童虐待への法的対応は、民法（平成 23 年改正）および児童福祉法・児童虐待防止法の改正によってなされてきたところ、令和元年の児童福祉法の改正法（令和元年法律第 46 号）は、その附則 6 条で「政府は、この法律の施行後 2 年を目途として、民法（明治 29 年法律第 89 号）第 822 条の規定の在り方について検討を加え、必要があると認めるときは、その結果に基づいて必要な措置を講ずるものとする」旨を定めていた。

　また、無戸籍者問題については、いわゆる離婚後 300 日問題への対応として、婚姻解消後の妊娠であることにつき医師の証明を添付することで 772 条の適用除外を前提とする出生届を認めた平成 19 年 5 月 7 日法務省民一第 1007 号通達による一定の対応はあったものの、それ以上の抜本的な対応は手つかずであった。

　この状況の下、令和元年 6 月の法務大臣の諮問第 108 号「児童虐待が社会問題になっている現状を踏まえて民法の懲戒権に関する規定等を見直すとともに、いわゆる無戸籍者の問題を解消する観点から民法の嫡出推定制度に関する規定等を見直す必要があると考えられるので、その要綱を示されたい」を受け、法制審議会親子法制部会が設置され（令和元年 7 月から令和 4 年 2 月まで 25 回の会議を開催）、令和 3 年 2 月 9 日「民法（親子法制）等の改正に関する中間試案」、令和 4 年 2 月 1 日「民法（親子法制）等の改正に関する要綱案」の決定、法制審議会総会での採択、法務大臣への答申を経て、第 210 回国会に改正法が提出

(7)　高見富二男「家族法における嫡出推定制度の見直し」立法と調査 455 号（2023 年）61 頁。

286

IV　令和 4 年 12 月：親子法制改正

され、12 月 10 日成立、同月 16 日に公布された。

3　新旧対照 [8]

　改正法は、1 条：民法の改正、2 条：児童福祉法の改正、3 条：国籍法の改正、4 条：児童虐待の防止等に関する法律（児童虐待防止法）の改正、5 条：人事訴訟法の改正、6 条：家事事件手続法の改正、7 条：生殖補助医療の提供等及びこれにより出生した子の親子関係に関する民法の特例に関する法律（生殖補助医療法）の改正の 7 か条と、附則全 6 か条（1 条：施行期日、2 ～ 5 条：経過措置、6 条：政令への委任）からなる。

　親権行使に関して、子の人格の尊重、体罰の禁止などを明示する規定を新設し（821 条）、懲戒権の規定（822 条）を削除した（この点については、同時に改正された児童福祉法 33 条の 2・47 条、児童虐待の防止等に関する法律 14 条も参照）。

　嫡出推定制度（772 条）に関しては、生来の嫡出子の範囲を拡張し、いわゆる推定されない嫡出子（772 条の推定によらず、生来の嫡出子と扱われる子）を包摂した（改正 772 条 1 項後段）。さらに、嫡出推定が重複する場合について、父を定める訴えによるのではなく、競合する推定を調整して処理するものとした（改正 772 条 3 項。これを受けて、父を定める訴えは重婚の場合の規定であることが明示された。改正 773 条）。再婚禁止期間の廃止（改正前 733 条の削除）により、推定が重複する場面が増えることへの対応であるだけでなく、再婚した夫を父とする出生届を可能とする点では無戸籍者問題への対応にもなっている。このほか、子の出生前にされた胎児認知と嫡出推定とが競合する場合は、後者が優先するものとされた（改正 783 条 2 項）。

　嫡出否認制度については、否認権者の拡大と否認期間の伸長がなされた（改正 774 条・777 条。夫が否認権を行使しないまま否認可能な期間内に死亡した場合について、改正人事訴訟法 41 条 1 項も参照）。なお、子に否認権を付与する一方、その原則的行使期間を出生から 3 年に制限したことから、子には行使期間の例外を設け、一定の要件の下で自ら否認権を行使する機会が認められている（778

---

(8) 佐藤隆幸（編著）『令和 4 年民法等改正』（商事法務、2024 年）。佐藤隆幸＝古谷真良＝砂山博之＝濱岡恭平＝水谷遙香「民法（親子法制）等の一部を改正する法律の概要」家庭の法と裁判 45 号（2023 年）84 頁、同「『民法等の一部を改正する法律』の解説（1 ～ 4 完）」民事月報 78 巻（2023 年）3 号 60 頁・5 号 8 頁・6 号 9 頁・7 号 9 頁。

287

条の2第2項)。以上のほか、嫡出推定の重複の調整で成立した父子関係が否認
された場合の処理（調整で劣後した父子関係が成立し、その父子関係について誰が
いつまで否認できるか。改正772条4項、774条4項・5項、777条4号、778条。また、
相続に関して778条の4）、嫡出承認の主体に母を追加（776条）、他人の精子を
用いる生殖補助医療により出生した子についての嫡出否認制限（生殖補助医療
の提供等及びこれにより出生した子の親子関係に関する民法の特例に関する法律10
条に子と妻を追加）、否認後の子の監護費用に関する利益調整（778条の3）につ
いて規定が設けられている。

　不実認知無効については、利害関係人がいつでも主張可能とされていたとこ
ろ、嫡出否認制度と類似の制限が設けられることとなった。すなわち、形成訴
訟であることを前提に、提訴権者である利害関係人の範囲、提訴期間を定める
規定が新設されている（786条。改正人事訴訟法43条1項も参照）。なお、国籍
取得目的の認知については、国籍法の改正で対応された（国籍法3条3項の新設）。

3−1　民法の改正（改正法1条）

(1)　「第2章　婚姻」「第1節　婚姻の成立」

（削除）	（再婚禁止期間）
	第733条　女は、前婚の解消又は取消し の日から起算して100日を経過した後 でなければ、再婚をすることができな い。
	2　前項の規定は、次に掲げる場合には、 適用しない。
	一　女が前婚の解消又は取消しの時に 懐胎していなかった場合
	二　女が前婚の解消又は取消しの後に 出産した場合

　　「部会資料3」10-12頁⇨「部会第3回会議議事録」26-32頁
　⇨「部会資料8」10-12頁⇨「部会第8回会議議事録」34-37頁
　⇨「部会資料12-2」8-10頁⇨「部会第12回会議議事録」7-17頁
　⇨「部会資料13-2」12-16頁⇨「部会第13回会議議事録」20-22頁

IV　令和４年 12 月：親子法制改正

⇨「部会資料 14-1」３頁、「部会資料 14-2」４頁⇨「部会第 14 回会議議事録」
6-7 頁、８頁

⇨「中間試案」2-3 頁、「中間試案の補足説明」30-34 頁

⇨「部会資料 16-2」10-12 頁⇨「部会第 16 回会議議事録」36-43 頁

⇨「部会資料 21-1」１頁、「部会資料 21-2」6-7 頁⇨「部会第 21 回会議議事録」
8-9 頁

⇨「部会資料 24-1」１頁、「部会資料 24-2」３頁、6-7 頁⇨「部会第 24 回会議
議事録」4-7 頁

⇨「部会資料 25-1」１頁、「部会資料 25-2」４頁、８頁⇨「部会第 25 回会議
議事録」18-19 頁⇨「要綱案」１頁

⇨「法制審議会〔総会〕第 194 回会議議事録」５頁⇨「要綱」１頁

⇨「第 210 回国会〔臨時会〕衆議院法務委員会会議録」４号 22-26 頁⇨５号
1-33 頁⇨６号 1-38 頁⇨「第 210 回国会〔臨時会〕衆議院〔本会議〕会議録」
10 号 3-7 頁

⇨「第 210 回国会〔臨時会〕参議院法務委員会会議録」８号 14-19 頁⇨９号
1-35 頁⇨ 10 号 1-23 頁⇨「第 210 回国会〔臨時会〕参議院〔本会議〕会議録」
10 号 1-2 頁

⇨「第 210 回国会〔臨時会〕参議院法務委員会会議録」９号 3-4 頁⇨「第
210 回国会〔臨時会〕参議院〔本会議〕会議録」12 号 1-2 頁、43-47 頁

（婚姻の届出の受理）	（婚姻の届出の受理）
第 740 条　婚姻の届出は、その婚姻が第 731 条、第 732 条、第 734 条から第 736 条まで及び前条第２項の規定その他の法令の規定に違反しないことを認めた後でなければ、受理することができない。	第 740 条　婚姻の届出は、その婚姻が第 731 条から第 736 条まで及び前条第２項の規定その他の法令の規定に違反しないことを認めた後でなければ、受理することができない。
（婚姻の取消し）	（婚姻の取消し）
第 743 条　婚姻は、次条、第 745 条及び第 747 条の規定によらなければ、取り	第 743 条　婚姻は、次条から第 747 条までの規定によらなければ、取り消すこ

289

消すことができない。	とができない。
（不適法な婚姻の取消し） 第744条　第731条、第732条及び第734条から第736条までの規定に違反した婚姻は、各当事者、その親族又は検察官から、その取消しを家庭裁判所に請求することができる。ただし、検察官は、当事者の一方が死亡した後は、これを請求することができない。 2　第732条の規定に違反した婚姻については、前婚の配偶者も、その取消しを請求することができる。	（不適法な婚姻の取消し） 第744条　第731条から第736条までの規定に違反した婚姻は、各当事者、その親族又は検察官から、その取消しを家庭裁判所に請求することができる。ただし、検察官は、当事者の一方が死亡した後は、これを請求することができない。 2　第732条又は第733条の規定に違反した婚姻については、当事者の配偶者又は前配偶者も、その取消しを請求することができる。

「部会資料25-1」1頁、「部会資料25-2」4頁⇨「部会第25回会議議事録」18-19頁⇨「要綱案」1頁

　⇨「法制審議会〔総会〕第194回会議議事録」5頁⇨「要綱」1頁

（削除）	（再婚禁止期間内にした婚姻の取消し） 第746条　第733条の規定に違反した婚姻は、前婚の解消若しくは取消しの日から起算して100日を経過し、又は女が再婚後に出産したときは、その取消しを請求することができない。

「部会資料25-1」1頁、「部会資料25-2」5頁⇨「部会第25回会議議事録」18-19頁⇨「要綱案」1頁

　⇨「法制審議会〔総会〕第194回会議議事録」5頁⇨「要綱」1頁

⑵ 「第3章 親子」「第1節 実子」

（嫡出の推定）	（嫡出の推定）
第772条 妻が婚姻中に懐胎した子は、当該婚姻における夫の子と推定する。女が婚姻前に懐胎した子であって、婚姻が成立した後に生まれたものも、同様とする。	第772条 妻が婚姻中に懐胎した子は、夫の子と推定する。
2 前項の場合において、婚姻の成立の日から200日以内に生まれた子は、婚姻前に懐胎したものと推定し、婚姻の成立の日から200日を経過した後又は婚姻の解消若しくは取消しの日から300日以内に生まれた子は、婚姻中に懐胎したものと推定する。	2 婚姻の成立の日から200日を経過した後又は婚姻の解消若しくは取消しの日から300日以内に生まれた子は、婚姻中に懐胎したものと推定する。
3 第1項の場合において、女が子を懐胎した時から子の出生の時までの間に2以上の婚姻をしていたときは、その子は、その出生の直近の婚姻における夫の子と推定する。	（新設）
4 前3項の規定により父が定められた子について、第774条の規定によりその父の嫡出であることが否認された場合における前項の規定の適用については、同項中「直近の婚姻」とあるのは、「直近の婚姻（第774条の規定により子がその嫡出であることが否認された夫との間の婚姻を除く。）」とする。	（新設）

法務大臣「諮問第108号」⇨「法制審議会〔総会〕第184回会議議事録」3-5頁

⇨「部会資料1」3-5頁⇨「部会第1回会議議事録」9-14頁、23-34頁

⇨「部会資料3」1-10頁⇨「部会第3回会議議事録」2-26頁

⇨「部会資料5」6-12頁⇨「部会第5回会議議事録」17-36頁

⇨「部会資料8」1-10頁⇨「部会第8回会議議事録」1-34頁

第 3 章　令和期の家族法改正

⇨「部会資料 12-2」1-8 頁⇨「部会第 12 回会議議事録」7-17 頁

⇨「部会資料 13-2」1-12 頁、「部会資料 13-5」1-4 頁⇨「部会第 13 回会議議事録」4-19 頁、20-22 頁

⇨「部会資料 14-1」2-3 頁、「部会資料 14-2」3-4 頁⇨「部会第 14 回会議議事録」5-6 頁、7-11 頁

⇨「中間試案」2 頁、「中間試案の補足説明」13-29 頁

⇨「部会資料 16-2」1-10 頁⇨「部会第 16 回会議議事録」36-43 頁

⇨「部会資料 17」7-22 頁⇨「部会第 17 回会議議事録」2-17 頁

⇨「部会資料 18-1」9-17 頁、「部会資料 18-2」1-3 頁⇨「部会第 18 回会議議事録」9-16 頁

⇨「部会資料 19」1-7 頁⇨「部会第 19 回会議議事録」2-8 頁

⇨「部会資料 20」7-14 頁⇨「部会第 20 回会議議事録」49 頁

⇨「部会資料 20」7-14 頁⇨「参考資料 21」1-8 頁、「部会資料 21-1」1 頁、「部会資料 21-2」3-6 頁⇨「部会第 21 回会議議事録」7-10 頁

⇨「部会資料 22-1」1 頁、「部会資料 22-2」3 頁、6 頁、「部会資料 22-3」1-3 頁⇨「部会第 22 回会議議事録」4-19 頁、35-45 頁

⇨「部会資料 24-1」1 頁、「部会資料 24-2」3-6 頁⇨「部会第 24 回会議議事録」4-7 頁

⇨「部会資料 25-1」1 頁、「部会資料 25-2」4 頁、8 頁⇨「部会第 25 回会議議事録」18-19 頁⇨「要綱案」1 頁

⇨「法制審議会〔総会〕第 194 回会議議事録」4-5 頁⇨「要綱」1 頁

⇨「第 210 回国会〔臨時会〕衆議院法務委員会会議録」5 号 1-2 頁、8-9 頁、14 頁、17-18 頁、30-31 頁⇨ 6 号 4 頁、10-12 頁、14-16 頁、19-21 頁、23-25 頁、27-28 頁、30-37 頁⇨「第 210 回国会〔臨時会〕衆議院〔本会議〕会議録」10 号 3-7 頁

⇨「第 210 回国会〔臨時会〕参議院法務委員会会議録」9 号 2-3 頁、7-12 頁、13-14 頁、16-17 頁、18-19 頁、19-22 頁、23-24 頁、24-28 頁、30-31 頁、33-35 頁⇨ 10 号 7-8 頁⇨「第 210 回国会〔臨時会〕参議院〔本会議〕会議録」12 号 1-2 頁、43-47 頁

Ⅳ　令和4年12月：親子法制改正

（父を定めることを目的とする訴え）	（父を定めることを目的とする訴え）
第773条　第732条の規定に違反して婚姻をした女が出産した場合において、前条の規定によりその子の父を定めることができないときは、裁判所が、これを定める。	第773条　第773条第1項の規定に違反して再婚をした女が出産した場合において、前条の規定によりその子の父を定めることができないときは、裁判所が、これを定める。

　「部会資料22-1」1頁、「部会資料22-2」3頁、6頁⇨「部会第22回会議議事録」
4-19頁
　　⇨「部会資料25-1」1頁、「部会資料25-2」4頁、8頁⇨「部会第25回会議
　　議事録」18-19頁⇨「要綱案」1頁
　　⇨「法制審議会〔総会〕第194回会議議事録」5頁　⇨「要綱」1頁

（嫡出の否認）	（嫡出の否認）
第774条　第772条の規定により子の父が定められる場合において、父又は子は、子が嫡出であることを否認することができる。	第774条　第772条の場合において、夫は、子が嫡出であることを否認することができる。
2　前項の規定による子の否認権は、親権を行う母、親権を行う養親又は未成年後見人が、子のために行使することができる。	（新設）
3　第1項に規定する場合において、母は、子が嫡出であることを否認することができる。ただし、その否認権の行使が子の利益を害することが明らかなときは、この限りでない。	（新設）
4　第772条第3項の規定により子の父が定められる場合において、子の懐胎の時から出生の時までの間に母と婚姻していた者であって、子の父以外のもの（以下「前夫」という。）は、子が嫡出であることを否認することができ	（新設）

293

る。ただし、その否認権の行使が子の利益を害することが明らかなときは、この限りでない。	
5　前項の規定による否認権を行使し、第 772 条第 4 項の規定により読み替えられた同条第 3 項の規定により新たに子の父と定められた者は、第 1 項の規定にかかわらず、子が自らの嫡出であることを否認することができない。	（新設）

「部会資料 3」12-16 頁⇨「部会第 3 回会議議事録」32-49 頁

⇨「部会資料 3」16 頁⇨「部会第 4 回会議議事録」1-6 頁

⇨「部会資料 5」1-6 頁⇨「部会第 5 回会議議事録」1-17 頁

⇨「部会資料 7」1-12 頁⇨「部会第 7 回会議議事録」1-42 頁

⇨「部会資料 9」1-19 頁⇨「部会第 9 回会議議事録」1-26 頁

⇨「部会資料 10-1」6-15 頁⇨「部会第 10 回会議議事録」30-45 頁

⇨「部会資料 11」7-15 頁、「部会資料 12-3」7-33 頁⇨「部会第 12 回会議議事録」2-4 頁、17-32 頁、39-44 頁

⇨「部会資料 13-3」1-11 頁、「部会資料 13-5」1-4 頁⇨「部会第 13 回会議議事録」4-19 頁、23-29 頁

⇨「部会資料 14-1」3-8 頁、「部会資料 14-2」4-11 頁⇨「部会第 14 回会議議事録」11-25 頁

⇨「中間試案」3-7 頁、「中間試案の補足説明」40-78 頁、80-81 頁

⇨「部会資料 16-3」1-11 頁、12-15 頁⇨「部会第 16 回会議議事録」15-35 頁

⇨「部会資料 17」25-37 頁⇨「部会第 17 回会議議事録」21-30 頁

⇨「部会資料 18-1」17-26 頁⇨「部会第 18 回会議議事録」16-31 頁

⇨「部会資料 19」10-38 頁⇨「部会第 19 回会議議事録」8-41 頁

⇨「部会資料 19」39-41 頁、「部会資料 20」14-24 頁、35-40 頁⇨「部会第 20 回会議議事録」13-27 頁、28-31 頁、37-48 頁

⇨「部会資料 21-1」2 頁、4 頁、「部会資料 21-2」7-8 頁、10-14 頁、17-19 頁、「部会資料 21-3」1-5 頁⇨「部会第 21 回会議議事録」10-19 頁

Ⅳ　令和 4 年 12 月：親子法制改正

⇨「部会資料 22-1」2 頁、4 頁、「部会資料 22-2」3-4 頁、6-15 頁、「部会資料 22-3」3-6 頁⇨「部会第 22 回会議議事録」4-19 頁、35-45 頁

⇨「部会資料 23」1-12 頁、16-17 頁⇨「部会第 23 回会議議事録」2-25 頁

⇨「部会資料 24-1」2-4 頁、「部会資料 24-2」7-15 頁⇨「部会第 24 回会議議事録」7-20 頁

⇨「部会資料 25-1」2-4 頁、「部会資料 25-2」8-9 頁、11-14 頁、16-21 頁⇨「部会第 25 回会議議事録」19-20 頁⇨「要綱案」2 頁

⇨「法制審議会〔総会〕第 194 回会議議事録」5-6 頁⇨「要綱」2 頁

⇨「第 210 回国会〔臨時会〕衆議院法務委員会会議録」5 号 18 頁、20-22 頁⇨ 6 号 4-6 頁、9-10 頁、21 頁⇨「第 210 回国会〔臨時会〕衆議院〔本会議〕会議録」10 号 3-7 頁

⇨「第 210 回国会〔臨時会〕参議院法務委員会会議録」9 号 29 頁⇨ 10 号 2 頁⇨「第 210 回国会〔臨時会〕参議院〔本会議〕会議録」12 号 1-2 頁、43-47 頁

(嫡出否認の訴え)	(嫡出否認の訴え)
第 775 条　次の各号に掲げる否認権は、それぞれ当該各号に定める者に対する嫡出否認の訴えによって行う。 一　父の否認権　子又は親権を行う母 二　子の否認権　父 三　母の否認権　父 四　前夫の否認権　父及び子又は親権を行う母 2　前項第 1 号又は第 4 号に掲げる否認権を親権を行う母に対し行使しようとする場合において、親権を行う母がないときは、家庭裁判所は、特別代理人を選任しなければならない。	第 775 条　前条の規定による否認権は、子又は親権を行う母に対する嫡出否認の訴えによって行う。親権を行う母がないときは、家庭裁判所は、特別代理人を選任しなければならない。 (←旧 775 条後段)

「部会資料 9」1-19 頁⇨「部会第 9 回会議議事録」1-26 頁

⇨「部会資料 10-1」6-15 頁⇨「部会第 10 回会議議事録」30-45 頁

第 3 章　令和期の家族法改正

⇨「部会資料 11」7-15 頁、「部会資料 12-3」7-33 頁⇨「部会第 12 回会議議事録」
　2-4 頁、17-32 頁、39-44 頁

⇨「部会資料 13-3」1-11 頁、「部会資料 13-5」1-4 頁⇨「部会第 13 回会議議事録」
　4-19 頁、23-29 頁

⇨「部会資料 14-1」3-8 頁、「部会資料 14-2」4-11 頁⇨「部会第 14 回会議議事録」
　11-25 頁

⇨「中間試案」3 頁、「中間試案の補足説明」35-40 頁

⇨「部会資料 16-3」1-12 頁⇨「部会第 16 回会議議事録」15-35 頁

⇨「部会資料 17」25-37 頁⇨「部会第 17 回会議議事録」21-30 頁

⇨「部会資料 18-1」17-26 頁⇨「部会第 18 回会議議事録」16-31 頁

⇨「部会資料 19」10-38 頁⇨「部会第 19 回会議議事録」8-41 頁

⇨「部会資料 20」14-24 頁、35-40 頁⇨「部会第 20 回会議議事録」13-27 頁

⇨「部会資料 21-1」2 頁、「部会資料 21-2」8 頁、10 頁⇨「部会第 21 回会議
　議事録」10-19 頁

⇨「部会資料 22-1」2 頁、「部会資料 22-2」4 頁、6 頁⇨「部会第 22 回会議
　議事録」4-19 頁

⇨「部会資料 23」1 頁⇨「部会第 23 回会議議事録」2-23 頁

⇨「部会資料 24-1」2 頁、「部会資料 24-2」8 頁⇨「部会第 24 回会議議事録」
　7-20 頁

⇨「部会資料 25-1」2-3 頁、「部会資料 25-2」8-20 頁⇨「部会第 25 回会議議事録」
　19 頁⇨「要綱案」2 頁

⇨「法制審議会〔総会〕第 194 回会議議事録」5-6 頁⇨「要綱」2 頁

（嫡出の承認）	（嫡出の承認）
第 776 条　父又は母は、子の出生後において、その嫡出であることを承認したときは、それぞれその否認権を失う。	第 776 条　夫は、子の出生後において、その嫡出であることを承認したときは、その否認権を失う。

「部会資料 10-1」1-5 頁⇨「部会第 10 回会議議事録」21-30 頁

⇨「部会資料 12-4」1-3 頁⇨「部会第 12 回会議議事録」33-36 頁

⇨「部会資料 13-4」1 頁⇨「部会第 13 回会議議事録」24-29 頁

IV 令和4年12月：親子法制改正

⇨「部会資料 14-1」7-8 頁、「部会資料 14-2」11 頁⇨「部会第 14 回会議議事録」11-25 頁

⇨「中間試案」7 頁、「中間試案の補足説明」79-80 頁

⇨「部会資料 16-3」11-12 頁⇨「部会第 16 回会議議事録」25-26 頁

⇨「部会資料 17」22-25 頁⇨「部会第 17 回会議議事録」17-21 頁

⇨「部会資料 21-1」2 頁、「部会資料 21-2」8 頁、14-15 頁⇨「部会第 21 回会議議事録」10-19 頁

⇨「部会資料 22-1」2 頁、「部会資料 22-2」4 頁、6 頁⇨「部会第 22 回会議議事録」4-19 頁

⇨「部会資料 23」1-2 頁、12 頁⇨「部会第 23 回会議議事録」2-23 頁

⇨「部会資料 24-1」2 頁、「部会資料 24-2」8 頁⇨「部会第 24 回会議議事録」7-20 頁

⇨「部会資料 25-1」2 頁、「部会資料 25-2」9 頁⇨「部会第 25 回会議議事録」19 頁⇨「要綱案」2 頁

⇨「法制審議会〔総会〕第 194 回会議議事録」5-6 頁⇨「要綱」2 頁

（嫡出否認の訴えの出訴期間）	（嫡出否認の訴えの出訴期間）
第 777 条　次の各号に掲げる否認権の行使に係る嫡出否認の訴えは、それぞれ当該各号に定める時から 3 年以内に提起しなければならない。 一　父の否認権　父が子の出生を知った時 二　子の否認権　その出生の時 三　母の否認権　子の出生の時 四　前夫の否認権　前夫が子の出生を知った時	第 777 条　嫡出否認の訴えは、夫が子の出生を知った時から 1 年以内に提起しなければならない。
第 778 条　第 772 条第 3 項の規定により父が定められた子について第 774 条の規定により嫡出であることが否認されたときは、次の各号に掲げる否認権の	第 778 条　夫が成年被後見人であるときは、前条の期間は、後見開始の審判の取消しがあった後夫が子の出生を知った時から起算する。

297

行使に係る嫡出否認の訴えは、前条の
規定にかかわらず、それぞれ当該各号
に定める時から1年以内に提起しなけ
ればならない。

一　第772条第4項の規定により読み
　　替えられた同条第3項の規定により
　　新たに子の父と定められた者の否認
　　権　新たに子の父と定められた者が
　　当該子に係る嫡出否認の裁判が確定
　　したことを知った時

二　子の否認権　子が前号の裁判が確
　　定したことを知った時

三　母の否認権　母が第1号の裁判が
　　確定したことを知った時

四　前夫の否認権　前夫が第1号の裁
　　判が確定したことを知った時

第778条の2　第777条（第2号に係る部分に限る。）又は前条（第2号に係る部分に限る。）の期間の満了前6箇月以内の間に親権を行う母、親権を行う養親及び未成年後見人がないときは、子は、母若しくは養親の親権停止の期間が満了し、親権喪失若しくは親権停止の審判の取消しの審判が確定し、若しくは親権が回復された時、新たに養子縁組が成立した時又は未成年後見人が就職した時から6箇月を経過するまでの間は、嫡出否認の訴えを提起することができる。 2　子は、その父と継続して同居した期間（当該期間が2以上あるときは、そのうち最も長い期間）が3年を下回るときは、第777条（第2号に係る部分	（新設）

に限る。）及び前条（第 2 号に係る部分に限る。）の規定にかかわらず、21歳に達するまでの間、嫡出否認の訴えを提起することができる。ただし、子の否認権の行使が父による養育の状況に照らして父の利益を著しく害するときは、この限りでない。 3　第 774 条第 2 項の規定は、前項の場合には、適用しない。 4　第 777 条（第 4 号に係る部分に限る。）及び前条（第 4 号に係る部分に限る。）に掲げる否認権の行使に係る嫡出否認の訴えは、子が成年に達した後は、提起することができない。	

「部会資料 4」1-9 頁⇨「部会第 4 回会議議事録」7-34 頁

⇨「部会資料 9」19-31 頁⇨「部会第 9 回会議議事録」26-47 頁

⇨「部会資料 12-3」1-7 頁⇨「部会第 12 回会議議事録」17-32 頁

⇨「部会資料 13-3」1 頁⇨「部会第 13 回会議議事録」23 頁

⇨「部会資料 14-1」3 頁、「部会資料 14-2」4 頁⇨「部会第 14 回会議議事録」11 頁

⇨「中間試案」3 頁、「中間試案の補足説明」35-40 頁

⇨「部会資料 16-3」1-12 頁⇨「部会第 16 回会議議事録」15-35 頁

⇨「部会資料 18-1」26-45 頁⇨「部会第 18 回会議議事録」16-27 頁

⇨「部会資料 19」10-38 頁⇨「部会第 19 回会議議事録」8-41 頁

⇨「部会資料 20」14-24 頁、35-40 頁⇨「部会第 20 回会議議事録」13-27 頁

⇨「部会資料 21-1」2-3 頁、「部会資料 21-2」8-9 頁、15 頁⇨「部会第 21 回会議議事録」10-19 頁

⇨「部会資料 22-1」2-3 頁、「部会資料 22-2」4-5 頁、6 頁⇨「部会第 22 回会議議事録」4-19 頁

⇨「部会資料 23」2 頁、6-12 頁⇨「部会第 23 回会議議事録」2-23 頁

⇨「部会資料 24-1」2-3 頁、「部会資料 24-2」8-9 頁⇨「部会第 24 回会議議事録」

第３章　令和期の家族法改正

　　7-20 頁

⇨「部会資料 25-1」2-3 頁、「部会資料 25-2」9-10 頁、14-16 頁⇨「部会第 25
回会議議事録」19 頁⇨「要綱案」2-4 頁

⇨「法制審議会〔総会〕第 194 回会議議事録」5-6 頁、8 頁⇨「要綱」2-3 頁

⇨「第 210 回国会〔臨時会〕衆議院法務委員会会議録」5 号 18-19 頁⇨「第
210 回国会〔臨時会〕衆議院〔本会議〕会議録」10 号 3-7 頁

⇨「第 210 回国会〔臨時会〕参議院法務委員会会議録」10 号 2-3 頁⇨「第
210 回国会〔臨時会〕参議院〔本会議〕会議録」12 号 1-2 頁、43-47 頁

（子の監護に要した費用の償還の制限） **第 778 条の 3**　第 774 条の規定により嫡 出であることが否認された場合であっ ても、子は、父であった者が支出した 子の監護に要した費用を償還する義務 を負わない。	（新設）

「部会資料 21-1」3 頁、「部会資料 21-2」9 頁、16-17 頁⇨「部会第 21 回会議
議事録」10-19 頁

⇨「部会資料 23」2-3 頁、13-16 頁⇨「部会第 23 回会議議事録」2-23 頁

⇨「部会資料 24-1」3 頁、「部会資料 24-2」9 頁⇨「部会第 24 回会議議事録」
7-20 頁

⇨「部会資料 25-1」3 頁、「部会資料 25-2」10 頁⇨「部会第 25 回会議議事録」
18-19 頁⇨「要綱案」3 頁

⇨「法制審議会〔総会〕第 194 回会議議事録」5-6 頁⇨「要綱」3 頁

⇨「第 210 回国会〔臨時会〕衆議院法務委員会会議録」6 号 30 頁⇨「第 210
回国会〔臨時会〕衆議院〔本会議〕会議録」10 号 3-7 頁

⇨「第 210 回国会〔臨時会〕参議院〔本会議〕会議録」12 号 1-2 頁、43-47
頁

Ⅳ　令和 4 年 12 月：親子法制改正

（相続の開始後に新たに子と推定された者の価額の支払請求権） 第 778 条の 4　相続の開始後、第 774 条の規定により否認権が行使され、第 772 条第 4 項の規定により読み替えられた同条第 3 項の規定により新たに被相続人がその父と定められた者が相続人として遺産の分割を請求しようとする場合において、他の共同相続人が既にその分割その他の処分をしていたときは、当該相続人の遺産分割の請求は、価額のみによる支払の請求により行うものとする。	（新設）

「部会資料 22-1」3 頁、「部会資料 22-2」5 頁、6 頁⇨「部会第 22 回会議議事録」4-19 頁

　　⇨「部会資料 23」3 頁⇨「部会第 23 回会議議事録」2-23 頁

　　⇨「部会資料 24-1」3 頁、「部会資料 24-2」9 頁⇨「部会第 24 回会議議事録」7-20 頁

　　⇨「部会資料 25-1」3 頁、「部会資料 25-2」10 頁⇨「部会第 25 回会議議事録」18-19 頁⇨「要綱案」3 頁

　　⇨「法制審議会〔総会〕第 194 回会議議事録」5-6 頁⇨「要綱」3 頁

（胎児又は死亡した子の認知） 第 783 条　（同右） 2　前項の子が出生した場合において、第 772 条の規定によりその子の父が定められるときは、同項の規定による認知は、その効力を生じない。 3　父又は母は、死亡した子でも、その直系卑属があるときに限り、認知することができる。この場合において、そ	（胎児又は死亡した子の認知） 第 783 条　（1 項略） （新設） 2　（略）

301

第3章　令和期の家族法改正

の直系卑属が成年者であるときは、その承諾を得なければならない。	

「部会資料 19」7-9 頁⇨「部会第 19 回会議議事録」3 頁、6-7 頁

⇨「部会資料 23」19 頁、25-26 頁⇨「部会第 23 回会議議事録」27-36 頁

⇨「部会資料 24-1」6 頁、「部会資料 24-2」22-23 頁⇨「部会第 24 回会議議事録」20-24 頁

⇨「部会資料 25-1」6 頁、「部会資料 25-2」23 頁⇨「部会第 25 回会議議事録」21 頁⇨「要綱案」6 頁

⇨「法制審議会〔総会〕第 194 回会議議事録」6-7 頁⇨「要綱」6 頁

(3)　「第 4 章　親権」

（同右）	（監護及び教育の権利義務） 第 820 条　（略）
（削除）	（懲戒） 第 822 条　親権を行う者は、第 820 条の規定による監護及び教育に必要な範囲内でその子を懲戒することができる。
（子の人格の尊重等） 第 821 条　親権を行う者は、前条の規定による監護及び教育をするに当たっては、子の人格を尊重するとともに、その年齢及び発達の程度に配慮しなければならず、かつ、体罰その他の子の心身の健全な発達に有害な影響を及ぼす言動をしてはならない。	（新設：旧 821 条→ 822 条に条数繰下げ）
（居所の指定） 第 822 条　子は、親権を行う者が指定した場所に、その居所を定めなければならない。	（←旧 821 条）

法務大臣「諮問第 108 号」⇨「法制審議会〔総会〕第 184 回会議議事録」

302

Ⅳ　令和 4 年 12 月：親子法制改正

3-5 頁

⇨「部会資料 1」1-3 頁、5 頁⇨「部会第 1 回会議議事録」6-9 頁、14-23 頁

⇨「部会資料 2」1-11 頁⇨「部会第 2 回会議議事録」1-50 頁

⇨「部会資料 6」1-8 頁⇨「部会第 6 回会議議事録」38-56 頁

⇨「部会資料 6」8-9 頁⇨「部会第 7 回会議議事録」42-46 頁

⇨「部会資料 10-2」1-14 頁⇨「部会第 10 回会議議事録」1-21 頁

⇨「部会資料 12-1」1-2 頁⇨「部会第 12 回会議議事録」4-7 頁

⇨「部会資料 13-1」1-7 頁⇨「部会第 13 回会議議事録」1-4 頁

⇨「部会資料 14-1」1-2 頁、「部会資料 14-2」1-2 頁⇨「部会第 14 回会議議事録」
2-5 頁

⇨「中間試案」1 頁、「中間試案の補足説明」3-12 頁

⇨「部会資料 16-1」1-9 頁⇨「部会第 16 回会議議事録」3-15 頁

⇨「部会資料 17」1-7 頁⇨「部会第 17 回会議議事録」46 頁

⇨「部会資料 18-1」1-9 頁⇨「部会第 18 回会議議事録」2-9 頁

⇨「部会資料 20」1-7 頁⇨「部会第 20 回会議議事録」2-13 頁

⇨「部会資料 21-1」1 頁、「部会資料 21-2」1-3 頁⇨「部会第 21 回会議議事録」
2-7 頁

⇨「部会資料 22-1」1 頁、「部会資料 22-2」1-3 頁⇨「部会第 22 回会議議事録」
2-3 頁

⇨「部会資料 24-1」1 頁、「部会資料 24-2」1-3 頁⇨「部会第 24 回会議議事録」
1-4 頁

⇨「部会資料 25-1」1 頁、「部会資料 25-2」1-4 頁⇨「部会第 25 回会議議事録」
1-18 頁⇨「要綱案」1 頁

⇨「法制審議会〔総会〕第 194 回会議議事録」4 頁⇨「要綱」1 頁

⇨「第 210 回国会〔臨時会〕衆議院法務委員会会議録」5 号 3-4 頁、6-7 頁、9 頁、
13 頁、15-16 頁、26-30 頁、32 頁⇨ 6 号 2-4 頁、8-9 頁、17-19 頁、26-27 頁、
29-30 頁⇨「第 210 回国会〔臨時会〕衆議院〔本会議〕会議録」10 号 3-7
頁

⇨「第 210 回国会〔臨時会〕参議院法務委員会会議録」9 号 13 頁、15-16 頁、
19 頁、28 頁⇨ 10 号 8-11 頁⇨「第 210 回国会〔臨時会〕参議院〔本会議〕

第3章　令和期の家族法改正

会議録」12号1-2頁、43-47頁

3－2　児童福祉法の改正（改正法2条）

（児童相談所長の権限等）	（児童相談所長の権限等）
第33条の2　（同右）	第33条の2　（1項略）
[2]　児童相談所長は、一時保護が行われた児童で親権を行う者又は未成年後見人のあるものについても、監護及び教育に関し、その児童の福祉のため必要な措置をとることができる。この場合において、児童相談所長は、児童の人格を尊重するとともに、その年齢及び発達の程度に配慮しなければならず、かつ、体罰その他の児童の心身の健全な発達に有害な影響を及ぼす言動をしてはならない。	[2]　児童相談所長は、一時保護が行われた児童で親権を行う者又は未成年後見人のあるものについても、監護、教育及び懲戒に関し、その児童の福祉のため必要な措置を採ることができる。ただし、体罰を加えることはできない。
（3項・4項：同右）	（3項・4項：略）
（児童福祉施設の長等の権限等）	（児童福祉施設の長等の権限等）
第47条　（1項・2項：同右）	第47条　（1項・2項：同右）
[3]　児童福祉施設の長、その住居において養育を行う第6条の3第8項に規定する厚生労働省令で定める者又は里親（以下この項において「施設長等」という。）は、入所中又は受託中の児童で親権を行う者又は未成年後見人のあるものについても、監護及び教育に関し、その児童の福祉のため必要な措置をとることができる。この場合において、施設長等は、児童の人格を尊重するとともに、その年齢及び発達の程度に配慮しなければならず、かつ、体罰その他の児童の心身の健全な発達に有害な影響を及ぼす言動をしてはなら	[3]　児童福祉施設の長、その住居において養育を行う第6条の3第8項に規定する厚生労働省令で定める者又は里親は、入所中又は受託中の児童で親権を行う者又は未成年後見人のあるものについても、監護、教育及び懲戒に関し、その児童の福祉のため必要な措置をとることができる。ただし、体罰を加えることはできない。

ない。 （4項・5項：同右）	（4項・5項：略）

3-3　国籍法の改正（改正法3条）

（認知された子の国籍の取得） 第3条　（1項・2項：同右） 3　前2項の規定は、認知について反対の事実があるときは、適用しない。	（認知された子の国籍の取得） 第3条　（1項・2項：略） 3　（新設）

3-4　児童虐待防止法の改正（改正法4条）

（児童の人格の尊重等） 第14条　児童の親権を行う者は、児童のしつけに際して、児童の人格を尊重するとともに、その年齢及び発達の程度に配慮しなければならず、かつ、体罰その他の児童の心身の健全な発達に有害な影響を及ぼす言動をしてはならない。 2　（同右）	（親権の行使に関する配慮等） 第14条　児童の親権を行う者は、児童のしつけに際して、体罰を加えることその他民法（明治29年法律第89号）第821条の規定による監護及び教育に必要な範囲を超える行為により当該児童を懲戒してはならず、当該児童の親権の適切な行使に配慮しなければならない。 2　（略）
（親権の喪失の制度の適切な運用） 第15条　民法（明治29年法律第89号）に規定する親権の喪失の制度は、児童虐待の防止及び児童虐待を受けた児童の保護の観点からも、適切に運用されなければならない。	（親権の喪失の制度の適切な運用） 第15条　民法に規定する親権の喪失の制度は、児童虐待の防止及び児童虐待を受けた児童の保護の観点からも、適切に運用されなければならない。

第３章　令和期の家族法改正

３－５　人事訴訟法の改正（改正法５条）

〔目次〕 第３章　実親子関係訴訟の特例（第41条―第43条） 第４章　養子縁組関係訴訟の特例（第44条）	〔目次〕 第３章　実親子関係訴訟の特例（第41条―第45条） 第４章　養子縁組関係訴訟の特例（第46条）
（当事者の死亡による人事訴訟の終了） 第27条　（１項：同右） ２　離婚、嫡出否認（父を被告とする場合を除く。）又は離縁を目的とする人事訴訟の係属中に被告が死亡した場合には、当該人事訴訟は、前条第２項の規定にかかわらず、当然に終了する。	（当事者の死亡による人事訴訟の終了） 第27条　（１項：同右） ２　離婚、嫡出否認又は離縁を目的とする人事訴訟の係属中に被告が死亡した場合には、当該人事訴訟は、前条第２項の規定にかかわらず、当然に終了する。
（嫡出否認の訴えの当事者等） 第41条　父が子の出生前に死亡したとき又は民法第777条（第１号に係る部分に限る。）若しくは第778条（第１号に係る部分に限る。）に定める期間内に嫡出否認の訴えを提起しないで死亡したときは、その子のために相続権を害される者その他父の３親等内の血族は、父の死亡の日から１年以内に限り、嫡出否認の訴えを提起することができる。 ２　父が嫡出否認の訴えを提起した後に死亡した場合には、前項の規定により嫡出否認の訴えを提起することができる者は、父の死亡の日から６月以内に訴訟手続を受け継ぐことができる。この場合においては、民事訴訟法第124条第１項後段の規定は、適用しない。 ３　民法第774条第４項に規定する前夫	（嫡出否認の訴えの当事者等） 第41条　夫が子の出生前に死亡したとき又は民法第777条に定める期間内に嫡出否認の訴えを提起しないで死亡したときは、その子のために相続権を害される者その他夫の３親等内の血族は、嫡出否認の訴えを提起することができる。この場合においては、夫の死亡の日から１年以内にその訴えを提起しなければならない。 ２　夫が嫡出否認の訴えを提起した後に死亡した場合には、前項の規定により嫡出否認の訴えを提起することができる者は、夫の死亡の日から６月以内に訴訟手続を受け継ぐことができる。この場合においては、民事訴訟法第124条第１項後段の規定は、適用しない。 ３　（新設）

は、同法第 775 条第 1 項（第 4 号に係る部分に限る。）の規定により嫡出否認の訴えを提起する場合において、子の懐胎の時から出生の時までの間に、当該前夫との婚姻の解消又は取消しの後に母と婚姻していた者（父を除く。）がいるときは、その嫡出否認の訴えに併合してそれらの者を被告とする嫡出否認の訴えを提起しなければならない。 ④　前項の規定により併合して提起された嫡出否認の訴えの弁論及び裁判は、それぞれ分離しないでしなければならない。	④　（新設）
（嫡出否認の判決の通知） **第 42 条**　裁判所は、民法第 772 条第 3 項の規定により父が定められる子について嫡出否認の判決が確定したときは、同法第 774 条第 4 項に規定する前夫（訴訟記録上その氏名及び住所又は居所が判明しているものに限る。）に対し、当該判決の内容を通知するものとする。	（新設）
（認知の無効の訴えの当事者等） **第 43 条**　第 41 条第 1 項及び第 2 項の規定は、民法第 786 条に規定する認知の無効の訴えについて準用する。この場合において、第 41 条第 1 項及び第 2 項中「父」とあるのは「認知をした者」と、同条第 1 項中「第 777 条（第 1 号に係る部分に限る。）若しくは第 778 条（第 1 号」とあるのは「第 786 条第	（新設）

1項(第2号」と読み替えるものとする。 2　子が民法第786条第1項（第1号に係る部分に限る。）に定める期間内に認知の無効の訴えを提起しないで死亡したときは、子の直系卑属又はその法定代理人は、認知の無効の訴えを提起することができる。この場合においては、子の死亡の日から1年以内にその訴えを提起しなければならない。 3　子が民法第786条第1項（第1号に係る部分に限る。）に定める期間内に認知の無効の訴えを提起した後に死亡した場合には、前項の規定により認知の無効の訴えを提起することができる者は、子の死亡の日から6月以内に訴訟手続を受け継ぐことができる。この場合においては、民事訴訟法第124条第1項後段の規定は、適用しない。	
（認知の訴えの当事者等） 第44条　（1項～3項：同右）	（認知の訴えの当事者等） 第42条　（1項～3項：略）
（父を定めることを目的とする訴えの当事者等） 第45条　子、母、母の前婚の配偶者又はその後婚の配偶者は、民法第773条の規定により父を定めることを目的とする訴えを提起することができる。 2　（同右） 一　子又は母　母の前婚の配偶者及びその後婚の配偶者（その一方が死亡した後は、他の一方） 二　母の前婚の配偶者　母の後婚の配偶者	（父を定めることを目的とする訴えの当事者等） 第43条　子、母、母の配偶者又はその前配偶者は、民法第773条の規定により父を定めることを目的とする訴えを提起することができる。 2　（略） 一　子又は母　母の配偶者及びその前配偶者（その一方が死亡した後は、他の一方） 二　母の配偶者　母の前配偶者

三　母の後婚の配偶者　母の前婚の配偶者	三　母の前配偶者　母の配偶者
３　（同右）	３　（略）

第46条　（同右）	第44条　（略）

3－6　家事事件手続法の改正（改正法6条）

〔目次〕 第3編　家事調停に関する手続 　第2章　合意に相当する審判（第277 　　条—第283条の3）	〔目次〕 第3編　家事調停に関する手続 　第2章　合意に相当する審判（第277 　　条—第283条）
第159条　（同右） ２　第118条の規定は、嫡出否認の訴え 　の特別代理人の選任の審判事件におけ 　る父及び民法第774条第4項に規定す 　る前夫について準用する。 ３　（同右）	第159条　（略） ２　第118条の規定は、嫡出否認の訴え 　の特別代理人の選任の審判事件におけ 　る夫について準用する。 ３　（略）
（申立人の死亡により事件が終了した場 　合の特則） 第283条　父が嫡出否認についての調停 　の申立てをした後に死亡した場合にお 　いて、当該申立てに係る子のために相 　続権を害される者その他父の3親等内 　の血族が父の死亡の日から1年以内に 　嫡出否認の訴えを提起したときは、父 　がした調停の申立ての時に、その訴え 　の提起があったものとみなす。	（申立人の死亡により事件が終了した場 　合の特則） 第283条　夫が嫡出否認についての調停 　の申立てをした後に死亡した場合にお 　いて、当該申立てに係る子のために相 　続権を害される者その他夫の3親等内 　の血族が夫の死亡の日から1年以内に 　嫡出否認の訴えを提起したときは、夫 　がした調停の申立ての時に、その訴え 　の提起があったものとみなす。
（嫡出否認の審判の通知） 第283条の2　家庭裁判所は、民法第 　772条第3項の規定により父が定めら 　れる子の嫡出否認についての合意に相	（新設）

第3章　令和期の家族法改正

当する審判が確定したときは、同法第774条第4項に規定する前夫（事件の記録上その氏名及び住所又は居所が判明しているものに限る。）に対し、当該合意に相当する審判の内容を通知するものとする。	
（認知の無効についての調停の申立ての特則） 第283条の3　認知をした者が認知について反対の事実があることを理由とする認知の無効についての調停の申立てをした後に死亡した場合において、当該申立てに係る子のために相続権を害される者その他認知をした者の3親等内の血族が認知をした者の死亡の日から1年以内に認知について反対の事実があることを理由とする認知の無効の訴えを提起したときは、認知をした者がした調停の申立ての時に、その訴えの提起があったものとみなす。 2　子が認知について反対の事実があることを理由とする認知の無効についての調停の申立てをした後に死亡した場合において、子の直系卑属又はその法定代理人が子の死亡の日から1年以内に認知について反対の事実があることを理由とする認知の無効の訴えを提起したときは、子がした調停の申立ての時に、その訴えの提起があったものとみなす。	（新設）

310

Ⅳ　令和４年12月：親子法制改正

別表第1 （同右）		
項	事項	根拠となる法律の規定
親子		
59	嫡出否認の訴えの特別代理人の選任	民法第775条第2項

別表第1 （略）		
項	事項	根拠となる法律の規定
親子		
59	嫡出否認の訴えの特別代理人の選任	民法第775条

3－7　生殖補助医療法の改正（改正法6条）

（他人の精子を用いる生殖補助医療により出生した子についての嫡出否認の特則）

第10条　妻が、夫の同意を得て、夫以外の男性の精子（その精子に由来する胚を含む。）を用いた生殖補助医療により懐胎した子については、夫、子又は妻は、民法第774条第1項及び第3項の規定にかかわらず、その子が嫡出であることを否認することができない。

（他人の精子を用いる生殖補助医療に同意をした夫による嫡出の否認の禁止）

第10条　妻が、夫の同意を得て、夫以外の男性の精子（その精子に由来する胚を含む。）を用いた生殖補助医療により懐胎した子については、夫は、民法第774条の規定にかかわらず、その子が嫡出であることを否認することができない。

（認知の無効の訴え）

第786条　次の各号に掲げる者は、それぞれ当該各号に定める時（第783条第1項の規定による認知がされた場合にあっては、子の出生の時）から7年以内に限り、認知について反対の事実があることを理由として、認知の無効の訴えを提起することができる。ただし、第3号に掲げる者について、その認知の無効の主張が子の利益を害することが明らかなときは、この限りでない。
　一　子又はその法定代理人　子又はそ

（認知に対する反対の事実の主張）

第786条　子その他の利害関係人は、認知に対して反対の事実を主張することができる。

311

の法定代理人が認知を知った時 　二　認知をした者　認知の時 　三　子の母　子の母が認知を知った時 2　子は、その子を認知した者と認知後に継続して同居した期間（当該期間が2以上あるときは、そのうち最も長い期間）が3年を下回るときは、前項（第1号に係る部分に限る。）の規定にかかわらず、21歳に達するまでの間、認知の無効の訴えを提起することができる。ただし、子による認知の無効の主張が認知をした者による養育の状況に照らして認知をした者の利益を著しく害するときは、この限りでない。 3　前項の規定は、同項に規定する子の法定代理人が第1項の認知の無効の訴えを提起する場合には、適用しない。 4　第1項及び第2項の規定により認知が無効とされた場合であっても、子は、認知をした者が支出した子の監護に要した費用を償還する義務を負わない。	

「部会資料4」9-11頁⇨「部会第4回会議議事録」34-55頁

⇨「部会資料12-4」3-13頁⇨「部会第12回会議議事録」33-36頁

⇨「部会資料13-4」1-2頁⇨「部会第13回会議議事録」24-29頁

⇨「部会資料14-1」8-9頁、「部会資料14-2」12-13頁⇨「部会第14回会議議事録」11-25頁

⇨「中間試案」8頁、「中間試案の補足説明」81-88頁

⇨「部会資料16-3」15-19頁⇨「部会第16回会議議事録」24-25頁

⇨「部会資料17」37-41頁⇨「部会第17回会議議事録」30-46頁

⇨「部会資料18-1」45-48頁⇨「部会第18回会議議事録」27-30頁

⇨「部会資料19」42-49頁⇨「部会第19回会議議事録」41-50頁

⇨「部会資料20」40-48頁⇨「部会第20回会議議事録」31-49頁

Ⅳ 令和4年12月：親子法制改正

⇨「部会資料 21-1」4-5 頁、「部会資料 21-2」19-27 頁、「部会資料 21-3」5 頁
　⇨「部会第 21 回会議議事録」19-35 頁

⇨「部会資料 22-1」4-5 頁、「部会資料 22-2」15-22 頁、「部会資料 22-3」6-8
頁⇨「部会第 22 回会議議事録」19-26 頁、35-45 頁

⇨「部会資料 23」17-19 頁⇨「部会第 23 回会議議事録」25-36 頁

⇨「部会資料 24-1」5-6 頁、「部会資料 24-2」21-28 頁⇨「部会第 24 回会議議事録」
20-24 頁

⇨「部会資料 25-1」5-6 頁、「部会資料 25-2」22-29 頁⇨「部会第 25 回会議議事録」
20-21 頁⇨「要綱案」5-6 頁

⇨「法制審議会〔総会〕第 194 回会議議事録」5-7 頁⇨「要綱」5-6 頁

⇨「第 210 回国会〔臨時会〕衆議院法務委員会会議録」5 号 4-6 頁、7-8 頁、
9-12 頁、16 頁、19-20 頁、23-26 頁 ⇨ 6 号 6-8 頁、16-17 頁、22 頁、34-35
頁⇨「第 210 回国会〔臨時会〕衆議院〔本会議〕会議録」10 号 3-7 頁

⇨「第 210 回国会〔臨時会〕参議院法務委員会会議録」9 号 2 頁、4-5 頁、
12-13 頁、19 頁⇨ 10 号 15 頁⇨「第 210 回国会〔臨時会〕参議院〔本会議〕
会議録」12 号 1-2 頁、43-47 頁

313

Ⅴ　令和5年6月：遺言法改正（民事裁判 IT 化関係）

1　改正法の目的

　民事訴訟法等の一部を改正する法律（令和4年法律第48号）は、民事訴訟に関する手続の全面的なデジタル化（IT 化）を可能とする規定を整備した。改正法は、さらに、人事訴訟や家事事件、民事執行手続等の民事裁判手続をデジタル化するもので、公証人法の改正は、公正証書を国民により利用しやすくするため、公正証書の作成、保存および公証に係る一連の手続のデジタル化を図っている。さらに、改正法は、この新公証人法に適合させるべく、民法の公正証書遺言に関する規定を改正している。

2　改正の経緯 [9]

　民事裁判手続の IT 化に係る改正に公証人法の改正が盛り込まれたのは、公正証書に係る規律が、国民の権利実現や紛争解決などを図る手続のデジタル化の趣旨を同じくすることによる。すなわち、金銭支払い等に関する公正証書は民事執行手続で判決などと同様に債務名義として利用できる点で、民事執行手続の全面的なデジタル化に資する一方、公正証書のデジタル化は債務名義となる点で民事執行法にも影響を与えるなど、内容的にも相互に密接に関連するものといえる。

　もっとも、公正証書に関する規律のデジタル化対応については、民事訴訟法の改正とは別個に作業が進められた。すなわち、法務省民事局は、「公証実務のデジタル化に関する実務者との協議会」を立ち上げ（令和4年12月）、公正証書のデジタル化に関するアンケートを実施し、議論の取りまとめを公表している（「公証実務のデジタル化に関する実務者との協議会報告書概要」法務省ウェブサイト）。なお、法制審議会民事執行・民事保全・倒産および家事事件等に関する手続（IT 化関係）部会の審議段階では、公証人法の改正（その結果として民法における公正証書遺言に関する規定の改正）は、審議対象とされていない。

---

(9)　市来純「民事裁判手続の IT 化の実現に向けて」立法と調査448号（2022年）19頁。

3 新旧対照 [10]

　新公証人法は、電磁的記録により公正証書を作成すること、その作成時における嘱託人の公証人に対する陳述等につき、嘱託人が希望し、かつ、公証人が相当と認めるときは、ウェブ会議の方法（映像音声の送受信により相手方の状態を相互に認識しながら通話をすることができる方法によること）で行うこと等を可能とした。これに伴い、公正証書遺言の方式の規律について、公証人法の定めるところにより作成することを明示したうえで（969条2項）、民法と公証人法の規定を整理し、重複する規律は削除した。

　公証人が遺言者の口授を筆記すること、その筆記内容を公証人が遺言者・立会証人に読み聞かせるまたは閲覧させること（改正前969条3号。改正で削除）については、従前の対面による方法に加えて、通信手段を用いた方法も認められることとなった（改正公証人法37条2項）。そして、遺言者・立会証人が筆記内容の正確性を承認して署名・押印すること（改正前969条4号。改正で削除）については、電子署名による方法も可能となった（正確性承認につき改正公証人法40条1項・3項、署名につき同条5項）。以上の方式を履践した旨を公証人が付記して署名・押印すること（改正前969条5号。改正で削除）については、電子署名によることも可能となった（改正公証人法40条4項）。なお、改正前969条の2第1項後段および2項は改正前969条3号の特則であることから削除されている。さらに、969条1項1号の証人については、改正公証人法30条に規定する証人とみなして、同法を適用することを明らかにした（改正969条3項。ただし、欠格事由に係る改正公証人法35条3項は除く。民法が974条で欠格事由を定めていることによる）。

民法	内容	改正公証人法
改正969条2項	公正証書作成の方法（公証人法による）	電磁的記録による作成可能（36条1号・37条2項）
改正969条1項1号	証人二人以上の立会い	対面（30条）・ウェブ会議でも可能（31条）

---

(10) 村松秀樹＝遠藤啓佑＝上月結可＝山内一「公正証書に係る一連の手続のデジタル化」民事月報79巻1号（2024年）9頁。

第3章　令和期の家族法改正

改正969条1項2号	遺言者が遺言の趣旨を公証人に口授する	対面（37条1項）、ウェブ会議でも可能（同条2項）
改正前969条3号	遺言者への読み聞かせ／閲覧	対面（40条1項）、ウェブ会議でも可能（同条3項）
	立会証人への読み聞かせ／閲覧	
改正前969条4号	遺言者・立会証人が正確性を承認して署名・押印	署名、電子署名の方法でも可能（40条5項）
改正前969条5号	公証人が方式履践の旨を付記	署名、電子署名の方法でも可能（40条4項）

　以上のほか、電磁的記録によって公正証書を作成することを認める（改正公証人法36条1号）にあたり、公正証書という用語は必ずしも書面であることを前提としない、と整理されている点に注意が必要である[11]。

(1)　公正証書遺言

（公正証書遺言）	（公正証書遺言）
第969条　（同右→1項）	第969条　（柱書略）
一　（同右）	一　（略）
二　（同右）	二　（略）
三　（削除）	三　公証人が、遺言者の口述を筆記し、これを遺言者及び証人に読み聞かせ、又は閲覧させること。
四　（削除）	四　遺言者及び証人が、筆記の正確なことを承認した後、各自これに署名し、印を押すこと。ただし、遺言者が署名することができない場合は、公証人がその事由を付記して、署名に代えることができる。
五　（削除）	五　公証人が、その証書は前各号に掲げる方式に従って作ったものである旨を付記して、これに署名し、印を押すこと。

---

(11)　村松ほか・前掲注（10）19頁参照。

316

V　令和5年6月：遺言法改正（民事裁判IT化関係）

2　前項の公正証書は、公証人法（明治41年法律第53号）の定めるところにより作成するものとする。	（新設）
3　第1項第1号の証人については、公証人法第30条に規定する証人とみなして、同法の規定（同法第35条第3項の規定を除く。）を適用する。	（新設）

改正公証人法

（書面又は電磁的記録による公正証書の作成）

第36条　公証人は、第28条又は第32条の規定による嘱託があった場合には、次の各号に掲げる場合の区分に応じ、当該各号に定めるものをもって公正証書を作成するものとする。

一　次号に掲げる場合以外の場合　電磁的記録

二　電磁的記録をもって公正証書を作成することにつき困難な事情がある場合　書面

（公正証書の記載又は記録の方法）

第37条　公証人は、公正証書を作成するには、その聴取した陳述、その目撃した状況その他の自己の実験した事実及びその実験の方法を記載し、又は記録しなければならない。

2　公証人は、嘱託人からの申出があり、かつ、当該申出を相当と認めるときは、法務省令で定めるところにより、公証人及び列席者（嘱託人（公証人が通訳人に通訳をさせ、又は証人を立ち会わせた場合にあっては、嘱託人及び当該通訳人又は当該証人）をいう。第40条第1項、第3項及び第5項、第52条第2項並びに第53条第4項において同じ。）が映像と音声の送受信により相手の状態を相互に認識しながら通話をすることができる方法によって、前項の事実の実験を行うことができる。ただし、当該申出をした嘱託人以外に他の嘱託人がある場合にあっては、当該他の嘱託人に異議がないときに限る。

3　（略）

（公正証書の記載又は記録の正確なことの承認等）

第40条　公証人は、その作成した公正証書を、列席者に読み聞かせ、又は閲覧させ、列席者からその記載又は記録の正確なことの承認を得なければならない。

2　公証人は、公正証書の作成に当たり通訳人に通訳をさせたときは、当該通訳人に公正証書の趣旨を通訳させて、前項の承認を得なければならない。

第3章　令和期の家族法改正

3　公証人は、嘱託人からの申出があり、かつ、当該申出を相当と認めるときは、法務省令で定めるところにより、公証人及び列席者が映像と音声の送受信により相手の状態を相互に認識しながら通話をすることができる方法によって、前二項に規定する行為をし、又はこれをさせることができる。ただし、当該申出をした嘱託人以外に他の嘱託人がある場合にあっては、当該他の嘱託人に異議がないときに限る。

4　公証人は、第1項の承認を得たときは、その旨（第2項の規定により通訳人に通訳をさせた場合にあっては、その旨を含む。）を公正証書に記載し、又は記録し、かつ、当該公正証書について、次の各号に掲げる場合の区分に応じ、当該各号に定める措置を講じなければならない。

一　電磁的記録をもって公正証書を作成する場合　当該公正証書が指定公証人の作成に係るものであることを示すために講ずる措置であって、当該公正証書が改変されているかどうかを確認することができる等当該指定公証人の作成に係るものであることを確実に示すことができるものとして法務省令で定めるもの

二　書面をもって公正証書を作成する場合　署名及び第21条第1項の印鑑による押印

5　列席者は、第1項の承認をしたときは、前項の公正証書について、署名又はこれに代わる措置として法務省令で定めるものを講じなければならない。

（公正証書遺言の方式の特則）	（公正証書遺言の方式の特則）
第969条の2　口がきけない者が公正証書によって遺言をする場合には、遺言者は、公証人及び証人の前で、遺言の趣旨を通訳人の通訳により申述し、又は自書して、<u>前条第1項第2号の口授</u>に代えなければならない。	第969条の2　口がきけない者が公正証書によって遺言をする場合には、遺言者は、公証人及び証人の前で、遺言の趣旨を通訳人の通訳により申述し、又は自書して、<u>前条第2号の口授に代え</u>なければならない。<u>この場合における同条第3号の規定の適用については、同号中「口述」とあるのは、「通訳人の通訳による申述又は自書」とする。</u>
（削除）	<u>2</u>　<u>前条の遺言者又は証人が耳が聞こえない者である場合には、公証人は、同条第3号に規定する筆記した内容を通訳人の通訳により遺言者又は証人に伝えて、同号の読み聞かせに代えること</u>

V　令和5年6月：遺言法改正（民事裁判IT化関係）

2　公証人は、前項に定める方式に従って公正証書を作ったときは、その旨をその証書に記載し、又は記録しなければならない。	ができる。 3　公証人は、前2項に定める方式に従って公正証書を作ったときは、その旨をその証書に付記しなければならない。

(2)　外国に在る日本人の遺言の方式

| （外国に在る日本人の遺言の方式）
第984条　日本の領事の駐在する地に在る日本人が公正証書又は秘密証書によって遺言をしようとするときは、公証人の職務は、領事が行う。この場合においては、第970条第1項第4号の規定にかかわらず、遺言者及び証人は、同号の印を押すことを要しない。 | （外国に在る日本人の遺言の方式）
第984条　日本の領事の駐在する地に在る日本人が公正証書又は秘密証書によって遺言をしようとするときは、公証人の職務は、領事が行う。この場合においては、第969条第4号又は第970条第1項第4号の規定にかかわらず、遺言者及び証人は、第969条第4号又は第970条第1項第4号の印を押すことを要しない。 |

法務大臣「諮問第120号」⇨「法制審議会〔総会〕第194回会議議事録」26-28頁、30-31頁

⇨「部会第1回会議議事録」11頁⇨「部会第4回会議議事録」51頁⇨「部会第10回会議議事録」2頁⇨「部会第14回会議議事録」3頁

⇨「第211回国会〔常会〕参議院法務委員会会議録」6号13-157頁⇨7号6-7頁⇨「第211回国会〔常会〕参議院〔本会議〕会議録」15号12頁、19-119頁

⇨「第211回国会〔常会〕衆議院法務委員会会議録」20号19-116頁⇨21号2-3頁、17頁⇨「第211回国会〔常会〕衆議院〔本会議〕会議録」31号1-2頁、11-112頁

第 3 章　令和期の家族法改正

Ⅵ　令和 6 年 5 月：家族法制改正

1　改正法の目的

　改正法は、子の利益を保護する観点から、子の養育についての父母の責務に関する規定を設けたうえで、父母が離婚した場合等にもその双方を親権者と定めることができるようにする等の親権に関する規定を整備し、また、子の監護に要する費用の支払いを確保するための制度の拡充、子との面会交流に係る規定の整備を目的とする。

2　改正の経緯 [12]

　未成年の子を持つ父母の離婚に伴う子の養育の在り方については、父母および未成年子とそれを取り巻く状況・環境の多様化を踏まえ、民法の抜本的対応が望まれていた。とりわけ、継続的な養育費支払いは、児童福祉の観点からの重要な政策課題でもあった。また、平成 23 年の民法改正（第 2 章Ⅶ）の際、衆議院・参議院それぞれの法務委員会において、「離婚後の面会交流及び養育費の支払い等について、児童の権利利益を擁護する観点から、……面会交流の円滑な実現及び継続的な養育費支払い等の履行を確保するための制度の検討……等、必要な措置を講ずること」・「今日の家族を取り巻く状況、本法施行後の状況等を踏まえ、協議離婚制度の在り方、……離婚後の共同親権・共同監護の可能性を含め、その在り方全般について検討すること」という附帯決議がなされていた。さらに、その後も、法務省養育費不払い解消に向けた検討会議「取りまとめ（～子ども達の成長と未来を守る新たな養育費制度に向けて～）」（令和 2 年 2 月 14 日）が公表されていたところである。

　そして、令和 3 年 2 月 10 日、法務大臣の諮問第 113 号「父母の離婚に伴う子の養育への深刻な影響や子の養育の在り方の多様化等の社会情勢に鑑み、子の利益の確保等の観点から、離婚及びこれに関連する制度に関する規定等を見直す必要があると思われるので、その要綱を示されたい」を受け、法制審議会家族法制部会が設置され（令和 3 年 3 月から令和 6 年 1 月まで 37 回の会議を開催）、

(12) 高見富二男「家族法における嫡出推定制度の見直し」立法と調査 455 号（2023 年）61 頁。

320

令和4年11月15日「家族法制の見直しに関する中間試案」の公表、令和6年1月30日「家族法制の見直しに関する要綱案」の決定、法制審議会総会での採択、法務大臣への答申を経て、第213回国会に閣法第47号「民法等の一部を改正する法律案」が提出され、可決・成立した。

なお、すでに昭和34（1959）年の法制審議会民法部会小委員会における仮決定および留保事項（その二）において、共同親権の拡張は議論の俎上に挙がっており（同第41参照）、近時の研究者による立法提案も共同親権拡大の方向性自体については一致をみていた[13]。

3　新旧対照

改正法は、1条：民法の改正、2条：民事執行法の改正、3条：人事訴訟法の改正、4条：家事事件手続法の改正の4か条と、附則全16か条（1条：施行期日、2〜7条：経過措置、8〜15条：諸法の改正、16条：政令への委任）からなる。

未成年子の養育に父母が関与する体制について、まず、親権の語が親の恣意を許すかのような誤解を招かないよう、「親権に服する」という表現を止めるとともに（818条1項、833条）、養育・扶養に係る親の責務を明示する規定を新設した（817条の12）。

他方、父母はその婚姻関係の有無にかかわらず、養育に関与できるようにするものとして、共同親権の場面を離婚後・認知後等にも拡張した（819条1項〜4項。同条5項は単独親権としなければならない場合を明示している。婚姻取消しの場合にも準用されている。なお、改正法施行前に単独親権となっている場合は、親権者変更により共同親権に移行することができる。同条8項はその際の考慮事情を挙げる）。もっとも、共同親権といっても、父母の双方が子と同居していない場合など、円滑な親権行使ができず子の利益を害する可能性がある。そこで、父母で監護事項を分掌する定めができるほか（766条1項）、単独行使が可能な場合を明示し（824条の2第1項・2項）、また、共同親権の行使にあたり父母間で意見衝突があるときは、家庭裁判所の判断によって一方に行使させることができるようにしている（同条3項）。なお、監護者を定めた場合の監護者の

---

(13) 中田裕康編『家族法改正』（有斐閣・2010年）、「家族法改正——その課題と立法提案」家族〈社会と法〉33号（2017年）。

第3章　令和期の家族法改正

権限および親権者との関係についても明文の規定を設けた（824条の3）。

　養育費については、子の監護の費用について先取特権（306条、308条の2）を認め、また、協議離婚時に監護費用の定めをしなかった場合の法定養育費の制度（766条の3）を新設した。費用を争う手続における開示、執行の段階での便宜につき、人事訴訟法、家事事件手続法、民事執行法の改正が行われている。

　面会交流については、別居中の父母と子の面会交流の規定、第三者との面会交流の規定を新設した（817条の13第1項〜3項、同条4項および766条の2。一定の場合に第三者の申立て権を認めたのは、判例を改めたものといえる）。以上の養育費・面会交流の規定は、認知の場合および婚姻取消しの場合にも準用されている（789条、749条）。

　このほか、未成年者を養子とする場合の要件（797条3項）、財産分与の期間制限・考慮要素・分与割合（768条2項・3項）についても改正があり、また、754条（夫婦間の契約の取消権）と770条1項4号（精神病離婚）の規定が削除された。後三者は平成8年1月26日に公表された法制審議会民法部会「民法の一部を改正する法律案要綱案」をようやく実現したものである（同第五・第六3・第七 一を参照）。

3－1　民法の改正（改正法1条）

(1)　目　次

第4編　親族	第4編　親族
第3章　親子	第3章　親子
第2節　養子	第2節　養子
第3節　親の責務等（第817条の12—第817条の13)	（新設）

(2)　子の監護費用の先取特権

（一般の先取特権）	（一般の先取特権）
第306条　（同右）	第306条　（柱書略）
一・二　（同右）	一・二　（略）
三　子の監護の費用	（新設）
四　葬式の費用	三　葬式の費用

322

五　日用品の供給	四　日用品の供給
（子の監護費用の先取特権） 第308条の2　子の監護の費用の先取特権は、次に掲げる義務に係る確定期限の定めのある定期金債権の各期における定期金のうち子の監護に要する費用として相当な額（子の監護に要する標準的な費用その他の事情を勘案して当該定期金により扶養を受けるべき子の数に応じて法務省令で定めるところにより算定した額）について存在する。 　一　第752条の規定による夫婦間の協力及び扶助の義務 　二　第760条の規定による婚姻から生ずる費用の分担の義務 　三　第766条及び第766条の3（これらの規定を第749条、第771条及び第788条において準用する場合を含む。）の規定による子の監護に関する義務 　四　第877条から第880条までの規定による扶養の義務	（新設）

「部会第4回会議議事録」44-45頁

⇨「部会資料12」20頁（注）、22頁⇨「部会第13回会議議事録」16-17頁

⇨「部会資料16-1」6-8頁、「部会資料16-2」29-30頁、33頁、35頁⇨「部会第16回会議議事録」40-42頁、46頁、「部会第17回会議議事録」44頁

⇨「部会資料18-1」6-7頁⇨「部会第18回会議議事録」8-10頁、27-28頁、30頁

⇨「部会資料19-1」7頁、「部会資料19-2」44-46頁、51-53頁⇨「部会第19回会議議事録」1-28頁

⇨「部会資料20-1」7頁⇨「部会第20回会議議事録」1-40頁

第3章　令和期の家族法改正

⇨「中間試案」7頁、「中間試案の補足説明」46頁、53-55頁

⇨「部会資料24」15-25頁⇨「部会第24回会議議事録」24-41頁

⇨「部会資料29」1頁⇨「部会第29回会議議事録」6頁、7頁

⇨「部会資料30-1」3-4頁、「部会資料30-2」14-17頁⇨「部会第31回会議議事録」17頁、20-21頁、27-28頁、33-35頁、38-39頁

⇨「部会資料32-1」3頁、「部会資料32-2」10-12頁⇨「部会第32回会議議事録」42頁、「部会第33回会議議事録」5頁、9頁

⇨「部会資料35-1」4-5頁、「部会資料35-2」13頁

⇨「部会資料37-1」4-5頁⇨「要綱案」4-5頁

⇨「法制審議会〔総会〕第199回会議議事録」2-8頁⇨「要綱」4-5頁

⇨「第213回国会〔常会〕衆議院法務委員会会議録」5号19頁、6号1-21頁、7号1-37頁、8号1-35頁、9号1-21頁、10号1-21頁、11号1-15頁⇨「第213回国会〔常会〕衆議院〔本会議〕会議録」21号2-5頁

⇨「第213回国会〔常会〕参議院法務委員会会議録」8・9・10・11号⇨「第213回国会〔常会〕参議院〔本会議〕会議録」19号15-20頁

(3)　婚姻の取消しについての離婚の規定の準用

（離婚の規定の準用）	（離婚の規定の準用）
第749条　第728条第1項、第766条から第769条まで、第791条第1項ただし書並びに第819条第2項、第3項及び第5項から第7項までの規定は、婚姻の取消しについて準用する。	第749条　第728条第1項、第766条から第769条まで、第791条第1項ただし書並びに第819条第2項、第3項、第5項及び第6項の規定は、婚姻の取消しについて準用する。

「部会資料35-1」5頁（注1）、「部会資料35-2」11-12頁

⇨「部会資料37-1」5頁（注1）⇨「要綱案」5頁（注1）

⇨「法制審議会〔総会〕第199回会議議事録」2-8頁⇨「要綱」5頁（注1）

⇨「第213回国会〔常会〕衆議院法務委員会会議録」5号19頁、6号1-21頁、7号1-37頁、8号1-35頁、9号1-21頁、10号1-21頁、11号1-15頁⇨「第213回国会〔常会〕衆議院〔本会議〕会議録」21号2-5頁

⇨「第213回国会〔常会〕参議院法務委員会会議録」8・9・10・11号⇨「第

Ⅵ　令和 6 年 5 月：家族法制改正

213 回国会〔常会〕参議院〔本会議〕会議録」19 号 15-20 頁

⑷　夫婦間の契約の取消権（削除）

（削除）	（夫婦間の契約の取消権） 第 754 条　夫婦間でした契約は、婚姻中、いつでも、夫婦の一方からこれを取り消すことができる。ただし、第三者の権利を害することはできない。

「部会資料 12」20 頁（注）⇨「部会第 12 回会議議事録」6-7 頁

⇨「部会資料 17-1」 4 頁、「部会資料 17-2」19 頁、22 頁⇨「部会第 17 回会議議事録」35 頁

⇨「部会資料 18-1」15 頁（注 1）

⇨「部会資料 19-1」16 頁（注 1）、「部会資料 19-2」96-98 頁⇨「部会第 19 回会議議事録」1-28 頁

⇨「部会資料 20-1」16 頁（注 1）⇨「部会第 20 回会議議事録」1-40 頁

⇨「中間試案」16 頁（注 1）、「中間試案の補足説明」96-97 頁

⇨「部会資料 30-1」7 頁、「部会資料 30-2」28 頁⇨「部会第 31 回会議議事録」18 頁

⇨「部会資料 32-1」7 頁、「部会資料 32-2」25 頁⇨「部会第 33 回会議議事録」36 頁

⇨「部会資料 35-1」10 頁、「部会資料 35-2」26 頁

⇨「部会資料 37-1」11 頁⇨「要綱案」11 頁

⇨「法制審議会〔総会〕第 199 回会議議事録」2-8 頁⇨「要綱」11 頁

⇨「第 213 回国会〔常会〕衆議院法務委員会会議録」5 号 19 頁、6 号 1-21 頁、7 号 1-37 頁、8 号 1-35 頁、9 号 1-21 頁、10 号 1-21 頁、11 号 1-15 頁⇨「第 213 回国会〔常会〕衆議院〔本会議〕会議録」21 号 2-5 頁

⇨「第 213 回国会〔常会〕参議院法務委員会会議録」8・9・10・11 号⇨「第 213 回国会〔常会〕参議院〔本会議〕会議録」19 号 15-20 頁

第３章　令和期の家族法改正

⑸　離　婚

（離婚の届出の受理）	（離婚の届出の受理）
第765条　離婚の届出は、その離婚が前条において準用する第739条第２項の規定その他の法令の規定に違反しないこと及び夫婦間に成年に達しない子がある場合には次の各号のいずれかに該当することを認めた後でなければ、受理することができない。 一　親権者の定めがされていること。 二　親権者の指定を求める家事審判又は家事調停の申立てがされていること。	第765条　離婚の届出は、その離婚が前条において準用する第739条第２項の規定及び第819条第１項の規定その他の法令の規定に違反しないことを認めた後でなければ、受理することができない。
2　（同右）	2　（略）

「部会資料1」3-4頁⇨「部会第1回会議議事録」11-24頁、24-43頁

⇨「部会資料3」2-13頁⇨「部会第6回会議議事録」2-11頁、21-22頁

⇨「部会資料12」15-17頁⇨「部会第12回会議議事録」44-49頁、「部会第13回会議議事録」1-23頁

⇨「部会資料16-1」6-8頁、「部会資料16-2」27-35頁⇨「部会第16回会議議事録」40-49頁、「部会第17回会議議事録」3-5頁、7-8頁

⇨「部会資料18-1」6-7頁⇨「部会第18回会議議事録」7-8頁、16-17頁、20頁、24-26頁、28-29頁

⇨「部会資料19-1」6-8頁、「部会資料19-2」41-55頁⇨「部会第19回会議議事録」1-28頁

⇨「部会資料20-1」6-9頁⇨「部会第20回会議議事録」1-40頁

⇨「中間試案」6-8頁、「中間試案の補足説明」42-56頁

⇨「部会資料24」11-15頁⇨「部会第24回会議議事録」24-41頁

⇨「部会資料27」1-15頁⇨「部会第27回会議議事録」1-2頁、15頁、17-21頁、22-45頁

⇨「部会資料30-1」1頁、「部会資料30-2」3頁⇨「部会第30回会議議事録」33-34頁

⇨「部会資料32-1」1頁、「部会資料32-2」4頁

Ⅵ　令和6年5月：家族法制改正

⇨「部会資料 35-1」3 頁、「部会資料 35-2」7 頁

⇨「部会資料 37-1」3 頁⇨「要綱案」3 頁

⇨「法制審議会〔総会〕第 199 回会議議事録」2-8 頁⇨「要綱」3 頁

⇨「第 213 回国会〔常会〕衆議院法務委員会会議録」5 号 19 頁、6 号 1-21 頁、7 号 1-37 頁、8 号 1-35 頁、9 号 1-21 頁、10 号 1-21 頁、11 号 1-15 頁⇨「第 213 回国会〔常会〕衆議院〔本会議〕会議録」21 号 2-5 頁

⇨「第 213 回国会〔常会〕参議院法務委員会会議録」8・9・10・11 号⇨「第 213 回国会〔常会〕参議院〔本会議〕会議録」19 号 15-20 頁

（離婚後の子の監護に関する事項の定め等）	（離婚後の子の監護に関する事項の定め等）
第 766 条　父母が協議上の離婚をするときは、子の監護をすべき者又は子の監護の分掌、父又は母と子との交流、子の監護に要する費用の分担その他の子の監護について必要な事項は、その協議で定める。この場合においては、子の利益を最も優先して考慮しなければならない。	第 766 条　父母が協議上の離婚をするときは、子の監護をすべき者、父又は母と子との面会及びその他の交流、子の監護に要する費用の分担その他の子の監護について必要な事項は、その協議で定める。この場合においては、子の利益を最も優先して考慮しなければならない。
2 ～ 4　　（同右）	2 ～ 4　　（略）

「部会資料 1」2-4 頁⇨「部会第 1 回会議議事録」11-24 頁、24-43 頁

⇨「部会資料 3」2-13 頁⇨「部会第 3 回会議議事録」40-52 頁、「部会第 4 回会議議事録」38-50 頁、「部会第 5 回会議議事録」2-13 頁、13-32 頁、「部会第 6 回会議議事録」2-11 頁、21-25 頁

⇨「部会資料 6」6-11 頁⇨「部会第 6 回会議議事録」36-45 頁、「部会第 7 回会議議事録」5-30 頁

⇨「部会資料 7」3-20 頁⇨「部会第 8 回会議議事録」2-45 頁

⇨「部会資料 12」17-19 頁⇨「部会第 13 回会議議事録」8-23 頁

⇨「部会資料 16-1」4-6 頁、「部会資料 16-2」17-27 頁⇨「部会第 16 回会議議事録」7-21 頁、22-31 頁、32-49 頁

⇨「部会資料 18-1」3-5 頁⇨「部会第 18 回会議議事録」6-7 頁、17-36 頁

327

第3章　令和期の家族法改正

⇨「部会資料 19-1」3-6 頁、7-8 頁、「部会資料 19-2」17-38 頁、44-55 頁⇨「部会第 19 回会議議事録」1-28 頁

⇨「部会資料 20-1」3-6 頁、7-8 頁⇨「部会第 20 回会議議事録」1-40 頁

⇨「中間試案」3-6 頁、7-8 頁、「中間試案の補足説明」18-40 頁、45-51 頁

⇨「部会資料 26」1-23 頁⇨「第 26 回会議議事録」3 頁、「部会第 27 回会議議事録」3-11 頁

⇨「部会資料 28」1-7 頁⇨「部会第 28 回会議議事録」12-23 頁、23-29 頁

⇨「部会資料 30-1」3 頁、「部会資料 30-2」12-14 頁⇨「部会第 31 回会議議事録」6 頁、8-14 頁

⇨「部会資料 32-1」2-3 頁、「部会資料 32-2」6-10 頁⇨「部会第 32 回会議議事録」3 頁、35-41 頁

⇨「部会資料 34-1」13-17 頁⇨「部会第 34 回会議議事録」18-19 頁、20-22 頁、25-26 頁

⇨「部会資料 35-1」3-4 頁、「部会資料 35-2」7-11 頁⇨「部会第 35 回会議議事録」4 頁、34-35 頁、43-45 頁

⇨「部会資料 37-1」3-4 頁⇨「要綱案」3-4 頁

⇨「法制審議会〔総会〕第 199 回会議議事録」2-8 頁⇨「要綱」3-4 頁

⇨「第 213 回国会〔常会〕衆議院法務委員会会議録」5 号 19 頁、6 号 1-21 頁、7 号 1-37 頁、8 号 1-35 頁、9 号 1-21 頁、10 号 1-21 頁、11 号 1-15 頁⇨「第 213 回国会〔常会〕衆議院〔本会議〕会議録」21 号 2-5 頁

⇨「第 213 回国会〔常会〕参議院法務委員会会議録」8・9・10・11 号⇨「第 213 回国会〔常会〕参議院〔本会議〕会議録」19 号 15-20 頁

| （審判による父母以外の親族と子との交流の定め）
第 766 条の 2　家庭裁判所は、前条第 2 項又は第 3 項の場合において、子の利益のため特に必要があると認めるときは、同条第 1 項に規定する子の監護について必要な事項として父母以外の親 | （新設） |

Ⅵ　令和6年5月：家族法制改正

族と子との交流を実施する旨を定めることができる。 2　前項の定めについての前条第2項又は第3項の規定による審判の請求は、次に掲げる者（第2号に掲げる者にあっては、その者と子との交流についての定めをするため他に適当な方法がないときに限る。）がすることができる。 一　父母 二　父母以外の子の親族（子の直系尊属及び兄弟姉妹以外の者にあっては、過去に当該子を監護していた者に限る。）

「部会資料11」2-6頁⇨「部会第11回会議議事録」6-19頁

⇨「部会資料12」12頁、14-15頁⇨「部会第12回会議議事録」30-31頁、34-35頁、36-38頁

⇨「部会資料16-1」9-10頁、「部会資料16-2」38-41頁⇨「部会第16回会議議事録」43-44頁、「部会第17回会議議事録」8頁

⇨「部会資料18-1」9-10頁⇨「部会第18回会議議事録」9頁、13頁

⇨「部会資料19-1」10頁、「部会資料19-2」17-38頁、63-64頁⇨「部会第19回会議議事録」1-28頁

⇨「部会資料20-1」10-11頁⇨「部会第20回会議議事録」1-40頁

⇨「中間試案」10-11頁、「中間試案の補足説明」63-64頁

⇨「部会資料30-1」5頁（注）、「部会資料30-2」22頁（注）⇨「部会第31回会議議事録」17頁、36頁、38頁、40頁

⇨「部会資料32-1」6頁、「部会資料32-2」17-22頁⇨「部会第33回会議議事録」17頁、18-24頁、30-34頁

⇨「部会資料35-1」8-9頁、「部会資料35-2」19-22頁

⇨「部会資料37-1」8-9頁、「部会資料37-2」6頁⇨「要綱案」8-9頁

⇨「法制審議会〔総会〕第199回会議議事録」2-8頁⇨「要綱」8-9頁

第3章　令和期の家族法改正

⇨「第213回国会〔常会〕衆議院法務委員会会議録」5号19頁、6号1-21頁、
　7号1-37頁、8号1-35頁、9号1-21頁、10号1-21頁、11号1-15頁⇨「第
　213回国会〔常会〕衆議院〔本会議〕会議録」21号2-5頁
⇨「第213回国会〔常会〕参議院法務委員会会議録」8・9・10・11号⇨「第
　213回国会〔常会〕参議院〔本会議〕会議録」19号15-20頁

(子の監護に要する費用の分担の定めがない場合の特例) **第766条の3**　父母が子の監護に要する費用の分担についての定めをすることなく協議上の離婚をした場合には、父母の一方であって離婚の時から引き続きその子の監護を主として行うものは、他の一方に対し、離婚の日から、次に掲げる日のいずれか早い日までの間、毎月末に、その子の監護に要する費用の分担として、父母の扶養を受けるべき子の最低限度の生活の維持に要する標準的な費用の額その他の事情を勘案して子の数に応じて法務省令で定めるところにより算定した額の支払を請求することができる。ただし、当該他の一方は、支払能力を欠くためにその支払をすることができないこと又はその支払をすることによってその生活が著しく窮迫することを証明したときは、その全部又は一部の支払を拒むことができる。 　二　父母がその協議により子の監護に要する費用の分担についての定めをした日 　二　子の監護に要する費用の分担につ	(新設)

いての審判が確定した日 　三　子が成年に達した日 2　離婚の日の属する月又は前項各号に 　掲げる日のいずれか早い日の属する月 　における同項の額は、法務省令で定め 　るところにより日割りで計算する。 3　家庭裁判所は、第766条第2項又は 　第3項の規定により子の監護に要する 　費用の分担についての定めをし又はそ 　の定めを変更する場合には、第1項の 　規定による債務を負う他の一方の支払 　能力を考慮して、当該債務の全部若し 　くは一部の免除又は支払の猶予その他 　相当な処分を命ずることができる。	

　「部会資料3」2-13頁⇨「部会第3回会議議事録」40-52頁、「部会第4回会議議事録」38-50頁、「部会第5回会議議事録」2-13頁、「部会第6回会議議事録」2-11頁

　　⇨「部会資料11」21-23頁、27頁⇨「部会第11回会議議事録」21頁、38-44頁

　　⇨「部会資料12」17-22頁⇨「部会第13回会議議事録」7頁、11-23頁、24-26頁

　　⇨「部会資料16-1」7-8頁、「部会資料16-2」29-35頁⇨「部会第16回会議議事録」46-47頁、「部会第17回会議議事録」2-3頁、44頁、46頁

　　⇨「部会資料18-1」7-8頁⇨「部会第18回会議議事録」19頁、36頁

　　⇨「部会資料19-1」7-8頁、「部会資料19-2」45-46頁、53-55頁⇨「部会第19回会議議事録」1-28頁

　　⇨「部会資料20-1」7-9頁⇨「部会第20回会議議事録」1-40頁

　　⇨「中間試案」7-9頁、「中間試案の補足説明」46-47頁、54-56頁

　　⇨「部会資料29」1-17頁⇨「部会第29回会議議事録」2頁、3-25頁、25-33頁

　　⇨「部会資料30-1」3-4頁、「部会資料30-2」17-20頁⇨「部会第31回会議議事録」

第3章　令和期の家族法改正

　　　17頁、18頁、21-24頁、25-27頁、29-32頁

⇨「部会資料32-1」4頁、「部会資料32-2」12-14頁⇨「部会第33回会議議事録」
　　　1-4頁、5頁、6-8頁、9頁、12-15頁

⇨「部会資料35-1」5頁、「部会資料35-2」11-15頁⇨「部会第35回会議議事録」
　　　9-10頁、15-16頁、17頁、18頁、19-20頁、21-25頁、「部会第36回会議議
　　　事録」33-34頁、35-36頁

⇨「部会資料37-1」5頁、「部会資料37-2」4-5頁⇨「部会第37回会議議事録」
　　　7-8頁、10-11頁、16頁⇨「要綱案」5頁

⇨「法制審議会〔総会〕第199回会議議事録」2-8頁⇨「要綱」5頁

⇨「第213回国会〔常会〕衆議院法務委員会会議録」5号19頁、6号1-21頁、
　　　7号1-37頁、8号1-35頁、9号1-21頁、10号1-21頁、11号1-15頁⇨「第
　　　213回国会〔常会〕衆議院〔本会議〕会議録」21号2-5頁

⇨「第213回国会〔常会〕参議院法務委員会会議録」8・9・10・11号⇨「第
　　　213回国会〔常会〕参議院〔本会議〕会議録」19号15-20頁

（財産分与）	（財産分与）
第768条　（同右）	**第768条**　（1項略）
2　前項の規定による財産の分与につい　て、当事者間に協議が調わないとき、又は協議をすることができないときは、当事者は、家庭裁判所に対して協議に代わる処分を請求することができる。ただし、離婚の時から<u>5年</u>を経過したときは、この限りでない。	2　前項の規定による財産の分与につい　て、当事者間に協議が調わないとき、又は協議をすることができないときは、当事者は、家庭裁判所に対して協議に代わる処分を請求することができる。ただし、離婚の時から<u>2年</u>を経過したときは、この限りでない。
3　前項の場合には、家庭裁判所は、<u>離婚後の当事者間の財産上の衡平を図るため、当事者双方がその婚姻中に取得し、又は維持した財産の額及びその取得又は維持についての各当事者の寄与の程度、婚姻の期間、婚姻中の生活水準、婚姻中の協力及び扶助の状況、各</u>	3　前項の場合には、家庭裁判所は、当事者双方がその<u>協力によって得た財産</u>の額その他一切の事情を考慮して、分与をさせるべきかどうか並びに分与の額及び方法を定める。

> 当事者の年齢、心身の状況、職業及び
> 収入その他一切の事情を考慮して、分
> 与をさせるべきかどうか並びに分与の
> 額及び方法を定める。この場合におい
> て、婚姻中の財産の取得又は維持につ
> いての各当事者の寄与の程度は、その
> 程度が異なることが明らかでないとき
> は、相等しいものとする。

「部会資料 1」4-5 頁⇨「部会第 1 回会議議事録」12 頁

⇨「部会資料 9-2」1-24 頁、「部会資料 10」1-24 頁⇨「部会第 10 回会議議事録」4-42 頁

⇨「部会資料 14」16-24 頁⇨「部会第 15 回会議議事録」28-47 頁

⇨「部会資料 17-1」4 頁、「部会資料 17-2」22-23 頁⇨「部会第 17 回会議議事録」35-40 頁

⇨「部会資料 18-1」14 頁⇨「部会第 18 回会議議事録」34-35 頁

⇨「部会資料 19-1」15 頁、「部会資料 19-2」90-94 頁⇨「部会第 19 回会議議事録」1-28 頁

⇨「部会資料 20-1」15-16 頁⇨「部会第 20 回会議議事録」1-40 頁

⇨「中間試案」15-16 頁、「中間試案の補足説明」89-93 頁

⇨「部会資料 24」32-40 頁⇨「部会第 24 回会議議事録」42-49 頁、「部会第 25 回会議議事録」2-6 頁、37-38 頁

⇨「部会資料 30-1」6-7 頁、「部会資料 30-2」26-28 頁⇨「部会第 31 回会議議事録」18 頁、45-46 頁

⇨「部会資料 32-1」6-7 頁、「部会資料 32-2」24 頁⇨「部会第 33 回会議議事録」35-36 頁、39-40 頁、43-44 頁

⇨「部会資料 35-1」9-10 頁、「部会資料 35-2」25-26 頁

⇨「部会資料 37-1」10 頁⇨「要綱案」10 頁

⇨「法制審議会〔総会〕第 199 回会議議事録」2-8 頁⇨「要綱」10 頁

⇨「第 213 回国会〔常会〕衆議院法務委員会会議録」5 号 19 頁、6 号 1-21 頁、7 号 1-37 頁、8 号 1-35 頁、9 号 1-21 頁、10 号 1-21 頁、11 号 1-15 頁⇨「第

第 3 章　令和期の家族法改正

213 回国会〔常会〕衆議院〔本会議〕会議録」21 号 2-5 頁

⇨「第 213 回国会〔常会〕参議院法務委員会会議録」8・9・10・11 号⇨「第 213 回国会〔常会〕参議院〔本会議〕会議録」19 号 15-20 頁

（裁判上の離婚）	（裁判上の離婚）
第 770 条　（同右）	第 770 条　（1 項柱書略）
一〜三　（同右）	一〜三　（略）
（削除）	四　配偶者が強度の精神病にかかり、回復の見込みがないとき。
四　（同右）	五　（略）
2　裁判所は、前項第 1 号から第 3 号までに掲げる事由がある場合であっても、一切の事情を考慮して婚姻の継続を相当と認めるときは、離婚の請求を棄却することができる。	2　裁判所は、前項第 1 号から第 4 号までに掲げる事由がある場合であっても、一切の事情を考慮して婚姻の継続を相当と認めるときは、離婚の請求を棄却することができる。

「部会資料 23」1-4 頁⇨「部会第 23 回会議議事録」1-4 頁

⇨「部会資料 30-1」7 頁、「部会資料 30-2」28 頁⇨「部会第 31 回会議議事録」18 頁

⇨「部会資料 32-1」7 頁、「部会資料 32-2」25 頁⇨「部会第 33 回会議議事録」36 頁

⇨「部会資料 35-1」11 頁

⇨「部会資料 37-1」11 頁⇨「要綱案」11 頁

⇨「法制審議会〔総会〕第 199 回会議議事録」2-8 頁⇨「要綱」11 頁

⇨「第 213 回国会〔常会〕衆議院法務委員会会議録」5 号 19 頁、6 号 1-21 頁、7 号 1-37 頁、8 号 1-35 頁、9 号 1-21 頁、10 号 1-21 頁、11 号 1-15 頁⇨「第 213 回国会〔常会〕衆議院〔本会議〕会議録」21 号 2-5 頁

⇨「第 213 回国会〔常会〕参議院法務委員会会議録」8・9・10・11 号⇨「第 213 回国会〔常会〕参議院〔本会議〕会議録」19 号 15-20 頁

(6) 認　知

（認知後の子の監護に関する事項の定め等）	（認知後の子の監護に関する事項の定め等）
第788条　第766条から第766条の3までの規定は、父が認知する場合について準用する。	第788条　第766条の規定は、父が認知する場合について準用する。

「部会資料 16-1」3頁、5-6頁、「部会資料 16-2」11-20頁⇨「部会第 16 回会議議事録」21頁

⇨「部会資料 18-1」5-6頁⇨「部会第 18 回会議議事録」13頁

⇨「部会資料 19-1」6頁、「部会資料 19-2」39-41頁⇨「部会第 19 回会議議事録」1-28頁

⇨「部会資料 20-1」6頁⇨「部会第 20 回会議議事録」1-40頁

⇨「中間試案」6頁、「中間試案の補足説明」40-42頁

⇨「部会資料 28」1頁、7-9頁⇨「部会第 28 回会議議事録」12頁、21-22頁、27-28頁

⇨「部会資料 32-1」4頁（注4）、「部会資料 32-2」12頁（注4）、13頁

⇨「部会資料 35-1」5頁（注1）、「部会資料 35-2」11-12頁⇨「部会第 35 回会議議事録」11頁

⇨「部会資料 37-1」5頁（注1）⇨「要綱案」5頁（注1）

⇨「法制審議会〔総会〕第 199 回会議議事録」2-8頁⇨「要綱」5頁（注1）

⇨「第 213 回国会〔常会〕衆議院法務委員会会議録」5号 19頁、6号 1-21頁、7号 1-37頁、8号 1-35頁、9号 1-21頁、10号 1-21頁、11号 1-15頁⇨「第 213 回国会〔常会〕衆議院〔本会議〕会議録」21号 2-5頁

⇨「第 213 回国会〔常会〕参議院法務委員会会議録」8・9・10・11 号⇨「第 213 回国会〔常会〕参議院〔本会議〕会議録」19号 15-20頁

第3章　令和期の家族法改正

(7) 養 子

(15歳未満の者を養子とする縁組)	(15歳未満の者を養子とする縁組)
第797条　（同右）	第797条　（1項略）
2　（同右）	2　（略）
3　第1項の縁組をすることが子の利益のため特に必要であるにもかかわらず、養子となる者の父母でその監護をすべき者であるものが縁組の同意をしないときは、家庭裁判所は、養子となる者の法定代理人の請求により、その同意に代わる許可を与えることができる。同項の縁組をすることが子の利益のため特に必要であるにもかかわらず、養子となる者の父母で親権を停止されているものが縁組の同意をしないときも、同様とする。	（新設）
4　第1項の承諾に係る親権の行使について第824条の2第3項に規定する請求を受けた家庭裁判所は、第1項の縁組をすることが子の利益のため特に必要であると認めるときに限り、同条第3項の規定による審判をすることができる。	（新設）

「部会資料1」4頁⇨「部会第1回会議議事録」12頁

⇨「部会資料8」4-11頁、「部会資料9-1」4-11頁⇨「部会第9回会議議事録」3-30頁

⇨「部会資料11」6-11頁⇨「部会第11回会議議事録」20-21頁

⇨「部会資料14」1-10頁⇨「部会第15回会議議事録」1-19頁

⇨「部会資料17-1」3-4頁、「部会資料17-2」11-19頁、「部会第17回会議議事録」33-35頁、37頁、41頁、43-44頁

⇨「部会資料18-1」13-14頁

⇨「部会資料19-1」14頁、「部会資料19-2」80-86頁⇨「部会第19回会議議

Ⅵ　令和 6 年 5 月：家族法制改正

事録」1-28 頁

⇨「部会資料 20-1」14 頁⇨「部会第 20 回会議議事録」1-40 頁

⇨「中間試案」14 頁、「中間試案の補足説明」80-86 頁

⇨「部会資料 28」9-19 頁⇨「部会第 28 回会議議事録」29-41 頁

⇨「部会資料 30-1」6 頁、「部会資料 30-2」25-26 頁⇨「部会第 31 回会議議事録」17-18 頁、43-45 頁

⇨「部会資料 32-1」6 頁、「部会資料 32-2」23-24 頁⇨「部会第 33 回会議議事録」35 頁、36-39 頁、40-42 頁

⇨「部会資料 35-1」9 頁、「部会資料 35-2」22-25 頁、「部会第 35 回会議議事録」2-3 頁、20-21 頁

⇨「部会資料 37-1」9-10 頁、「部会資料 37-2」6 頁⇨「要綱案」9-10 頁

⇨「法制審議会〔総会〕第 199 回会議議事録」2-8 頁⇨「要綱」9-10 頁

⇨「第 213 回国会〔常会〕衆議院法務委員会会議録」5 号 19 頁、6 号 1-21 頁、7 号 1-37 頁、8 号 1-35 頁、9 号 1-21 頁、10 号 1-21 頁、11 号 1-15 頁⇨「第 213 回国会〔常会〕衆議院〔本会議〕会議録」21 号 2-5 頁

⇨「第 213 回国会〔常会〕参議院法務委員会会議録」8・9・10・11 号⇨「第 213 回国会〔常会〕参議院〔本会議〕会議録」19 号 15-20 頁

（協議上の離縁等）	（協議上の離縁等）
第 811 条　（同右）	第 811 条　（1 項略）
2　（同右）	2　（略）
3　前項の場合において、養子の父母が離婚しているときは、その協議で、その双方又は一方を養子の離縁後にその親権者となるべき者と定めなければならない。	3　前項の場合において、養子の父母が離婚しているときは、その協議で、その一方を養子の離縁後にその親権者となるべき者と定めなければならない。
4　前項の協議が調わないとき、又は協議をすることができないときは、家庭裁判所は、同項の父若しくは母又は養親の請求によって、協議に代わる審判をすることができる。この場合におい	4　前項の協議が調わないとき、又は協議をすることができないときは、家庭裁判所は、同項の父若しくは母又は養親の請求によって、協議に代わる審判をすることができる。

第 3 章　令和期の家族法改正

ては、第 819 条第 7 項の規定を準用する。 5・6　（同右）	5・6　（略）

　「部会資料 8」16-19 頁、「部会資料 9-1」16-19 頁⇨「部会第 9 回会議議事録」35-42 頁

　　⇨「部会資料 14」15-16 頁⇨「部会第 15 回会議議事録」20-28 頁

　　⇨「部会資料 17-1」3 頁（注 2）、「部会資料 17-2」12 頁（注 2）、14 頁⇨「部会第 17 回会議議事録」41 頁

　　⇨「部会資料 18-1」14 頁（注 2）

　　⇨「部会資料 19-1」14-15 頁、「部会資料 19-2」86-89 頁⇨「部会第 19 回会議議事録」1-28 頁

　　⇨「部会資料 20-1」14-15 頁⇨「部会第 20 回会議議事録」1-40 頁

　　⇨「中間試案」14-15 頁、「中間試案の補足説明」86-89 頁

　　⇨「部会資料 28」9-11 頁、13-15 頁⇨「部会第 28 回会議議事録」29-41 頁

　　⇨「部会資料 32-1」1-2 頁、「部会資料 32-2」4-6 頁

　　⇨「部会資料 35-1」9 頁、「部会資料 35-2」25 頁

　　⇨「部会資料 37-1」9-10 頁⇨「要綱案」9-10 頁

　　⇨「法制審議会〔総会〕第 199 回会議議事録」2-8 頁⇨「要綱」9-10 頁

　　⇨「第 213 回国会〔常会〕衆議院法務委員会会議録」5 号 19 頁、6 号 1-21 頁、7 号 1-37 頁、8 号 1-35 頁、9 号 1-21 頁、10 号 1-21 頁、11 号 1-15 頁⇨「第 213 回国会〔常会〕衆議院〔本会議〕会議録」21 号 2-5 頁

　　⇨「第 213 回国会〔常会〕参議院法務委員会会議録」8・9・10・11 号⇨「第 213 回国会〔常会〕参議院〔本会議〕会議録」19 号 15-20 頁

(8)　親の責務等

第 3 節　親の責務等	（新設）
（親の責務等） **第 817 条の 12**　母は、子の心身の健全	（新設）

VI 令和6年5月：家族法制改正

な発達を図るため、その子の人格を尊重するとともに、その子の年齢及び発達の程度に配慮してその子を養育しなければならず、かつ、その子が自己と同程度の生活を維持することができるよう扶養しなければならない。 2　父母は、婚姻関係の有無にかかわらず、子に関する権利の行使又は義務の履行に関し、その子の利益のため、互いに人格を尊重し協力しなければならない。	

「部会資料1」4頁⇨「部会第1回会議議事録」24頁、26頁、27-29頁

⇨「部会資料12」1-6頁⇨「部会第12回会議議事録」7-30頁

⇨「部会資料16-1」1-2頁、「部会資料16-2」2-6頁⇨「部会第16回会議議事録」7頁、12-13頁、26-27頁、32-35頁、37-38頁

⇨「部会資料18-1」1-2頁⇨「部会第18回会議議事録」12-16頁、24-26頁

⇨「部会資料19-1」1-2頁、「部会資料19-2」4-10頁⇨「部会第19回会議議事録」1-28頁

⇨「部会資料20-1」1-2頁⇨「部会第20回会議議事録」1-40頁

⇨「中間試案」1-2頁、「中間試案の補足説明」5-11頁

⇨「部会資料24」1-11頁⇨「部会第24回会議議事録」2-23頁

⇨「部会資料30-1」1頁、「部会資料30-2」5-6頁⇨「部会第30回会議議事録」9-13頁

⇨「部会資料34-2」1-9頁⇨「第34回会議議事録」39-47頁

⇨「部会資料35-1」1頁、「部会資料35-2」1-5頁⇨「部会第35回会議議事録」45-48頁、「部会第36回会議議事録」1-16頁

⇨「部会資料37-1」1頁、「部会資料37-2」1-3頁⇨「部会第37回会議議事録」2-4頁、15-16頁⇨「要綱案」1頁

⇨「法制審議会〔総会〕第199回会議議事録」2-8頁⇨「要綱」1頁

⇨「第213回国会〔常会〕衆議院法務委員会会議録」5号19頁、6号1-21頁、

第3章　令和期の家族法改正

7号1-37頁、8号1-35頁、9号1-21頁、10号1-21頁、11号1-15頁⇨「第213回国会〔常会〕衆議院〔本会議〕会議録」21号2-5頁

⇨「第213回国会〔常会〕参議院法務委員会会議録」8・9・10・11号⇨「第213回国会〔常会〕参議院〔本会議〕会議録」19号15-20頁

（親子の交流等） **第817条の13**　第766条（第749条、第771条及び第788条において準用する場合を含む。）の場合のほか、子と別居する父又は母その他の親族と当該子との交流について必要な事項は、父母の協議で定める。この場合においては、子の利益を最も優先して考慮しなければならない。 2　前項の協議が調わないとき、又は協議をすることができないときは、家庭裁判所が、父又は母の請求により、同項の事項を定める。 3　家庭裁判所は、必要があると認めるときは、父又は母の請求により、前2項の規定による定めを変更することができる。 4　前2項の請求を受けた家庭裁判所は、子の利益のため特に必要があると認めるときに限り、父母以外の親族と子との交流を実施する旨を定めることができる。 5　前項の定めについての第2項又は第3項の規定による審判の請求は、父母以外の子の親族（子の直系尊属及び兄弟姉妹以外の者にあっては、過去に当該子を監護していた者に限る。）もすることができる。ただし、当該親族と	（新設）

340

VI　令和6年5月：家族法制改正

子との交流についての定めをするため他に適当な方法があるときは、この限りでない。	

「部会資料1」3-4頁⇨「部会第1回会議議事録」31-33頁、37-41頁

⇨「部会資料3」2-13頁⇨「部会第5回会議議事録」13-32頁、「部会第6回会議議事録」2-11頁、21-25頁

⇨「部会資料7」2頁（注1）、9-11頁、13-20頁⇨「部会第8回会議議事録」2-45頁

⇨「部会資料12」11-15頁⇨「部会第12回会議議事録」31-38頁、「部会第13回会議議事録」1頁、9頁、11頁、13頁、24頁、41-42頁

⇨「部会資料13」18頁⇨「部会第14回会議議事録」3-20頁、21-22頁

⇨「部会資料16-1」9頁、「部会資料16-2」36-38頁⇨「部会第16回会議議事録」8-9頁、32-33頁、42-49頁、「部会第17回会議議事録」5-6頁、25-27頁

⇨「部会資料18-1」8-9頁⇨「部会第18回会議議事録」26-27頁、30-35頁

⇨「部会資料19-1」9-10頁、「部会資料19-2」55-57頁⇨「部会第19回会議議事録」1-28頁

⇨「部会資料20-1」9-10頁⇨「部会第20回会議議事録」1-40頁

⇨「中間試案」9-10頁、「中間試案の補足説明」56-57頁

⇨「部会資料29」22-27頁⇨「部会第29回会議議事録」33-48頁、「部会第30回会議議事録」2-4頁

⇨「部会資料30-1」5頁、「部会資料30-2」22頁⇨「部会第31回会議議事録」17頁、22-23頁、32頁、35-37頁

⇨「部会資料32-1」5頁、「部会資料32-2」16頁⇨「部会第33回会議議事録」16-17頁

⇨「部会資料34-1」9-10頁、「部会資料34-2」4-6頁

⇨「部会資料35-1」7-8頁、「部会資料35-2」17-18頁、19-22頁

⇨「部会資料37-1」7頁⇨「要綱案」7頁

⇨「法制審議会〔総会〕第199回会議議事録」2-8頁⇨「要綱」7頁

⇨「第213回国会〔常会〕衆議院法務委員会会議録」5号19頁、6号1-21頁、

第 3 章　令和期の家族法改正

7 号 1-37 頁、8 号 1-35 頁、9 号 1-21 頁、10 号 1-21 頁、11 号 1-15 頁⇨「第
213 回国会〔常会〕衆議院〔本会議〕会議録」21 号 2-5 頁

⇨「第 213 回国会〔常会〕参議院法務委員会会議録」8・9・10・11 号⇨「第
213 回国会〔常会〕参議院〔本会議〕会議録」19 号 15-20 頁

⑼　親　　権

（親権）	（親権者）
第818条　親権は、成年に達しない子について、その子の利益のために行使しなければならない。	第818条　成年に達しない子は、父母の親権に服する。
2　父母の婚姻中はその双方を親権者とする。	2　子が養子であるときは、養親の親権に服する。
3　子が養子であるときは、次に掲げる者を親権者とする。	3　親権は、父母の婚姻中は、父母が共同して行う。ただし、父母の一方が親権を行うことができないときは、他の一方が行う。
一　養親（当該子を養子とする縁組が2以上あるときは、直近の縁組により養親となった者に限る。）	
二　子の父母であって、前号に掲げる養親の配偶者であるもの	

「部会資料 1」4 頁⇨「部会第 1 回会議議事録」24 頁、26 頁、27-29 頁

⇨「部会資料 6」18-21 頁⇨「部会第 6 回会議議事録」36-45 頁、「部会第 7
回会議議事録」5-30 頁

⇨「部会資料 8」11-14 頁、「部会資料 9-1」11-14 頁⇨「部会第 9 回会議議事録」
30-35 頁

⇨「部会資料 11」6-11 頁、11-21 頁⇨「部会第 11 回会議議事録」21-37 頁

⇨「部会資料 12」2-6 頁⇨「部会第 12 回会議議事録」7-30 頁

⇨「部会資料 14」10-15 頁⇨「部会第 15 回会議議事録」20-28 頁

⇨「部会資料 16-1」1-2 頁、「部会資料 16-2」4-6 頁⇨「部会第 16 回会議議事録」
7 頁、12-13 頁、29 頁、33 頁、36-37 頁

⇨「部会資料 18-1」1-2 頁⇨「部会第 18 回会議議事録」12-16 頁、22-23 頁

⇨「部会資料 19-1」1-2 頁、「部会資料 19-2」4-10 頁⇨「部会第 19 回会議議事録」

342

1-28 頁

⇨「部会資料 20-1」14-15 頁⇨「部会第 20 回会議議事録」1-40 頁

⇨「中間試案」14-15 頁、「中間試案の補足説明」86-89 頁

⇨「部会資料 28」9-15 頁⇨「部会第 28 回会議議事録」29-41 頁

⇨「部会資料 30-1」1 頁（注 2）、6 頁、「部会資料 30-2」5 頁（注 2）、24-25 頁⇨「部会第 31 回会議議事録」17 頁

⇨「部会資料 32-1」1 頁、「部会資料 32-2」2-3 頁

⇨「部会資料 35-1」1-2 頁、9 頁、「部会資料 35-2」5-6 頁、22 頁⇨「部会第 36 回会議議事録」31-32 頁

⇨「部会資料 37-1」1-2 頁、9 頁⇨「要綱案」1-2 頁

⇨「法制審議会〔総会〕第 199 回会議議事録」2-8 頁⇨「要綱」1-2 頁

⇨「第 213 回国会〔常会〕衆議院法務委員会会議録」5 号 19 頁、6 号 1-21 頁、7 号 1-37 頁、8 号 1-35 頁、9 号 1-21 頁、10 号 1-21 頁、11 号 1-15 頁⇨「第 213 回国会〔常会〕衆議院〔本会議〕会議録」21 号 2-5 頁

⇨「第 213 回国会〔常会〕参議院法務委員会会議録」8・9・10・11 号⇨「第 213 回国会〔常会〕参議院〔本会議〕会議録」19 号 15-20 頁

（離婚又は認知の場合の親権者）	（離婚又は認知の場合の親権者）
第 819 条　父母が協議上の離婚をするときは、その協議で、その双方又は一方を親権者と定める。	第 819 条　父母が協議上の離婚をするときは、その協議で、その一方を親権者と定めなければならない。
2　裁判上の離婚の場合には、裁判所は、父母の双方又は一方を親権者と定める。	2　裁判上の離婚の場合には、裁判所は、父母の一方を親権者と定める。
3　子の出生前に父母が離婚した場合には、親権は、母が行う。ただし、子の出生後に、父母の協議で、父母の双方又は父を親権者と定めることができる。	3　子の出生前に父母が離婚した場合には、親権は、母が行う。ただし、子の出生後に、父母の協議で、父を親権者と定めることができる。
4　父が認知した子に対する親権は、母が行う。ただし、父母の協議で、父母	4　父が認知した子に対する親権は、父母の協議で父を親権者と定めたときに

第 3 章　令和期の家族法改正

の双方又は父を親権者と定めることができる。	限り、父が行う。
5　（同右）	5　（略）
6　子の利益のため必要があると認めるときは、家庭裁判所は、<u>子又はその親族</u>の請求によって、親権者を変更することができる。	6　子の利益のため必要があると認めるときは、家庭裁判所は、<u>子の親族の請</u>求によって、親権者を<u>他の一方に変更</u>することができる。
7　裁判所は、第2項又は前2項の裁判において、父母の双方を親権者と定めるかその一方を親権者と定めるかを判断するに当たっては、子の利益のため、父母と子との関係、父と母との関係その他一切の事情を考慮しなければならない。この場合において、次の各号のいずれかに該当するときその他の父母の双方を親権者と定めることにより子の利益を害すると認められるときは、父母の一方を親権者と定めなければならない。	（新設）
一　父又は母が子の心身に害悪を及ぼすおそれがあると認められるとき。	
二　父母の一方が他の一方から身体に対する暴力その他の心身に有害な影響を及ぼす言動（次項において「暴力等」という。）を受けるおそれの有無、第1項、第3項又は第4項の協議が調わない理由その他の事情を考慮して、父母が共同して親権を行うことが困難であると認められるとき。	
8　第6項の場合において、家庭裁判所は、父母の協議により定められた親権者を変更することが子の利益のため必	（新設）

344

VI 令和6年5月：家族法制改正

> 要であるか否かを判断するに当たっ
> ては、当該協議の経過、その後の事
> 情の変更その他の事情を考慮するも
> のとする。この場合において、当
> 該協議の経過を考慮するに当たって
> は、父母の一方から他の一方への暴
> 力等の有無、家事事件手続法による
> 調停の有無又は裁判外紛争解決手
> 続（裁判外紛争解決手続の利用の促
> 進に関する法律（平成16年法律第
> 151号）第1条に規定する裁判外紛
> 争解決手続をいう。）の利用の有無、
> 協議の結果についての公正証書の作
> 成の有無その他の事情をも勘案する
> ものとする。

「部会資料1」2-4頁⇨「部会第1回会議議事録」15頁、18頁、24-25頁、28頁、34-40頁

⇨「部会第5回会議議事録」24-32頁、32-56頁

⇨「部会資料6」11-17頁⇨「部会第6回会議議事録」36-45頁、「部会第7回会議議事録」5-30頁

⇨「部会資料11」11-21頁⇨「部会第11回会議議事録」23-37頁

⇨「部会資料12」15頁⇨「部会第12回会議議事録」31-44頁

⇨「部会資料13」18-33頁⇨「部会第14回会議議事録」22-49頁

⇨「部会資料16-1」2-6頁、「部会資料16-2」10-27頁⇨「部会第16回会議議事録」7-21頁、22-31頁、32-40頁

⇨「部会資料18-1」2-5頁⇨「部会第18回会議議事録」6-7頁、13頁、17-18頁、26頁、35-36頁

⇨「部会資料19-1」2-6頁、「部会資料19-2」10-39頁⇨「部会第19回会議議事録」1-28頁

⇨「部会資料20-1」2-6頁⇨「部会第20回会議議事録」1-40頁

⇨「中間試案」2-6頁、「中間試案の補足説明」11-40頁

第 3 章　令和期の家族法改正

⇨「部会資料 25」1-14 頁⇨「部会第 25 回会議議事録」6-37 頁

⇨「部会資料 26」1-23 頁⇨「第 26 回会議議事録」2-51 頁

⇨「部会資料 27」1-15 頁⇨「部会第 27 回会議議事録」1-2 頁、13-21 頁、22-45 頁、
「部会第 28 回会議議事録」3-11 頁

⇨「部会資料 28」1-9 頁⇨「部会第 28 回会議議事録」2-11 頁

⇨「部会資料 30-1」1-2 頁、「部会資料 30-2」7-12 頁⇨「部会第 30 回会議議事録」
13-20 頁、21-24 頁、35-38 頁、「部会第 31 回会議議事録」5-16 頁、32 頁、
36 頁

⇨「部会資料 32-1」1-2 頁、「部会資料 32-2」4-6 頁⇨「部会第 32 回会議議事録」
2-3 頁、13-17 頁、22-23 頁

⇨「部会資料 34-1」6-13 頁⇨「部会第 34 回会議議事録」2-3 頁、4 頁、16-17 頁、
22-30 頁、31 頁

⇨「部会資料 35-1」2-3 頁、「部会資料 35-2」7 頁⇨「部会第 35 回会議議事録」
4 頁、31-32 頁

⇨「部会資料 37-1」2-3 頁⇨「部会第 37 回会議議事録」4 頁、5 頁、7 頁、8 頁、
14-15 頁、17-19 頁⇨「要綱案」2-3 頁

⇨「法制審議会〔総会〕第 199 回会議議事録」2-8 頁⇨「要綱」2-3 頁

⇨「第 213 回国会〔常会〕衆議院法務委員会会議録」5 号 19 頁、6 号 1-21 頁、
7 号 1-37 頁、8 号 1-35 頁、9 号 1-21 頁、10 号 1-21 頁、11 号 1-15 頁⇨「第
213 回国会〔常会〕衆議院〔本会議〕会議録」21 号 2-5 頁

⇨「第 213 回国会〔常会〕参議院法務委員会会議録」8・9・10・11 号⇨「第
213 回国会〔常会〕参議院〔本会議〕会議録」19 号 15-20 頁

（親権の行使方法等）	（新設）
第 824 条の 2　親権は、父母が共同して行う。ただし、次に掲げるときは、その一方が行う。 一　その一方のみが親権者であるとき。 二　他の一方が親権を行うことができ	

346

ないとき。 三 子の利益のため急迫の事情がある とき。 2 父母は、その双方が親権者であると きであっても、前項本文の規定にかか わらず、監護及び教育に関する日常の 行為に係る親権の行使を単独でするこ とができる。 3 特定の事項に係る親権の行使（第1 項ただし書又は前項の規定により父母 の一方が単独で行うことができるもの を除く。）について、父母間に協議が 調わない場合であって、子の利益のた め必要があると認めるときは、家庭裁 判所は、父又は母の請求により、当該 事項に係る親権の行使を父母の一方が 単独ですることができる旨を定めるこ とができる。	

「部会資料1」3-4頁⇨「部会第1回会議議事録」11頁、14頁、24頁、25頁、38-39頁

⇨「部会資料11」11-21頁⇨「部会第11回会議議事録」23-37頁

⇨「部会資料12」6-15頁⇨「部会第12回会議議事録」30-44頁

⇨「部会資料26」1-23頁⇨「第26回会議議事録」3-51頁

⇨「部会資料30-1」1頁、「部会資料30-2」6-7頁⇨「部会第30回会議議事録」24-33頁、「部会第31回会議議事録」3-5頁、7-8頁

⇨「部会資料32-1」1頁、「部会資料32-2」2-3頁⇨「部会第32回会議議事録」2-13頁、17-18頁、19-34頁

⇨「部会資料34-1」1-5頁⇨「部会第34回会議議事録」1-2頁、3-5頁、7-16頁、31-36頁

⇨「部会資料35-1」1-2頁、「部会資料35-2」5-6頁⇨「部会第35回会議議事録」4頁、5-9頁、11-15頁、17-19頁、「部会第36回会議議事録」34-37頁

第 3 章　令和期の家族法改正

⇨「部会資料 37-1」1-2 頁、「部会資料 37-2」3 頁⇨「部会第 37 回会議議事録」
　　4 頁、5 頁⇨「要綱案」1-2 頁

⇨「法制審議会〔総会〕第 199 回会議議事録」2-8 頁⇨「要綱」1-2 頁

⇨「第 213 回国会〔常会〕衆議院法務委員会会議録」5 号 19 頁、6 号 1-21 頁、
　　7 号 1-37 頁、8 号 1-35 頁、9 号 1-21 頁、10 号 1-21 頁、11 号 1-15 頁⇨「第
　　213 回国会〔常会〕衆議院〔本会議〕会議録」21 号 2-5 頁

⇨「第 213 回国会〔常会〕参議院法務委員会会議録」8・9・10・11 号⇨「第
　　213 回国会〔常会〕参議院〔本会議〕会議録」19 号 15-20 頁

（監護者の権利義務）	（新設）
第 824 条の 3　第 766 条（第 749 条、第 771 条及び第 788 条において準用する場合を含む。）の規定により定められた子の監護をすべき者は、第 820 条から第 823 条までに規定する事項について、親権を行う者と同一の権利義務を有する。この場合において、子の監護をすべき者は、単独で、子の監護及び教育、居所の指定及び変更並びに営業の許可、その許可の取消し及びその制限をすることができる。 2　前項の場合には、親権を行う者（子の監護をすべき者を除く。）は、子の監護をすべき者が同項後段の規定による行為をすることを妨げてはならない。	

「部会資料 1」4 頁⇨「部会第 1 回会議議事録」24 頁、25-26 頁、37 頁

⇨「部会資料 6」1-5 頁⇨「部会第 6 回会議議事録」36-37 頁

⇨「部会資料 11」11-21 頁⇨「部会第 11 回会議議事録」23-37 頁

⇨「部会資料 12」6-15 頁⇨「部会第 12 回会議議事録」30-44 頁

⇨「部会資料 32-1」2-3 頁、「部会資料 32-2」6-10 頁

⇨「部会資料 34-1」13-17 頁⇨「部会第 14 回会議議事録」3 頁、4 頁

Ⅵ　令和6年5月：家族法制改正

⇨「部会資料 35-1」3-4 頁、「部会資料 35-2」7-11 頁

⇨「部会資料 37-1」3-4 頁⇨「要綱案」3-4 頁

⇨「法制審議会〔総会〕第 199 回会議議事録」2-8 頁⇨「要綱」3-4 頁

⇨「第 213 回国会〔常会〕衆議院法務委員会会議録」5 号 19 頁、6 号 1-21 頁、
　7 号 1-37 頁、8 号 1-35 頁、9 号 1-21 頁、10 号 1-21 頁、11 号 1-15 頁⇨「第
　213 回国会〔常会〕衆議院〔本会議〕会議録」21 号 2-5 頁

⇨「第 213 回国会〔常会〕参議院法務委員会会議録」8・9・10・11 号⇨「第
　213 回国会〔常会〕参議院〔本会議〕会議録」19 号 15-20 頁

（子に代わる親権の行使）	（子に代わる親権の行使）
第 833 条 父又は母が成年に達しない子であるときは、当該子について親権を行う者が当該子に代わって親権を行う	第 833 条 親権を行う者は、その親権に服する子に代わって親権を行う。

(9)　親権に挙げた箇所のほか、以下を参照。

⇨「部会第 30 回会議議事録」11 頁・19 頁・29 頁

⇨「部会資料 34-2」8-9 頁

⇨「部会資料 35-1」1 頁、「部会資料 35-2」5 頁

⇨「部会資料 37-1」1 頁⇨「要綱案」1 頁

⇨「法制審議会〔総会〕第 199 回会議議事録」2-8 頁⇨「要綱」1 頁

⇨「第 213 回国会〔常会〕衆議院法務委員会会議録」5 号 19 頁、6 号 1-21 頁、
　7 号 1-37 頁、8 号 1-35 頁、9 号 1-21 頁、10 号 1-21 頁、11 号 1-15 頁⇨「第
　213 回国会〔常会〕衆議院〔本会議〕会議録」21 号 2-5 頁

⇨「第 213 回国会〔常会〕参議院法務委員会会議録」8・9・10・11 号⇨「第
　213 回国会〔常会〕参議院〔本会議〕会議録」19 号 15-20 頁

第3章　令和期の家族法改正

3－2　民事執行法の改正

(1)　改正法2条による改正

〔目次〕 第2章　強制執行 　第2節　金銭の支払を目的とする債権 　についての強制執行 　　第5款　扶養義務等に係る金銭債 　　権についての強制執行の特例（第 　　167条の15―第167条の17）	〔目次〕 第2章　強制執行 　第2節　金銭の支払を目的とする債権 　についての強制執行 　　第5款　扶養義務等に係る金銭債 　　権についての強制執行の特例（第 　　167条の15・第167条の16）
（扶養義務等に係る定期金債権を請求す る場合の特例） 第151条の2　（同右） 　一・二　（同右） 　三　民法第766条及び第766条の3（こ 　　れらの規定を同法第749条、第771 　　条及び第788条において準用する場 　　合を含む。）の規定による子の監護 　　に関する義務 　四　（同右） 2　（同右）	（扶養義務等に係る定期金債権を請求す る場合の特例） 第151条の2　（1項柱書略） 　一・二　（略） 　三　民法第766条（同法第749条、第 　　771条及び第788条において準用す 　　る場合を含む。）の規定による子の 　　監護に関する義務 　四　（略） 2　（略）
（扶養義務等に係る債権に基づく財産開 　示手続等の申立ての特例） 第167条の17　第151条の2第1項各 　号に掲げる義務に係る請求権について 　執行力のある債務名義の正本を有する 　債権者が次の各号に掲げる申立てをし 　た場合には、当該申立てと同時に、当 　該各号に定める申立てをしたものとみ 　なす。ただし、当該債権者が当該各号 　に掲げる申立ての際に反対の意思を表 　示したときは、この限りでない。 　一　第197条第1項の申立て　当該申	（新設）

350

Ⅵ　令和６年５月：家族法制改正

立てに係る手続において債務者（債
務者に法定代理人がある場合にあつ
ては、当該法定代理人）が開示した
債権（第206条第１項各号に規定す
る債権に限る。）又は次項の規定に
よりその情報が提供された債権に対
する差押命令の申立て

二　第206条第１項の申立て　当該申
立てに係る手続において同項各号に
掲げる者がその情報を提供した同項
各号に規定する債権に対する差押命
令の申立て

2　前項に規定する場合（同項第１号に
掲げる申立てをした場合に限る。）に
おいて、執行裁判所の呼出しを受けた
債務者（債務者に法定代理人がある場
合にあつては、当該法定代理人）がそ
の財産を開示しなかつたときは、債
権者が別段の意思を表示した場合を
除き、執行裁判所は、債務者の住所の
ある市町村（特別区を含む。第206条
第１項第１号において同じ。）に対し、
同号に定める事項について情報の提供
をすべき旨を命じなければならない。

3　第205条第３項から第５項までの規
定は前項の規定による裁判について、
第208条の規定は当該裁判により命じ
られた情報の提供について、それぞれ
準用する。

4　財産開示事件の記録中前項において
準用する第208条第１項の情報の提供
に関する部分についての第17条の規
定による請求は、次に掲げる者に限り、

351

することができる。

一　申立人

二　債務者に対する第151条の2第1
項各号に掲げる義務に係る請求権又
は人の生命若しくは身体の侵害によ
る損害賠償請求権について執行力の
ある債務名義の正本を有する債権者

三　債務者の財産について一般の先取
特権（民法第306条第3号に係るも
のに限る。）を有することを証する
文書を提出した債権者

四　債務者

五　当該情報の提供をした者

5　第210条第2項の規定は、前項第2
号又は第3号に掲げる者であつて、財
産開示事件の記録中の第3項において
準用する第208条第1項の情報の提供
に関する部分の情報を得たものについ
て準用する。

6　第1項の規定により債権に対する差
押命令の申立てがされたものとみな
された場合において、執行裁判所が
第197条第3項に規定する財産開示期
日における手続の実施又は第2項若し
くは第206条第1項の規定による裁判
をしてもなお差し押さえるべき債権を
特定することができないときは、執行
裁判所は、債権者に対し、相当の期間
を定め、その期間内に差し押さえるべ
き債権を特定するために必要な事項の
申出をすべきことを命ずることができ
る。この場合において、債権者がその
期間内に差し押さえるべき債権を特定

Ⅵ　令和６年５月：家族法制改正

するために必要な事項の申出をしないときは、差押命令の申立ては、取り下げたものとみなす。	
（債権及びその他の財産権についての担保権の実行の要件等） 第193条　（同右） 2　前章第2節第4款第1目（第146条第2項、第152条及び第153条を除く。）及び第182条から第184条までの規定は前項に規定する担保権の実行及び行使について、第146条第2項、第152条及び第153条の規定は前項に規定する一般の先取特権の実行及び行使について、<u>第167条の17の規定は債務者の財産について一般の先取特権（民法第306条第3号に係るものに限る。）を有することを証する文書を提出した債権者が第197条第2項の申立て又は第206条第2項の申立てをした場合について、それぞれ準用する。</u>	（債権及びその他の財産権についての担保権の実行の要件等） 第193条　（1項略） 2　前章第2節第4款第1目（第146条第2項、第152条及び第153条を除く。）及び第182条から第184条までの規定は前項に規定する担保権の実行及び行使について、第146条第2項、第152条及び第153条の規定は前項に規定する一般の先取特権の実行及び行使について準用する。
<u>3</u>　<u>前項において準用する第145条第2項の規定にかかわらず、債権者が民法第766条の3（同法第749条、第771条及び第788条において準用する場合を含む。）の規定による子の監護に関する義務に係る金銭債権を請求する場合には、執行裁判所は、一般の先取特権（同法第306条第3号に係るものに限る。）の実行としての差押命令を発するに際し、必要があると認めるときは、債務者を審尋することができる。</u>	（新設）

第３章　令和期の家族法改正

（債務者の給与債権に係る情報の取得）	（債務者の給与債権に係る情報の取得）
第 206 条　（同右）	第 206 条　（1 項柱書略）
一　市町村　債務者が支払を受ける地方税法（昭和 25 年法律第 226 号）第 317 条の 2 第 1 項ただし書に規定する給与に係る債権に対する強制執行又は担保権の実行の申立てをするのに必要となる事項として最高裁判所規則で定めるもの（当該市町村が債務者の市町村民税（特別区民税を含む。）に係る事務に関して知り得たものに限る。）	一　市町村（特別区を含む。以下この号において同じ。）　債務者が支払を受ける地方税法（昭和 25 年法律第 226 号）第 317 条の 2 第 1 項ただし書に規定する給与に係る債権に対する強制執行又は担保権の実行の申立てをするのに必要となる事項として最高裁判所規則で定めるもの（当該市町村が債務者の市町村民税（特別区民税を含む。）に係る事務に関して知り得たものに限る。）
二　（同右）	二　（略）
2　執行裁判所は、第 197 条第 2 項各号のいずれかに該当するときは、債務者の財産について一般の先取特権（民法第 306 条第 3 号に係るものに限る。）を有することを証する文書を提出した債権者の申立てにより、前項各号に掲げる者であつて最高裁判所規則で定めるところにより当該債権者が選択したものに対し、それぞれ当該各号に定める事項について情報の提供をすべき旨を命じなければならない。	（新設）
3　前条第 2 項から第 5 項までの規定は、前 2 項の申立て及び当該申立てについての裁判について準用する。	2　前条第 2 項から第 5 項までの規定は、前項の申立て及び当該申立てについての裁判について準用する。
（情報の提供の方法等）	（情報の提供の方法等）
第 208 条　第 205 条第 1 項、第 206 条第 1 項若しくは第 2 項又は前条第 1 項若しくは第 2 項の申立てを容認する決定により命じられた情報の提供は、執行	第 208 条　第 205 条第 1 項、第 206 条第 1 項又は前条第 1 項若しくは第 2 項の申立てを認容する決定により命じられた情報の提供は、執行裁判所に対し、

Ⅵ　令和6年5月：家族法制改正

裁判所に対し、書面でしなければならない。 2　（同右）	書面でしなければならない。 2　（略）
（第三者からの情報取得手続に係る事件の記録の閲覧等の制限） 第209条　（同右） 2　（同右） 　一・二　（同右） 　三　債務者の財産について一般の先取特権（民法第306条第3号に係るものに限る。）を有することを証する文書を提出した債権者 　四　債務者 　五　当該情報の提供をした者	（第三者からの情報取得手続に係る事件の記録の閲覧等の制限） 第209条　（1項略） 2　（柱書略） 　一・二　（略） 　（新設） 　三　債務者 　四　当該情報の提供をした者
（第三者からの情報取得手続に係る事件に関する情報の目的外利用の制限） 第210条　（同右） 2　前条第1項第2号若しくは第3号又は第2項第2号若しくは第3号に掲げる者であつて、第三者からの情報取得手続に係る事件の記録中の第208条第1項の情報の提供に関する部分の情報を得たものは、当該情報を当該事件の債務者に対する債権をその本旨に従つて行使する目的以外の目的のために利用し、又は提供してはならない。	（第三者からの情報取得手続に係る事件に関する情報の目的外利用の制限） 第210条　（1項略） 2　前条第1項第2号若しくは第3号又は第2項第2号に掲げる者であつて、第三者からの情報取得手続に係る事件の記録中の第208条第1項の情報の提供に関する部分の情報を得たものは、当該情報を当該事件の債務者に対する債権をその本旨に従つて行使する目的以外の目的のために利用し、又は提供してはならない。
（過料に処すべき場合） 第214条　（同右） 2　第210条第1項の規定又は同条第2項（第167条の17第5項（第193条第2項において準用する場合を含む。）において準用する場合を含む。）の規	（過料に処すべき場合） 第214条　（1項略） 2　第210条の規定に違反して、同条の情報を同条に規定する目的以外の目的のために利用し、又は提供した者も、前項と同様とする。

355

定に違反して、これらの規定の情報を これらの規定に規定する目的以外の目 的のために利用し、又は提供した者も、 前項と同様とする。	

(2)　附則15条による改正

令和5年6月14日法律第53号「民事関係手続等における情報通信技術の活用等の推進を図るための関係法律の整備に関する法律」（未施行）1条（民事執行法の一部改正）を、さらに改正したもの。

（扶養義務等に係る債権に基づく財産開示手続等の申立ての特例）	（扶養義務等に係る債権に基づく財産開示手続等の申立ての特例）（改正法2条で新設）
第167条の17　（同右）	第167条の17　（1項略）
2・3　（同右）	2・3　（略）
4　財産開示事件の記録中前項において準用する第208条第1項の情報の提供に関する部分についての第17条第1項の規定、同条第2項において準用する民事訴訟法第91条第4項の規定並びに第17条の2第1項から第3項まで及び第17条の3の規定による請求は、次に掲げる者に限り、することができる。	4　財産開示事件の記録中前項において準用する第208条第1項の情報の提供に関する部分についての第17条の規定による請求は、次に掲げる者に限り、することができる。
一・二　（同右）	一・二　（略）
三　債務者の財産について一般の先取特権（民法第306条第3号に係るものに限る。）を有することを証する文書又は電磁的記録を提出した債権者	三　債務者の財産について一般の先取特権（民法第306条第3号に係るものに限る。）を有することを証する文書を提出した債権者
四・五　（同右）	四・五　（略）
5～6　（同右）	5～6　（略）

Ⅵ　令和6年5月：家族法制改正

（債権及びその他の財産権についての担保権の実行の要件等） 第193条　（1項略） 2　前章第2節第4款第1目（第146条第2項、第152条及び第153条を除く。）及び第182条から第184条までの規定は前項に規定する担保権の実行及び行使について、第146条第2項、第152条及び第153条の規定は前項に規定する一般の先取特権の実行及び行使について、第167条の17の規定は債務者の財産について一般の先取特権（民法第306条第3号に係るものに限る。）を有することを証する文書又は電磁的<u>記録</u>を提出した債権者が第197条第2項の申立て又は第206条第2項の申立てをした場合について、それぞれ準用する。 3　（同右）	（債権及びその他の財産権についての担保権の実行の要件等） 第193条　（1項略） 2　前章第2節第4款第1目（第146条第2項、第152条及び第153条を除く。）及び第182条から第184条までの規定は前項に規定する担保権の実行及び行使について、第146条第2項、第152条及び第153条の規定は前項に規定する一般の先取特権の実行及び行使について、第167条の17の規定は債務者の財産について一般の先取特権（民法第306条第3号に係るものに限る。）を有することを証する文書を提出した債権者が第197条第2項の申立て又は第206条第2項の申立てをした場合について、それぞれ準用する。 3　（略）
（債務者の給与債権に係る情報の取得） 第206条　（同右） 2　執行裁判所は、第197条第2項各号のいずれかに該当するときは、債務者の財産について一般の先取特権（民法第306条第3号に係るものに限る。）を有することを証する文書又は電磁的<u>記録</u>を提出した債権者の申立てにより、前項各号に掲げる者であつて最高裁判所規則で定めるところにより当該債権者が選択したものに対し、それぞれ当該各号に定める事項について情報の提供をすべき旨を命じなければならない。	（債務者の給与債権に係る情報の取得） 第206条　（1項略） 2　執行裁判所は、第197条第2項各号のいずれかに該当するときは、債務者の財産について一般の先取特権（民法第306条第3号に係るものに限る。）を有することを証する文書を提出した債権者の申立てにより、前項各号に掲げる者であつて最高裁判所規則で定めるところにより当該債権者が選択したものに対し、それぞれ当該各号に定める事項について情報の提供をすべき旨を命じなければならない。

第 3 章　令和期の家族法改正

3　（同右）	3　（略）
（第三者からの情報取得手続に係る事件の記録の閲覧等の制限） 第 209 条　（同右） 2　（同右） 　一・二　（同右） 　三　債務者の財産について一般の先取特権（民法第 306 条第 3 号に係るものに限る。）を有することを証する文書又は電磁的記録を提出した債権者 　四・五　（同右）	（第三者からの情報取得手続に係る事件の記録の閲覧等の制限） 第 209 条　（1 項略） 2　（柱書略） 　一・二　（略） 　三　債務者の財産について一般の先取特権（民法第 306 条第 3 号に係るものに限る。）を有することを証する文書を提出した債権者 　四・五　（略）

3 - 3　人事訴訟法の改正（改正法 3 条）

（子の監護に関する処分についての裁判に係る事件等の管轄権） 第 3 条の 4　裁判所は、日本の裁判所が婚姻の取消し又は離婚の訴えについて管轄権を有するときは、第 32 条第 1 項の子の監護者の指定その他の子の監護に関する処分についての裁判、同項の親権行使者の指定についての裁判及び同条第 3 項の親権者の指定についての裁判に係る事件について、管轄権を有する。 2　（同右）。	（子の監護に関する処分についての裁判に係る事件等の管轄権） 第 3 条の 4　裁判所は、日本の裁判所が婚姻の取消し又は離婚の訴えについて管轄権を有するときは、第 32 条第 1 項の子の監護者の指定その他の子の監護に関する処分についての裁判及び同条第 3 項の親権者の指定についての裁判に係る事件について、管轄権を有する。 2　（略）。
（附帯処分についての裁判等） 第 32 条　裁判所は、申立てにより、夫婦の一方が他の一方に対して提起した婚姻の取消し又は離婚の訴えに係る請求を認容する判決において、子の監護	（附帯処分についての裁判等） 第 32 条　裁判所は、申立てにより、夫婦の一方が他の一方に対して提起した婚姻の取消し又は離婚の訴えに係る請求を認容する判決において、子の監護

Ⅵ　令和６年５月：家族法制改正

者の指定その他の子の監護に関する処分、財産の分与に関する処分、親権行使者（民法第824条の2第3項の規定により単独で親権を行使する者をいう。第4項において同じ。）の指定（婚姻の取消し又は離婚に伴って親権を行う必要がある事項に係るものに限る。同項において同じ。）又は厚生年金保険法（昭和29年法律第115号）第78条の2第2項の規定による処分（以下「附帯処分」と総称する。）についての裁判をしなければならない。	者の指定その他の子の監護に関する処分、財産の分与に関する処分又は厚生年金保険法（昭和29年法律第115号）第78条の2第2項の規定による処分（以下「附帯処分」と総称する。）についての裁判をしなければならない。
2　（同右）	2　（略）
3　（同右）	3　（略）
4　裁判所は、第1項の子の監護者の指定その他の子の監護に関する処分についての裁判若しくは親権行使者の指定についての裁判又は前項の親権者の指定についての裁判をするに当たっては、子が15歳以上であるときは、その子の陳述を聴かなければならない。	4　裁判所は、第1項の子の監護者の指定その他の子の監護に関する処分についての裁判又は前項の親権者の指定についての裁判をするに当たっては、子が15歳以上であるときは、その子の陳述を聴かなければならない。
（情報開示命令） **第34条の3**　裁判所は、第32条第1項の子の監護に関する処分（子の監護に要する費用の分担に関する処分に限る。）の申立てがされている場合において、必要があると認めるときは、申立てにより又は職権で、当事者に対し、その収入及び資産の状況に関する情報を開示することを命ずることができる。 2　裁判所は、第32条第1項の財産の分与に関する処分の申立てがされてい	（新設）

359

第3章　令和期の家族法改正

る場合において、必要があると認める ときは、申立てにより又は職権で、当 事者に対し、その財産の状況に関する 情報を開示することを命ずることがで きる。 3　前2項の規定により情報の開示を命 じられた当事者が、正当な理由なくそ の情報を開示せず、又は虚偽の情報を 開示したときは、裁判所は、決定で、 10万円以下の過料に処する。	
（判決前の親子交流の試行的実施） 第34条の4　裁判所は、第32条第1項 の子の監護者の指定その他の子の監護 に関する処分（子の監護に要する費用 の分担に関する処分を除く。）の申立 てがされている場合において、子の心 身の状態に照らして相当でないと認め る事情がなく、かつ、事実の調査のた め必要があると認めるときは、当事者 に対し、子との交流の試行的実施を促 すことができる。 2　裁判所は、前項の試行的実施を促す に当たっては、交流の方法、交流をす る日時及び場所並びに家庭裁判所調査 官その他の者の立会いその他の関与の 有無を定めるとともに、当事者に対し て子の心身に有害な影響を及ぼす言動 を禁止することその他適当と認める条 件を付することができる。 3　裁判所は、第1項の試行的実施を促 したときは、当事者に対してその結果 の報告（当該試行的実施をしなかった ときは、その理由の説明）を求めるこ	（新設）

<u>とができる。</u>	

3－4　家事事件手続法の改正

(1)　改正法4条による改正

〔目次〕	〔目次〕
第2編　家事審判に関する手続	第2編　家事審判に関する手続
第2章　家事審判事件	第2章　家事審判事件
第7節　親子に関する審判事件	第7節　親子に関する審判事件
第1款～第3款　（同右）	第1款～第3款　（略）
<u>第4款　養子縁組の承諾をするに</u> <u>ついての同意に代わる許可の審</u> <u>判事件（第161条の2）</u>	（新設）
第5款　（同右）	<u>第4款　死後離縁をするについて</u> <u>の許可の審判事件（第162条）</u>
第6款　（同右）	<u>第5款　離縁等の場合における祭</u> <u>具等の所有権の承継者の指定の</u> <u>審判事件（第163条）</u>
第7款　（同右）	<u>第6款　特別養子縁組に関する審</u> <u>判事件（第164条－第166条）</u>
（養子縁組をするについての許可の審判 事件等の管轄権） 第3条の5　裁判所は、養子縁組をする についての許可の審判事件（別表第1 の61の項の事項についての審判事件 をいう。第161条第1項及び第2項に おいて同じ。）、<u>養子縁組の承諾をする</u> <u>についての同意に代わる許可の審判事</u> <u>件（同表の61の2の項の事項につい</u> <u>ての審判事件をいう。第161条の2に</u> <u>おいて同じ。）</u>及び特別養子縁組の成 立の審判事件（同表の63の項の事項	（養子縁組をするについての許可の審判 事件等の管轄権） 第3条の5　裁判所は、養子縁組をする についての許可の審判事件（別表第1 の61の項の事項についての審判事件 をいう。第161条第1項及び第2項に おいて同じ。）及び特別養子縁組の成 立の審判事件（同表の63の項の事項 についての審判事件をいう。第164条 において同じ。）（特別養子適格の確認 の審判事件（同条第2項に規定する特 別養子適格の確認についての審判事件

361

についての審判事件をいう。第164条において同じ。）（特別養子適格の確認の審判事件（同条第2項に規定する特別養子適格の確認についての審判事件をいう。第164条の2第2項及び第4項において同じ。）を含む。）について、養親となるべき者又は養子となるべき者の住所（住所がない場合又は住所が知れない場合には、居所）が日本国内にあるときは、管轄権を有する。	をいう。第164条の2第2項及び第4項において同じ。）を含む。）について、養親となるべき者又は養子となるべき者の住所（住所がない場合又は住所が知れない場合には、居所）が日本国内にあるときは、管轄権を有する。
（親権に関する審判事件等の管轄権） **第3条の8**　裁判所は、親権に関する審判事件（別表第1の65の項から69の項まで及び別表第2の7の項から8の2の項までの事項についての審判事件をいう。第167条において同じ。）、子の監護に関する処分の審判事件（同表の3の項の事項についての審判事件をいう。以下同じ。）（子の監護に要する費用の分担に関する処分の審判事件を除く。）及び親権を行う者につき破産手続が開始された場合における管理権喪失の審判事件（別表第1の132の項の事項についての審判事件をいう。第242条第1項第2号及び第3項において同じ。）について、子の住所（住所がない場合又は住所が知れない場合には、居所）が日本国内にあるときは、管轄権を有する。	**（親権に関する審判事件等の管轄権）** **第3条の8**　裁判所は、親権に関する審判事件（別表第1の65の項から69の項まで並びに別表第2の7の項及び8の項の事項についての審判事件をいう。第167条において同じ。）、子の監護に関する処分の審判事件（同表の3の項の事項についての審判事件をいう。第150条第4号及び第151条第2号において同じ。）（子の監護に要する費用の分担に関する処分の審判事件を除く。）及び親権を行う者につき破産手続が開始された場合における管理権喪失の審判事件（別表第1の132の項の事項についての審判事件をいう。第242条第1項第2号及び第3項において同じ。）について、子の住所（住所がない場合又は住所が知れない場合には、居所）が日本国内にあるときは、管轄権を有する。

Ⅵ　令和6年5月：家族法制改正

（財産の分与に関する処分の審判事件の管轄権） 第3条の12　裁判所は、財産の分与に関する処分の審判事件（別表第2の4の項の事項についての審判事件をいう。第150条第5号及び第152条の2第2項において同じ。）について、次の各号のいずれかに該当するときは、管轄権を有する。 一～四　（同右）	（財産の分与に関する処分の審判事件の管轄権） 第3条の12　裁判所は、財産の分与に関する処分の審判事件（別表第2の4の項の事項についての審判事件をいう。第150条第5号において同じ。）について、次の各号のいずれかに該当するときは、管轄権を有する。 一～四　（略）
（管轄） 第150条　（同右） 一　夫婦間の協力扶助に関する処分の審判事件（別表第2の1の項の事項についての審判事件をいう。次条第1号及び第152条の2第1項第1号において同じ。）　夫又は妻の住所地 二　（同右） 三　婚姻費用の分担に関する処分の審判事件（別表第2の2の項の事項についての審判事件をいう。第152条の2第1項第2号において同じ。）　夫又は妻の住所地 四～六　（同右）	（管轄） 第150条　（柱書略） 一　夫婦間の協力扶助に関する処分の審判事件（別表第2の1の項の事項についての審判事件をいう。次条第1号において同じ。）　夫又は妻の住所地 二　（略） 三　婚姻費用の分担に関する処分の審判事件（別表第2の2の項の事項についての審判事件をいう。）　夫又は妻の住所地 四～六　（略）
（情報開示命令） 第152条の2　家庭裁判所は、次に掲げる審判事件において、必要があると認めるときは、申立てにより又は職権で、当事者に対し、その収入及び資産の状況に関する情報を開示することを命ずることができる。	（新設）

363

第3章　令和期の家族法改正

二　夫婦間の協力扶助に関する処分の審判事件 二　婚姻費用の分担に関する処分の審判事件 三　子の監護に関する処分の審判事件（子の監護に要する費用の分担に関する処分の審判事件に限る。） 2　家庭裁判所は、財産の分与に関する処分の審判事件において、必要があると認めるときは、申立てにより又は職権で、当事者に対し、その財産の状況に関する情報を開示することを命ずることができる。 3　前2項の規定により情報の開示を命じられた当事者が、正当な理由なくその情報を開示せず、又は虚偽の情報を開示したときは、家庭裁判所は、10万円以下の過料に処する。	
（審判前の親子交流の試行的実施） 第152条の3　家庭裁判所は、子の監護に関する処分の審判事件（子の監護に要する費用の分担に関する処分の審判事件を除く。）において、子の心身の状態に照らして相当でないと認める事情がなく、かつ、事実の調査のため必要があると認めるときは、当事者に対し、子との交流の試行的実施を促すことができる。 2　家庭裁判所は、前項の試行的実施を促すに当たっては、交流の方法、交流をする日時及び場所並びに家庭裁判所調査官その他の者の立会いその他の関与の有無を定めるとともに、当事者に	（新設）

364

対して子の心身に有害な影響を及ぼす言動を禁止することその他適当と認める条件を付することができる。 3 　家庭裁判所は、第1項の試行的実施を促したときは、当事者に対してその結果の報告（当該試行的実施をしなかったときは、その理由の説明）を求めることができる。	
（給付命令等） 第154条 　（同右） 2 　（同右） 3 　家庭裁判所は、子の監護に関する処分の審判において、子の監護をすべき者の指定又は変更、子の監護の分掌、父又は母と子との交流、子の監護に要する費用の分担その他の子の監護について必要な事項の定めをする場合には、当事者に対し、子の引渡し又は金銭の支払その他の財産上の給付その他の給付を命ずることができる。 4 　（同右）	（給付命令等） 第154条 　（1項略） 2 　（略） 3 　家庭裁判所は、子の監護に関する処分の審判において、子の監護をすべき者の指定又は変更、父又は母と子との面会及びその他の交流、子の監護に要する費用の分担その他の子の監護について必要な事項の定めをする場合には、当事者に対し、子の引渡し又は金銭の支払その他の財産上の給付その他の給付を命ずることができる。 4 　（略）
（即時抗告） 第156条 　（同右→1項） 2 　子の監護に関する処分の審判（父母以外の親族と子との交流に関する処分の審判に限る。）及びその申立てを却下する審判に対する即時抗告は、民法第766条の2第2項（第2号に係る部分に限る。）の規定による請求をすることができる者及び同法第817条の13第5項の規定による請求をすることができる者もすることができる。	（即時抗告） 第156条 　（略） （新設）

第4款　養子縁組の承諾をするについての同意に代わる許可の審判事件	（新設）
第161条の2　養子縁組の承諾をするについての同意に代わる許可の審判事件は、養子となるべき者の住所地を管轄する家庭裁判所の管轄に属する。 2　第118条の規定は、養子縁組の承諾をするについての同意に代わる許可の審判事件における養子となるべき者の法定代理人、養子となるべき者の父母でその監護をすべき者であるもの及び養子となるべき者の父母で親権を停止されているものについて準用する。 3　家庭裁判所は、養子縁組の承諾をするについての同意に代わる許可の審判をする場合には、養子となるべき者の父母でその監護をすべき者であるもの及び養子となるべき者の父母で親権を停止されているものの陳述を聴かなければならない。 4　養子縁組の承諾をするについての同意に代わる許可の審判は、第74条第1項に規定する者のほか、養子となるべき者の父母でその監護をすべき者であるもの及び養子となるべき者の父母で親権を停止されているものに告知しなければならない。 5　次の各号に掲げる審判に対しては、当該各号に定める者は、即時抗告をすることができる。 　一　養子縁組の承諾をするについての同意に代わる許可の審判　養子とな	（新設）

Ⅵ　令和６年５月：家族法制改正

るべき者の父母でその監護をすべき者であるもの及び養子となるべき者の父母で親権を停止されているもの 二　養子縁組の承諾をするについての同意に代わる許可の申立てを却下する審判　申立人	
（管轄） 第167条　親権に関する審判事件は、子（父又は母を同じくする数人の子についての親権者の指定若しくは変更、親権行使者の指定又は第三者が子に与えた財産の管理に関する処分の申立てに係るものにあっては、そのうちの一人）の住所地を管轄する家庭裁判所の管轄に属する。	（管轄） 第167条　親権に関する審判事件は、子（父又は母を同じくする数人の子についての親権者の指定若しくは変更又は第三者が子に与えた財産の管理に関する処分の申立てに係るものにあっては、そのうちの一人）の住所地を管轄する家庭裁判所の管轄に属する。
（手続行為能力） 第168条　第118条の規定は、次の各号に掲げる審判事件（第3号、第7号及び第8号の審判事件を本案とする保全処分についての審判事件を含む。）における当該各号に定める者について準用する。 一～七　（同右） 八　親権行使者の指定の審判事件（別表第2の8の2の項の事項についての審判事件をいう。）　子及びその父母	（手続行為能力） 第168条　第118条の規定は、次の各号に掲げる審判事件（第3号及び第7号の審判事件を本案とする保全処分についての審判事件を含む。）における当該各号に定める者について準用する。 一～七　（略） （新設）
（陳述の聴取） 第169条　（同右） 2　家庭裁判所は、親権者の指定若しくは変更又は親権行使者の指定の審判をする場合には、第68条の規定により	（陳述の聴取） 第169条　（略） 2　家庭裁判所は、親権者の指定又は変更の審判をする場合には、第68条の規定により当事者の陳述を聴くほか、

第3章　令和期の家族法改正

当事者の陳述を聴くほか、子（15歳以上のものに限る。）の陳述を聴かなければならない。	子（15歳以上のものに限る。）の陳述を聴かなければならない。
（申立ての取下げの制限） 第169条の2　親権者の指定の申立ては、審判がされる前であっても、家庭裁判所の許可を得なければ、取り下げることができない。	（新設）
（離婚が成立しない場合の申立ての却下） 第169条の3　家庭裁判所は、親権者の指定の審判の手続において、申立人に対し、相当の期間を定め、父母が離婚したことを証する文書をその期間内に提出すべきことを命ずることができる。 2　前項の場合において、申立人がその期間内に同項に規定する文書を提出しないときは、家庭裁判所は、親権者の指定の審判の申立てを却下することができる。	（新設）
（引渡命令等） 第171条　家庭裁判所は、親権者の指定若しくは変更又は親権行使者の指定の審判において、当事者に対し、子の引渡し又は財産上の給付その他の給付を命ずることができる。	（引渡命令等） 第171条　家庭裁判所は、親権者の指定又は変更の審判において、当事者に対し、子の引渡し又は財産上の給付その他の給付を命ずることができる。
（即時抗告） 第172条　（同右） 　一～十　（同右） 　十一　親権行使者の指定の審判及びその申立てを却下する審判　子の父母	（即時抗告） 第172条　（1項柱書略） 　一～十　（略） 　（新設）

368

2　（同右）	2　（略）
（親権者の指定又は変更の審判事件等を本案とする保全処分） 第175条　家庭裁判所は、親権者の指定若しくは変更又は親権行使者の指定の審判又は調停の申立てがあった場合において、強制執行を保全し、又は子その他の利害関係人の急迫の危険を防止するため必要があるときは、当該申立てをした者の申立てにより、親権者の指定若しくは変更又は親権行使者の指定の審判を本案とする仮処分その他の必要な保全処分を命ずることができる。 2～6　（同右）	（親権者の指定又は変更の審判事件を本案とする保全処分） 第175条　家庭裁判所は、親権者の指定又は変更の審判又は調停の申立てがあった場合において、強制執行を保全し、又は子その他の利害関係人の急迫の危険を防止するため必要があるときは、当該申立てをした者の申立てにより、親権者の指定又は変更の審判を本案とする仮処分その他の必要な保全処分を命ずることができる。 2～6　（略）
（管轄） 第182条　（同右） 2　（同右） 3　扶養の順位の決定及びその決定の変更又は取消しの審判事件（別表第2の9の項の事項についての審判事件をいう。）並びに扶養の程度又は方法についての決定及びその決定の変更又は取消しの審判事件（同表の10の項の事項についての審判事件をいう。第184条の2第1項において同じ。）は、相手方（数人に対する申立てに係るものにあっては、そのうちの一人）の住所地を管轄する家庭裁判所の管轄に属する。	（管轄） 第182条　（1項略） 2　（略） 3　扶養の順位の決定及びその決定の変更又は取消しの審判事件（別表第2の9の項の事項についての審判事件をいう。）並びに扶養の程度又は方法についての決定及びその決定の変更又は取消しの審判事件（同表の10の項の事項についての審判事件をいう。）は、相手方（数人に対する申立てに係るものにあっては、そのうちの一人）の住所地を管轄する家庭裁判所の管轄に属する。
（情報開示命令） 第184条の2　家庭裁判所は、扶養の程	（新設）

第3章　令和期の家族法改正

度又は方法についての決定及びその決定の変更又は取消しの審判事件において、必要があると認めるときは、申立てにより又は職権で、当事者に対し、その収入及び資産の状況に関する情報を開示することを命ずることができる。 2　前項の規定により情報の開示を命じられた当事者が、正当な理由なくその情報を開示せず、又は虚偽の情報を開示したときは、家庭裁判所は、10万円以下の過料に処する。	
第242条　（同右） 2　（同右） 3　第152条第1項、第154条第2項（第2号に係る部分に限る。）、第155条、第156条1項（第2号に係る部分に限る。）及び第158条の規定は破産手続が開始された場合における夫婦財産契約による財産の管理者の変更等の審判事件について、第168条（第3号に係る部分に限る。）、第169条第1項（第1号に係る部分に限る。）、第170条（第1号に係る部分に限る。）、第172条第1項（第3号及び第4号に係る部分に限る。）及び第2項（第1号に係る部分に限る。）並びに第174条の規定（管理権喪失に関する部分に限る。）は親権を行う者につき破産手続が開始された場合における管理権喪失の審判事件について、第201条第5項から第8項までの規定は破産手続における相続の放棄の承認についての申述の受理の審	第242条　（1項略） 2　（略） 3　第152条第1項、第154条第2項（第2号に係る部分に限る。）、第155条、第156条（第2号に係る部分に限る。）及び第158条の規定は破産手続が開始された場合における夫婦財産契約による財産の管理者の変更等の審判事件について、第168条（第3号に係る部分に限る。）、第169条第1項（第1号に係る部分に限る。）、第170条（第1号に係る部分に限る。）、第172条第1項（第3号及び第4号に係る部分に限る。）及び第2項（第1号に係る部分に限る。）並びに第174条の規定（管理権喪失に関する部分に限る。）は親権を行う者につき破産手続が開始された場合における管理権喪失の審判事件について、第201条第5項から第8項までの規定は破産手続における相続の放棄の承認についての申述の受理の審判事件につ

Ⅵ 令和6年5月：家族法制改正

判事件について準用する。	いて準用する。
（手続行為能力） 第252条　（同右） 一　夫婦間の協力扶助に関する処分の調停事件（別表第2の1の項の事項についての調停事件をいう。<u>第258条第3項において同じ。</u>）　夫及び妻 二　子の監護に関する処分の調停事件（別表第2の3の項の事項についての調停事件をいう。<u>第258条第3項において同じ。</u>）　子 三・四　（同右） <u>五　親権行使者の指定の調停事件（別表第2の8の2の項の事項についての調停事件をいう。）　子及びその父母</u> <u>六</u>　（同右） 2　（同右）	（手続行為能力） 第252条　（1項柱書略） 一　夫婦間の協力扶助に関する処分の調停事件（別表第2の1の項の事項についての調停事件をいう。）　夫及び妻 二　子の監護に関する処分の調停事件（別表第2の3の項の事項についての調停事件をいう。）　子 三・四　（略） （新設） <u>五</u>　（略） 2　（略）
（家事審判の手続の規定の準用等） 第258条　（同右） 2　（同右） <u>3</u>　<u>第152条の2の規定は夫婦間の協力扶助に関する処分の調停事件、婚姻費用の分担に関する処分の調停事件（別表第2の2の項の事項についての調停事件をいう。）、子の監護に関する処分の調停事件（子の監護に要する費用の分担に関する処分の調停事件に限る。）、財産の分与に関する処分の調停事件（同表の4の項の事項についての調停事件をいう。）及び離婚についての調停事件について、第152条の3の</u>	（家事審判の手続の規定の準用等） 第258条　（1項略） 2　（略） （新設）

371

規定は子の監護に関する処分の調停事件（子の監護に要する費用の分担に関する処分の調停事件を除く。）及び離婚についての調停事件について、第184条の2の規定は扶養の程度又は方法についての決定及びその決定の変更又は取消しの調停事件（同表の10の項の事項についての調停事件をいう。）について、それぞれ準用する。	
（家事調停の申立ての取下げ） **第273条**　（同右） 2　（同右） <u>3　第1項の規定にかかわらず、親権者の指定の調停の申立ては、家事調停事件が終了する前であっても、家庭裁判所の許可を得なければ、取り下げることができない。</u> <u>4</u>　（同右→附則13条により改正）	**（家事調停の申立ての取下げ）** **第273条**　（1項略） 2　（略） （新設） <u>3</u>　（略）

別表第1　（同右）

項	事項	根拠となる法律の規定
親子		
<u>61の2</u>	養子縁組の承諾をするについての同意に変わる許可	民法第797条第3項

別表第1　（略）

項	事項	根拠となる法律の規定
親子		
（新設）	（新設）	（新設）

別表第2　（第3条の8、第3条の10─第3条の12、第20条、第25条、第39条、第40条、第66条─第71条、第82条、第89条、第90条、第92条、第150条、第163条、第168条、第182条、第190条、第191条、第197条、第233条、

別表第2　（第3条の8、第3条の10─第3条の12、第20条、第25条、第39条、第40条、第66条─第71条、第82条、第89条、第90条、第92条、第150条、第163条、第168条、第182条、第190条、第191条、第197条、第233条、

第240条、第245条、第252条、第258条、第268条、第272条、第286条、第287条、附則第5条関係)			第240条、第245条、第252条、第268条、第272条、第286条、第287条、附則第5条関係)		
項	事項	根拠となる法律の規定	項	事項	根拠となる法律の規定
婚姻等			婚姻等		
3	子の監護に関する処分	民法第766条第2項及び第3項並びに第766条の3第3項（これらの規定を同法第749条、第771条及び第788条において準用する場合を含む。）並びに第817条の13第2項及び第3項	3	子の監護に関する処分	民法第766条第2項及び第3項（これらの規定を同法第749条、第771条及び第788条において準用する場合を含む。）
親権			親権		
8の2	親権行使者の指定	民法第824条の2第3項	（新設）	（新設）	（新設）

(2) 附則13条による改正

令和4年5月25日法律第48号「民事訴訟法等の一部を改正する法律」(未施行)6条（家事事件手続法の一部改正）の内容を、さらに改正したもの。

（家事調停の申立ての取下げ）	（家事調停の申立ての取下げ）
第273条 （同右）	第273条 （1項略）
2 （同右）	2 （略）
3 （同右）	3 （改正法4条で新設）
4 第82条第3項及び第4項並びに民事訴訟法第261条第3項及び第4項並びに第262条第1項の規定は、家事調停の申立ての取下げについて準用する。この場合において、第82条第	4 第82条第3項及び第4項並びに民事訴訟法第261条第3項及び第262条第1項の規定は、家事調停の申立ての取下げについて準用する。この場合において、第82条第3項中「前項た

第３章　令和期の家族法改正

３項中「前項ただし書、第153条（第199条第１項において準用する場合を含む。）及び第199条第２項」とあるのは「第273条第２項」と、同法第261条第４項中「口頭弁論、弁論準備手続又は和解の期日（以下この章において「口頭弁論等の期日」という。）」とあるのは「家事調停の手続の期日」と、「電子調書」とあるのは「調書」と、「記録しなければ」とあるのは「記載しなければ」と読み替えるものとする。	だし書、第153条（第199条第１項において準用する場合を含む。）及び第199条第２項」とあるのは「第273条第２項」と、同法第261条第３項ただし書中「口頭弁論、弁論準備手続又は和解の期日（以下この章において「口頭弁論等の期日」という。）」とあるのは「家事調停の手続の期日」と読み替えるものとする。

(3)　附則15条による改正

　令和５年６月14日法律第53号「民事関係手続等における情報通信技術の活用等の推進を図るための関係法律の整備に関する法律」（未施行）326条（家事事件手続法の一部改正）および334条を、さらに改正したもの。

　　ア　家事事件手続法の改正

（離婚が成立しない場合の申立ての却下）	（離婚が成立しない場合の申立ての却下） （改正法４条で新設）
第169条の３　家庭裁判所は、親権者の指定の審判の手続において、申立人に対し、相当の期間を定め、父母が離婚したことを証する文書又は電磁的記録をその期間内に提出すべきことを命ずることができる。 ２　前項の場合において、申立人がその期間内に同項に規定する文書又は電磁的記録を提出しないときは、家庭裁判所は、親権者の指定の審判の申立てを却下することができる。	第169条の３　家庭裁判所は、親権者の指定の審判の手続において、申立人に対し、相当の期間を定め、父母が離婚したことを証する文書をその期間内に提出すべきことを命ずることができる。 ２　前項の場合において、申立人がその期間内に同項に規定する文書を提出しないときは、家庭裁判所は、親権者の指定の審判の申立てを却下することができる。

VI 令和6年5月：家族法制改正

イ　民事関係手続等における情報通信技術の活用等の推進を図るための関係法
律の整備に関する法律334条の改正

（裁判所の許可を得ないでする裁判書の正本等の交付の請求に関する経過措置）	（裁判所の許可を得ないでする裁判書の正本等の交付の請求に関する経過措置）
第344条　子の返還に関する事件、子の返還の強制執行に係る事件及び子との交流の強制執行に係る事件（次条において「子の返還等に関する事件」という。）であって施行日前に開始されたものにおける裁判所の許可を得ないでする裁判書の正本、謄本又は抄本の交付の請求については、なお従前の例による。	第344条　子の返還に関する事件、子の返還の強制執行に係る事件及び子との<u>面会その他</u>の交流の強制執行に係る事件（次条において「子の返還等に関する事件」という。）であって施行日前に開始されたものにおける裁判所の許可を得ないでする裁判書の正本、謄本又は抄本の交付の請求については、なお従前の例による。

3-5　諸法の改正（附則8条〜15条）

(1)　戸籍法の改正（附則8条）

第76条　離婚をしようとする者は、<u>次に掲げる</u>事項を届書に記載して、その旨を届け出なければならない。	第76条　離婚をしようとする者は、<u>左の</u>事項を届書に記載して、その旨を届け出なければならない。
一　親権者と定められる当事者の氏名<u>（親権者の指定を求める家事審判又は家事調停の申立てがされている場合にあつては、その旨）及びその者が親権を行う子の氏名</u>	一　親権者と定められる当事者の氏名<u>及びその親権に服する</u>子の氏名
二　（同右）	二　その他法務省令で定める事項
第77条　（同右）	第77条　（1項略）
[2]　前項に規定する離婚の届書には、<u>次に掲げる</u>事項をも記載しなければならない。	[2]　前項に規定する離婚の届書には、<u>左の</u>事項をも記載しなければならない。
一　親権者と定められた当事者の氏名<u>及びその者が親権を行う</u>子の氏名	一　親権者と定められた<u>当事者の氏名及びその親権に服する</u>子の氏名

375

二　（同右）	二　その他法務省令で定める事項
第78条　民法第819条第3項ただし書<u>又は第4項ただし書</u>の規定によつて協議で親権者を定めようとする者は、その旨を届け出なければならない。	**第78条**　民法第819条第3項但書又は第4項の規定によつて協議で親権者を定めようとする者は、その旨を届け出なければならない。
第79条　第63条第1項の規定は、民法第819条第3項ただし書若しくは<u>第4項ただし書</u>の協議に代わる審判が確定し、又は親権者変更の裁判が確定した場合において親権者に、親権喪失、親権停止又は管理権喪失の審判の取消しの裁判が確定した場合においてその裁判を請求した者について準用する。	**第79条**　第63条第1項の規定は、民法第819条第3項ただし書若しくは第4項の協議に代わる審判が確定し、又は親権者変更の裁判が確定した場合において親権者に、親権喪失、親権停止又は管理権喪失の審判の取消しの裁判が確定した場合においてその裁判を請求した者について準用する。

(2)　住民基本台帳法の改正（附則9条）

別表第1（同右）		別表第1（略）	
提供を受ける国の機関又は法人	事務	提供を受ける国の機関又は法人	事務
41の2 外務省	国際的な子の奪取の民事上の側面に関する条約の実施に関する法律（平成25年法律第48号）による同法第4条第1項の外国返還援助、同法第11条第1項の日本国返還援助、同法第16条第1項の日本国<u>交流援助</u>又は同法第21条第1項の<u>外国交流援助</u>に関する事務であつて総務省令で定めるもの	41の2 外務省	国際的な子の奪取の民事上の側面に関する条約の実施に関する法律（平成25年法律第48号）による同法第4条第1項の外国返還援助、同法第11条第1項の日本国返還援助、同法第16条第1項の<u>日本国面会交流援助</u>又は同法第21条第1項の<u>外国面会交流援助</u>に関する事務であつて総務省令で定めるもの

Ⅵ　令和６年５月：家族法制改正

(3)　民事訴訟費用等に関する法律の改正

ア　附則10条による改正

(当事者その他の者が負担すべき民事訴訟等の費用の範囲及び額) 第２条　（同右） 　一　次条及び第３条の２の規定による手数料　その手数料の額（第９条第３項又は第５項の規定により還付される額があるときは、その額を控除した額） 　二～十八　（同右）	(当事者その他の者が負担すべき民事訴訟等の費用の範囲及び額) 第２条　（柱書略） 　一　次条の規定による手数料　その手数料の額（第９条第３項又は第５項の規定により還付される額があるときは、その額を控除した額） 　二～十八　（略）
(扶養義務等に係る債権に基づく財産開示手続実施等の申立ての手数料の特例) 第３条の２　民事執行法第167条の17第１項本文（同法第193条第２項において準用する場合を含む。）の規定により同法第197条第１項若しくは第２項の申立て又は同法第206条第１項若しくは第２項の申立て（以下この条において「財産開示手続実施等の申立て」という。）と同時に債権の差押命令の申立てをしたものとみなされる場合には、当該財産開示手続実施等の申立てをする者は、財産開示手続実施等の申立てをする時に当該財産開示手続実施等の申立ての手数料を納めなければならない。この場合において、当該差押命令により差し押さえるべき債権を特定することができたときは、更に債権の差押命令の申立ての手数料を納めなければならない。	(新設)

377

別表第1（同右）

項	上欄	下欄
1〜15の2 （同右）		
16	イ　仲裁法第12条第2項、第16条第3項、第17条第2項から第5項まで、第19条第4項、第20条、第23条第5項又は第35条第1項の規定による申立て、民事執行法第205条第1項、第206条第1項若しくは第2項又は第207条第1項若しくは第2項の規定による申立て、非訟事件手続法の規定により裁判を求める申立て、配偶者からの暴力の防止及び被害者の保護等に関する法律（平成13年法律第31号）第10条第1項から第4項までの規定による申立て、国際的な子の奪取の民事上の側面に関する条約の実施に関する法律第122条第1項の規定による申立て、消費者の財産的被害等の集団的な回復のための民事の裁判手続の特例に関する法律第13条の申立てその他の裁判所の裁判を求める申立てで、基本となる手続が開始されるもの（第9条第1項若しくは第3項又は第10条第2項の規定による申立て及びこの表の他の項に掲げる申立てを除く。） ロ　（同右）	1000円

別表第1（第3条、第4条関係）

項	上欄	下欄
1〜15の2 （略）		
16	イ　仲裁法第12条第2項、第16条第3項、第17条第2項から第5項まで、第19条第4項、第20条、第23条第5項又は第35条第1項の規定による申立て、民事執行法第205条第1項、第206条第1項又は第207条第1項若しくは第2項の規定による申立て、非訟事件手続法の規定により裁判を求める申立て、配偶者からの暴力の防止及び被害者の保護等に関する法律（平成13年法律第31号）第10条第1項から第4項までの規定による申立て、国際的な子の奪取の民事上の側面に関する条約の実施に関する法律第122条第1項の規定による申立て、消費者の財産的被害等の集団的な回復のための民事の裁判手続の特例に関する法律第13条の申立てその他の裁判所の裁判を求める申立てで、基本となる手続が開始されるもの（第9条第1項若しくは第3項又は第10条第2項の規定による申立て及びこの表の他の項に掲げる申立てを除く。） ロ　（略）	1000円

　イ　附則15条による改正

令和5年6月14日法律第53号「民事関係手続等における情報通信技術の活

VI　令和6年5月：家族法制改正

用等の推進を図るための関係法律の整備に関する法律」（未施行）88条（民事訴訟費用等に関する法律の一部改正）を、さらに改正したもの。

別表第1（同右）			別表第1（第3条、第4条関係）		
項	上欄	下欄	項	上欄	下欄
1〜15 （同右）			1〜15 （略）		
16	民事執行法第205条第1項、第206条第1項若しくは<u>第2項又は第207条第1項若しくは第2項の規定による</u>申立て	（同右）	16	民事執行法第205条第1項、第206条第1項又は第207条第1項若しくは第2項の規定による申立て	2300円（電子情報処理組織を使用する方法による申立てをする場合にあつては、2200円）。ただし、情報の提供を命じられるべき者の数が2以上の場合にあつては、その数から1を減じた数に900円を乗じて得た額を加算した額
17〜32 （同右）			17〜32 （略）		
33	家事事件手続法別表第1の12の項、14の項、15の項、19の項、25の項、34の項、38の項、44の項、53の項、59の項、<u>61の2の項</u>、65の項、66の項、70の項、79の項、82の項、84の項、85の項、88の項から95の項まで、97の項から100の項まで、103の項、104の項、107の項、109の項、110の項、130の項又は133の項に掲げる事項についての審判の申立て	（同右）	33	家事事件手続法別表第1の12の項、14の項、15の項、19の項、25の項、34の項、38の項、44の項、53の項、59の項、65の項、66の項、70の項、79の項、82の項、84の項、85の項、88の項から95の項まで、97の項から100の項まで、103の項、104の項、107の項、109の項、110の項、130の項又は133の項に掲げる事項についての審判の申立て	1100（電子情報処理組織を使用する方法による申立てをする場合にあつては、1000円）

379

第3章　令和期の家族法改正

(4)　民事再生法の改正（附則 11 条 1 号）

（再生計画による権利の変更の内容等）	（再生計画による権利の変更の内容等）
第 229 条　（同右）	第 229 条　（1 項略）
2　（同右）	2　（略）
3　（同右）	3　（柱書略）
一・二　（同右）	一・二　（略）
三　次に掲げる義務に係る請求権	三　次に掲げる義務に係る請求権
イ・ロ　（同右）	イ・ロ　（略）
ハ　民法第 766 条及び第 766 条の 3（これらの規定を同法第 749 条、第 771 条及び第 788 条において準用する場合を含む。）の規定による子の監護に関する義務	ハ　民法第 766 条（同法第 749 条、第 771 条及び第 788 条において準用する場合を含む。）の規定による子の監護に関する義務
ニ・ホ　（同右）	ニ・ホ　（略）
4　（同右）	4　（略）

(5)　破産法の改正（附則 11 条 2 号）

（免責許可の決定の効力等）	（免責許可の決定の効力等）
第 253 条　（同右）	第 253 条　（1 項柱書略）
一〜三　（同右）	一〜三　（略）
四　次に掲げる義務に係る請求権	四　次に掲げる義務に係る請求権
イ・ロ　（同右）	イ・ロ　（略）
ハ　民法第 766 条及び第 766 条の 3（これらの規定を同法第 749 条、第 771 条及び第 788 条において準用する場合を含む。）の規定による子の監護に関する義務	ハ　民法第 766 条（同法第 749 条、第 771 条及び第 788 条において準用する場合を含む。）の規定による子の監護に関する義務
ニ・ホ　（同右）	ニ・ホ　（略）
五〜七　（同右）	五〜七　（略）
2〜4　（同右）	2〜4　（略）

Ⅵ　令和６年５月：家族法制改正

⑹　法人等による寄附の不当な勧誘の防止等に関する法律の改正（附則11条３号）

（扶養義務等に係る定期金債権を保全するための債権者代位権の行使に関する特例） 第10条　（同右） ２・３　（同右） ４　（同右） 　一・二　（同右） 　三　民法第766条及び第766条の3(これらの規定を同法第749条、第771条及び第788条において準用する場合を含む。）の規定による子の監護に関する義務 　四　（同右）	（扶養義務等に係る定期金債権を保全するための債権者代位権の行使に関する特例） 第10条　（１項略） ２・３　（略） ４　（柱書略） 　一・二　（略） 　三　民法第766条（同法第749条、第771条及び第788条において準用する場合を含む。）の規定による子の監護に関する義務 　四　（略）

⑺　国際的な子の奪取の民事上の側面に関する条約の実施に関する法律の改正（附則12条）

第２章　子の返還及び子との交流に関する援助 　第３節　子との交流に関する援助 　　第１款　日本国交流援助（第16条―第20条） 　　第２款　外国面会援助（第21条―第25条） 第５章　（同右） 　第２節　子との交流についての家事審判及び家事調停の手続等に関する特則（第148条・第149条）	第２章　子の返還及び子との面会その他の交流に関する援助 　第３節　子との面会その他の交流に関する援助 　　第１款　日本国面会交流援助（第16条―第20条） 　　第２款　外国面会交流援助（第21条―第25条） 第５章　家事事件の手続に関する特則 　第２節　面会その他の交流についての家事審判及び家事調停の手続等に関する特則（第148条・第149条）
（子の住所等に関する情報の提供の求め等） 第５条　（同右）	（子の住所等に関する情報の提供の求め等） 第５条　（１項略）

381

2・3　（同右）	2・3　（略）
4　（同右）	4　（柱書略）
一　第26条の規定による子の返還の申立て又は子との交流の定めをすること若しくはその変更を求める家事審判若しくは家事調停の申立てをするために申請に係る子と同居している者の氏名を必要とする申請者から当該氏名の開示を求められた場合において、当該氏名を当該申請者に開示するとき。	一　第26条の規定による子の返還の申立て又は子との<u>面会その他の交流</u>の定めをすること若しくはその変更を求める家事審判若しくは家事調停の申立てをするために申請に係る子と同居している者の氏名を必要とする申請者から当該氏名の開示を求められた場合において、当該氏名を当該申請者に開示するとき。
二　申請に係る子についての第29条に規定する子の返還に関する事件若しくは子の返還の強制執行に係る事件が係属している裁判所又は申請に係る子についての子との交流に関する事件若しくは子との交流の強制執行に係る事件が係属している裁判所から、その手続を行うために申請に係る子及び申請に係る子と同居している者の住所又は居所の確認を求められた場合において、当該住所又は居所をこれらの裁判所に開示するとき。	二　申請に係る子についての第29条に規定する子の返還に関する事件若しくは子の返還の強制執行に係る事件が係属している裁判所又は申請に係る子についての子との<u>面会その他の交流</u>に関する事件若しくは子との<u>面会その他の交流</u>の強制執行に係る事件が係属している裁判所から、その手続を行うために申請に係る子及び申請に係る子と同居している者の住所又は居所の確認を求められた場合において、当該住所又は居所をこれらの裁判所に開示するとき。
三　（同右）	三　（略）
（外国返還援助の決定及び通知）	（外国返還援助の決定及び通知）
第6条　（同右）	第6条　（1項略）
2　（同右）	2　（柱書略）
一・二　（同右）	一・二　（略）
三　この法律に定める手続その他子の返還又は子との<u>面会その他の交流</u>の実現に関連する日本国の法令に基づく制度に関する情報の申請者への提	三　この法律に定める手続その他子の返還又は子との<u>面会その他の交流</u>の実現に関連する日本国の法令に基づく制度に関する情報の申請者への提

Ⅵ　令和６年５月：家族法制改正

供	供
（合意による子の返還等の促進） 第９条　外務大臣は、外国返還援助決定をした場合には、申請に係る子について子の返還又は申請者との交流を申請者及び申請に係る子を監護している者の合意により実現するため、これらの者の間の協議のあっせんその他の必要な措置をとることができる。	（合意による子の返還等の促進） 第９条　外務大臣は、外国返還援助決定をした場合には、申請に係る子について子の返還又は申請者との面会その他の交流を申請者及び申請に係る子を監護している者の合意により実現するため、これらの者の間の協議のあっせんその他の必要な措置をとることができる。
第３節　子との交流に関する援助 　　第１款　日本国交流援助	第３節　子との面会その他の交流に関する援助 　　第１款　日本国面会交流援助
（日本国交流援助申請） 第16条　日本国内に所在している子であって、交流をすることができなくなる直前に常居所を有していた国又は地域が条約締約国であるものについて、当該国又は地域の法令に基づき交流をすることができる者（日本国以外の条約締約国に住所又は居所を有しているものに限る。）は、当該子との交流が妨げられていると思料する場合には、当該子との交流を実現するための援助（以下「日本国交流援助」という。）を外務大臣に申請することができる。 ２　日本国交流援助の申請（以下「日本国交流援助申請」という。）を行おうとする者は、外務省令で定めるところにより、次に掲げる事項を記載した申	（日本国面会交流援助申請） 第16条　日本国内に所在している子であって、面会その他の交流をすることができなくなる直前に常居所を有していた国又は地域が条約締約国であるものについて、当該国又は地域の法令に基づき面会その他の交流をすることができる者（日本国以外の条約締約国に住所又は居所を有しているものに限る。）は、当該子との面会その他の交流が妨げられていると思料する場合には、当該子との面会その他の交流を実現するための援助（以下「日本国面会交流援助」という。）を外務大臣に申請することができる。 ２　日本国面会交流援助の申請（以下「日本国面会交流援助申請」という。）を行おうとする者は、外務省令で定めるところにより、次に掲げる事項を記載

383

請書（日本語又は英語により記載したものに限る。）を外務大臣に提出しなければならない。

一　日本国交流援助申請をする者（以下この款において「申請者」という。）の氏名及び住所又は居所

二　日本国交流援助申請において交流を求められている子（以下この款において「申請に係る子」という。）の氏名、生年月日及び住所又は居所（これらの事項が明らかでないときは、その旨）その他申請に係る子を特定するために必要な事項

三　申請に係る子との交流を妨げていると思料される者の氏名その他当該者を特定するために必要な事項

四　申請者が申請に係る子と交流をすることができなくなる直前に申請に係る子が常居所を有していた国又は地域が条約締約国であることを明らかにするために必要な事項

五　申請者が申請に係る子と交流をすることができなくなる直前に申請に係る子が常居所を有していた国又は地域の法令に基づき申請者が申請に係る子と交流をすることができ、かつ、申請者の申請に係る子との交流が妨げられていることを明らかにするために必要な事項

した申請書（日本語又は英語により記載したものに限る。）を外務大臣に提出しなければならない。

一　日本国面会交流援助申請をする者（以下この款において「申請者」という。）の氏名及び住所又は居所

二　日本国面会交流援助申請において面会その他の交流を求められている子（以下この款において「申請に係る子」という。）の氏名、生年月日及び住所又は居所（これらの事項が明らかでないときは、その旨）その他申請に係る子を特定するために必要な事項

三　申請に係る子との面会その他の交流を妨げていると思料される者の氏名その他当該者を特定するために必要な事項

四　申請者が申請に係る子と面会その他の交流をすることができなくなる直前に申請に係る子が常居所を有していた国又は地域が条約締約国であることを明らかにするために必要な事項

五　申請者が申請に係る子と面会その他の交流をすることができなくなる直前に申請に係る子が常居所を有していた国又は地域の法令に基づき申請者が申請に係る子と面会その他の交流をすることができ、かつ、申請者の申請に係る子との面会その他の交流が妨げられていることを明らかにするために必要な事項

六　（同右）	六　（略）
3　（同右）	3　（略）
4　日本国交流援助申請は、日本国以外の条約締約国の中央当局を経由してすることができる。この場合において、申請者は、第二項各号に掲げる事項を記載した書面（日本語若しくは英語により記載したもの又は日本語若しくは英語による翻訳文を添付したものに限る。）及び前項に規定する書類を外務大臣に提出しなければならない。	4　日本国面会交流援助申請は、日本国以外の条約締約国の中央当局を経由してすることができる。この場合において、申請者は、第二項各号に掲げる事項を記載した書面（日本語若しくは英語により記載したもの又は日本語若しくは英語による翻訳文を添付したものに限る。）及び前項に規定する書類を外務大臣に提出しなければならない。
（日本国交流援助の決定及び通知）	（日本国面会交流援助の決定及び通知）
第17条　外務大臣は、日本国交流援助申請があった場合には、次条第1項の規定によりこれを却下する場合及び第19条第1項の規定により当該日本国交流援助申請に係る書類の写しを送付する場合を除き、日本国交流援助の決定（以下「日本国交流援助決定」という。）をし、遅滞なく、申請者にその旨の通知（申請者が前条第4項の規定により日本国以外の条約締約国の中央当局を経由して日本国交流援助申請をした場合にあっては、当該中央当局を経由してする通知。次条第2項及び第19条第2項において同じ。）をしなければならない。	第17条　外務大臣は、日本国面会交流援助申請があった場合には、次条第1項の規定によりこれを却下する場合及び第19条第1項の規定により当該日本国面会交流援助申請に係る書類の写しを送付する場合を除き、日本国面会交流援助の決定（以下「日本国面会交流援助決定」という。）をし、遅滞なく、申請者にその旨の通知（申請者が前条第4項の規定により日本国以外の条約締約国の中央当局を経由して日本国面会交流援助申請をした場合にあっては、当該中央当局を経由してする通知。次条第2項及び第19条第2項において同じ。）をしなければならない。
2　外務大臣は、日本国交流援助決定をした場合には、必要に応じ、次に掲げる措置をとるものとする。	2　外務大臣は、日本国面会交流援助決定をした場合には、必要に応じ、次に掲げる措置をとるものとする。
一・二　（同右）	一・二　（略）
三　この法律に定める手続その他子との交流の実現に関連する日本国の法	三　この法律に定める手続その他子との面会その他の交流の実現に関連す

第３章　令和期の家族法改正

令に基づく制度に関する情報の申請者への提供	る日本国の法令に基づく制度に関する情報の申請者への提供
（日本国交流援助申請の却下） 第18条　外務大臣は、日本国交流援助申請が次の各号のいずれかに該当する場合には、当該日本国交流援助申請を却下する。 一～五　（同右） 六　申請者が申請に係る子と交流をすることができなくなる直前に申請に係る子が常居所を有していた国又は地域が条約締約国でないこと。 七　申請者が申請に係る子と交流をすることができなくなる直前に申請に係る子が常居所を有していた国若しくは地域の法令に基づき申請者が申請に係る子と交流をすることができないことが明らかであり、又は申請者の申請に係る子との交流が妨げられていないことが明らかであること。 2　外務大臣は、前項の規定により日本国交流援助申請を却下した場合には、申請者に直ちにその旨及びその理由の通知をしなければならない。	（日本国面会交流援助申請の却下） 第18条　外務大臣は、日本国面会交流援助申請が次の各号のいずれかに該当する場合には、当該日本国面会交流援助申請を却下する。 一～五　（略） 六　申請者が申請に係る子と面会その他の交流をすることができなくなる直前に申請に係る子が常居所を有していた国又は地域が条約締約国でないこと。 七　申請者が申請に係る子と面会その他の交流をすることができなくなる直前に申請に係る子が常居所を有していた国若しくは地域の法令に基づき申請者が申請に係る子と面会その他の交流をすることができないことが明らかであり、又は申請者の申請に係る子との面会その他の交流が妨げられていないことが明らかであること。 2　外務大臣は、前項の規定により日本国面会交流援助申請を却下した場合には、申請者に直ちにその旨及びその理由の通知をしなければならない。
（日本国交流援助申請に係る書類の写しの条約締約国の中央当局への送付） 第19条　外務大臣は、申請に係る子が日本国以外の条約締約国に所在してい	（日本国面会交流援助申請に係る書類の写しの条約締約国の中央当局への送付） 第19条　外務大臣は、申請に係る子が日本国以外の条約締約国に所在してい

VI 令和6年5月：家族法制改正

ることが明らかである場合において、日本国交流援助申請が前条第1項第4号に該当しないときは、第16条第2項の申請書（申請者が同条第4項の規定により日本国交流援助申請をした場合にあっては、同項に規定する書面）及び同条第3項に規定する書類の写しを当該条約締約国の中央当局に遅滞なく送付しなければならない。 2　（同右）	ることが明らかである場合において、日本国面会交流援助申請が前条第1項第4号に該当しないときは、第16条第2項の申請書（申請者が同条第4項の規定により日本国面会交流援助申請をした場合にあっては、同項に規定する書面）及び同条第3項に規定する書類の写しを当該条約締約国の中央当局に遅滞なく送付しなければならない。 2　（略）
（日本国交流援助に関する準用規定） 第20条　第5条、第9条及び第10条の規定は、外務大臣に対し日本国交流援助申請があった場合について準用する。この場合において、第5条第4項第1号中「第26条の規定による子の返還の申立て又は子との交流の定めをすること若しくはその変更を求める家事審判若しくは」とあるのは「子との交流の定めをすること又はその変更を求める家事審判又は」と、同項第2号中「第29条に規定する子の返還に関する事件若しくは子の返還の強制執行に係る事件が係属している裁判所又は申請に係る子についての子との交流に関する事件若しくは」とあるのは「子との交流に関する事件又は」と、「これらの」とあるのは「当該」と、第9条中「子の返還又は申請者」とあるのは「申請者」と読み替えるものとする。	（日本国面会交流援助に関する準用規定） 第20条　第5条、第9条及び第10条の規定は、外務大臣に対し日本国面会交流援助申請があった場合について準用する。この場合において、第5条第4項第1号中「第26条の規定による子の返還の申立て又は子との面会その他の交流の定めをすること若しくはその変更を求める家事審判若しくは」とあるのは「子との面会その他の交流の定めをすること又はその変更を求める家事審判又は」と、同項第2号中「第29条に規定する子の返還に関する事件若しくは子の返還の強制執行に係る事件が係属している裁判所又は申請に係る子についての子との面会その他の交流に関する事件若しくは」とあるのは「子との面会その他の交流に関する事件又は」と、「これらの」とあるのは「当該」と、第9条中「子の返還又は申請者」とあるのは「申請者」と読み替えるものとする。

第2款　外国交流援助	第2款　外国面会交流援助
（外国交流援助申請） 第21条　日本国以外の条約締約国に所在している子であって、交流をすることができなくなる直前に常居所を有していた国又は地域が条約締約国であるものについて、当該国又は地域の法令に基づき交流をすることができる者（日本国内に住所又は居所を有しているものに限る。）は、当該子との交流が妨げられていると思料する場合には、当該子との交流を実現するための援助（以下「外国交流援助」という。）を外務大臣に申請することができる。 2　第16条第2項及び第3項の規定は、外国交流援助の申請（以下「外国交流援助申請」という。）について準用する。	（外国面会交流援助申請） 第21条　日本国以外の条約締約国に所在している子であって、面会その他の交流をすることができなくなる直前に常居所を有していた国又は地域が条約締約国であるものについて、当該国又は地域の法令に基づき面会その他の交流をすることができる者（日本国内に住所又は居所を有しているものに限る。）は、当該子との面会その他の交流が妨げられていると思料する場合には、当該子との面会その他の交流を実現するための援助（以下「外国面会交流援助」という。）を外務大臣に申請することができる。 2　第16条第2項及び第3項の規定は、外国面会交流援助の申請（以下「外国面会交流援助申請」という。）について準用する。
（外国交流援助の決定及び通知） 第22条　外務大臣は、外国交流援助申請があった場合には、次条第1項の規定によりこれを却下する場合を除き、外国交流援助の決定（以下「外国交流援助決定」という。）をし、遅滞なく、外国交流援助申請をした者（以下この款において「申請者」という。）にその旨を通知しなければならない。 2　外務大臣は、外国交流援助決定をした場合には、第24条に規定する措置	（外国面会交流援助の決定及び通知） 第22条　外務大臣は、外国面会交流援助申請があった場合には、次条第1項の規定によりこれを却下する場合を除き、外国面会交流援助の決定（以下「外国面会交流援助決定」という。）をし、遅滞なく、外国面会交流援助申請をした者（以下この款において「申請者」という。）にその旨を通知しなければならない。 2　外務大臣は、外国面会交流援助決定をした場合には、第24条に規定する

VI　令和6年5月：家族法制改正

をとるものとする。 3　外務大臣は、<u>外国交流援助決定</u>をした場合には、前項に規定するもののほか、必要に応じ、次に掲げる措置をとるものとする。 　一・二　（同右）	措置をとるものとする。 3　外務大臣は、<u>外国面会交流援助決定</u>をした場合には、前項に規定するもののほか、必要に応じ、次に掲げる措置をとるものとする。 　一・二　（略）
（<u>外国交流援助</u>申請の却下） 第23条　外務大臣は、<u>外国交流援助申</u>請が次の各号のいずれかに該当する場合には、当該<u>外国交流援助申請</u>を却下する。 　一　<u>外国交流援助申請</u>において<u>面会その他の</u>交流を求められている子（以下この款において「申請に係る子」という。）が16歳に達していること。 　二・五　（同右） 　六　申請者が申請に係る子と<u>交流</u>をすることができなくなる直前に申請に係る子が常居所を有していた国又は地域が条約締約国でないこと。 　七　申請者が申請に係る子と<u>交流</u>をすることができなくなる直前に申請に係る子が常居所を有していた国若しくは地域の法令に基づき申請者が申請に係る子と<u>交流</u>をすることができないことが明らかであり、又は申請者の申請に係る子との<u>交流</u>が妨げられていないことが明らかであること。 2　外務大臣は、前項の規定により<u>外国</u>	（<u>外国面会交流援助</u>申請の却下） 第23条　外務大臣は、<u>外国面会交流援</u>助申請が次の各号のいずれかに該当する場合には、当該<u>外国面会交流援助申</u>請を却下する。 　一　<u>外国面会交流援助申請</u>において<u>面会その他の</u>交流を求められている子（以下この款において「申請に係る子」という。）が16歳に達していること。 　二・五　（略） 　六　申請者が申請に係る子と<u>面会その他の</u>交流をすることができなくなる直前に申請に係る子が常居所を有していた国又は地域が条約締約国でないこと。 　七　申請者が申請に係る子と<u>面会その他の</u>交流をすることができなくなる直前に申請に係る子が常居所を有していた国若しくは地域の法令に基づき申請者が申請に係る子と<u>面会その他の</u>交流をすることができないことが明らかであり、又は申請者の申請に係る子との<u>面会その他の</u>交流が妨げられていないことが明らかであること。 2　外務大臣は、前項の規定により<u>外国</u>

第3章　令和期の家族法改正

交流援助申請を却下した場合には、申請者に直ちにその旨及びその理由を通知しなければならない。	面会交流援助申請を却下した場合には、申請者に直ちにその旨及びその理由を通知しなければならない。
（外国交流援助申請に係る書類の写しの条約締約国の中央当局への送付） 第24条　外務大臣は、<u>外国交流援助決定</u>をした場合には、第21条第2項において準用する第16条第2項の申請書及び同条第3項に規定する書類の写しを申請に係る子が所在している条約締約国の中央当局に遅滞なく送付しなければならない。 2　（同右）	**（外国面会交流援助申請に係る書類の写しの条約締約国の中央当局への送付）** 第24条　外務大臣は、<u>外国面会交流援助決定</u>をした場合には、第21条第2項において準用する第16条第2項の申請書及び同条第3項に規定する書類の写しを申請に係る子が所在している条約締約国の中央当局に遅滞なく送付しなければならない。 2　（略）
（外国交流援助に関する準用規定） 第25条　第15条の規定は、外務大臣に対し<u>外国交流援助申請</u>があった場合について準用する。この場合において、同条第一項中「日本国への子の返還」とあるのは「<u>申請に係る子についての子との交流</u>」と、「当該子の返還に係る子」とあるのは「申請に係る子」と読み替えるものとする。	**（外国面会交流援助に関する準用規定）** 第25条　第15条の規定は、外務大臣に対し<u>外国面会交流援助申請</u>があった場合について準用する。この場合において、同条第一項中「日本国への子の返還」とあるのは「<u>申請に係る子についての子との面会その他の交流</u>」と、「当該子の返還に係る子」とあるのは「申請に係る子」と読み替えるものとする。
第2節　<u>子との交流</u>についての家事審判及び家事調停の手続等に関する特則	第2節　<u>面会その他の交流</u>についての家事審判及び家事調停の手続等に関する特則
（管轄の特則） 第148条　外国返還援助決定若しくは<u>日本国交流援助決定</u>を受けた者又は子の返還の申立てをした者が、<u>子との交流</u>の定めをすること又はその変更を求める家事審判又は家事調停の申立てをす	**（管轄の特則）** 第148条　外国返還援助決定若しくは<u>日本国面会交流援助決定</u>を受けた者又は子の返還の申立てをした者が、<u>子との面会その他の交流</u>の定めをすること又はその変更を求める家事審判又は家事

る場合において、次の各号に掲げるときには、当該各号に定める家庭裁判所にも、これらの申立てをすることができる。 一・二　（同右） 2　（同右）	調停の申立てをする場合において、次の各号に掲げるときには、当該各号に定める家庭裁判所にも、これらの申立てをすることができる。 一・二　（略） 2　（略）
（記録の閲覧等の特則） 第149条　子との交流の定めをすること又はその変更を求める家事審判の申立てに係る事件の記録中に住所等表示部分がある場合には、裁判所は、当該住所等表示部分については、家事事件手続法第47条第3項の規定にかかわらず、同項の申立てに係る許可をしないものとする。ただし、第62条第4項各号に掲げる場合のいずれかに該当するときは、この限りでない。 2　子との交流について定め、又はその変更について定める審判書又は調停調書の正本に基づく強制執行の申立てに係る事件の記録中に第5条第4項（第2号に係る部分に限る。）の規定により外務大臣から提供を受けた情報が記載され、又は記録されたものがある場合には、当該事件の記録の閲覧、謄写若しくは複製、その正本、謄本若しくは抄本の交付又は当該事件に関する事項の証明書の交付の請求については、第62条の規定を準用する。	（記録の閲覧等の特則） 第149条　子との面会その他の交流の定めをすること又はその変更を求める家事審判の申立てに係る事件の記録中に住所等表示部分がある場合には、裁判所は、当該住所等表示部分については、家事事件手続法第47条第3項の規定にかかわらず、同項の申立てに係る許可をしないものとする。ただし、第62条第4項各号に掲げる場合のいずれかに該当するときは、この限りでない。 2　子との面会その他の交流について定め、又はその変更について定める審判書又は調停調書の正本に基づく強制執行の申立てに係る事件の記録中に第5条第4項（第2号に係る部分に限る。）の規定により外務大臣から提供を受けた情報が記載され、又は記録されたものがある場合には、当該事件の記録の閲覧、謄写若しくは複製、その正本、謄本若しくは抄本の交付又は当該事件に関する事項の証明書の交付の請求については、第62条の規定を準用する。
（総合法律支援法の適用に関する特例） 第153条　条約締約国の国民又は条約締	（総合法律支援法の適用に関する特例） 第153条　条約締約国の国民又は条約締

約国に常居所を有する者（日本国民又は我が国に住所を有し適法に在留する者を除く。）であって、連れ去り又は留置に係る子についての子の返還、子との交流その他条約の適用に関係のある事項について民事裁判等手続（我が国の裁判所における民事事件、家事事件又は行政事件に関する手続をいう。）を利用するものは、当該事項に関する限り、総合法律支援法（平成16年法律第74号）の適用については、同法第30条第1項第2号に規定する国民等とみなす。	約国に常居所を有する者（日本国民又は我が国に住所を有し適法に在留する者を除く。）であって、連れ去り又は留置に係る子についての子の返還、子との面会その他の交流その他条約の適用に関係のある事項について民事裁判等手続（我が国の裁判所における民事事件、家事事件又は行政事件に関する手続をいう。）を利用するものは、当該事項に関する限り、総合法律支援法（平成16年法律第74号）の適用については、同法第30条第1項第2号に規定する国民等とみなす。

事項別索引

【あ行】

遺言管理者　*205*
遺言執行者　*217*
遺言執行人の権限　*214*
遺言書保管法　*212*
遺言に関する過料額　*51*
遺産共有　*268*
遺産分割　*268*
遺産分割前の遺産　*215*
遺産分割前の単独での預貯金の払戻し　*216*
遺留分減殺請求権　*214*
遺留分侵害額　*214*
遺留分侵害額請求権　*218*
縁組の成立手続　*263*
縁組の必要性　*264*
親の懲戒権　*184*

【か行】

家事審判所　*22*
家事審判法　*23*
家庭裁判所　*23*
管理人　*274,279*
菊田医師事件　*62*
危難失踪　*42*
共同監護　*320*
共同親権　*320*
寄与分　*53*
禁治産の制度　*77*
限定承認　*276*
　　──の公告手続　*181*
後見人の監督の強化　*43*
国際女性年　*49*

子に対する身上監護権　*184*
子の監護の費用　*322*
婚姻適齢　*207,209*
婚姻による成年擬制　*209*

【さ行】

再婚禁止期間　*202*
　　──の廃止　*287*
財産分離の公告　*178*
財産目録　*214,216*
死後事務　*200*
実親による同意　*264*
指定相続分に応じた義務の承継　*215*
児童虐待　*183,263,286*
自筆証書遺言　*216*
準拠法の指定方法　*76*
少年審判所　*22*
商法の中核をなす会社法制　*179*
書記　*27*
女性の地位委員会　*49*
所有者不明土地　*267*
親権喪失制度の要件　*183*
親権喪失等の審判の請求権者　*184*
親権停止制度　*184*
人事訴訟手続　*94*
審判前の保全処分　*53*
推定されない嫡出子　*287*
制限行為能力者　*77*
清算人　*274,279*
精神衛生法　*28*
精神障害者の私宅監置　*28*
精神病離婚　*322*
成年後見制度　*77,198*
成年年齢　*209*

393

——の引下げ *207*
相続財産管理制度　*268*
相続人の不存在　*278*
相続人不存在の場合の相続人捜索公告
　の期間の短縮　*43*
相続の限定承認・放棄の取消手続　*43*
相続の承認　*274,276*
相続の放棄　*274*
——の効果　*43*

【た行】

対抗要件主義　*214*
第三者との面会交流　*322*
胎児認知　*287*
代襲相続の適用範囲の拡大　*43*
単独親権　*321*
父を定める訴え　*287*
嫡出子　*191*
嫡出推定　*286*
嫡出否認制度　*286*
懲戒権　*286*
同時死亡の推定　*42*
特定財産承継遺言　*214*
特別縁故者の制度　*43*
特別寄与料請求権　*214,218*
特別受益の持戻し免除の推定　*212*
特別の寄与　*58,219*
特別養子制度　*61,263*

【な行】

任意後見制度　*77*

【は行】

配偶者居住権　*212,214,217*
配偶者短期居住権　*214,217*
配偶者の相続分の引上げ　*212*

非嫡出子　*191*
——の相続分　*56,212*
筆生　*26*
夫婦間の契約の取消権　*322*
夫婦別氏の提案　*196*
不実認知無効　*288*
父母と氏を異にする場合の子の氏の変
　更手続　*64*
別居中の父母と子の面会交流　*322*
法制審議会　*30*
法定後見制度　*77*
法定相続分の額の改定　*53*
法定養育費　*322*

【ま行】

未成年者の養子　*322*
未成年の婚姻　*209*
民法典の現代語化　*98*
無戸籍者問題　*286*
面会交流　*320*
持戻し免除　*215*

【や行】

郵便物管理事務　*199*
養育費支払い　*320*
養子が15歳未満の場合の離縁の協議
　42
養子適格の審判　*264*
養親年齢　*210*
預貯金債権　*216*

【ら行】

離婚復氏制度　*48*
領事方式遺言　*284*
両性の平等　*75*

条文索引

民法

新法	旧法	掲載頁
第1編　総則		
第2章　人		
第3節　行為能力		
4条	4条	209
第2編　物権		
第8章　先取特権		
第2節　先取特権の種類		
第1款　一般の先取特権		
306条	306条	322
308条の2	新設	323
第4編　親族		
第1章　総則		
725条	725条	99
726条	726条	99
727条	727条	99
728条	728条	100
729条	729条	100
730条	730条	100
第2章　婚姻		
第1節　婚姻の成立		
第1款　婚姻の要件		
731条	731条	100,210
732条	732条	100
733条	733条	100,204
削除	733条	288
734条	734条	64,101
735条	735条	64,101
736条	736条	101
737条	737条	101

新法	旧法	掲載頁
削除	737条	210
738条	738条	79,101
739条	739条	101
740条	740条	102,210,289
741条	741条	102
第2款　婚姻の無効及び取消し		
742条	742条	102
743条	743条	289
743条	743条	102
744条	744条	95,103,290
745条	745条	103
746条	746条	103,204
削除	746条	290
747条	747条	96,103
748条	748条	103
749条	749条	96,104,324
第2節　婚姻の効力		
750条	750条	104
751条	751条	104
752条	752条	104
753条	753条	104
削除	753条	210
754条	754条	104
削除	754条	325
第3節　夫婦財産制		
第1款　総則		
755条	755条	105
756条	756条	105
757条	757条	105
削除	757条	76
758条	758条	105
759条	759条	105

第2款　法定財産制		
760 条	760 条	106
761 条	761 条	106
762 条	762 条	106
第4節　離婚		
第1款　協議上の離婚		
763 条	763 条	106
764 条	764 条	106
765 条	765 条	106,326
766 条	766 条	107,185,327
766 条の2	新設	328
766 条の3	新設	330
767 条	767 条	50,107
768 条	768 条	107,332
769 条	769 条	108
第2款　裁判上の離婚		
770 条	770 条	108,334
771 条	771 条	109
第3章　親子		
第1節　実子		
772 条	772 条	109,291
773 条	773 条	109,293
774 条	774 条	109,293
775 条	775 条	109,295
776 条	776 条	110,296
777 条	777 条	110,297
778 条	778 条	79,110,297
778 条の2	新設	298
778 条の3	新設	300
778 条の4	新設	301
779 条	779 条	110
780 条	780 条	79,110
781 条	781 条	110
782 条	782 条	110

783 条	783 条	111,301
784 条	784 条	111
785 条	785 条	111
786 条	786 条	111
787 条	787 条	111
788 条	788 条	111,335
789 条	789 条	111
790 条	790 条	112
791 条	791 条	64,112
第2節　養子		
第1款　縁組の要件		
792 条	792 条	113,210
793 条	793 条	113
794 条	794 条	79,113
795 条	795 条	65,113
796 条	796 条	65,113
797 条	797 条	65,113,185,336
798 条	798 条	113
799 条	799 条	113
800 条	800 条	114
801 条	801 条	114
第2款　縁組の無効及び取消し		
802 条	802 条	114
803 条	803 条	114
804 条	804 条	96,114,211
805 条	805 条	96,115
806 条	806 条	96,115
806 条の2	新設	65
806 条の2	806 条の2	97
806 条の3	新設	66
806 条の3	806 条の3	97
807 条	807 条	97,115
808 条	808 条	115
第3款　縁組の効力		

809条	809条	116
810条	810条	66,116
第4款　離縁		
811条	811条	43,66,79,116,337
811条の2	新設	66
811条の2	811条の2	116
812条	812条	117
813条	813条	66,117
814条	814条	67,117
815条	815条	44,117
816条	816条	67,118
817条	817条	118
第5款　特別養子		
817条の2	新設	67
817条の2	817条の2	118
817条の3	新設	68
817条の3	817条の3	118
817条の4	新設	68
817条の4	817条の4	118
817条の5	新設	68
817条の5	817条の5	118,265
817条の6	新設	68
817条の6	817条の6	119
817条の7	新設	68
817条の7	817条の7	119
817条の8	新設	69
817条の8	817条の8	119
817条の9	新設	69
817条の10	新設	69
817条の10	817条の10	119
817条の11	新設	69
817条の11	817条の11	119
第3節　親の責務等		
817条の12	新設	338

817条の13	新設	340
第4章　親権		
第1節　総則		
818条	818条	120,342
819条	819条	120,343
第2節　親権の効力		
820条	820条	120,185
821条	新設	302
821条	821条	120
822条	822条	121,186
削除	822条	302
822条（→旧821条）	821条	302
823条	823条	121
824条	824条	121
824条の2	新設	346
824条の3	新設	348
825条	825条	121
826条	826条	121
827条	827条	122
828条	828条	122
829条	829条	122
830条	830条	122
831条	831条	123
832条	832条	123
833条	833条	123,349
第3節　親権の喪失		
834条	834条	123,186
834条の2	新設	186
835条	835条	124,187
836条	836条	124,187
837条	837条	124
第5章　後見		
第1節　後見の開始		

838条	838条	80,124
第2節　後見の機関		
第1款　後見人		
839条	839条	80,124
840条	840条	80,125,187
841条	841条	80,125,188
842条	843条	80
842条	842条	125
削除	842条	188
843条	新設	80
843条	843条	125
844条	844条	126
845条	845条	44,126
845条	842条	81
846条	845条	81
846条	846条	126
847条	846条	82
847条	847条	126
削除	847条	82
第2款　後見監督人		
848条	848条	82,126
849条	849条	82,126,188
849条の2	新設	82
849条の2	849条の2	127
削除	849条の2	188
850条	850条	127
851条	851条	127
852条	852条	83,127,189
第3節　後見の事務		
853条	853条	127
854条	854条	127
855条	855条	128
856条	856条	128
857条	857条	83,128,189

857条の2	新設	189
858条	858条	29,83,128
859条	859条	128
859条の2	新設	83
859条の2	859条の2	129
859条の3	新設	84
859条の3	859条の3	129
860条	860条	129
860条の2	新設	199
860条の3	新設	200
861条	861条	84,129
862条	862条	129
863条	863条	84,130
864条	864条	84,130
865条	865条	130
866条	866条	131
867条	867条	84,131
868条	868条	85,131
869条	869条	131
第4節　後見の終了		
870条	870条	131
871条	871条	131
872条	872条	85,132
873条	873条	132
873条の2	新設	201
874条	874条	132
875条	875条	132
第6章　保佐及び補助		
第1節　保佐		
876条	876条	85,133
876条の2	新設	85
876条の2	876条の2	133
876条の3	新設	86
876条の3	876条の3	133

876 条の 4	新設	86
876 条の 4	876 条の 4	133
876 条の 5	新設	86
876 条の 5	876 条の 5	133
第 2 節　補助		
876 条の 6	新設	87
876 条の 6	876 条の 6	134
876 条の 7	新設	87
876 条の 7	876 条の 7	134
876 条の 8	新設	87
876 条の 8	876 条の 8	134
876 条の 9	新設	88
876 条の 9	876 条の 9	134
876 条の 10	新設	88
876 条の 10	876 条の 10	134
第 7 章　扶養		
877 条	877 条	135
878 条	878 条	135
879 条	879 条	135
880 条	880 条	135
881 条	881 条	136
第 5 編　相続		
第 1 章　総則		
882 条	882 条	136
883 条	883 条	136
884 条	884 条	136
885 条	885 条	136,220
第 2 章　相続人		
886 条	886 条	136
887 条	887 条	44,137
888 条	888 条	137
削除	888 条	45
889 条	889 条	45,58,137
890 条	890 条	137

891 条	891 条	138
892 条	892 条	138
893 条	893 条	139
894 条	894 条	139
895 条	895 条	139
第 3 章　相続の効力		
第 1 節　総則		
896 条	896 条	140
897 条	897 条	140
897 条の 2	新設	269
898 条	898 条	140,270
899 条	899 条	140
899 条の 2	新設	220
第 2 節　相続分		
900 条	900 条	45,58,140,196
901 条	901 条	46,59,141
902 条	902 条	141,222
902 条の 2	新設	222
903 条	903 条	141,223
904 条	904 条	142
904 条の 2	新設	59
904 条の 2	904 条の 2	142
904 条の 3	新設	271
905 条	905 条	143
第 3 節　遺産の分割		
906 条	906 条	60,143
906 条の 2	新設	225
907 条	907 条	143,226,273
908 条	908 条	143,273
909 条	909 条	144
909 条の 2	新設	227
910 条	910 条	144
911 条	911 条	144
912 条	912 条	144

913 条	913 条	145
914 条	914 条	145
第 4 章　相続の承認及び放棄		
第 1 節　総則		
915 条	915 条	145
916 条	916 条	145
917 条	917 条	89
918 条	918 条	146,275
919 条	919 条	46,146
第 2 節　相続の承認		
第 1 款　単純承認		
920 条	920 条	147
921 条	921 条	147
第 2 款　限定承認		
922 条	922 条	148
923 条	923 条	148
924 条	924 条	148
925 条	925 条	148
926 条	926 条	148,276
927 条	927 条	148,179,182
928 条	928 条	149
929 条	929 条	149
930 条	930 条	149
931 条	931 条	149
932 条	932 条	150
933 条	933 条	150
934 条	934 条	150
935 条	935 条	151
936 条	936 条	151,276
937 条	937 条	151
第 3 節　相続の放棄		
938 条	938 条	152
939 条	939 条	46,152
940 条	940 条	152,277

第 5 章　財産分離		
941 条	941 条	152,179
942 条	942 条	153
943 条	943 条	153
944 条	944 条	153
945 条	945 条	154
946 条	946 条	154
947 条	947 条	154
948 条	948 条	154
949 条	949 条	154
950 条	950 条	155
第 6 章　相続人の不存在		
951 条	951 条	155
952 条	952 条	155,279
953 条	953 条	156,280
954 条	954 条	156,280
955 条	955 条	156,280
956 条	956 条	156,280
957 条	957 条	156,180,182,280
958 条	958 条	46,157
削除	958 条	281
958 条	958 条の 2	282
958 条の 2	新設	47
958 条の 2	958 条の 2	157
958 条の 2	958 条の 3	283
958 条の 3	新設	47
958 条の 3	958 条の 3	157
959 条	959 条	47,158
第 7 章　遺言		
第 1 節　総則		
960 条	960 条	158
961 条	961 条	158
962 条	962 条	89,158
963 条	963 条	158

964 条	964 条	158,228
965 条	965 条	158
966 条	966 条	158
第 2 節 　遺言の方式		
第 1 款 　普通の方式		
967 条	967 条	159
968 条	968 条	159,229
969 条	969 条	89,159,316
969 条の 2	969 条の 2	159,318
969 条の 2	新設	90
970 条	970 条	160,230
971 条	971 条	160
972 条	972 条	90,161
973 条	973 条	91,161
974 条	974 条	27,91,161
975 条	975 条	161
第 2 款 　特別の方式		
976 条	976 条	91,162
977 条	977 条	162
978 条	978 条	163
979 条	979 条	92,163
980 条	980 条	163
981 条	981 条	163
982 条	982 条	164,230
983 条	983 条	164
984 条	984 条	164,285,319
第 3 節 　遺言の効力		
985 条	985 条	164
986 条	986 条	164
987 条	987 条	164
988 条	988 条	165
989 条	989 条	165
990 条	990 条	165
991 条	991 条	165

992 条	992 条	166
993 条	993 条	166
994 条	994 条	47,166
995 条	995 条	166
996 条	996 条	166
997 条	997 条	167
998 条	998 条	167,231
999 条	999 条	167
1000 条	1000 条	168
1001 条	1001 条	168
1002 条	1002 条	168
1003 条	1003 条	169
第 4 節 　遺言の執行		
1004 条	1004 条	169
1005 条	1005 条	52,169
1006 条	1006 条	170
1007 条	1007 条	170,232
1008 条	1008 条	170
1009 条	1009 条	93,170
1010 条	1010 条	170
1011 条	1011 条	170
1012 条	1012 条	170,206,232
1013 条	1013 条	171,233
1014 条	1014 条	171,234
1015 条	1015 条	171,236
1016 条	1016 条	171,206,236
1017 条	1017 条	171
1018 条	1018 条	171,206
1019 条	1019 条	172
1020 条	1020 条	172
1021 条	1021 条	172
第 5 節 　遺言の撤回及び取消し		
1022 条	1022 条	172
1023 条	1023 条	172

1024 条	1024 条	173
1025 条	1025 条	173,237
1026 条	1026 条	173
1027 条	1027 条	173
第8章　配偶者の居住の権利		
第1節　配偶者居住権		
1028 条	1028 条	60,174
1028 条	新設	237
1029 条	新設	239
1029 条	1029 条	174
1030 条	新設	240
1030 条	1030 条	174
1031 条	新設	241
1031 条	1031 条	174
削除〔→1046条〕	1031 条	251
1032 条	新設	241
1032 条	1032 条	175
削除〔→1043条2項〕	1032 条	251
1033 条	新設	242
1033 条	1033 条	175
削除〔→1047条1項1号〕	1033 条	252
1034 条	新設	243
1034 条	1034 条	175
削除〔→1047条1項2号〕	1034 条	252
1035 条	新設	244
1035 条	1035 条	175

削除〔→1047条1項3号〕	1035 条	252
1036 条	新設	245
1036 条	1036 条	175
削除	1036 条	252
第2節　配偶者短期居住権		
1037 条	新設	245
1037 条	1037 条	175
削除〔→1047条4項〕	1037 条	252
1038 条	新設	247
1038 条	1038 条	176
削除〔→1045条1項〕	1038 条	252
1039 条	新設	248
1039 条	1039 条	176
1040 条	新設	248
1040 条	1040 条	176
削除	1040 条	256
1041 条	新設	249
1041 条	1041 条	176
削除	1041 条	257
第9章　遺留分		
1042 条	1028 条	249
1042 条	1042 条	177
1043 条	1029 条	250
1043 条	1043 条	177
1044 条	1044 条	47,177
削除	1044 条	257
1044 条	1030 条	250
1045 条	1039 条	252

1046 条	新設	253
1047 条	新設	255
1048 条	1042 条	257
1049 条	1043 条	257
第 10 章　特別の寄与		
1050 条	新設	258

児童福祉法

新法	旧法	掲載頁
33 条の 2	33 条の 2	304
47 条	47 条	304

国籍法

新法	旧法	掲載頁
3 条	3 条	305

児童虐待防止法

新法	旧法	掲載頁
14 条	14 条	305
15 条	15 条	305

人事訴訟法

新法	旧法	掲載頁
3 条の 4	3 条の 4	358
27 条	27 条	306
32 条	32 条	358
34 条の 3	新設	359
34 条の 4	新設	360
41 条	41 条	306
42 条	新設	307
43 条	新設	307
44 条	42 条	308
45 条	43 条	308

家事事件手続法

新法	旧法	掲載頁
3 条の 5	3 条の 5	361
3 条の 8	3 条の 8	362
3 条の 12	3 条の 12	363
150 条	150 条	363
152 条の 2	新設	363
152 条の 3	新設	364
154 条	154 条	365
156 条	156 条	365
159 条	159 条	309
161 条の 2	新設	366
167 条	167 条	367
168 条	168 条	367
169 条	169 条	367
169 条の 2	新設	368
169 条の 3	新設	368
169 条の 3	169 条の 3	374
171 条	171 条	368
172 条	172 条	368
175 条	175 条	369
182 条	182 条	369
184 条の 2	新設	369
242 条	242 条	370
252 条	252 条	371
258 条	258 条	371
273 条	273 条	372,373
283 条	283 条	309
283 条の 2	新設	309
283 条の 3	新設	310
344 条	344 条	375
別表第 1	別表第 1	311,372

別表第2	別表第2	372

生殖補助医療法

新法	旧法	掲載頁
10 条	10 条	311
786 条	786 条	311

民事執行法

新法	旧法	掲載頁
151 条の 2	151 条の 2	350
167 条の 17	新設	350
193 条	193 条	353
206 条	206 条	354
208 条	208 条	354
209 条	209 条	355
210 条	210 条	355
214 条	214 条	355
167 条の 17	167 条の 17	356
193 条	193 条	357
206 条	206 条	357
209 条	209 条	358

戸籍法

新法	旧法	掲載頁
76 条	76 条	375
77 条	77 条	375
78 条	78 条	376
79 条	79 条	376

住民基本台帳法

新法	旧法	掲載頁
別表第 1	別表第 1	376

民事訴訟費用等に関する法律

新法	旧法	掲載頁
2 条	2 条	377
3 条の 2	新設	377
別表第 1	別表第 1	378,379

民事再生法

新法	旧法	掲載頁
229 条	229 条	380

破産法

新法	旧法	掲載頁
253 条	253 条	380

法人等による寄附の不当な勧誘の防止等に関する法律

新法	旧法	掲載頁
10 条	10 条	381

国際的な子の奪取の民事上の側面に関する条約の実施に関する法律

新法	旧法	掲載頁
5 条	5 条	381
6 条	6 条	382
9 条	9 条	383
16 条	16 条	383
17 条	17 条	385
18 条	18 条	386
19 条	19 条	386
20 条	20 条	387
21 条	21 条	388
22 条	22 条	388

23 条	23 条	389
24 条	24 条	390
25 条	25 条	390
148 条	148 条	390
149 条	149 条	391
153 条	153 条	391

著者紹介

七 戸 克 彦（しちのへ・かつひこ）　九州大学大学院法学研究院教授

小 池　　泰（こいけ・やすし）　九州大学大学院法学研究院教授

園 田 彩 乃（そのだ・あやの）　弁護士・九州大学大学院法学研究院助教

新旧対照　家族法
―― 令和6年までの重要改正と実務ポイント

令和6年10月25日　初版第1刷発行

　　　著　　者　　七戸克彦・小池泰・園田彩乃

　　　発　　行　　株式会社ぎょうせい

　　　　　　　　〒136-8575　東京都江東区新木場1-18-11
　　　　　　　　URL：https://gyosei.jp

　　　　　　　　フリーコール　0120-953-431
〈検印省略〉　　ぎょうせい　お問い合わせ　検索　https://gyosei.jp/inquiry/

印刷／ぎょうせいデジタル㈱　Ⓒ 2024　Printed in Japan. 禁無断転載・複製
※乱丁・落丁本はお取り替えいたします。
ISBN978-4-324-11444-5
（5108965-00-000）
〔略号：新旧家族〕

令和5・6年施行の改正法に対応する！

論点解説
改正民法・不動産登記法
―法・政令・規則の考え方と対応

七戸克彦（九州大学大学院法学研究院教授）／著

➡ **実務に即応**
令和5年・6年施行の所有者不明土地関係の民法・不動産登記法の改正ほか、新たに整備された国庫帰属法について、どこが改正され、何が新たな制度として設けられたのかを、法的論点ごとに丁寧に解説！

★ **最大の Point！**
不動産登記令・不動産登記規則などの最新の政省令・通達についての解説も織り込み、正確な制度理解ができるように配慮！

➡ **論点を網羅**
法的論点については、法制審議会での議論、法務省の見解、各研究書・実務書の従来の見解から最新の学説までをできるだけ網羅し整理して紹介！

➡ **法律実務家から自治体・企業の担当者まで**
弁護士、司法書士、税理士、土地家屋調査士、裁判官、法務局担当者はもとより、自治体・企業法務関係部署担当者にも必読の一冊！

令和5・6年施行の
「所有者不明土地」
「相続登記義務化」等の
法的論点を詳細に解説！

A5判・定価5,940円(10%税込)
〔電子版〕**価格5,940円**(10%税込)

主要目次

第1章 令和3年改正法の立法趣旨
　I 所有者不明土地の「予防」と「利用」／II 土地基本法改正との「車の両輪」論
第2章 令和3年改正民法の施行
　I 相隣関係の見直し／II 共有の見直し／III 財産管理制度の見直し／IV 遺産共有の解消のための制度の整備
第3章 令和3年改正不動産登記法の施行
　I 相続登記・住所等変更登記の未了への対応／II 所有権に関する登記の登記事項（73条の2）／III 形骸化した登記の抹消手続の簡略化／IV 登記事項証明書の交付・附属書類の閲覧の改善
第4章 相続土地国庫帰属法の施行
　I 土地所有権の放棄と相続土地国庫帰属法／II 相続土地国庫帰属制度

株式会社 **ぎょうせい**

〒136-8575 東京都江東区新木場1-18-11

フリーコール
TEL:0120-953-431 [平日9~17時] **FAX:0120-953-495**
https://shop.gyosei.jp

※電子版は ぎょうせいオンラインショップ 検索 からご注文ください。

ぎょうせいオンラインショップ 検索

改正法の施行に伴い実務に即応！

所有者不明土地、相続登記義務化等の新たな法制度がわかる！

新旧対照解説
改正民法・不動産登記法

七戸克彦（九州大学大学院法学研究院教授）《著》

Ａ５判・定価3,850円（10％税込）　〔電子版〕価格3,850円（10％税込）

◆ 令和３年４月に成立した所有者不明土地関係の民法・不動産登記法の改正ほか、非訟事件手続法、家事事件手続法の改正にも対応し、新たに成立した「相続等により取得した土地所有権の国庫への帰属に関する法律」など新たな制度が一目でわかるように配慮して解説した手引書！
◆ 新旧条文を対照して掲載のうえ、立法の経緯→制度の概要→理論および実務への影響を解説し、必要情報を整理して紹介！

令和３年改正法の内容を整序し、３つの観点から意義・成果・課題を明示！

所有者不明土地の発生予防・利用管理・解消促進からみる
改正民法・不動産登記法

松尾　弘（慶應義塾大学大学院法務研究科教授）《著》

Ａ５判・定価3,300円（10％税込）
〔電子版〕価格3,300円（10％税込）

◆ 「所有者不明土地問題」への対応手段として、どのような法改革を行ったかを、所有者不明土地の発生予防、その円滑な利用・管理およびその解消の促進という３つの観点から立法内容を整序した解説書！
◆ 非訟事件手続法、家事事件手続法、相続土地国庫帰属法にも言及し多岐にわたる改正法の全体像を鳥瞰できる！

株式会社ぎょうせい

〒136-8575　東京都江東区新木場1-18-11

フリーコール　TEL：0120-953-431 [平日9～17時]　FAX：0120-953-495
https://shop.gyosei.jp

※電子版は ぎょうせいオンラインショップ 検索 からご注文ください。

ぎょうせいオンラインショップ 検索

\ リニューアルでさらに内容充実！ ／
最新号の試し読みは、「法律のひろば」公式サイトから！

実務家のための法律専門誌

隔月刊 法律のひろば

- 立法動向・法律問題をキャッチアップできる特集企画
- 豊富な論説記事や注目の判例解説・評釈
- 多彩なテーマを取り上げる連載記事

▶ 隔月で無理なく、じっくり読み切れる誌面！

▶ 民事から刑事、家事まで！幅広い知識を必要とする実務家に旬の情報を！

▶ 各界の権威が執筆陣に名を連ね、最新の法律問題を実務・理論の両面から解説！

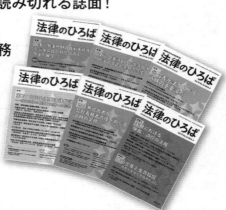

『法律のひろば』
試し読みができる公式サイト
詳しくはコチラから

ぎょうせい／編

偶数月1日発売／B5判・128ページ
定価 1,760円（10%税込、送料95円）
〔電子版〕価格 1,760円（10%税込）
年間購読料 10,560円（10%税込、送料込）

株式会社 ぎょうせい

※電子版は ぎょうせいオンラインショップ 検索 からご注文ください。

フリーコール TEL：0120-953-431 [平日9～17時] FAX：0120-953-495

〒136-8575 東京都江東区新木場1-18-11　https://shop.gyosei.jp　ぎょうせいオンラインショップ 検索